Histoire de l'Europe

Du XIXe siècle au début du XXIe siècle

Serge Berstein et **Pierre Milza**

initial

HATIER

Sommaire

© HATIER, Paris, 2006.   ISSN : 0750-2516   ISBN : 2-218-92289-4

L'histoire de l'Europe ne commence certes pas au XXe siècle, mais c'est au XXe siècle qu'elle prend le tour décisif conduisant une mosaïque d'États-nations à s'efforcer de transformer une identité née de siècles d'histoire en une entité constituée, dont le processus de construction n'est pas achevé à l'aube du XXIe siècle.

C'est un fait : l'identité européenne préexiste à la prise de conscience de son existence par les Européens. Constituée des strates successives léguées au continent par la pensée grecque, la construction juridique de l'État romain, la foi chrétienne, la révolution humaniste et sa fille, la pensée critique, elle s'épanouit dans le vaste mouvement qui, du XVIe au XVIIIe siècles, place l'homme au centre de la construction sociale et tire toutes les conséquences de ce postulat. L'affirmation par les philosophes anglais du XVIIe siècle de l'existence de « droits naturels de l'homme » dont la préservation représente le but même de toute société va bouleverser jusque dans ses fondements l'ordre politique, social et intellectuel fondé sur le droit divin. Porté par le mouvement scientifique hérité de la pensée critique, le courant des « idées nouvelles » qui n'admet de vérité que validée par la raison, va être le levier qui fait surgir sur les ruines de l'Ancien Régime en voie de décomposition, l'édifice d'une société moderne adéquate aux nouveaux principes. Sans doute cette évolution est-elle propre à la façade occidentale du continent européen qui joue ici le rôle pionnier, avec les révolutions anglaises du XVIIe siècle et les révolutions du XVIIIe siècle en Amérique (fille émancipée de la révolution anglaise) et en France. Mais, au cours du XIXe siècle et en dépit des obstacles opposés par les sociétés archaïques et les monarchies autoritaires, la contagion des nouveaux principes gagne, vaille que vaille, le centre et l'est du continent. Il en résulte une cascade de guerres et de révolutions, une profusion de tensions diverses jusqu'au grand affrontement de la Première Guerre mondiale où l'Europe paraît devoir s'abîmer tout entière.

L'identité européenne consiste-t-elle donc en cette histoire «pleine de bruit et de fureur», cette interminable suite de chocs sanglants, générateurs de haines inexpiables, dans lesquelles les peuples d'Europe s'entre-déchirent? Certes pas, encore que guerres et révolutions témoignent d'une communauté d'expériences partagées. Mais c'est au-delà de ce quotidien de la division et de l'affrontement que se situent, et très précocement, les jalons d'un destin commun. Europe des marchands et des hommes d'affaires, Europe des humanistes, Europe des abbayes et des pèlerinages, Europe des savants, Europe des artistes, Europe des grandes familles politiques dessinent en filigrane une autre réalité que celle des États, des pouvoirs, des frontières. Au-delà des nations, des courants transnationaux naissent, se développent, perdurent malgré les ruptures périodiques engendrées par les conflits et révèlent aux groupes restreints qui y participent les solidarités cachées derrière les haines héréditaires.

Il n'en faudra pas moins que deux guerres mondiales aux origines essentiellement européennes qui laissent le continent exsangue et dépourvu d'influence sur le destin d'un monde dont il a longtemps été le chef de file, pour que les politiques décident de faire de la conscience d'une identité européenne, apanage jusqu'alors de quelques groupes élitistes, un objectif concret à l'échelle de l'action gouvernementale. Cet objectif, c'est de faire des solidarités constatées le levier de la construction d'une communauté dont le contenu, les structures, les objectifs restent à définir mais qui pose à l'Europe des États-nations le défi de sa capacité à dépasser ses diversités, ses antagonismes, la mémoire de ses affrontements pour construire une entité nouvelle, pour passer de l'idée d'Europe à l'Europe constituée. Et c'est avec ses difficultés, ses échecs, ses reculs, cette œuvre en devenir qui constitue l'objet de la présente histoire de l'Europe contemporaine.

CHAPITRE 1

L'héritage du XIXᵉ siècle

Au lendemain de leur victoire sur Napoléon,
les souverains européens réunis en congrès
à Vienne, reconstituent l'Europe sur la double base
du principe de légitimité et des formules politiques
d'Ancien Régime, ignorant les aspirations
des peuples qui, tout en répudiant la domination
française, se réclament des idées nationales et
libérales propagées par la Révolution. S'appuyant
sur les conceptions du congrès de Vienne,
les souverains absolutistes s'entendent pour étouffer
dans l'œuf tout mouvement révolutionnaire
en constituant la «Sainte-Alliance».
L'histoire de l'Europe du XIXᵉ siècle va être celle
de la destruction de l'ordre de 1815 sous les coups
des aspirations populaires au libéralisme et à la
nationalité. Ébranlé par les vagues révolutionnaires
de 1830 et 1848, il s'effondre définitivement
dans la seconde moitié du XIXᵉ siècle en raison
de la politique de Napoléon III.
Mais la poussée nationaliste multiplie les facteurs
de tension et débouche sur la Première Guerre
mondiale. À l'issue de celle-ci, le président américain
Wilson impose à l'Europe une paix fondée
sur le principe des nationalités, mais qui laisse
subsister d'importants contentieux entre
les peuples européens.

Un premier concert européen, la Sainte-Alliance

● Restaurer l'Ancien Régime ?

Au lendemain des guerres de la Révolution et de l'Empire, les vainqueurs de Napoléon entendent reconstruire l'Europe sur les bases qui étaient celles de l'Ancien Régime. La tâche est immense et, pour tout dire, hors de portée. Les armées françaises ont conquis la plus grande partie du continent, remodelant les frontières au gré des intérêts de la «Grande nation», déposant les princes, couronnant des souverains clients des Français. Plus encore que la géographie politique de l'Europe, la conquête française a bouleversé les structures juridiques et culturelles de l'Europe. En abolissant les fondements de l'ordre ancien, privilèges, servage, dîmes, droits féodaux, en introduisant par le Code civil les droits individuels de la personne humaine, en réorganisant de façon rationnelle l'administration et la justice, en fondant les sociétés sur les principes de 1789 et la Déclaration des droits de l'homme et du citoyen (même si la France n'a que médiocrement respecté les valeurs dont elle se faisait la championne), l'ouragan révolutionnaire et son avatar impérial ont balayé les bases mêmes de l'Europe d'Ancien Régime.

La Révolution et l'Empire ont aussi montré aux peuples européens la profonde solidarité qui unissait leurs destins puisque la crise de la monarchie française qui avait éclaté en 1789 s'était propagée durant un quart de siècle au continent tout entier. Sans doute les intérêts des États-nations constitués durant les Temps modernes demeuraient-ils divergents en ces débuts du XIXᵉ siècle, mais la victoire sur Napoléon et la volonté de ne plus revivre les heures terribles de la domination française et des idées subversives qu'elle avait propagées impliquaient du moins que des règles communes soient acceptées par l'ensemble des États européens.

Reconstruire l'Europe, géographiquement et culturellement, est donc l'objectif du congrès de Vienne qui se réunit en septembre 1814. S'y trouve pour la première fois représentée la totalité des nations d'Europe. Dans une atmosphère de fêtes et de bals qui apparaît comme la grande célébration de l'Ancien Régime ressuscité, souverains et princes, diplomates et femmes du monde, multiplient à l'envi discussions et intrigues, manœuvres et corruptions, aventures galantes et espionnage.

> But aimed to remodel it like the ancien Régime — not in keeping w/ the values of the revolution

Mais ce sont les délégués des grandes puissances qui, en fonction de leurs intérêts respectifs et de leurs rivalités réciproques, vont remodeler l'Europe nouvelle selon des principes qui tournent le dos à ceux que la France révolutionnaire avait tenté de faire triompher.

● Équilibre européen et principe dynastique

La Révolution avait fait du droit des peuples à disposer d'eux-mêmes la valeur de base de la constitution des États, avant de le fouler aux pieds après ses victoires militaires. Dans l'Europe telle que la reconstitue le congrès de Vienne, ce droit est résolument ignoré au profit des intérêts des principaux vainqueurs qui se partagent sans scrupule le continent.

Si l'Angleterre, avant tout intéressée par l'expansion outre-mer, se contente de s'assurer des points d'appui ou des bases navales, tout en favorisant la constitution d'un royaume des Pays-Bas qui réunit Belgique et Hollande afin de protéger la côte flamande des ambitions françaises, les autres grandes puissances ne font pas preuve de la même modération. La Russie s'empare de la Finlande, des deux tiers de la Pologne et de la Bessarabie. La Prusse reçoit pour sa part, outre la Poméranie suédoise, la Rhénanie qui lui permet de s'installer en Europe occidentale. Quant à l'Autriche, elle étend son emprise non seulement sur le Tyrol et Salzbourg, ce qui renforce sa position en Allemagne, mais surtout elle devient une puissance méridionale en recevant les Provinces illyriennes dans les Balkans, le royaume lombard-vénitien en Italie et en plaçant des archiducs sur les trônes de Parme et de Toscane.

Les aspirations des peuples auxquels on avait fait appel au nom de la défense de la patrie contre les conquérants français en 1813-1815 n'ont à aucun moment été prises en compte ; l'idée nationale, d'abord stimulée par les Français avant de jouer contre leur domination, est totalement absente des préoccupations des nouveaux maîtres de l'Europe.

Aussi ce partage de l'Europe fait-il bien des mécontents parmi les peuples comme parmi les petits États, sacrifiés sur l'autel d'un « équilibre européen » réalisé au profit des grandes puissances. Véritables architectes de l'Europe nouvelle, l'Anglais Castlereagh et l'Autrichien Metternich ont eu pour préoccupation essentielle de faire en sorte qu'aucun État n'ait la possibilité de dominer le continent par son expansion territoriale. Ils ont limité les ambitions de la Russie et de la Prusse et veillé à ôter à la France les moyens de reprendre une politique conquérante. Si elle a perdu quelques territoires annexés après 1789, cette dernière n'est pas démembrée. Toutefois ses éventuelles velléités expansionnistes sont contenues par un cordon sanitaire d'États-tampons, chargés de la surveiller : le royaume des Pays-Bas, la Rhénanie prussienne, la Confédération helvétique, le royaume de Savoie. Du même coup, elle apparaît comme la grande victime des traités de 1815 et, non sans quelque exagération, comme la protectrice naturelle des nationalités ignorées par les partages de 1815. Cette revendication nationale dont la France devient ainsi la protectrice naturelle va constituer durant la plus grande partie du XIXe siècle un des ferments de dissolution de l'ordre de 1815.

La même volonté de remettre en cause les principes que la France révolutionnaire avait répandus en Europe se retrouve dans la nature des systèmes politiques que le congrès de Vienne impose au continent. À l'idée de souveraineté nationale mise en avant par les Français au printemps 1789, les congressistes de Vienne opposent celle de légitimité dynastique. Ce principe trouve d'ailleurs un fondement culturel au sein des élites européennes avec le développement du romantisme. Celui-ci, privilégiant le sentiment et l'affectivité sur la raison, l'ordre et les valeurs universelles, met à la mode le passé historique de l'Europe et en particulier un Moyen Âge idéalisé. Du même coup, retrouvent la faveur des aristocraties et des bourgeoisies du continent des rites et des coutumes qui paraissaient archaïques avant la Révolution et qui se parent désormais du charme désuet d'une histoire légendaire et exaltante.

Mais derrière un mouvement culturel qui signifie une rupture profonde avec le classicisme et la domination culturelle de l'Europe par le modèle français se profilent d'autres réalités. Le rétablissement des dynasties «légitimes» qui transfèrent dans le domaine du politique la mode culturelle du romantisme, c'est aussi le retour implicite à la monarchie de droit divin, la négation de la souveraineté nationale et, partant, des droits des citoyens, c'est le retour plus ou moins clairement affirmé des principes de la monarchie absolue et bureaucratique. C'est donc tout le système des idées et des valeurs modernes véhiculées par la Révolution qui se trouve mis en cause. Sans doute, même si les convictions des souverains européens et en particulier des architectes de l'Europe de Vienne sont bien celles-là, il leur est impossible de rayer d'un trait de plume les mutations engendrées par un quart de siècle de règne des idées nouvelles en Europe. À l'ouest du continent en particulier, les idées libérales, portées par une bourgeoisie et une noblesse éclairées, font obstacle au rétablissement pur et simple de l'Ancien Régime. En Angleterre, en France, aux Pays-Bas, le rejet de la période révolutionnaire s'accompagne d'une volonté de préserver une partie de ses conquêtes : en dépit des excès des réactionnaires, partisans d'un retour pur et simple à l'Ancien régime, les gouvernants sont tenus à un minimum de prudence pour ne pas heurter de front une partie importante de la société. Certes, ces ménagements sont de moins en moins nécessaires à mesure que l'on se dirige vers l'est du continent où les sociétés rurales archaïques, dominées par une aristocratie foncière souvent réactionnaire, s'accommodent du retour à la domination du souverain et des grands. Il reste que, dans une grande partie de l'Europe, l'héritage des idées nouvelles propagées par la France révolutionnaire et impériale a laissé subsister un courant libéral porté par une fraction plus ou moins importante de la société. Celui-ci agit comme une force de contestation des monarchies d'Ancien Régime restaurées en 1815 au nom du principe dynastique. Le libéralisme va constituer le second ferment de dissolution de l'ordre de 1815.

Or c'est à maintenir celui-ci contre les tendances subversives que constituent à leurs yeux la nationalité et le libéralisme que vont s'appliquer les architectes de l'Europe de 1815 — et au premier chef, le chancelier autrichien Metternich — en jetant les bases de la Sainte-Alliance.

● Mythes et réalités de la Sainte-Alliance

Si le terme de « Sainte-Alliance » sert à caractériser le système d'assurance mutuelle que les souverains restaurés de 1815 souscrivent réciproquement pour se garantir contre le retour de troubles révolutionnaires, la réalité que recouvre ce vocable est infiniment plus complexe. Elle réside d'abord dans la volonté des puissances victorieuses de Napoléon de prendre des assurances contre la France, la solidité de la dynastie des Bourbons paraissant rien moins qu'assurée. À cette fin, le pacte de Chaumont de mars 1814 avait mis en place une alliance entre l'Angleterre, la Prusse, l'Autriche et la Russie, conclue pour vingt ans et dirigée contre la France. Le traité de Quadruple Alliance du 20 novembre 1815 en renforce les termes. Très différent est le traité dit de la « Sainte-Alliance » signé entre la Russie, l'Autriche et la Prusse à l'instigation de la première. Traduction de la phase mystique que traverse alors le tsar Alexandre, ce traité placé sous l'invocation de la « très sainte et indivisible Trinité » définit les principes sur lesquels les trois souverains entendaient reconstruire l'Europe post-révolutionnaire, ceux de la monarchie de droit divin dans laquelle les souverains se considèrent comme les pères de leurs sujets et de leurs armées. Toutefois ce traité auquel la monarchie restaurée de France adhère avec enthousiasme pour mieux se dédouaner de l'héritage révolutionnaire et impérial, mais qui ne contient aucune disposition concrète, va apparaître aux libéraux européens comme jetant les bases d'une alliance des despotes contre la liberté des peuples.

C'est effectivement, même si la Sainte-Alliance n'y est pour rien (l'Anglais Castlereagh ne la qualifie-t-il pas de «rien sonore»?), le contenu que le chancelier d'Autriche Metternich s'applique à donner aux congrès réunis par les signataires du pacte de Quadruple Alliance pour coordonner leur politique afin de parer au danger révolutionnaire. Lors de ces réunions qui manifestent l'existence d'un premier «concert européen», le chancelier d'Autriche sait convaincre ses collègues d'étouffer dans l'œuf tout mouvement, aussi mince soit-il, qui paraîtrait remettre en cause l'ordre européen restauré en 1815. Improprement appelée «système Metternich», cette pratique est en réalité une réaction au coup par coup aux mouvements d'agitation constatés en Europe occidentale, et spécifiquement dans l'aire germano-italienne où l'influence autrichienne est prépondérante. On voit ainsi l'armée autrichienne mandatée par les congrès de Carlsbad (1819) et de Vienne (1820) pour assurer la répression des manifestations libérales provoquées par une association d'étudiants, la *Burschenschaft*. En 1820-21, les congrès de Troppau et de Laybach chargent l'Autriche de venir au secours du roi Ferdinand des Deux-Siciles, contraint par un soulèvement de ses sujets d'accorder une Constitution à son peuple. Ce sera chose faite en mars 1821, la Constitution étant abolie en même temps que les décisions du gouvernement libéral. Pour faire bonne mesure, la répression s'étendra à la Lombardie et au Piémont où les libéraux qui, eux aussi, avaient arraché une Constitution à leur souverain, sont à leur tour vaincus et pourchassés. Le dernier acte de cette action réactionnaire de la Sainte-Alliance se produira en Espagne où une révolte libérale conduite avec l'appui de l'armée avait abouti à remettre en vigueur la Constitution de 1812. Pour satisfaire les Bourbons de France, avides de faire leurs preuves de participation à la réaction européenne, le congrès de Vérone de 1822 les charge de rétablir le roi Ferdinand VII dans la plénitude de son autorité. Ce sera chose faite en 1823, l'armée du duc d'Angoulême remportant sur les insurgés espagnols la victoire du

L'EUROPE AU LENDEMAIN DU CONGRÈS DE VIENNE (1815)

ISLANDE

ROYAUME DE NORVÈGE

Norvégiens

ROYAUME DE SUÈDE

Finlandais

Mer du Nord

Irlandais

ROYAUME-UNI DE GRANDE-BRETAGNE ET D'IRLANDE

ROYAUME DU DANEMARK

Héligoland (G.-B.)

Mer Baltique

EMPIRE

Océan

Atlantique

ROYAUME DES PAYS-BAS

ÉTATS

ROYAUME DE PRUSSE

ALLEMANDS

Belges

LUX.

Royaume de Pologne

Polonais

RUSSE

République de Cracovie

ROYAUME DE FRANCE

Conféd. Hélvétique

EMPIRE

Roumains

Bessarabie

ROYAUME DU PORTUGAL

ROYAUME D'ESPAGNE

Italiens

D'AUTRICHE

Slaves

Hongrois

Slaves

Mer Noire

Gibraltar (G.-B.)

Ceuta (Esp.)

ROYAUME DE PIÉMONT-SARDAIGNE

ÉTATS

Corse (Fr.)

ITALIENS

EMPIRE

Mer

Grecs

Mer Égée

OTTOMAN

Méditerranée

0 — 1 000 km

— Frontières en 1815

Slaves Minorités nationales

Territoires acquis lors du congrès de Vienne

- - - - Confédération germanique

Trocadéro. Ce qui ouvre la voie à une répression d'une telle férocité que le duc se hâtera de regagner la France, refusant le titre de duc du Trocadéro offert par le roi d'Espagne.

À ce moment, la Sainte-Alliance paraît avoir épuisé ses vertus politiques. Elle a assuré la prépondérance autrichienne en Allemagne et en Italie, elle est approuvée par les États autoritaires comme la Prusse et la Russie mais ses principes ne sauraient convenir à définir l'organisation de l'Europe nouvelle pour tous les États du continent. Passée la crainte d'un retour à une vague révolutionnaire, elle inquiète l'Angleterre dont le nouveau Premier ministre Canning, parvenu au pouvoir en 1822, n'entend pas cautionner la réaction européenne. Défavorable à l'intervention française en Espagne, elle s'oppose franchement à la poursuite de l'action antilibérale dans les colonies espagnoles d'Amérique latine qui se sont soulevées en 1820 contre la souveraineté de Madrid, d'autant que Londres développe avec celles-ci un fructueux commerce. En France même, si l'inclination personnelle des Bourbons les pousse à approuver le retour à l'Ancien Régime, la nécessité où ils se trouvent de tenir compte, au moins partiellement, des opinions de leur peuple, les incite à une grande prudence.

À partir de 1823, l'esprit de la Sainte-Alliance ne subsiste qu'au centre et à l'est du continent. Partout ailleurs, la poussée des idées issues de la Révolution française — libéralisme et sentiment national — vont ébranler l'ordre de 1815, jusqu'à sa complète destruction.

2 sources of nationalism: 1. Rights/sovereignty of people (FR) 2. common customs, heritage (GER)

Les aspirations libérales et nationales des peuples européens (1830-1850)

● Le mouvement des nationalités

L'un des éléments les plus importants de l'héritage révolutionnaire est le développement du mouvement des nationalités. En posant en principe de l'organisation des États le droit des peuples à disposer d'eux-mêmes, la Révolution française jette bas la vieille conception monarchique selon laquelle la nation s'identifie à son souverain — cette conception impliquant que la possession d'un territoire par conquête, mariage ou héritage vaut droit de propriété légitime, non seulement de la région concernée, mais des habitants qui y vivent, sans que leur avis compte le moins du monde. C'est au contraire la volonté des peuples concernés de vivre ensemble au sein de la même entité qui constitue pour les révolutionnaires de 1789 le fondement même de la légitimité. C'est en consultant les habitants par plébiscite que peut et doit, pour eux, s'opérer l'intégration aux ensembles nationaux. Il est vrai que si la méthode est utilisée pour rattacher à la France Avignon, jusqu'alors territoire pontifical, les gouvernements révolutionnaires prendront moins de précautions pour procéder à des annexions pures et simples des territoires conquis à l'époque des guerres victorieuses, pour ne pas parler de la manière dont Napoléon distribuera entre les princes clients les peuples et régions d'Europe.

Il n'importe. La France a proposé à l'Europe un principe subversif de l'ordre ancien, qu'elle a fait naître avant qu'il ne se retourne contre elle. C'est au nom du droit des peuples à disposer d'eux-mêmes que les Espagnols en 1808, les montagnards du Tyrol en 1809, les Russes en 1812, les Allemands en 1813 se soulèveront contre la domination napoléonienne et permettront aux souverains, si longtemps en butte à l'Empereur des Français, d'avoir raison de lui. Mais on a vu que les délégués du congrès de Vienne avaient résolument et imprudemment ignoré ce rôle du sentiment national dans leur victoire et n'en avaient pas tenu le moindre compte dans leur réorganisation de l'Europe.

C'est qu'il existe une autre source du sentiment national qui ne doit rien aux conceptions de la Révolution française et qui s'inscrit même en contradiction avec elle, refusant les principes libéraux et démocratiques qui sont à la base des premières. Elle trouve sa source en Allemagne, d'abord dans les idées du philosophe Herder, mais plus encore dans le mouvement romantique et réactionnaire qui manifeste le refus de l'universalisme et du rationalisme de l'Europe des Lumières. Pour elle, le sentiment national est un héritage de la tradition, qui ne doit rien à la volonté du peuple. C'est une réalité qui plonge sa source dans le passé de la communauté nationale et qui se manifeste par le folklore, les mythes fondateurs hérités des légendes anciennes, l'histoire idéalisée et instrumentalisée. Il en résulte une forme de culture populaire, un *Volksgeist* pour les Allemands, qui constitue le noyau dur du sentiment national. Dans cette conception, il appartient à l'État et non à la communauté nationale d'unifier la nation.

Cette acception de la nation triomphe particulièrement en Allemagne où elle est prédominante, mais aussi dans les États de l'Europe centrale, orientale et méditerranéenne où les aristocraties foncières d'Ancien Régime dominent encore la société, où les conceptions autoritaires du pouvoir font partie de la tradition et où les bourgeoisies demeurent minoritaires et souvent attachées aux conceptions du passé. Dans toute cette Europe passéiste, la prise de conscience du fait national repose sur trois éléments : l'histoire, vécue comme une réalité mystique et fondatrice d'identité, la langue, qui témoigne de l'appartenance à la communauté au sein d'États multinationaux, la religion enfin, qui constitue le ciment même du sentiment national dans des pays comme la Grèce et les Balkans orthodoxes soumis à la domination des Turcs musulmans, ou la Pologne catholique dont les habitants sont inclus dans l'État russe orthodoxe ou l'État prussien luthérien. Cette conception de l'idée nationale n'est cependant pas l'exclusivité des États de la zone concernée. Elle apparaît également, mais sous forme minoritaire, en Europe occidentale, et la France elle-même n'en sera pas épargnée : le traditionalisme ultra de la Restauration ou une partie du nationalisme contre-révolutionnaire d'après 1870 se rattacheront à cette idée de nation qui ne doit rien à la volonté des peuples concernés.

Toutefois, quelle que soit la conception de la nation, l'idée de nation jouera aux côtés des conceptions libérales un rôle majeur dans les secousses qui affectent dans la première moitié du XIXe siècle, l'ordre de 1815. Et, à deux reprises, en 1830 et 1848, c'est à un véritable ébranlement de l'Europe tout entière que conduiront les aspirations des peuples à la liberté et à la nation.

● **La fièvre européenne de 1830**

Dès les lendemains du congrès de Vienne, on l'a vu, une agitation libérale, vite réprimée, gagne l'Allemagne, l'Italie et l'Espagne. En même temps, se manifestent chez les peuples chrétiens des Balkans, soumis aux Turcs ottomans depuis le Moyen Âge, des aspirations à se dégager du joug qui les opprime. Celles-ci sont d'autant plus fortes que, depuis le XVIIIe siècle, l'Empire ottoman connaît un profond déclin qui encourage aussi bien les exactions des pachas de province vis-à-vis de leurs sujets chrétiens que la volonté de ceux-ci, regroupés autour du clergé orthodoxe, d'échapper à l'arbitraire et à leur statut de sujets de seconde zone. Mais la volonté des participants du congrès de Vienne de maintenir le principe de légitimité dynastique comme l'équilibre européen en interdisant à la Russie de s'emparer des dépouilles de l'Empire ottoman a poussé au maintien de l'intégrité de celui-ci, bien qu'il soit considéré comme l'«homme malade de l'Europe ». Serbes, Bulgares, Roumains, Macédoniens, Grecs vivent donc dans un état d'agitation endémique, ponctué de soulèvements sporadiques, réprimés avec sauvagerie par les Janissaires, mercenaires à la solde du Sultan.

Toutefois, le soulèvement en 1820 du plus évolué de ces peuples soumis, les Grecs, va tout à la fois rompre le destin tragique du monde balkanique et porter un premier coup à l'esprit de la Sainte-Alliance. Appuyé par les riches négociants et armateurs grecs, mais entraînant derrière elle toutes les classes de la population, soutenue par le clergé orthodoxe, bénéficiant de l'aide discrète du Tsar, une société secrète, l'Hétairie, déclenche une insurrection et proclame l'indépendance du pays. La violence de la répression turque, permise par la passivité des grandes puissances, déclenche une intense émotion en Europe. Un mouvement philhellénique dans lequel se distinguent des écrivains, des poètes romantiques, des artistes, des militaires, prend le continent à témoin et exalte la lutte des Grecs pour leur indépendance. De crainte de voir la Russie intervenir et tirer à son profit les marrons du feu en détruisant l'Empire ottoman, Français et Anglais tentent d'imposer une médiation aux belligérants. Elle se transformera en guerre contre la Turquie. La Russie, l'Angleterre et la France contraignent celle-ci en 1829-1830 à accorder l'autonomie à la Serbie, aux principautés roumaines de Moldavie et de Valachie et l'indépendance à la Grèce. C'est la première entorse à l'esprit de la Sainte-Alliance dont trois des membres sont intervenus pour soutenir des aspirations nationales au détriment des principes de 1815.

En cette année 1830, l'ordre européen du congrès de Vienne et la culture politique absolutiste qui l'inspire subissent de rudes coups. En juillet, une révolution a éclaté à Paris pour faire échec à la tentative du roi Charles X de remettre en cause les libertés accordées aux Français par la Charte constitutionnelle, en dissolvant la Chambre des députés, en portant atteinte à la liberté de la presse et en promulguant une loi électorale qui avantage les grands propriétaires fonciers au détriment de la bourgeoisie industrielle et commerçante. À l'issue de trois journées révolutionnaires, les « Trois Glorieuses », les journalistes et députés libéraux proclament lieutenant-général du royaume, le duc d'Orléans, cousin de Charles X. Pendant que ce dernier s'exile, le duc d'Orléans est bientôt proclamé « roi des Français » (et non plus de France, ce qui implique qu'il est placé sur le trône non par Dieu, mais par les citoyens) sous le nom de Louis-Philippe Iᵉʳ. Acceptant l'héritage de la Révolution française, donnant aux Français une Charte rénovée, allégée des articles qui permettaient au souverain de gouverner par ordonnances, Louis-Philippe qui s'intitule «le roi citoyen» se pose en souverain bourgeois. Avec lui, c'est effectivement la grande bourgeoisie libérale et élitiste qui parvient aux affaires, faisant du Parlement le cœur de la vie politique et luttant sur deux fronts, à la fois contre les partisans de l'Ancien Régime, nostalgiques de la branche aînée des Bourbons, et contre la démocratie dont les revendications sont stimulées par les difficultés économiques qui marquent l'Europe de la décennie 1827-1837.

Mais, comme le redoutait Metternich depuis 1815, la contagion de l'indépendance grecque et de la révolution française de 1830 se répand comme une traînée de poudre en Europe, menaçant de détruire l'ordre du congrès de Vienne. Dans le royaume des Pays-Bas, soumis à l'autorité du roi Guillaume Ier d'Orange, les Belges, catholiques et dont les intérêts économiques sont négligés par le souverain, se soulèvent en août 1830. En octobre, une assemblée constituante proclame l'indépendance de la Belgique et la dote d'institutions libérales. Malgré l'appel du souverain aux puissances de la Sainte-Alliance, le soutien de la France et de l'Angleterre permet aux Belges de conserver cette indépendance, assortie d'un statut de neutralité qui assure le maintien de l'équilibre européen.

Bien différent sera le sort de la Pologne. Jouissant d'une certaine autonomie budgétaire, religieuse et politique, la Pologne aspire à la voir s'élargir jusqu'à une véritable indépendance. Mais la mort d'Alexandre Ier et l'avènement de son successeur Nicolas Ier, autocrate convaincu, signifient la fin de ces espoirs. Dans ces conditions, l'annonce des révolutions parisienne et bruxelloise enflamme le nationalisme polonais. Lorsqu'en novembre 1830 le Tsar décide de lever une armée en Pologne pour venir en aide au roi des Pays-Bas, l'armée polonaise se soulève et la Diète proclame en janvier 1831 l'indépendance du pays, espérant l'aide des grandes puissances. La Pologne sait n'avoir rien à espérer de la Prusse, ni de l'Autriche de Metternich qui détiennent chacune une part de Pologne. Mais, en dépit de l'appui des opinions anglaise et française à la cause polonaise, les gouvernements de Londres et de Paris refusent d'intervenir. Livrés à eux-mêmes, les Polonais sont condamnés. En septembre 1831, l'armée russe s'empare de Varsovie. Une terrible répression s'abat sur le pays : toutes les libertés sont supprimées, un régime militaire instauré, exécutions, arrestations, bannissements, déportations en Sibérie frappent les insurgés, les universités sont fermées, les fils de nobles compromis dans l'insurrection sont enlevés à leurs familles et envoyés dans des écoles russes ou des corps d'enfants de troupe. Une importante émigration quitte la Pologne pour se réfugier dans les États libéraux d'Occident.

L'Allemagne et surtout l'Italie n'ont pas été épargnées par la vague révolutionnaire. Dans ce dernier pays, le duc de Modène, l'archiduchesse Marie-Louise de Parme ont dû fuir leurs principautés soulevées, cependant que la révolte se déchaînait dans les États du pape. Mais là encore, les insurgés attendent en vain l'aide de la France. La Monarchie de Juillet, récemment installée, ne se soucie pas de risquer son avenir dans un conflit international. Metternich rétablit l'ordre sans difficulté dans les États allemands et 20 000 soldats autrichiens réoccupent Parme, Modène et les États pontificaux.

Il reste que la flambée révolutionnaire de 1830 a modifié l'équilibre stratégique de l'Europe. À l'ouest du continent, l'Angleterre, la France, la Belgique, font figure d'États libéraux acceptant le principe du régime représentatif, de lentes mutations politiques et le respect des libertés individuelles. Sans vouloir intervenir hors de leur zone d'influence, sans vouloir remettre en cause l'équilibre européen, ils entendent favoriser en Europe occidentale le triomphe des principes constitutionnels qui régissent leur propre vie politique. On le voit en 1833-1834 où la France et l'Angleterre soutiennent contre des prétendants absolutistes les gouvernements libéraux de la reine Marie-Christine en Espagne et du roi Don Pedro au Portugal.

Au centre et à l'est du continent, la Prusse, l'Autriche et la Russie entendent maintenir l'ordre de 1815 et les principes de la Sainte-Alliance et faire échec aux mouvements libéraux et nationaux. En septembre 1833, par la convention de Münchengraetz, ces trois États proclament solennellement leur détermination à maintenir le statu quo en Europe et affirment leur volonté de soutenir tout souverain légitime qui ferait appel à leur concours.

Cette division en recouvre une autre, déjà perceptible au siècle précédent et qui tient aux structures économiques et sociales des pays considérés. Elle oppose d'une part, les pays d'Occident où l'essor des activités commerciales et industrielles a favorisé le développement d'une bourgeoisie d'affaires impatiente d'accéder au pouvoir et se réclamant du libéralisme et d'autre part, une Europe orientale et méridionale où la fortune foncière et les privilèges de naissance restent les bases d'une société dont les principaux bénéficiaires entendent bien maintenir ou restaurer les pratiques d'Ancien Régime.

En dépit des garde-fous posés par les traités de 1815, l'Europe de la Sainte-Alliance a commencé à se fissurer autour de 1830, tout au moins à l'ouest du continent. Une nouvelle poussée de fièvre européenne en 1848 va porter un autre coup, beaucoup plus violent celui-là, à la volonté de conservation des souverains d'Ancien Régime.

● Le «Printemps des peuples»

La vague révolutionnaire de 1848 s'inscrit à la fois dans une chronologie courte (l'essentiel des événements se déroule entre février 1848 et 1849) et dans la perspective large d'affirmation des aspirations libérales et nationales dans l'Europe de la première moitié du XIXe siècle.

La première observation fait intervenir des causes occasionnelles, en particulier économiques, l'existence d'une crise commencée quelques années auparavant aux alentours de 1845 et dont les effets cumulés se traduisent en termes de difficultés sociales pour les populations, expliquant leur désaveu de gouvernants incapables de faire face au marasme. Mais cette cause occasionnelle ne rend compte que des mouvements de colère qui poussent les populations dans la rue, leur fait affronter les forces de l'ordre et jeter bas les pouvoirs en place. Elle n'explique pas le contenu positif des mouvements révolutionnaires, les revendications des peuples et les solutions alternatives qu'ils entendent proposer aux lieu et place des régimes qu'ils souhaitent renverser. À ce niveau interviennent les choix culturels et politiques qui font apparaître les idées libérales, la construction d'États nationaux, voire l'exigence de mesures sociales de caractère démocratique comme des solutions de progrès susceptibles de résoudre leurs difficultés et de combler leurs aspirations. En 1848, l'acculturation du riche héritage de la Révolution française à la culture politique des peuples européens est en passe d'être réalisée.

En terme d'événements, le cœur de la nouvelle vague révolutionnaire se situe une fois de plus à Paris, au cœur de cette France qui demeure pour les peuples d'Europe le foyer des idées de progrès. La Monarchie de Juillet s'est sclérosée au fil des années dans la défense du régime élitiste et censitaire fondé en 1830. Le libéralisme politique dont il se réclamait s'est révélé socialement conservateur, refusant tout élargissement du droit de suffrage. Le libéralisme politique lui-même s'est trouvé perverti par la volonté du roi de gouverner par lui-même et par la transformation concomitante de la Chambre des députés en une chambre d'enregistrement du fait des pratiques de corruption et de l'élection à la députation de fonctionnaires qui dépendent pour leur rémunération de la bonne volonté du gouvernement. Le fossé qui se creuse ainsi entre le pouvoir et la société débouche, en février 1848, à la suite de la mort sous les balles des soldats de manifestants qui protestaient contre l'interdiction d'un banquet d'opposants, sur un soulèvement populaire qui contraint Louis-Philippe à abdiquer. Les adversaires du régime proclament alors la République et nomment un gouvernement provisoire. La nouvelle république, acclamée par le peuple, se veut à la fois libérale et sociale. Elle proclame le suffrage universel, le droit au travail, crée des Ateliers nationaux pour employer les chômeurs, rétablit toutes les libertés, y compris celle d'association et voit fleurir les clubs politiques.

Mais, très vite, entre les dimensions libérale et sociale de la Seconde République naît un profond antagonisme. La bourgeoisie s'inquiète du désordre dans la rue, de l'atteinte à l'initiative privée que constituent les Ateliers nationaux et souhaite la fin de ces entorses à l'ordre naturel. Rapidement, c'est dans le sens du libéralisme conservateur de la Monarchie de Juillet, dont les anciens fidèles forment le «Parti de l'ordre», qu'évolue le régime. Confortés par les élections qui traduisent l'inquiétude provinciale devant l'agitation parisienne, modérés et conservateurs font appel à la garde nationale et à l'armée pour réprimer l'agitation ouvrière, écrasée lors des Journées de Juin 1848. Ils font élire à la présidence de la République le prince Louis-Napoléon Bonaparte, prennent des lois restrictives en matière électorale et d'éducation et installent ainsi à partir de 1849 une République conservatrice décidée à éradiquer le «péril rouge». C'est en s'appuyant sur le mécontentement des classes populaires qui ne se reconnaissent pas dans ce régime que le président de la République prépare un coup d'État destiné à lui permettre de rester au pouvoir à la fin de son mandat. Exécuté le 2 décembre 1851, il met fin à la Seconde République et institue la dictature de Louis-Napoléon Bonaparte qui deviendra en 1852 l'empereur Napoléon III.

La révolution parisienne de février 1848 va servir de détonateur à la propagation de l'explosion révolutionnaire. En Autriche, Metternich maintient un absolutisme sans faille et un immobilisme, fondement même de sa politique. Une manifestation qui dégénère aboutit le 13 mars 1848 à la démission du Chancelier qui doit fuir Vienne et à l'octroi par l'empereur Ferdinand de la liberté de la presse, de la liberté de réunion, de la constitution d'une garde civique. Mais la Constitution qu'il promet à ses sujets paraît si insuffisante lorsqu'il en fait connaître la teneur le 25 avril qu'elle provoque une nouvelle émeute et la fuite de l'Empereur à Innsbruck. La décision est alors prise d'élire au suffrage universel une assemblée constituante.

L'effondrement de l'ordre réactionnaire à Vienne entraîne aussitôt les réactions des peuples allogènes qui font connaître leurs revendications nationales. En Hongrie, les députés arrachent à Vienne un gouvernement responsable devant la Diète, une armée, une monnaie, une représentation diplomatique propre. Uniquement rattachée à la couronne par des liens symboliques, la Hongrie proclame l'abolition des privilèges, la fin de la religion d'État. Mais cette Hongrie indépendante et libérale n'entend pas étendre les avantages qu'elle vient d'arracher aux peuples qu'elle domine : elle s'apprête à inclure dans le nouvel État les Roumains de Transylvanie, les Polonais de Galicie, les Croates et les Slovaques.

En Bohême, la majorité tchèque constitue le 11 mars 1848 un «Comité de Saint-Wenceslas» qui arrache, lui aussi, des concessions à l'Empereur. Il en résulte la formation d'un véritable gouvernement, le Comité national tchèque, qui réclame un statut d'autonomie redonnant vie à l'antique couronne de Bohême. De plus grande portée est sans doute la réunion à Prague d'un congrès panslave dominé par les Tchèques et les Slovaques, rassemblant des délégués des peuples slaves de l'Empire qui regardent vers leur protecteur naturel, le tsar de Russie.

Si on y ajoute les revendications des Croates qui réclament, eux aussi, contre les Hongrois, des droits nationaux, on constate que l'Empire des Habsbourg, clé de voûte de l'Europe du congrès de Vienne, est au bord de la désintégration. Et du même coup, c'est toute l'aire d'influence de l'Autriche qui est menacée par la vague révolutionnaire.

En Allemagne, la révolution parisienne se propage comme une traînée de poudre, contraignant à l'abdication le roi Louis Ier de Bavière, poussant les princes allemands à accorder la liberté politique et des constitutions. Le 18 mars, c'est Berlin qui est à son tour frappée par une émeute qui fait 200 morts et provoque l'érection de barricades dans la capitale prussienne. Le 21 mars, le roi Frédéric-Guillaume IV promet l'élection d'une assemblée constituante. Mais l'effondrement de l'Europe de la Sainte-Alliance ne consiste pas uniquement dans l'adoption de dispositions libérales dans une Allemagne où l'influence de Metternich avait fait régner l'ordre réactionnaire. Elle ouvre la voie à la manifestation d'une «nation allemande» comprimée depuis

1813. Dès le 5 mars 1848, des personnalités libérales réunies dans la ville universitaire de Heidelberg décident de convoquer un Parlement préparatoire (*Vorparlament*) destiné à mettre en œuvre l'unification de l'Allemagne. C'est le 18 mai 1848 que se réunit à Francfort un Parlement constituant, élu à l'initiative du *Vorparlament* dans les États allemands. Commencent alors d'interminables discussions sur la forme du futur État unitaire, sur la nature du régime, sur le système électoral et surtout sur ses limites géographiques que les députés envisagent très extensives, incluant les cantons suisses, le Limbourg hollandais, le Luxembourg, les duchés danois du Schleswig-Holstein, etc.

C'est un phénomène du même ordre à la fois libéral et national qui marque le mouvement révolutionnaire en Italie. Avec cette nuance que son déclenchement ne doit rien à la révolution parisienne. C'est en effet dès 1847 avec l'élection du pape Pie IX sur le trône de Saint-Pierre et les quelques réformes que prend ce pontife, réputé libéral, qu'un vaste espoir de libéralisation gagne l'Italie, entretenant dans tout le pays une agitation anti-autrichienne aux cris de « Vive Pie IX ! ». Dans le cadre de ce mouvement, des troubles graves éclatent en Sicile où le peuple soulevé chasse les garnisons napolitaines, contraignant le roi Ferdinand II à accorder une Constitution imitée de la Charte française. Ce mouvement révolutionnaire gagne la péninsule tout entière, obligeant à leur tour le pape Pie IX, le grand-duc de Toscane, le roi de Piémont Charles-Albert à octroyer des constitutions. Dans le royaume lombard-vénitien la révolution prend un tour anti-autrichien, favorisé par les événements de Vienne qui paralysent toute riposte : à Venise, l'avocat Manin proclame la « République de Saint-Marc » et à Milan une insurrection chasse les troupes du maréchal Radetzky. De libéral le courant révolutionnaire se fait bientôt national. Le moment n'est-il pas venu de se débarrasser de l'oppression autrichienne et d'unifier l'Italie ? Le roi de Piémont Charles-Albert, rejoint par les armées de la plupart des États d'Italie, engage les hostilités contre l'Autriche et entre en Lombardie.

Décidément, l'ordre de 1815 paraît voler en éclats dès lors que l'Empire des Habsbourg qui en constituait la clé de voûte est au bord de l'effondrement. Le rêve ne dure que quelques mois. Le « Printemps des peuples » qui semble annoncer en Europe une ère nouvelle d'accomplissement libéral et national ne résiste pas au redressement qui s'opère dans l'empire d'Autriche.

● Le reflux de la vague révolutionnaire et le rétablissement de l'ordre de 1815 en Europe centrale

C'est à Prague que débute le reflux de la vague révolutionnaire européenne. La capitale de la Bohême est en proie à des troubles provoqués par la présence du congrès panslave, et lors d'une manifestation qui tourne à l'émeute, le 12 juin, l'épouse du commandant des troupes autrichiennes de Bohême, le prince Windischgrätz, est tuée d'une balle perdue. Le prince réagit en évacuant la ville qui est violemment bombardée et contrainte de capituler. Le Comité national et le congrès panslave sont dissous et une sévère répression s'abat sur la Bohême. Ce succès de la réaction redonne courage à l'Empereur qui appelle Windischgrätz à réitérer à Vienne son action. C'est chose faite le 31 octobre après des combats meurtriers qui remettent la capitale autrichienne aux mains de l'armée. Arrestations massives et exécutions sommaires illustrent le rétablissement de l'ordre ancien. Le clan réactionnaire impose au poste de chancelier le prince Schwarzenberg, beau-frère de Windischgrätz, pousse à l'abdication l'empereur Ferdinand, coupable de faiblesse envers les révolutionnaires et le remplace par son neveu, le jeune François-Joseph. Reste la Hongrie où l'attachement à l'indépendance est puissant et jouit de l'appui entier de la population. Une première victoire de Windischgrätz contre l'armée hongroise, appuyé par les Croates qui entendent secouer le joug hongrois, en février 1849, suivie de la prise de Budapest, ne parvient pas à venir à bout de la résistance hongroise. Une armée reconstituée sous les ordres du Hongrois Kossuth chasse les Autrichiens de la capitale et permet à la Diète de proclamer l'indépendance totale de la Hongrie et la déchéance des Habsbourg. Il ne faudra pas moins que l'aide du tsar de Russie qui envoie 150 000 hommes en Hongrie pour que les Hongrois, pris à revers, finissent par capituler en août 1849. Une répression impitoyable s'abat sur le pays.

Le rétablissement de l'ordre réactionnaire dans l'empire d'Autriche scelle le sort des révolutions italienne et allemande. En Italie, les souverains entraînés malgré eux par le Piémont dans la croisade anti-autrichienne se reprennent et rappellent leurs contingents, Pie IX en tête. Dans ces conditions, le roi de Piémont, isolé, est vaincu en juillet 1848 à Custozza par le maréchal Radetzky et contraint de signer un armistice avec l'Autriche. Mais devant la renonciation des souverains italiens à prendre la tête du mouvement national contre l'Autriche se développe dans la péninsule un courant démocratique et antimonarchique. À Venise, Manin instaure une dictature républicaine, à Florence, le grand-duc doit fuir ses États, de même que le pape Pie IX, cependant qu'une République romaine est proclamée. De crainte de voir la vague républicaine gagner le Piémont, Charles-Albert préfère se lancer dans une nouvelle offensive désespérée contre l'Autriche. Écrasé en mars 1849 à Novare, Charles-Albert se résoud à abdiquer en faveur de son fils Victor-Emmanuel II, sauvegardant ainsi l'avenir de la dynastie. Celui-ci parviendra à maintenir au Piémont la Constitution octroyée par son père, faisant de son royaume le seul État libéral de la péninsule et l'auréolant de la double tentative anti-autrichienne de Charles-Albert. Mais partout ailleurs en Italie, la réaction triomphe. Le roi de Naples Ferdinand II écrase sous les bombes ses sujets révoltés. L'Autriche reconquiert l'Italie du Nord, rétablissant sur leurs trônes les princes chassés par leurs sujets et multipliant les pendaisons. À Rome, c'est une armée envoyée par le président de la République française, Louis-Napoléon Bonaparte, qui rétablit Pie IX sur son trône.

En Allemagne, l'annonce de la prise de Vienne par Windischgrätz redonne courage au roi de Prusse, Frédéric-Guillaume IV. Sous la pression d'un groupe de contre-révolutionnaires comprenant Bismarck, il nomme un gouvernement réactionnaire, dissout l'Assemblée, ferme les clubs, mais accepte d'octroyer à ses sujets une Constitution établissant un régime représentatif partiellement censitaire. La plupart des souverains allemands qui avaient dû céder à la vague révolutionnaire reprennent courage et, souvent avec l'aide de l'armée prussienne, rétablissent une autorité sans partage sur leurs sujets. Quant au mouvement d'unification nationale dont le Parlement de Francfort avait été l'acteur, il s'enlise dans d'interminables discussions, provoquant des tensions avec les États dont des territoires sont revendiqués comme allemands. Dépourvu de moyens, dépendant de la bonne volonté des princes, le Parlement va en outre se heurter à la division entre partisans de la «Grande Allemagne» incluant l'Autriche avec tous ses peuples non germaniques et ceux de la «Petite Allemagne» excluant l'État des Habsbourg et dominée par la Prusse. Le choix de cette dernière solution en janvier 1849 conduit en mars à l'élection de Frédéric-Guillaume IV comme empereur d'Allemagne. Redoutant l'opposition autrichienne et peu soucieux d'accepter une couronne d'une assemblée qu'il juge «révolutionnaire», le roi de Prusse refuse ce «diadème de papier».

ment de Francfort ne se relève pas de cet échec. Il se dis-
gloire en juin 1849. Mais lorsque le roi de Prusse s'ef-
onvaincre les princes allemands de lui offrir la couronne
impériale qu'il vient de refuser du Parlement, un ultimatum de
l'Autriche, désormais rétablie dans sa puissance, le contraint à une
humiliante renonciation en novembre 1850.

Après la «reculade d'Olmütz», l'Allemagne est reconstituée dans
sa forme de 1815 : la Confédération germanique est ressuscitée, la
Diète, dominée par l'Autriche, rétablie dans ses fonctions. En Europe
centrale et méridionale, l'ordre de 1815 est une nouvelle fois conso-
lidé. En fait, le feu couve sous la cendre. Moins de dix ans après
l'échec des révolutions de 1848, l'empereur des Français, Napoléon III,
va s'appliquer à ruiner définitivement l'Europe du congrès de Vienne,
fille de la défaite française.

Émergence des nationalités et heurt des nationalismes (1850-1914)

● Napoléon III et la destruction de l'ordre du congrès de Vienne

Devenu empereur des Français en 1852, Napoléon III n'a rien d'un
conquérant comme son oncle. Généreux, utopiste, bon connaisseur de
l'Europe, il rêve de laisser une trace dans l'histoire qui ferait de
l'Empire français l'arbitre du continent en reconstruisant celui-ci
selon les principes du droit des peuples à disposer d'eux-mêmes. Il
croit trouver dans quelques phrases du *Mémorial de Sainte-Hélène,*
dicté par Napoléon Ier, la formulation du principe des nationalités et
entend s'inscrire dans la continuité de ce grand dessein supposé en
devenant le «libérateur» des peuples européens. Ce qui aurait en
outre l'avantage de donner à l'opinion une compensation à l'inexistence de la vie politique, de détruire les traités de 1815 dirigés contre
la France et de le faire apparaître lui-même comme le guide moral
d'une Europe des nations libérées.

Encore lui faut-il, pour ce faire, convaincre ou affaiblir les puissances garantes de l'ordre réactionnaire rétabli en 1830, comme en
1848, au premier chef, l'Autriche et la Russie. De l'Angleterre, gagnée

aux idées libérales, il sait n'avoir rien à craindre, pour autant que la France n'apparaisse pas conquérante, ni dominatrice, mais tel n'est pas le but de Napoléon III. Aussi, lorsqu'en 1853 l'Angleterre, désireuse de faire échec aux ambitions russes dans l'Empire ottoman, propose à la France une expédition commune contre le Tsar, l'Empereur s'empresse-t-il d'accepter l'offre. La guerre de Crimée, marquée pour l'essentiel par le siège de Sébastopol (1854-1855) permet à Napoléon III de convoquer à Paris un congrès de la paix qui voit la France jouer le rôle d'arbitre de l'Europe sans tirer pour elle aucun avantage de son intervention. Le Royaume-Uni obtient la garantie de l'intégrité de l'Empire ottoman, la liberté de navigation sur les Bouches du Danube est assurée, à la satisfaction de l'Autriche. Au passage, la politique des nationalités obtient une première victoire : le Sultan a dû accepter l'autonomie des deux principautés roumaines de Moldavie et Valachie qui, sous la protection française, choisissent le même hospodar (gouverneur), Alexandre Cuza, noble roumain qui a passé sa jeunesse en France. Et Napoléon III laisse le Piémont, membre de la coalition qui a vaincu la Russie, poser au congrès la question de la nationalité italienne opprimée par l'Autriche, scandalisée par cette entorse aux principes de 1815.

C'est en Italie que se déroule le second acte de la réalisation, sous l'inspiration française, de l'Europe des nationalités. Depuis l'échec du mouvement de 1848, le Piémont, désormais dirigé par l'habile Premier ministre de Victor-Emmanuel II, le comte de Cavour, fait figure de principal espoir d'une Italie unifiée et libérale. Mais Cavour a compris que le Piémont n'était pas de taille à affronter seul la puissante Autriche et il va s'appliquer avec obstination à convaincre Napoléon III d'embrasser la cause italienne. C'est chose faite en 1859. Cavour va faire en sorte de multiplier les provocations contre l'Autriche jusqu'à ce que celle-ci décide d'entrer en guerre contre le Piémont en avril 1859, entraînant du même coup l'intervention française. Les deux victoires franco-piémontaises de Magenta et de Solférino en juin 1859 ouvrent la Lombardie aux alliés. Mais, bouleversé par la véritable boucherie qu'il constate sur le champ de bataille de Solférino, Napoléon III signe à Villafranca un armistice avec l'Autriche, à la grande indignation des Italiens, déçus que la paix de Zurich ne leur accorde que la Lombardie. En fait, Napoléon III laissera les délégués piémontais organiser des plébiscites décidant le rattachement au royaume de Victor-Emmanuel des duchés d'Italie centrale (Parme, Modène et la Toscane) et de la Romagne pontificale. Il est vrai qu'il obtient en échange la cession à la France de Nice et de la Savoie qui appartenaient au royaume de Piémont. Pour autant, même si le processus est bien entamé, l'unité italienne n'est pas réalisée. Il y manque le royaume des Deux-Siciles, la Vénétie qui reste autrichienne et le reste des États du pape. En ce qui concerne le premier, c'est une expédition, montée par l'ancien général de la République romaine, Garibaldi, qui se charge de faire s'écrouler le trône des Bourbons de Naples. Mais lorsque Garibaldi fait connaître son intention de remonter jusqu'à Rome pour en chasser le pape, Napoléon III — qui y maintient depuis 1849 une garnison française — s'y oppose. Il préfère donner son accord pour que l'armée piémontaise devance Garibaldi dans les États du pape, à condition de respecter Rome. En septembre 1860, les troupes piémontaises, après avoir taillé en pièces les zouaves pontificaux, commandés par le général français Lamoricière, s'emparent des Marches et de l'Ombrie avant de gagner l'État napolitain où Garibaldi fait allégeance à Victor-Emmanuel. Des plébiscites mettent en œuvre le rattachement de ces provinces au Piémont. Quant à la Vénétie, Napoléon III obtiendra de la Prusse qu'elle soit accordée au Piémont au prix de sa propre neutralité dans la guerre que Bismarck déclenche contre l'Autriche en 1866, ce qui deviendra effectif après la victoire prussienne de 1867. Napoléon III est ainsi le véritable parrain de l'unité italienne. Et pourtant, il apparaîtra comme le principal obstacle à son achèvement. C'est qu'il refuse obstinément de laisser les Italiens occuper Rome. À deux reprises, en 1862 et 1867, les troupes françaises brisent des tentatives de Garibaldi pour s'emparer de la capitale pontificale. Ce n'est qu'après la défaite de la France à Sedan en 1870 que les armées italiennes entrent dans Rome qui devient la capitale de l'Italie.

Si l'unité allemande ne doit rien à l'action personnelle de Napoléon III, elle n'est rendue possible que par sa bienveillance. C'est au roi Guillaume Ier, frère de Frédéric-Guillaume IV, et au chancelier qu'il nomme en 1862, Otto von Bismarck, que l'Allemagne doit son unité. Ici, il n'est question ni de volonté du peuple, ni de plébiscite pour la mettre en œuvre, mais de réaliser l'unité par la force. L'Allemagne sera une conquête de la Prusse et Bismarck la réalisera par trois guerres successives. En 1864-65, c'est contre le Danemark que la Prusse entre en guerre, entraînant avec elle l'Autriche. Le prétexte en est le complexe statut des trois duchés de Schleswig, Holstein et Lauenbourg, peuplés d'Allemands et membres de la Confédération germanique, mais que le roi de Danemark, qui les possède à titre personnel, entend rattacher à sa couronne. Victorieuses, la Prusse et l'Autriche se partagent les duchés en 1865. Aussitôt, Bismarck passe à la seconde étape, plus délicate : mettre hors jeu l'Autriche en Allemagne. Pour ce faire, la neutralité française lui est indispensable. Il rencontre Napoléon III à Biarritz et obtient son accord tacite, lui promettant en échange d'arracher la Vénétie à l'Autriche. Rassuré sur ses arrières, il peut déclencher en juin 1866 la guerre contre l'Autriche, alliée aux princes d'Allemagne du Sud. Une série de victoires prussiennes dispersant les armées de ces derniers et un succès décisif contre les troupes autrichiennes à Sadowa le 3 juillet 1866 décident du sort du conflit. Vaincu, François-Joseph doit signer la paix de Prague qui dissout la Confédération germanique, exclut l'Autriche d'Allemagne, mais la ménage puisqu'elle ne cède au vainqueur que le duché danois de Holstein et la Vénétie, attribuée à la France, qui la rétrocède à l'Italie. Les États de l'Allemagne du Sud conservent leur indépendance, tout en acceptant qu'en cas de guerre, leurs armées soient placées sous le commandement du roi de Prusse. Mais la Prusse peut constituer une Confédération de l'Allemagne du Nord. Pour achever l'unité allemande, il ne lui reste qu'à provoquer cette guerre qui lui rallierait les États du Sud.

Elle y parviendra en discréditant la France auprès de ces derniers, par la révélation des demandes de rétrocession de territoires allemands faites par Napoléon III ou des visées françaises sur le Luxembourg. Il lui suffit alors de provoquer l'orgueil national français par quelques termes humiliants délibérément écrits dans une dépêche diplomatique, pour que le gouvernement impérial déclare la guerre à la Prusse le 19 juillet 1870. Diplomatiquement isolée, militairement mal préparée, la France est rapidement vaincue. Le 2 septembre 1870, l'Empereur et la dernière armée française, encerclés à Sedan, doivent capituler. Napoléon III prisonnier, les députés républicains de Paris proclament le 4 septembre sa déchéance et l'avènement d'une IIIᵉ République. Les princes allemands du Sud, malgré les réserves de la Bavière, adhèrent à la Confédération de l'Allemagne du Nord après Sedan. Le 18 janvier 1871, Guillaume Iᵉʳ est proclamé empereur d'Allemagne dans la Galerie des glaces du château de Versailles. Le nouvel Empire ajoutera à son territoire une conquête commune, celle de l'Alsace et du nord de la Lorraine, arrachées à la France par le traité de Francfort du 10 mai 1871.

Si l'Italie et l'Allemagne sont ainsi parvenues à réaliser leur unité nationale en rassemblant au sein du même État les éléments épars de nations dont l'expression n'était jusque-là que géographique, culturelle et linguistique, le même principe national aboutit à un début de démantèlement de l'État multinational que constitue l'empire d'Autriche. Inquiet des risques d'éclatement de l'Empire qui se sont manifestés en 1848, conscient de l'attraction exercée sur les minorités allogènes par des peuples voisins indépendants ou autonomes (Russie, principautés roumaines, Serbie…), l'empereur François-Joseph s'efforce de pratiquer une politique de germanisation. La défaite de Sadowa et son exclusion d'Allemagne ont pour effet, outre l'affaiblissement de l'empire d'Autriche, de le pousser à se tourner vers les peuples du Sud. Pour mieux résister aux forces centrifuges, le gouvernement impérial décide de s'appuyer sur la plus puissante et la mieux organisée des minorités, celle des Hongrois. En 1867, un compromis établit une association originale entre l'Autriche et la Hongrie qui, pour conserver le même souverain, n'en constituent pas moins deux entités autonomes. La première devient la Cisleithanie à laquelle sont rattachées la Bohême, la Moravie, la Galicie, la Bukovine et la Dalmatie. La seconde prend le nom de Transleithanie (la Leitha, affluent du Danube, servant de frontière) organisée autour de la Hongrie à laquelle sont rattachées la Transylvanie, la Slovaquie, la Croatie. Finances, diplomatie, guerre et marine restent communes. Si les Hongrois sont relativement satisfaits du compromis qui transforme l'empire d'Autriche en «Double Monarchie», les peuples soumis aux deux nations majeures acceptent mal leur sujétion. En Cisleithanie, les Tchèques réclament la reconnaissance de leurs droits historiques, voire une «solution trialiste» et non plus seulement dualiste pour l'Empire. En Transleithanie, les Croates arrachent quelques bribes d'autonomie, mais les Slovaques, soumis à une intense magyarisation, tentent de sauver leur identité slave en se rapprochant des Tchèques. De puissantes forces centrifuges, fondées sur le principe des nationalités, menacent ainsi l'intégrité de l'Autriche. L'empereur François-Joseph, attaché à la construction multinationale sur laquelle il règne, s'applique à les combattre par tous les moyens. L'empire des Habsbourg et ses marches méridionales constituent la principale zone de tension de l'Europe du XIXe siècle.

● L'Europe de Bismarck

Entre 1871 et 1890, l'Europe vit à l'heure bismarckienne. Ayant réalisé par la force des armes l'unité allemande, Bismarck a désormais pour principale préoccupation de permettre à l'édifice qu'il a créé de se consolider et de se renforcer. Cet homme d'Ancien Régime se méfie de l'intervention des peuples dans le jeu des relations internationales dont il entend réserver le monopole aux diplomates. Le principe des nationalités lui apparaît comme un véritable danger avec ses impulsions irrationnelles, l'exacerbation de l'orgueil national qu'il provoque, les risques de modifications brutales des frontières qu'il implique et, au total le germe de déséquilibre qu'il introduit dans l'organisation continentale. Lui-même, comme Guillaume Iᵉʳ, ne voit certes pas dans la réalisation de l'unité allemande une victoire du principe des nationalités, mais une simple conquête de la Prusse. Et, à vrai dire, l'Empire allemand est avant tout une fédération de 25 États qui ont, pour la plupart, conservé leurs souverains. Ce qui fait la puissance de Guillaume Iᵉʳ et de Bismarck n'est pas leurs titres respectifs d'empereur et de chancelier fédéral, mais leur statut de roi et de chancelier de Prusse. Sans doute l'existence d'un système économique commun, d'une monnaie commune et bientôt d'un réseau de chemins de fer unifié vont-ils contribuer à inscrire l'unité dans les faits. Mais, pour réaliser cette œuvre, Bismarck a besoin de la durée et rêve donc d'un équilibre européen qui assurerait la paix au continent en permettant à la Prusse de digérer ses conquêtes. Or deux menaces pèsent à ses yeux sur cet équilibre, toutes deux liées au développement de nationalismes portés à l'agressivité. La principale vise directement l'Allemagne : c'est la volonté de revanche de la France qui ne pardonne pas l'annexion de l'Alsace-Lorraine. Même si les gouvernements républicains sont peu désireux de se lancer dans une nouvelle aventure militaire, le culte des provinces perdues rend l'opinion irréconciliable. La germanophobie française devient dès lors une donnée permanente des relations internationales et tout l'effort de Bismarck va consister, vingt années durant, à lui interdire de déboucher sur une tentative de revanche. La seconde menace ne concerne qu'indirectement l'Allemagne : il s'agit de la rivalité entre la Russie et l'Autriche. On a vu que cette dernière, désormais tournée vers les Balkans, cherchait à la fois à préserver l'intégrité de son Empire et à s'emparer des dépouilles d'un Empire ottoman en voie de décomposition. Or le Tsar, jouant sur le levier de la religion orthodoxe, cherche à attirer dans son orbite les peuples slaves des Balkans, qu'ils relèvent de la souveraineté autrichienne ou de la souveraineté ottomane, ce qui lui permettrait ainsi, par clients interposés, de déboucher sur les «mers chaudes» ouvertes toute l'année à la navigation et au commerce maritime. Le cauchemar bismarckien est que le revanchisme français puisse trouver chez une des grandes puissances européennes un allié qui lui permettrait de passer à l'acte.

Ainsi s'explique la politique bismarckienne, visant à isoler la France et, pour y parvenir, à faire entrer les principales puissances européennes dans des systèmes d'alliances interdisant à la France de trouver un partenaire. Les «systèmes de Bismarck» ont donc moins d'importance par leur contenu même que parce qu'ils organisent l'Europe autour de l'Allemagne, faisant entrer dans la même configuration des États aux intérêts opposés dont la rivalité se trouve ainsi neutralisée.

Première mouture des systèmes bismarckiens, l'Entente des Trois Empereurs, alliance défensive formée en 1873 entre l'Allemagne, l'Autriche et la Russie, a pour avantage d'instituer l'Allemagne en arbitre de la rivalité austro-russe. L'Italie y adhérera en 1874. Une crise déclenchée dans les Balkans en 1875 par des révoltes contre l'autorité du Sultan débouche sur une guerre russo-turque remportée par le Tsar et sur une victoire complète de celui-ci. L'inquiétude de l'Angleterre et de l'Autriche devant l'ampleur de cette victoire et les avantages considérables qu'en tire le Tsar poussent Bismarck à convoquer un congrès international à Berlin obligeant la Russie à accepter un amenuisement considérable de ses prétentions. Ulcérée, celle-ci met fin à l'Entente des Trois Empereurs.

Le second système bismarckien tient compte de la nouvelle situation. Il est fondé sur une solide alliance avec l'Autriche (la Duplice), conclue en 1879, et qui demeurera jusqu'à la Première Guerre mondiale la clé de voûte des alliances allemandes. Redoutant l'isolement, répugnant à tout rapprochement avec la France républicaine, le Tsar vient à résipiscence et accepte en 1881 une nouvelle Entente des Trois Empereurs, réduite à la promesse de l'Autriche et de la Russie de ne pas modifier le statu quo dans les Balkans et à un engagement de neutralité au cas où l'un des trois États serait attaqué par un quatrième (la France évidemment). L'année suivante, l'Italie, mécontente de l'installation des Français en Tunisie se joint à la Duplice, constituant ainsi avec l'Allemagne et l'Autriche (dont elle est cependant la rivale dans le Trentin, la région de Trieste et le Haut-Adige) la Triple Alliance ou Triplice.

Cependant, en 1886-1887, le rapprochement entre l'Autriche-Hongrie et des États slaves des Balkans, clients traditionnels de la Russie, pousse à nouveau le Tsar à quitter l'alliance allemande. En même temps, la tension avec la France républicaine s'aggrave, rendant urgente la constitution de ce qu'on appelle le «troisième système bismarckien». Il consiste d'abord en un renouvellement de la Triplice, assorti de conditions plus favorables à l'Italie qui obtient une promesse de maintien du statu quo en Méditerranée, dirigée contre une éventuelle expansion française en Tripolitaine, région sur laquelle l'Italie cherche à étendre son emprise. Mais, désireux de ne pas se lier unilatéralement à l'Italie contre la France, il pousse le Royaume-Uni et l'Italie à conclure une alliance méditerranéenne en 1887 par laquelle les deux États garantissent le statu quo en Méditerranée, mer Égée et mer Noire comprises, ce qui est clairement dirigé contre la Russie. La crainte de Bismarck est alors que la Russie et la France, exclues des systèmes d'alliances européens, ne se rapprochent. Pour l'éviter, il propose à la Russie un traité secret, dit de «contre-assurance» : la Russie promet de rester neutre en cas de guerre franco-allemande et en échange, Bismarck promet aux Russes son appui pour l'inclusion de la Bulgarie et des détroits turcs dans sa zone d'influence, dispositions parfaitement contradictoires avec l'alliance autrichienne et l'entente méditerranéenne.

Le système devient donc parfaitement incohérent par ses dispositions, sauf si on se rappelle que, par ce jeu compliqué d'alliances incompatibles entre elles, l'objectif principal, l'isolement de la France, a été atteint. Tant que règne Guillaume Ier, Bismarck se meut avec aisance dans ce jeu compliqué qu'il est l'un des rares à comprendre. Après la mort de l'Empereur, l'accession au trône de Guillaume II qui refuse de continuer à «jongler avec cinq boules dont trois sont toujours en l'air», va signifier la fin du système bismarckien, la rationalisation des systèmes d'alliances et la possibilité pour la France de sortir de son isolement. Mais au débouché de cette rationalisation se profile le risque de guerre.

● Le heurt des nationalismes européens et la marche à la guerre

Facteur de dissociation de l'équilibre européen institué en 1815, le principe des nationalités a conduit entre 1830 et 1871 à l'éclatement de l'Empire ottoman, aux menaces de désintégration de l'empire multinational des Habsbourg, et à la réunion dans un même État unitaire des nations italienne et allemande. Dans le dernier quart du XIXe siècle, il dérive vers le nationalisme, affirmation chauvine de l'identité nationale, par exclusion, voire hostilité aux autres nations. Dans les jeunes États constitués au XIXe siècle, l'Allemagne, l'Italie, la Grèce, la Serbie, la Roumanie, la Bulgarie, l'heure est à la volonté d'affirmation des nouvelles nations par l'expansion ou la domination sur les terres voisines placées sous souveraineté étrangère. Il en résulte de multiples revendications territoriales, sources de tension et facteurs de guerre possibles.

Même dans les États-nations constitués de longue date, le nationalisme n'est pas absent. Il prend au Royaume-Uni la forme d'une volonté de domination mondiale par l'acquisition d'un gigantesque empire colonial, appuyé par un nationalisme populaire sommaire, le *jingoïsm*. Il revêt en France le caractère d'un nationalisme de frustration, alimenté par le culte des provinces perdues et la volonté de revanche contre l'Allemagne. Dans ce dernier pays, à la volonté de Bismarck de figer le statu quo continental pour permettre au Reich de consolider ses acquis, s'oppose un puissant courant expansionniste, le pangermanisme. À partir de 1890, l'empereur Guillaume II substitue à la volonté d'immobilisme du Chancelier de fer une volonté de participer au partage colonial en construisant une puissante flotte de guerre et en se lançant dans une politique mondiale, la *Weltpolitik*.

Dans ces conditions, se multiplient les contentieux entre nations rivales. Entre l'Angleterre et l'Allemagne, la rivalité porte sur la lutte pour la suprématie navale et la conquête des marchés. Les conflits coloniaux en Afrique mettent la France et l'Angleterre au bord de la guerre, qui est évitée de justesse en 1898. Entre la France et l'Allemagne, outre la question, jamais résolue, de l'Alsace-Lorraine, l'hostilité se transporte au Maroc où les deux pays entendent instaurer leur influence. L'Autriche qui tente désespérément de résister à la volonté de ses sujets slaves de se débarrasser de son autorité subit à la fois les assauts de la Russie qui encourage les aspirations de ces derniers et de l'Italie qui lorgne sur les «terres irrédentes» demeurées sous la souveraineté de Vienne...

Tant que Bismarck, par ses complexes «systèmes» d'alliances a neutralisé ces tensions en isolant la France, il a pu maintenir l'équilibre instauré en 1871. Avec l'avènement de Guillaume II qui rejette ce jeu compliqué, il est rompu. Refusant de renouveler le traité de contre-assurance avec la Russie en choisissant clairement l'alliance autrichienne, il isole le Tsar. En dépit de ses répugnances pour la forme républicaine de son régime, celui-ci est alors conduit à se rapprocher de la France, d'autant que celle-ci, riche en capitaux, accepte de souscrire aux emprunts russes, alors que l'Allemagne ferme à la Russie la bourse de Francfort. Ce rapprochement finit par déboucher en 1893-1894 sur une alliance franco-russe dirigée à la fois contre l'Allemagne et contre l'Autriche, unifiant ainsi dans chacun des blocs rivaux, les revendications et les haines des participants. Un peu plus tard, l'Angleterre, inquiète des tendances hégémoniques et de la concurrence maritime et commerciale de l'Allemagne, accepte de signer avec la France en 1903 un traité d'amitié (l'Entente cordiale) qui n'est pas une alliance en bonne et due forme, mais qui marque une première forme de rapprochement entre les deux pays. La liquidation en 1907 des multiples contentieux coloniaux qui opposent le Royaume-Uni et la Russie débouche sur une Triple Entente entre France, Angleterre et Russie qui fait pendant à la Triple Alliance entre Allemagne, Autriche et Italie. Sans doute, le statut des deux systèmes n'est-il pas identique, le Royaume-Uni s'étant gardé de se lier par un traité formel avec la France et la Russie. Pour autant, deux blocs s'opposent désormais l'un à l'autre et la solidité de la Triple Alliance est elle-même sujette à caution, l'Italie ayant esquissé un rapprochement avec la France au début du siècle.

Le résultat de cette coupure de l'Europe en deux blocs hostiles est la multiplication entre 1905 et 1914 des crises européennes au cours desquelles les systèmes d'alliance tentent de marquer des points l'un contre l'autre ou d'éprouver la solidité du bloc adverse. Les théâtres d'opération en sont les Balkans où s'exerce la rivalité austro-russe ou le Maroc où s'affrontent France et Allemagne. Des conférences internationales, des replâtrages hâtifs, la crainte des grandes puissances de s'engager dans un conflit meurtrier, retiennent à chaque fois l'Europe au seuil de la guerre. Mais, de crise en crise, les nationalismes s'exaspèrent dans l'opinion des États concernés, les états-majors préparent des plans d'opération, les petits États engagés dans les conflits balkaniques exigent de leurs protecteurs un soutien plus net. Ainsi se met en place une situation qui finit par échapper aux hommes d'État européens. Il suffira de l'assassinat en juin 1914 de l'archiduc héritier d'Autriche en Bosnie par l'action d'un nationaliste serbe pour que s'enclenche le mécanisme d'un conflit européen que personne ne paraît en mesure d'arrêter. En août 1914, les États européens s'engagent dans un conflit qui, plus de quatre années durant, va déchirer l'Europe.

La «Grande Guerre»,
sanglant achèvement de l'Europe des nations

● Un conflit interminable et longtemps indécis

Les États européens qui entrent en guerre en 1914 sont convaincus que le conflit sera de brève durée, les moyens de destruction moderne employés à grande échelle devant permettre, selon chacun des deux camps, de conclure en quelques semaines. Or, après une période de grandes offensives destinées à l'emporter durant l'été 1914, mais qui échouent toutes, c'est le contraire qui se produit. L'offensive se révèle inutile et meurtrière, la puissance de feu brisant toutes les attaques. Seule la défensive qui consiste à s'accrocher au terrain en s'enterrant dans des tranchées paraît en mesure, non certes de conduire à la victoire, mais tout simplement d'empêcher la défaite. L'Europe s'installe ainsi dans une guerre interminable, sans véritable perspective et où on cherche à acquérir l'avantage par des moyens non directement militaires, en concluant de nouvelles alliances pour renforcer son propre camp, en tentant de ruiner l'économie de l'adversaire, en l'asphyxiant par manque de ressources. Le blocus qui gêne l'Allemagne et l'Autriche, tributaires des importations étrangères, la guerre sous-marine destinée à interdire tout commerce au Royaume-Uni et à la France, deviennent des armes de guerre essentielles.

La prolongation d'une situation qui apparaît sans issue proche a pour effet de provoquer la lassitude des soldats, sacrifiés dans des combats qui semblent inutiles, ainsi que celle des populations qui craignent pour la vie de leurs proches mobilisés et souffrent de multiples pénuries. En 1917, l'Europe en guerre est en proie à une série de crises, marquées par la reprise de grèves et de manifestations de mécontentement social, contenues jusque-là par patriotisme. Sur le front se produisent des refus de monter en ligne et parfois des mutineries, comme dans la flotte allemande ou dans l'armée russe. La crise devient parfois politique avec des chutes de gouvernement qui paient le prix de leur incapacité à remporter la victoire : en France, en Italie, au Royaume-Uni se produisent ainsi des crises ministérielles, cependant qu'en mars 1917 le pouvoir des tsars s'effondre, bientôt remplacé par une éphémère république qui sombrera à son tour en novembre 1917 devant un coup d'État conduit par l'aile extrémiste des socialistes russes, les bolcheviks, dirigés par Lénine. Du coup, la Russie sort du conflit, signant la paix avec l'Allemagne.

La conséquence des crises de 1917 et de la sortie de guerre de la Russie est le développement chez tous les belligérants d'un puissant courant pacifiste. Dans tous les pays en guerre, des hommes et des groupes préconisent la conclusion d'une paix blanche, sans annexion ni indemnité, qui ramènerait l'Europe à ses frontières de 1914. Les socialistes, les catholiques, des hommes politiques libéraux préconisent cette sortie du conflit pendant que le pape Benoît XV lance un appel à la paix et que des négociations secrètes se nouent ici ou là. Mais, partout, les gouvernements refuseront que le grand massacre ait été inutile. En Allemagne, le pouvoir passe aux mains des militaires, en France, en Italie, au Royaume-Uni, ce sont des hommes d'État énergiques, partisans de la guerre à outrance jusqu'à la victoire qui prennent les leviers de commande. Dès lors, la guerre continue jusqu'à ce qu'un fait nouveau vienne mettre fin à l'équilibre des forces qui permet la poursuite du conflit et interdit sa conclusion par la négociation.

Ce fait nouveau intervient en avril 1917 avec l'entrée en guerre des États-Unis aux côtés de la France et de l'Angleterre. L'énorme potentiel humain et matériel que les Américains jettent dans l'affrontement fait basculer l'avantage dans le camp des Alliés. En dépit des derniers efforts désespérés de l'Allemagne pour l'emporter avant que l'aide américaine ne devienne opératoire, le destin de la guerre est désormais scellé. Dès l'été 1918, l'aide américaine entraîne le recul allemand qui ne va cesser de s'accélérer, conduisant l'état-major à pousser le Kaiser à l'abdication et à laisser s'installer un gouvernement parlementaire à qui reviendra la charge de négocier la paix. Au début du mois de novembre 1918, l'Allemagne et ses alliés signent des armistices qui les mettent à la merci des vainqueurs.

● Une Europe des nationalités ?

Si l'Allemagne a accepté de mettre fin au conflit avant sa totale défaite, c'est qu'elle compte sur le président américain Wilson — qui fait figure de chef de la coalition victorieuse — pour bénéficier d'une paix aux moindres frais. Sans doute celui-ci a-t-il posé ses conditions : négocier avec des gouvernements démocratiques et non avec les maîtres autoritaires des Empires centraux. Mais, dans les premiers jours de novembre, des révolutions ont éclaté à Vienne et à Berlin qui ont fait tomber les couronnes impériales des Habsbourg et des Hohenzollern. Et les dirigeants des républiques autrichienne et allemande attendent de Wilson une paix juste et équitable. C'est qu'en

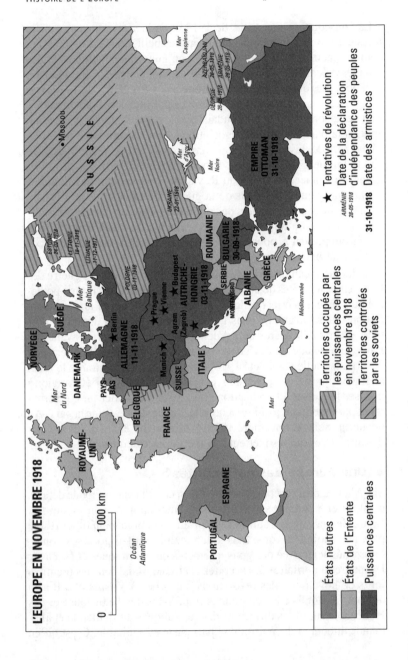

L'EUROPE EN NOVEMBRE 1918

★ Tentatives de révolution

ARMÉNIE 28-05-1918 Date de la déclaration d'indépendance des peuples

31-10-1918 Date des armistices

États neutres

États de l'Entente

Puissances centrales

Territoires occupés par les puissances centrales en novembre 1918

Territoires contrôlés par les soviets

Océan Atlantique

PORTUGAL

ESPAGNE

FRANCE

ROYAUME-UNI

BELGIQUE

PAYS-BAS

NORVÈGE

SUÈDE

DANEMARK

Mer du Nord

Mer Baltique

ALLEMAGNE 11-11-1918

★ Berlin

★ Munich

SUISSE

ITALIE

★ Prague

★ Vienne

★ Agram (Zagreb)

AUTRICHE-HONGRIE 03-11-1918

★ Budapest

MONTÉNÉGRO

SERBIE

ALBANIE

GRÈCE

BULGARIE 30-09-1918

ROUMANIE

Mer Méditerranée

Mer

EMPIRE OTTOMAN 31-10-1918

Mer Noire

Mer d'Azov

UKRAINE 22-01-1918

POLOGNE 03-11-1918

LITUANIE 11-12-1917

LETTONIE 18-11-1918

ESTONIE 24-02-1918

R U S S I E

• Moscou

Mer Caspienne

GÉORGIE 26-5-1918

ARMÉNIE 28-05-1918

AZERBAÏDJAN 26-05-1918

0   1 000 km

38

entrant dans le conflit au printemps 1917, le président des États-Unis a fait connaître ses buts de guerre, différents de ceux de l'Entente dont il se veut l'associé et non l'allié, refusant de prendre en compte les objectifs anglais et français. Il entend en effet fonder la paix en Europe non sur le droit du plus fort, mais sur la justice. Et, en la matière celle-ci s'appelle pour lui principe des nationalités : chaque nation est en droit de constituer un État aux frontières sûres et reconnues si on veut que la paix règne en Europe.

C'est ce principe qui va servir de fil directeur aux négociations qui se déroulent de janvier à juin 1919 au château de Versailles et dans les villes voisines pour reconstruire l'Europe, sur des bases bien différentes de celles de 1815 : droit des peuples à disposer d'eux-mêmes, abandon de la diplomatie secrète, liberté des mers, désarmement, garanties mutuelles d'indépendance politique et d'intégrité territoriale dans le cadre d'une Ligue des nations. Il faudra cependant accepter des compromis avec «l'égoïsme sacré» des autres vainqueurs, moins l'Angleterre dont le pragmatisme peut s'accommoder des vues de Wilson dès lors que l'équilibre européen est assuré et ses intérêts économiques sauvegardés, que la France qui exige de l'Allemagne vaincue des réparations et de la conférence de la paix de multiples garanties, y compris des cessions territoriales, afin d'assurer sa sécurité dans l'avenir. De surcroît, et en particulier à l'est de l'Europe, l'enchevêtrement territorial des nationalités constitue un véritable défi pour l'application rationnelle des principes wilsoniens. Enfin, le désir d'équité ne va pas jusqu'à inviter à la conférence, avec droit de délibérer, les puissances vaincues, pas plus que la Russie soviétique de Lénine qui fait figure d'État pestiféré.

Aussi la paix signée à Versailles avec l'Allemagne le 28 juin 1919, même si elle crée une Europe où le principe des nationalités est davantage respecté qu'auparavant, pose autant de problèmes qu'elle en résout. À l'ouest, l'Allemagne ne perd que l'Alsace-Lorraine, restituée à la France sans plébiscite, et le Schleswig du Nord rendu au Danemark, tandis que les deux cantons d'Eupen et de Malmédy sont annexés par la Belgique. Mais à l'est, la Posnanie et la Prusse occidentale entrent dans une Pologne reconstituée, reliée à la mer par le corridor de Danzig qui coupe en deux des territoires demeurés allemands. Après une période de troubles violents, la Haute-Silésie est partagée entre la Pologne et l'Allemagne. Cette dernière, pour qui le traité de Versailles est un «diktat» qui lui a été imposé, n'acceptera jamais de reconnaître ses frontières orientales. Elle n'accepte pas davantage la perte de toutes ses colonies, le paiement de réparations aux vaincus, résultant d'une clause du traité de Versailles qui lui impute la responsabilité de la guerre, le régime douanier qui lui est imposé, sa démilitarisation presque totale et l'occupation de la Sarre et de la rive gauche du Rhin par les vainqueurs. L'histoire des années qui suivent sera largement déterminée par le refus allemand d'accepter la situation ainsi créée à son détriment et qui fait régner dans le pays un esprit revanchard que le nationalisme, puis le nazisme, sauront exploiter.

L'Autriche-Hongrie sort démembrée du conflit, l'Autriche et la Hongrie, dont les territoires sont amputés, constituant désormais deux États totalement séparés. Ces vestiges de l'ancien empire des Habsbourg ne sont plus que des États secondaires aux capitales hypertrophiées. Sur leurs ruines sont nés de nouveaux États. Les Slaves du Nord (Tchèques, Moraves, Slovaques) forment la Tchécoslovaquie, ceux du Sud (Croates, Bosniaques, Dalmates) se sont unis à la Serbie et au Monténégro pour former une Yougoslavie. Quant à la Galicie, elle se joint aux territoires polonais détenus par la Prusse et la Russie pour reconstituer une Pologne indépendante. Autre vaincue, la Bulgarie doit céder des territoires à la Yougoslavie (la Macédoine), à la Roumanie (la Dobroudja), à la Grèce (la Thrace orientale). Enfin, la Turquie connaît elle aussi le démembrement, perdant à la fois ses provinces du Proche-Orient, partagées entre la France et l'Angleterre, et ses territoires européens au profit de la Grèce.

Ajoutons que, parmi les vainqueurs, l'Italie, qui a engrangé d'importants gains territoriaux avec Trente, la Vénétie Julienne et le Haut-Adige, s'estime insatisfaite. N'ayant pu obtenir Fiume et la côte dalmate, elle parlera d'une «victoire mutilée».

Ainsi, les traités de paix de 1919-1920 ont remodelé une large partie de la carte de l'Europe. L'Europe de 1920 coïncide sans doute mieux avec la carte des nationalités que celle de 1914, mais plusieurs millions d'Européens appartiennent à des minorités nationales soumises à un pouvoir étranger et rêvent d'un nouveau remodelage qui leur permettrait de rejoindre des États où leur nationalité est majoritaire. La nouvelle carte de l'Europe suscite le ressentiment des vaincus et même d'une partie des vainqueurs qui n'ont pas obtenu tout ce qu'ils espéraient. C'est pourquoi la volonté de réviser les traités de 1919-1920 va constituer un des axes forts de la vie des États européens dans les années qui suivent et peser lourdement sur les relations internationales à l'intérieur du continent.

CHAPITRE 2

1919-1921, l'Europe ébranlée

La fin de la Première Guerre mondiale scelle
la victoire apparente des principes libéraux.
En réalité, le conflit a été conduit au prix
d'entorses permanentes à ces idéaux.
En Russie, la paralysie économique du pays,
l'autoritarisme incompétent du gouvernement et
les souffrances de la population conduisent à
un mouvement révolutionnaire qui fait s'effondrer le
tsarisme en mars 1917. Le Parti bolchevik
s'empare du pouvoir par la «révolution d'Octobre»
(novembre 1917).
La Russie connaît alors quatre années durant une
période de guerre civile et d'intervention étrangère.
Grâce au refus de la population de soutenir
les adversaires des bolcheviks, à la pugnacité
de «l'Armée Rouge» et à la répugnance du président
Wilson à imposer à la Russie la loi des grandes
puissances, les bolcheviks parviennent à sauver le
régime au prix d'une sévère amputation territoriale.
La IIIᵉ Internationale, fondée à Moscou en 1919,
encourage les agitations et soulèvements qui
atteignent l'Allemagne et la Hongrie, les grèves
et manifestations qui troublent la France ou l'Italie.
Mais les gouvernements répriment efficacement
les grèves révolutionnaires des pays d'Europe
occidentale. Un «cordon sanitaire» d'États-tampons
isole la Russie soviétique du reste de l'Europe.

Une victoire apparente des principes libéraux

● Une Europe des nationalités

Les traités de 1919-1920 entérinaient de nouveaux rapports de force en Europe et dessinaient une nouvelle carte politique du vieux continent, plus conforme que dans le passé à la répartition des nationalités et aux revendications identitaires des peuples. Mais ils n'apportaient aucune solution au profond ébranlement des structures — économiques, sociales, politiques, institutionnelles — que la guerre avait provoqué ou accéléré.

Depuis 1815, l'Europe s'était trouvée affrontée au problème complexe de la réalisation des idéaux nés de la Révolution française. À la question des nationalités, la conférence de la paix venait d'apporter une solution qui, susceptible de modifications de détail, pouvait dans ses grandes lignes apparaître comme définitive. Mais personne ne s'était vraiment préoccupé de définir le contenu de l'Europe nouvelle. À première vue, les choses paraissaient assez simples.

● Une Europe des démocraties libérales ?

Le XIXe siècle avait été marqué par l'affrontement de l'absolutisme et du libéralisme. Dans le conflit qui les avait opposés, les Empires centraux avaient tenu le rôle de champions de l'autorité «légitime», les puissances alliées celui de porte-étendards de la liberté, encore que jusqu'en 1917 la présence de la Russie tsariste dans le camp des pays de l'Entente ait quelque peu faussé cette belle dichotomie en noir et blanc. Aussi bien, la défaite austro-allemande est-elle suivie par une vague de mouvements révolutionnaires qui abat les dynasties autoritaires et fait naître à leur place républiques ou monarchies parlementaires. Guillaume II est chassé d'Allemagne, Charles Ier de Vienne et de Budapest, tandis que, dans les nouveaux États qui se sont constitués sur les ruines de la Double Monarchie, s'établissent des républiques se réclamant du modèle occidental. Tel est le cas en Tchécoslovaquie, avec Masaryk et Beneš, ou en Pologne avec Pilsudski. La Serbie donne son roi à la Yougoslavie, mais cette monarchie répudie d'entrée de jeu toute référence à l'absolutisme.

Or, à l'heure même où l'idéalisme wilsonien et l'influence des grandes démocraties occidentales donnent à l'Europe des institutions libérales, le libéralisme lui-même se trouve mis en question, aussi bien sur le plan politique qu'économique. Et ceci dans les pays où il a triomphé le plus tôt et de la façon la plus complète.

● La guerre a ébranlé la démocratie libérale

Tenants du libéralisme économique, conçu par les philosophes du XVIIIe siècle, mis en pratique par la bourgeoisie d'affaires du XIXe siècle, les États occidentaux se sont vus contraints par la guerre de réglementer l'initiative privée et de prendre en main — par l'intermédiaire d'offices, comités et commissions de toutes sortes — la direction effective de l'économie. Les importations et les exportations sont contrôlées par l'État qui taxe les denrées et fixe le taux des salaires. C'est l'État également qui règle l'emploi, réquisitionne les moyens de transport, surveille l'agriculture dont dépend le ravitaillement, subventionne les industries nécessaires à la défense nationale. Toute une partie des activités économiques passe ainsi dans les faits sous le contrôle, sinon sous l'autorité des pouvoirs publics.

Mêmes entorses au libéralisme dans le champ du politique. Partisans avérés des libertés publiques et du respect des droits de l'homme, les dirigeants des démocraties occidentales doivent se rendre à cette évidence que la liberté absolue est peu conciliable avec les exigences d'une guerre totale qui exige la mobilisation de tous, à l'arrière comme sur le front.

Les dangers que font courir aux secrets d'État les pratiques de la démocratie parlementaire mettent en honneur les principes de la politique secrète et l'existence d'un domaine réservé qui échappe au contrôle du Parlement. L'impossibilité de tolérer l'expression d'opinions pacifistes — qualifiées de «défaitistes» et souvent assimilées à la pure et simple trahison —, à l'heure où l'on exige des populations d'immenses sacrifices, conduit les équipes dirigeantes à limiter certaines libertés publiques : le droit de réunion ou la liberté de la presse, par exemple.

Pratiquement, la guerre est gagnée par des gouvernements qui proclament leur attachement aux principes libéraux, mais appliquent dans les faits un système d'économie dirigée et une dictature de guerre. C'est affirmer l'inaptitude des démocraties parlementaires à surmonter les crises, et l'exemple ne sera pas oublié. Le souci d'efficacité fera fleurir en Europe les régimes dictatoriaux lorsque les difficultés du temps feront craquer les structures que l'on avait voulu consolider en 1919-1920.

Plus grave est la critique du libéralisme par les doctrinaires socialistes, dans la mesure où elle ne constitue pas une entorse occasionnelle à un principe proclamé, mais un refus fondamental des bases du système. À la fin du XIXe siècle, la doctrine de Marx a fini par l'emporter sur les autres théories socialistes. Elle prévoit la destruction de la société capitaliste et la mise en place d'un pouvoir prolétarien qui établirait sa dictature jusqu'au moment où, tout vestige de l'ordre bourgeois ayant disparu, il sera possible de construire une «société sans classes».

Les socialistes attendent beaucoup du conflit qui se déclenche en août 1914, et dans lequel nombre d'entre eux voient une manifestation des «contradictions internes du capitalisme». Mais ils estiment en général que la révolution éclatera dans le plus industrialisé des pays de l'Europe continentale, c'est-à-dire en Allemagne. Or, à la surprise générale, c'est dans l'archaïque Empire des tsars que s'engage au début de l'année 1917 le processus révolutionnaire.

L'effondrement du régime tsariste

● Un État archaïque déstabilisé par la guerre

État presque exclusivement rural, la Russie ne semble guère se prêter au développement d'un mouvement révolutionnaire. L'industrialisation, qui s'est développée à partir des années 1880, est loin d'être achevée et demeure tributaire du capital étranger. Elle n'a pas eu le temps de donner naissance à une bourgeoisie aussi nombreuse et aussi riche que celle des pays de l'Europe occidentale à la veille de la Révolution française. La classe ouvrière est également peu nombreuse — pas plus de 3 millions d'ouvriers, parmi lesquels beaucoup sont d'anciens ruraux fraîchement transplantés de leur milieu d'origine —, mais du fait de l'extrême concentration de la jeune industrie russe, elle se trouve groupée dans quelques villes (Pétrograd, Moscou, Odessa) et dans des entreprises de grandes dimensions. S'ajoutant à des conditions de vie très dures — bas salaires, journées de travail de onze ou douze heures, etc. —, ceci explique la grande réceptivité de ce prolétariat d'usines aux thèmes de la propagande révolutionnaire.

L'opposition politique vient d'horizons très divers. Noblesse libérale, qui voudrait contrôler de plus près le pouvoir tsariste. Bourgeoisie groupée dans le Parti constitutionnel démocrate (KD), qui souhaite une évolution du régime vers un parlementarisme à l'occidentale. Socialistes, divisés en *socialistes-révolutionnaires* qui promettent aux paysans la confiscation des grands domaines, et *sociaux-démocrates,* qui s'appuient davantage sur le prolétariat, mais qui sont eux-mêmes partagés entre *mencheviks* et *bolcheviks.*

Le refus catégorique du gouvernement tsariste de procéder à des réformes a déjà fait naître des mouvements révolutionnaires, comme celui de 1905, noyé dans le sang par la troupe, mais dont est sortie une timide amorce de libéralisation bientôt abandonnée par Nicolas II. À bien des égards, c'est dans une perspective de fuite en avant face à la montée des forces contestataires, que ce dernier a lancé son pays dans la guerre en 1914. Or, au lieu de résoudre les difficultés du régime, le conflit européen les a aggravées. La Russie n'avait pas atteint en 1914 un degré de développement suffisant pour faire face aux énormes besoins d'une guerre industrielle de longue durée. La main-d'œuvre et les moyens de transport faisant défaut, la production a du mal à se maintenir et ne peut fournir à l'armée en quantités suffisantes les armes modernes, les munitions et les vivres qui lui sont nécessaires. La pénurie de biens de consommation et le financement des hostilités entraînent une hausse vertigineuse des prix, alors que les salaires augmentent plus lentement. Il en résulte une vague de grèves qui se développe à partir de l'automne 1916 et qui touche bientôt plus de 200 000 ouvriers.

Enfin la situation militaire devient catastrophique en 1916. Mal équipés, mal commandés et souvent affamés, les soldats russes ont été jetés sans ménagement dans des offensives désespérées, très coûteuses en hommes (on dénombre déjà 3 millions de morts au début de 1917). Aussi le moral des troupes tend-il à se décomposer. Les hommes désertent par centaines de milliers, passent à l'ennemi ou se mutilent pour ne pas rejoindre le front. Beaucoup souhaitent une paix à n'importe quel prix, qui mettrait fin à leurs souffrances.

● Les Journées de février et l'abdication du Tsar

La crise politique prend un caractère aigu à la fin de 1916. L'«Union sacrée» se trouve remise en question et ceci d'autant plus que le Tsar, qui a pris en main la conduite de la guerre et ne quitte pratiquement plus le Quartier général, accumule les maladresses. En son absence domine à la Cour la coterie de l'Impératrice, une princesse d'origine allemande qui méprise le peuple russe et favorise l'influence croissante des milieux germanophiles. On s'indigne de la corruption qui est de règle dans les milieux dirigeants et surtout de la dictature exercée à la Cour par le favori Raspoutine, un guérisseur doublé d'un aventurier, qui vend cher son influence auprès de la famille impériale, et qui sera d'ailleurs assassiné en décembre 1916 par des familiers du Tsar. Mais, surtout, la bourgeoisie et la noblesse libérale reprochent à ce dernier de restaurer peu à peu l'absolutisme à la faveur de la guerre. Elles voudraient bien agir avant que la situation ne devienne favorable aux partisans d'une révolution sociale.

Redoutant l'agitation des ouvriers, le Tsar fait fermer les usines qui ne travaillent pas pour la guerre. Peu à peu l'économie est paralysée. Les paysans stockent leur récolte, ce qui fait redouter la famine dans les centres urbains. Les files d'attente qui se forment aux portes des boulangeries sont un redoutable ferment d'agitation. Le 8 mars 1917 (23 février dans le calendrier russe qui est en retard de 13 jours sur le nôtre), l'insurrection commence par le pillage de quelques boulangeries à Petrograd, dans une ville privée de pain et de combustible depuis trois mois. Comme à l'accoutumée, le gouvernement répond en envoyant la troupe. Le 10 mars éclate une grève générale dirigée par les socialistes. L'armée envoyée pour réprimer la grève fraternise avec la foule et les soldats tirent sur leurs officiers. Des ministres sont arrêtés. Le Tsar, en tournée sur le front, tente de rejoindre son palais, tandis que des conseils d'ouvriers et de soldats — les soviets —, se constituent dans les grandes villes. Il est arrêté par les soldats et finit par abdiquer, le 15 mars, en faveur de son frère, le grand-duc Michel.

Des Journées de février à la révolution d'Octobre

● Le gouvernement provisoire et la «dualité des pouvoirs»

Au lendemain des journées insurrectionnelles qui ont provoqué la chute de Nicolas II, le pouvoir est théoriquement assumé par un gouvernement provisoire — le comité exécutif de la Douma — qui comprend des députés libéraux ou KD, le prince Lvov, l'historien

Milioukov, le socialiste modéré Kerenski, soucieux de préserver les conquêtes de la révolution bourgeoise et de poursuivre la guerre. En fait, il y a concurrence entre ce pouvoir de droit et le soviet des députés ouvriers et soldats de Petrograd, où mencheviks et SR sont en majorité, et qui a pour lui l'appui des masses qui ont fait la révolution. Sous la pression de ces dernières, tandis que le grand-duc Michel décline la couronne, le gouvernement provisoire va adopter quelques timides mesures libérales, mais il se refuse à satisfaire les deux revendications majeures du peuple : la paix immédiate et le partage des terres qui s'opère d'ailleurs spontanément et parfois très brutalement. Ceci, avec l'assentiment des bolcheviks, minoritaires dans les soviets et qui, pour se concilier l'appui de la paysannerie, acceptent sur ce point d'oublier provisoirement leur programme de collectivisation.

Devenu le chef de la tendance révolutionnaire du Parti ouvrier social-démocrate, puis le fondateur du Parti bolchevik, Lénine se trouvait en exil en Suisse lors de la révolution de février. En avril, il rentre en Russie après avoir traversé l'Allemagne et développe aussitôt, dans la *Pravda*, les fameuses «thèses d'avril» : la paix, la terre aux paysans, le pouvoir aux soviets. Sous son impulsion, les bolcheviks font de rapides progrès. Ils sont bientôt plus de 100 000 et commencent à jouer un rôle déterminant dans certains soviets et parmi les équipages de la flotte basée à Cronstadt. Ils sont servis par les échecs et les divisions de leurs adversaires.

Au mois de juin, le ministre de la Guerre Kerenski, l'homme fort du gouvernement provisoire, veut imposer par l'offensive la «paix sans indemnité ni annexion» dont il est partisan. Mais les soldats, travaillés par la propagande bolchevique qui s'exerce dans les soviets de soldats, refusent de marcher. Mettant à profit cet échec, les dirigeants révolutionnaires groupés autour de Lénine tentent, en juillet, d'exploiter les émeutes qui se déchaînent à Petrograd pour s'emparer du pouvoir. L'intervention des troupes cosaques sauve le gouvernement provisoire et contraint Lénine et ses amis à s'exiler en Finlande. Devenu chef du gouvernement, Kerenski se heurte aussitôt à un double péril : à droite, au mois de septembre, la tentative contre-révolutionnaire du général Kornilov, brisée par un soulèvement populaire et, à gauche, les progrès des bolcheviks qui ont activement participé à la lutte contre le putsch.

● La révolution d'Octobre

Abandonné de tous, le chef du gouvernement provisoire ne voit de salut que dans l'élection d'une assemblée constituante qui permettrait au peuple de s'exprimer, donnerait naissance à un régime parlementaire et révélerait le caractère minoritaire du Parti bolchevik, qu'il tient à juste titre pour son principal adversaire. Il va être pris de vitesse par Lénine.

De Finlande où il s'est réfugié, celui-ci prépare l'épreuve de force contre Kerenski. Pour mener à bien l'entreprise, il dispose sur place d'un lieutenant omniprésent, Léon Trotsky, qui a depuis peu rompu avec les mencheviks pour rejoindre les rangs de la formation révolutionnaire. Trotsky fait entrer de nombreux bolcheviks dans les soviets, crée une milice populaire — les «gardes rouges» — et devient président du soviet de Petrograd. En même temps, le comité central du Parti dépêche des représentants en mission dans toute la Russie, en Finlande, sur le front de l'Oural et dans le bassin du Donetz, afin d'établir la liaison avec les soviets locaux. De son côté, Kerenski, qui croit tenir encore en main la situation, se déclare décidé à en finir avec les bolcheviks. Il masse des troupes autour de la capitale et dans la région de Moscou, en même temps qu'il fait interdire les journaux bolcheviks. C'est le signal de l'épreuve de force. Le 5 novembre 1917 (23 octobre dans le calendrier russe) Lénine, qui est rentré clandestinement de Finlande, fait adopter par le comité central du Parti la décision de l'insurrection.

Celle-ci est menée avec une rapidité foudroyante. Dans la nuit du 6 au 7 novembre, les gardes rouges et les soldats ralliés à la révolution s'emparent de tous les points stratégiques de Petrograd sans rencontrer de résistance. Le lendemain est occupé le Palais d'Hiver, siège du gouvernement. Tandis que Kerenski prend la fuite, le Congrès des soviets, où les bolcheviks sont maintenant majoritaires, s'empare du pouvoir et désigne un Conseil des commissaires du peuple présidé par Lénine, avec Trotsky aux Affaires étrangères et Staline aux Nationalités.

Guerre civile et guerre d'intervention

● Le communisme de guerre

Le nouveau gouvernement prend aussitôt toute une série de mesures révolutionnaires destinées à rallier au régime les masses populaires. Ce sont les «décrets de novembre» : décret sur la paix, sur la terre (distribuée aux paysans après avoir été enlevée aux grands propriétaires «sans délai et sans aucune indemnité»), sur les entreprises industrielles, qui passent sous le contrôle des ouvriers et sur les nationalités, qui se voient reconnaître égalité et souveraineté.

Mais la situation demeure grave. La paix de Brest-Litovsk, conclue en mars 1918, met fin à la guerre à des conditions très dures pour l'ex-Empire des tsars qui perd notamment l'Ukraine et les pays baltes. En proie aux jacqueries, aux pillages d'usines et à la disette, le pays subit bientôt les assauts de la contre-révolution. Pour faire face à ces menaces conjuguées et tenter de sauver la révolution, le nouveau régime adopte une série de mesures d'exception : c'est le «communisme de guerre».

Pour ravitailler les villes, Lénine s'attaque aux riches paysans, les *koulaks,* qui spéculent sur le prix du blé. Il rétablit par la terreur l'ordre politique en instituant des commissions extraordinaires, une police politique, la *Tchéka,* et en multipliant arrestations et exécutions sommaires (en juillet 1918 celle de la famille impériale). En même temps, la Constitution de 1918 crée une république fédérative et donne le pouvoir à un Congrès pan-russe des soviets, élu au suffrage universel, qui désigne le Comité exécutif et le Conseil des commissaires du peuple.

Considérant la paix séparée signée par les bolcheviks comme une trahison et craignant la contagion de la révolution russe, les Alliés — France, Grande-Bretagne et Japon — soutiennent financièrement et militairement les partisans du tsarisme et décident, dès 1918, d'intervenir directement pour abattre les soviets et ouvrir un second front à l'Est. Des corps expéditionnaires débarquent à la périphérie de l'Empire des tsars : Anglais à Arkangelsk et à Mourmansk, Japonais à Vladivostok, Français à Odessa et en Transcaucasie. Mais, très vite, ils s'aperçoivent que la tâche est plus difficile qu'ils ne l'avaient imaginée. Fondée et organisée par Trotsky, l'Armée Rouge fait échec aux troupes aguerries de l'Entente et aux militaires professionnels qui peuplent les armées contre-révolutionnaires. La population, auprès de laquelle les Alliés croyaient pouvoir trouver un appui, se refuse à aider les étrangers et, même lorsqu'elle n'est pas ralliée aux soviets, montre peu d'enthousiasme à soutenir une action qui ne peut avoir d'autre issue que le retour des anciens maîtres. Enfin, la méthode qui consiste à imposer brutalement à un peuple la volonté des puissances répugne au président Wilson. D'ailleurs, l'armistice de 1918 rend l'intervention sans objet du point de vue des buts de guerre.

Reste la nature du nouveau régime, les germes de révolution sociale et de déstabilisation qu'il comporte et dont la contagion se fait déjà sentir dans toute l'Europe centrale. De ce point de vue, divisés sur la méthode à suivre, les Alliés se trouvent d'accord pour éliminer le pouvoir bolchevik. Or ils trouvent en Russie des facteurs favorables qu'il leur suffit d'exploiter. Les peuples allogènes se sont rendus indépendants à la faveur de la révolution : les pays baltes, la Pologne, la Finlande ont quitté l'Empire. Des armées «blanches» opèrent à sa périphérie et reçoivent l'appui financier et logistique des Occidentaux. En 1919, il semble que le régime soviétique soit sur le point de s'effondrer sous les assauts conjugués de ses adversaires.

● L'échec des armées blanches

Au printemps 1919, l'amiral Koltchak, régent d'Omsk en Sibérie, s'empare du Caucase et fait route vers la Volga avec 150 000 hommes. À l'automne, Ioudenitch, partant des pays baltes avec le renfort de matériel anglais et de soldats allemands, menace Petrograd. Au même moment, Denikine se rend maître de l'Ukraine et avance vers Toula, au sud de Moscou. Battu par l'Armée Rouge, il doit prendre la fuite. Mais les débris de son armée sont regroupés par le baron Wrangel qui s'empare du bassin du Donetz. Wrangel reçoit l'appui des troupes polonaises de Joseph Pilsudski, qui s'empare de Kiev et veut profiter de la révolution russe pour annexer au nouvel État polonais la plus grande partie de l'Ukraine. Mais l'organisation, l'enthousiasme et la discipline de l'Armée Rouge, autant que la division de ses adversaires condamnent bientôt à l'échec ces tentatives contre-révolutionnaires. Koltchak, battu, doit se replier. À la fin de l'année 1919, il est finalement fait prisonnier et fusillé. À Petrograd, l'énergie passionnée de Trotsky sauve la ville et oblige Ioudenitch à repasser en Estonie. Dans le sud, l'Armée Rouge disperse les troupes de Wrangel qui s'enfuit en Turquie.

À leur tour, les Polonais connaissent la défaite. Les généraux «rouges» Toukhatchevsky et Boudienny reprennent l'Ukraine et poussent une offensive jusqu'aux portes de Varsovie. Il faut toute la détermination de Pilsudski pour que l'armée polonaise redresse in extremis la situation avec l'aide de la France. Le général Weygand est envoyé à Varsovie à la tête d'une mission dans laquelle figure le jeune capitaine de Gaulle. Les troupes polonaises sont dotées de matériel moderne et, durant l'été 1920, les Soviétiques doivent reculer. Finalement, un traité signé en 1921 permet à la Pologne d'annexer une bande de 150 kilomètres environ, peuplée d'Ukrainiens et de Biélorusses.

Ainsi, sur un territoire diminué par les annexions et les mouvements d'émancipation des peuples allogènes, il apparaît en 1920 que l'offensive dirigée contre le nouveau régime a échoué. Pour la première fois en Europe, un État dont la doctrine se réclame du socialisme a vu le jour. Et il s'en est fallu de peu que la révolution bolchevique ne s'étende à toute une partie du vieux continent.

La vague révolutionnaire en Europe

● Une Europe ruinée, proie de la révolution communiste

En 1918, les conditions semblent favorables au développement d'un puissant mouvement révolutionnaire. L'Europe sort de la guerre ruinée et endettée. L'inflation et le renchérissement des produits de consommation pèsent lourdement sur la situation des classes laborieuses. Si les besoins des armées ont profité à quelques «nouveaux riches», salariés, petits rentiers et paysans pauvres souffrent de l'écart qui se creuse entre les prix qui augmentent très rapidement et les revenus qui stagnent ou progressent lentement. Enfin, la guerre a renforcé les sentiments égalitaires des hommes et suscité une haine très vive pour les forces conservatrices — dynasties, classes dirigeantes, hauts cadres de l'armée —, jugées responsables du conflit. Stimulé par l'exemple de la révolution russe et par la crise économique qui fait suite au «boom» de l'immédiat après-guerre, ce climat révolutionnaire se perpétue jusqu'en 1921.

Le gouvernement bolchevik va tenter de le mettre à profit pour propager la révolution dans toute l'Europe. Lénine pense en effet que le pouvoir des soviets n'a de chance de se maintenir que si le capitalisme s'effondre là où les contre-révolutionnaires russes ont trouvé un appui. Pour cela, il décide de créer en mars 1919 une organisation nouvelle destinée à remplacer la Seconde Internationale, laquelle s'est déconsidérée en ne faisant rien pour empêcher la guerre. Menacés par les armées blanches et par l'intervention des puissances, persuadés d'autre part que la révolution se prépare à embraser l'ensemble du continent, c'est dans une perspective de « stratégie à court terme » que les bolcheviks font le choix de l'offensive. Les 21 conditions fixées par Lénine aux partis socialistes européens pour qu'ils soient admis dans le sein de la IIIe Internationale — dite Internationale communiste ou *Komintern* —, imposent en effet à ces organisations de se transformer en partis de combat, inspirés du modèle bolchevik et prêts à opérer par la force la conquête du pouvoir. Dirigée par le bolchevik Zinoviev et installée à Moscou, la IIIe Internationale se considère comme l'état-major d'une armée disciplinée, chargée d'organiser la révolution dans tous les pays. En fait, créée à chaud, en l'absence des représentants des grandes organisations socialistes d'Europe occidentale, l'Internationale communiste manque de représentativité. Les « sections » nationales, qui vont se développer un peu partout sous son égide, devront tenir compte dans leur propre stratégie des intérêts de l'État soviétique, devenu « patrie des prolétaires », et ceci pèsera lourdement sur l'évolution du mouvement ouvrier européen. En attendant, elle va tenter d'orchestrer des mouvements révolutionnaires qui n'ont pas attendu sa création pour se manifester.

● Révolution en Allemagne

En Allemagne, où la population, lasse de la guerre, a subi de très dures privations dues au blocus, une première révolution a éclaté dès novembre 1918. Des grèves, des émeutes ont eu lieu dans la plupart des villes allemandes où se sont constitués, sur le modèle russe, des « conseils » d'ouvriers, de soldats et de marins. L'un après l'autre, les princes allemands ont dû abdiquer, tandis qu'à Berlin, où la république était proclamée, le chancelier Max de Bade transmettait ses pouvoirs au social-démocrate Ebert.

Maîtres du pouvoir, les socialistes allemands sont très divisés. Les plus nombreux et les plus influents sont les sociaux-démocrates majoritaires. Groupés autour d'Ebert et de Scheidemann, ils ont pour eux la masse des adhérents (un million en 1919) et l'appui des syndicats. Ce sont des réformistes, favorables à l'établissement d'un régime parlementaire progressiste et hostiles à la «dictature du prolétariat». Voulant à tout prix barrer la route au bolchevisme, ils acceptent de s'entendre avec les militaires. Dès le 10 novembre, un accord secret est établi entre le nouveau Chancelier et le haut commandement.

Plus radicales sont les positions des sociaux-démocrates «indépendants» qui ont rompu avec les majoritaires en 1917 mais qui, tout en se déclarant partisans de réformes profondes (nationalisations, confiscation des grands domaines), sont hostiles à la violence. Il existe enfin, à l'extrême gauche, un troisième groupe, de caractère authentiquement révolutionnaire. Ce sont les spartakistes dont les chefs sont Karl Liebknecht, Rosa Luxemburg et Clara Zetkin. Ils ne répudient ni la violence révolutionnaire, ni la dictature du prolétariat, mais ne sont pas pour autant d'accord en tout point avec les dirigeants bolcheviks auxquels ils reprochent leur «centralisme» et le peu de cas qu'ils font de la «spontanéité révolutionnaire» (thèmes du débat qui a opposé déjà en 1904 Rosa Luxemburg et Lénine).

Le nouveau gouvernement, qui a besoin de l'armée pour briser une éventuelle offensive spartakiste, se garde bien d'appliquer un programme révolutionnaire que rejette au demeurant la grande majorité des Allemands. Il se contente d'instituer le suffrage universel et la journée de huit heures, et il prépare la convocation d'une assemblée constituante, destinée à mettre en place un régime de démocratie libérale.

L'Allemagne est alors la proie de troubles généralisés dont les plus violents ont pour cadre la région industrielle de la Ruhr et la Bavière, où une République communiste est fondée par Kurt Eisner. En janvier 1919, les spartakistes, qui viennent de se constituer en Parti communiste (KPD), décident de passer à l'offensive à Berlin. Ils décrètent la grève générale et déclenchent l'insurrection armée.

● Révolution en Hongrie

En Hongrie, où sévit la disette et où les paysans misérables se sont emparés des terres, le pouvoir a échu, après l'abdication de l'empereur Charles Ier, à un gouvernement libéral dirigé par un grand seigneur de formation occidentale, Michel Karolyi. Celui-ci se montre favorable à de profondes réformes économiques et sociales : nationalisation des banques et des grandes industries, confiscation et partage des grands domaines, etc. Mais l'opposition à ce programme radical des éléments modérés, majoritaires dans la bourgeoisie, le contraint à s'effacer.

En novembre 1918, les éléments les plus révolutionnaires du Parti socialiste ont fondé le Parti communiste de Hongrie, à la tête duquel ils ont placé un ancien journaliste social-démocrate, converti aux idées bolcheviques pendant sa captivité en Russie, Bela Kun. Emprisonné à la suite d'une tentative de putsch contre le gouvernement «bourgeois», il est libéré en mars 1919 par une insurrection populaire qui porte les communistes au pouvoir. Commissaire aux Affaires étrangères dans le nouveau gouvernement, Bela Kun en est le véritable chef et c'est sous son égide qu'est instituée la dictature du prolétariat et que sont appliquées aux opposants des méthodes expéditives : plus de 500 exécutions sommaires pour la seule ville de Budapest. En fait, son autorité ne s'exerce guère que sur cette ville et sur la partie centrale du pays, tandis qu'aux frontières se manifeste l'impatience de voisins dont les professions de foi anticommunistes cachent d'âpres convoitises territoriales.

● Poussée révolutionnaire en Europe centrale et occidentale

En Autriche, se sont constitués au cours des dernières semaines de la guerre de nombreux conseils d'ouvriers et de soldats qui, avec l'appui de milices armées, exercent localement l'autorité politique et administrative. Le 3 novembre 1919 est fondé à Vienne le Parti communiste autrichien dont l'influence sur les masses est loin, il est vrai, d'égaler celle du Parti social-démocrate et de son prestigieux leader, Friedrich Adler.

Enfin, dans les pays vainqueurs, la poussée révolutionnaire se manifeste par de puissantes grèves qui touchent notamment le Royaume-Uni (chemins de fer, mines), la France (au printemps 1919 et 1920) et l'Italie. Dans ce dernier pays, elles prennent, au cours de l'été 1920, un caractère nettement insurrectionnel. De plus en plus, les dirigeants de la IIIe Internationale songent à la possibilité d'une «révolution mondiale», et c'est dans cette perspective qu'ils suscitent la scission des grands partis ouvriers d'Europe occidentale — la SFIO en décembre 1920, le Parti socialiste italien en janvier 1921 — et la naissance de formations communistes entièrement acquises à la stratégie des soviets.

Le reflux

À l'heure même où les puissances de l'Entente accordent leur soutien actif aux «Russes blancs», elles vont appuyer les efforts des gouvernements qui s'efforcent d'enrayer la vague révolutionnaire.

● Contre-révolution en Allemagne

Les Alliés ont veillé à ne pas démanteler complètement l'armature militaire de la puissance allemande vaincue. La *Reichswehr* est rentrée du front en bon ordre et avec ses armes. Elle a conservé en partie son prestige, entretenant dans l'opinion le mythe du «coup de poignard dans le dos» dont se seraient rendus coupables les socialistes en prenant la tête de l'agitation de novembre. Pourtant, face au péril révolutionnaire, elle accepte de s'entendre avec les dirigeants sociaux-démocrates, en particulier avec l'homme fort du nouveau régime, le ministre de l'Intérieur Noske. Celui-ci organise, pour défendre Berlin, des formations de volontaires — les corps francs —, où se trouvent mêlés d'anciens militaires de carrière, d'authentiques patriotes et toute une masse de déclassés et de marginaux à la recherche d'un gîte et d'une solde. Du 6 au 13 janvier, l'armée et les corps francs écrasent dans le sang l'insurrection spartakiste. Karl Liebknecht et Rosa Luxemburg sont arrêtés et massacrés. En Bavière, Eisner connaît un sort semblable, tandis que la répression s'étend à toute l'Allemagne, avec un caractère de férocité qui est à la mesure de la peur suscitée par la révolution.

● Contre-révolution en Hongrie

En Hongrie, les contre-révolutionnaires reçoivent un appui actif des troupes alliées qui occupent le pays. C'est grâce à la protection des Français qu'un gouvernement anticommuniste, présidé par le comte Bethlen et l'amiral Horthy, peut se constituer à Szeged et entraver l'action de Bela Kun. À l'intérieur du périmètre que contrôle ce dernier, la crise économique, la disette et la terreur ont tôt fait de détacher des communistes la plus grande partie de la population. Le coup de grâce toutefois viendra de l'extérieur. En juillet 1919, l'armée roumaine envahit le pays pour y détruire le «régime rouge athée». Le 6 août, elle s'empare de Budapest, tandis que Bela Kun — dont le régime n'aura duré que 133 jours — doit s'enfuir en Russie. La contre-révolution est donc victorieuse. Toutefois, lorsque l'amiral Horthy, devenu chef du gouvernement, s'apprête à rappeler Charles Ier de

Habsbourg, l'opposition des Roumains, auxquels se joignent les Yougoslaves et les Tchèques, soutenus par les Alliés que cette solution inquiète, l'empêche de le faire. C'est Horthy lui-même qui, après avoir refusé de proclamer la république, prend le titre de régent. Le régime autoritaire qu'il instaure dans les anciennes provinces magyares de la Double Monarchie commence par une vague de violence réactionnaire et antisémite.

● L'échec de la vague révolutionnaire

Dans les autres pays européens, les gouvernements réagissent à la vague de grèves révolutionnaires qui suit la guerre avec des moyens divers. En France, les dirigeants syndicaux sont arrêtés et la CGT est déclarée illégale. En Italie, où le gouvernement est vite débordé, l'appui donné au jeune mouvement fasciste par nombre de grands propriétaires et d'industriels, permet à Mussolini de se rapprocher du pouvoir. En Grande-Bretagne, c'est la troupe qui brise la grève des cheminots, cependant qu'en Espagne, où la centrale syndicale CNT, de tendance anarchiste, a déclenché une grève dont l'extension apparaît menaçante, l'armée noie le mouvement dans le sang.

En 1920, les mouvements révolutionnaires ont échoué dans toute l'Europe, à l'exception toutefois de la Russie soviétique, principal foyer de la révolution, que ni la guerre d'intervention, ni l'aide accordée aux armées blanches et aux Polonais, n'ont réussi à réduire. Aussi, les puissances victorieuses décident-elles de l'isoler par un «cordon sanitaire» d'États-tampons. Au nord-ouest, le long des rivages de la Baltique, la Finlande, l'Estonie, la Lituanie, la Lettonie, relèvent de cette stratégie d'endiguement. Vers l'ouest, les annexions effectuées par les Polonais font de l'État que dirige le maréchal Pilsudski un puissant écran entre la Russie soviétique et le reste de l'Europe. Enfin, pour accroître au sud-ouest la puissance roumaine, les Alliés lui ont, malgré les protestations russes, octroyé la Bessarabie.

Désormais, la crainte d'une nouvelle poussée révolutionnaire orchestrée par l'Internationale communiste va dominer la vie politique du continent et être à l'origine d'une partie des troubles qui vont l'agiter. Mais, en ces années 1919-1920, il existe d'autres causes de conflit, celles en particulier qui sont liées aux instruments diplomatiques qui étaient censés assurer à l'Europe la stabilité et la paix.

Premières contestations du nouvel ordre international

Dès leur signature, les traités de 1919-1920 sont contestés par de nombreux pays mécontents du sort qui leur est fait, aussi bien dans le camp des vainqueurs que dans celui des vaincus.

● La victoire de Mustafa Kemal en Turquie

En Turquie, la signature d'un traité qui consacre la perte de la plus grande partie des provinces européennes de l'Empire provoque la colère de l'armée contre le faible Mehmet VI, devenu l'instrument docile des Britanniques. Un groupe d'officiers rassemblés autour du général Mustafa Kemal organise un coup d'État et convoque une assemblée nationale qui confie le pouvoir au chef des putschistes. Ce dernier annonce aussitôt son intention de dénoncer le traité de Sèvres. Pour l'en empêcher, les Anglais soutiennent contre lui les Grecs, principaux bénéficiaires en Europe du Sud du dépouillement de l'«homme malade». Mustafa Kemal écrase leur armée, les chasse d'Anatolie et contraint bientôt les Alliés à lui reconnaître — par le traité de Lausanne (juillet 1923) — la possession de la Thrace.

Pour résoudre de manière définitive le problème des populations — étroitement enchevêtrées sur les rivages asiatiques de la mer Égée et qui contient en germe des conflits futurs —, un million de Grecs sont transférés en Europe, tandis que 300 000 Turcs viennent s'installer en Asie Mineure.

● La question de Fiume

Dans le camp des vainqueurs, la querelle la plus grave est celle qui oppose Italiens et Yougoslaves à propos de l'Istrie et de la Dalmatie, promises à l'Italie par le traité de Londres mais dont l'annexion lui a été refusée par le président Wilson. En septembre 1919, le poète nationaliste Gabriele D'Annunzio décide, comme jadis Garibaldi à propos du royaume de Naples puis de Rome, de placer l'Europe devant le fait accompli. À la tête d'un corps de volontaires, les *arditi*, il occupe le port de Fiume. Il devra l'évacuer quinze mois plus tard, après que l'Italie et la Yougoslavie auront décidé, par le traité de Rapallo, de faire du territoire de Fiume un État indépendant que Mussolini annexera d'ailleurs en 1924.

● Des insatisfactions profondes

D'autres conflits mineurs trouvent des solutions provisoires. Vilno, disputée par la Pologne et la Lituanie, est annexée par la première. Le territoire de Teschen, riche de son gisement houiller, fait l'objet d'un litige entre la Pologne et la Tchécoslovaquie que tranchera un partage qui ne contente personne. Deux États enfin ne se consolent pas du sort que leur réservent les traités : l'Allemagne, pour qui le « corridor » de Dantzig symbolise une paix humiliante ; la Hongrie, qui s'indigne de voir deux millions de Magyars vivre en terre étrangère.

Si l'on ajoute que le congrès des États-Unis, dans un sursaut d'isolationnisme, refuse de ratifier les traités et l'acte constitutif de la SDN, dont Wilson avait été le principal artisan, que l'Italie est ulcérée, au même titre que l'Allemagne et la Hongrie, du résultat de la conférence de la paix, que les rivalités impériales dressent bientôt l'une contre l'autre l'Angleterre et la France dans les pays arabes, que cette même France, qu'inquiète la volonté de revanche des États révisionnistes, s'apprête à passer contrat avec les petites puissances « satisfaites » de l'Europe de l'Est — Pologne, Tchécoslovaquie, Yougoslavie, Roumanie —, que tous les États européens enfin, regardent avec méfiance la Russie soviétique, on voit que les traités de 1919-1920 sont gros d'orages à venir. Certes, la décennie qui commence va bientôt apporter un équilibre apparent à l'Europe, sur fond d'apaisement politique et de prospérité. Mais les germes de conflit dont est porteuse la paix de Versailles retrouveront toute leur virulence quelques années plus tard avec la Grande Dépression.

CHAPITRE 3

L'équilibre précaire des années 1920

À l'heure du bilan, l'Europe découvre avec effroi les conséquences de la Première Guerre mondiale : des pertes humaines considérables qui laissent le continent exsangue et sa population vieillissante, des ruines qui marqueront le paysage pour une décennie, un effondrement financier qui appauvrit l'aire géographique qui fut la plus riche du monde. L'Europe a cessé d'être le centre de gravité de la planète. Sur le plan économique, ses concurrents des pays neufs lui ont arraché ses marchés. Les colonies ont mesuré ses faiblesses et la poussée des nationalismes fait craquer les dominations impériales. Le conflit a durablement bouleversé les équilibres sociaux. Enfin, la démocratie libérale, apparemment triomphante en 1918, est bientôt remise en cause dans les nouveaux États où elle s'est implantée. La paix elle-même est rien moins qu'assurée. Le contentieux franco-allemand sur les réparations et la sécurité constitue un ferment de déséquilibre qui aboutit, en 1923, à l'expédition militaire décidée par Poincaré dans la Ruhr. Toutefois, l'épreuve de force se révélant suicidaire pour la France comme pour l'Allemagne, une ère nouvelle de conciliation et de détente s'établit à partir de 1924

sous l'inspiration du Français Briand et de l'Allemand Stresemann.
Elle est favorisée par l'euphorie économique qui règne alors
sur le continent grâce au règlement de la question des réparations
par les plans Dawes et Young, aux investissements américains, aux
ententes internationales entre milieux d'affaires. Mais ce sentiment
d'une ère nouvelle de stabilisation est démenti par toute une série
d'éléments de déséquilibre. La France constitue contre les États
révisionnistes des «alliances de revers» avec la Pologne et les États
de la «Petite Entente». En Russie soviétique, la victoire de Staline
annonce une nouvelle période de tension avec le monde capitaliste.
Dès 1927, la IIIe Internationale annonce un affrontement inévitable
et préconise la «tactique classe contre classe». Enfin l'Italie voit
l'effondrement de la démocratie libérale et l'avènement du fascisme.
Deux échecs témoignent du caractère illusoire de l'ordre européen
des années 1920 : celui du «Protocole de Genève» en 1924,
se proposant de fonder la paix sur le triptyque «arbitrage, sécurité,
désarmement»; celui du projet de fédération européenne proposé
par Briand. Commencé comme une guerre européenne, le conflit
de 1914-1918 n'avait pas tardé à dégénérer en guerre mondiale.
Il n'en restait pas moins que l'Europe avait été le champ principal
de l'affrontement et que, la paix rétablie, elle se ressentait
douloureusement d'une crise au cours de laquelle elle avait
bien failli sombrer.

Bilan d'un conflit suicidaire

● Un bilan humain catastrophique

Que le «déclin de l'Europe», qui est perçu après 1918 comme une
évidence — c'est le titre d'un ouvrage publié en 1920 par le géo-
graphe Albert Demangeon —, ait commencé à se manifester sur divers
plans dès les premières années du XXe siècle, ne change rien au fait
que le vieux continent sort du conflit matériellement et moralement
sinistré.

C'est à la saignée humaine que les contemporains sont en premier lieu sensibles. Elle est en effet effroyable : plus de 8 millions de morts européens et 6 millions d'invalides, sans compter les victimes de la guerre civile et de la guerre d'intervention en Russie. La France, avec 1 400 000 morts et disparus, a perdu 10,5 % de sa population active, à quoi il faut ajouter les 100 000 décès prématurés de gazés et de grands blessés, les quelque 1 100 000 invalides de guerre (dont plus de 130 000 mutilés). L'Allemagne et l'Autriche-Hongrie ont payé un tribut quasiment aussi lourd : 1 850 000 morts pour la première soit 9,8 % de la population active, 1 540 000 pour la seconde (9,5 %). Pour sa part la Russie a laissé 1 700 000 de ses fils sur les champs de bataille jusqu'en 1917, 5 millions au total jusqu'en 1921, si l'on ajoute les victimes directes et indirectes de la révolution et de la contre-révolution. Le Royaume-Uni et l'Italie ont un peu moins souffert du carnage, mais leurs pertes respectives ne s'en élèvent pas moins à 744 000 et 750 000 tués (5,1 % et 6,2 % des actifs).

À ces pertes, il convient d'ajouter les décès de civils dus aux opérations militaires et de la surmortalité du temps de guerre, liée aux mauvaises conditions d'hygiène, aux privations et à la maladie. À elle seule, l'épidémie dite de grippe espagnole de 1918 a tué une centaine de milliers de personnes en France, 270 000 en Italie et près de 200 000 en Allemagne.

Tout aussi désastreuses sont les conséquences à long terme de la tuerie. Aux années de guerre correspond en effet un déficit des naissances qui s'élève à 776 000 pour l'Angleterre, 911 000 pour la France, 1 348 000 pour l'Italie, 3 705 000 pour l'Allemagne. Pour ce qui est de la mortalité infantile, indice révélateur de l'état sanitaire d'une population, il apparaît que la guerre a interrompu les progrès très rapides enregistrés depuis le début du siècle. En France, stabilisé à 17,5 ‰ à la veille des hostilités, son taux grimpe à 22 ‰ en 1918 et ne retrouvera son niveau initial qu'en 1922.

Ces phénomènes cumulés donnent naissance aux «classes creuses», identifiables sur la pyramide des âges et qui atteindront l'âge adulte entre 1934 et 1939, au moment où s'exacerbent à nouveau les tensions internationales. Des pays comme la France et la Grande-Bretagne font de bonne heure le constat du vieillissement de leur population. De 1911 à 1921, la part des plus de 60 ans dans la population de la première passe de 12,6 à 13,7 %, chez la seconde de 8 à 9,4 %. Aussi, l'alourdissement des charges qui pèsent sur les actifs et le renforcement des comportements de prudence et de pessimisme comptent-ils parmi les conséquences majeures d'une évolution qui affecte tous les domaines de la vie sociale, politique et culturelle. En outre, les déplacements de populations entraînent de graves problèmes d'adaptation, que ce soit en Allemagne où affluent après la signature du traité de paix des centaines de milliers de sujets de l'ancien Reich, venus d'Alsace-Lorraine, de Silésie, de Posnanie et des pays baltes, ou des Grecs et des Turcs transplantés d'un rivage à l'autre de la mer Égée.

● Un lourd bilan matériel

L'ampleur des destructions matérielles est tout aussi spectaculaire. Là où les armées se sont affrontées, en France du Nord et de l'Est, en Belgique, au nord-est de l'Italie, en Serbie, en Roumanie, en Russie, l'infrastructure industrielle, les moyens de communication, les terroirs agricoles ont terriblement souffert. En France, on compte près de 300 000 maisons détruites, 3 millions d'hectares de terre cultivable hors d'état, parfois de manière définitive. En se retirant, les Allemands ont inondé les mines du Nord et du Pas-de-Calais et celles de Lorraine, réduisant de près de 60 % la production de minerai de fer et à des quantités infimes celle de charbon. L'Angleterre n'a pas été frappée sur son sol mais elle a perdu une partie importante de sa flotte marchande. Partout, le matériel utilisé jusqu'à l'extrême limite de l'usure est à renouveler.

Il en résulte, chez tous les ex-belligérants, un très net fléchissement de la production. En France, la récolte de blé est tombée de 89 à 63 millions de quintaux, celle de pommes de terre de 132 à 62 millions de quintaux. La chute de la production industrielle atteint presque 35 %. L'Allemagne n'a pas connu les mêmes destructions, mais elle souffre de la perte de riches régions économiques et de l'usure de son matériel. La production de charbon tombe entre 1913 et 1919 de 190 à 108 millions de tonnes. Celles de blé et de pommes de terre ont diminué de moitié. En Russie, l'effondrement de la production atteint 71 % du chiffre de 1913 pour le charbon, 66 % pour le pétrole, 97 % pour la fonte. Au total, le potentiel agricole de l'Europe a été réduit de 30 %, son potentiel industriel de 40 %.

● Un spectaculaire déséquilibre financier

La situation financière du vieux continent est également très grave. La richesse nationale des belligérants a été fortement entamée. Ils ont dû, pour financer leur ravitaillement et les achats de matériel de guerre, liquider une partie de leurs avoirs à l'étranger et puiser dans leurs réserves d'or. Ces moyens de financement se révélant bientôt insuffisants, il a fallu recourir à l'emprunt.

Emprunts intérieurs tout d'abord. Les dettes publiques ont augmenté dans des proportions considérables. En France, la dette passe, entre 1914 et 1919, de 35 à 219 milliards de francs-or, en Grande-Bretagne de 17,6 à 196,9 milliards, en Allemagne de 6 à 169 milliards. Emprunts extérieurs ensuite. Les pays européens ont emprunté outre-mer, en particulier aux États-Unis. La dette extérieure de la France s'élève en 1919 à 33 milliards de francs-or, celle du Royaume-Uni à 32 milliards, celle de l'Italie à 20 milliards.

Enfin, pour financer les énormes dépenses de guerre, les États ont considérablement augmenté le volume de papier-monnaie en circulation : bien au-delà de ce que leur permettait l'encaisse des banques centrales. L'Europe entre ainsi dans une ère d'inflation, aggravée après la guerre par le déséquilibre entre une production insuffisante et une très forte demande de produits de consommation. En France, par exemple, les prix ont quadruplé en cinq ans. En Allemagne, ils ont été multipliés par 12,5. Il en résulte une dépréciation des principales monnaies européennes qui, à la différence du dollar, cessent d'être convertibles en or. À la fin de 1919, la livre sterling a perdu 10 % de sa valeur, le franc français 50 %, le mark près de 90 %.

Or, les charges financières pesant sur les budgets s'alourdissent encore après le conflit, car il faut financer la reconstruction et payer des pensions aux mutilés, veuves et orphelins de guerre. Les États doivent emprunter pour reconstruire avant de commencer à produire.

La fin d'une hégémonie

À l'apogée de sa puissance, c'est donc dans un conflit suicidaire que l'Europe s'est engagée en août 1914. Si elle demeure au cœur du système international et continue de jouer un rôle considérable dans le monde, si les pays qui la composent conservent au-delà des mers d'immenses empires coloniaux qu'ils ont encore agrandis avec les dépouilles des vaincus, si le vieux continent garde, à bien des égards, la primauté sur les nouveaux mondes dans le domaine des arts et des lettres, l'hégémonie qu'il exerçait avant 1914 sur le reste de la planète se trouve largement battue en brèche.

● De nouveaux pôles de puissance mondiale

L'Europe doit faire face tout d'abord à l'émergence de nouveaux pôles de puissance. Les grands États industriels extra-européens ont en effet largement profité d'un conflit qui leur a permis d'accroître leur production industrielle et agricole, de ravir aux Européens un certain nombre de marchés, notamment en Asie, et d'améliorer très sensiblement leur balance des paiements. Les principaux bénéficiaires en ont été le Japon, qui a vendu à la Chine, à l'Inde, à l'Asie du Sud-Est, les produits fabriqués que l'Europe ne pouvait plus leur fournir, exporté vers les pays belligérants du matériel de guerre et multiplié par cinq sa production industrielle, le Canada, qui a acheminé vers l'Europe les produits de ses forêts et de sa métallurgie, les États-Unis surtout, dont le revenu national et la production d'acier ont doublé, le tonnage de la flotte marchande quadruplé entre 1913 et 1918. Ces bouleversements ont abouti en matière financière à un renversement complet des positions de l'avant-guerre. L'Europe, jadis banquier du monde, est maintenant obligée d'emprunter à l'extérieur. Détenant la moitié du stock d'or mondial, les États-Unis ont de surcroît racheté la plus grande partie des titres américains possédés par des Européens et ont prêté 10 milliards de dollars aux belligérants. Ce sont eux désormais qui investissent massivement dans les pays neufs, notamment en Amérique latine.

Certes, les empires coloniaux des puissances victorieuses sont sortis apparemment indemnes du premier conflit mondial. La France et le Royaume-Uni ont même substantiellement arrondi leurs possessions en obtenant de la SDN que leur soient confiées, sous forme de «mandats», les colonies allemandes et une partie des provinces arabes de l'Empire ottoman. Mais les liens entre les pays d'outre-mer et les métropoles se sont fortement distendus à la faveur du conflit. Du fait de la mobilisation industrielle et de l'insuffisance des moyens de transport maritime, les exportations vers les pays extra-européens ont décliné. Les marchés coloniaux ont donc échappé en partie au commerce européen, soit au profit de jeunes industries nationales (par exemple la firme sidérurgique Tata en Inde), soit au bénéfice des États-Unis et du Japon.

● Une domination coloniale ébranlée

Le spectacle de la guerre européenne a, d'autre part, donné aux régions soumises à la domination politique ou à l'influence prépondérante des Européens, l'espoir d'échapper à cette mainmise. Certaines initiatives des belligérants ont d'ailleurs favorisé ces espérances. L'Inde à elle seule a fourni près d'un million d'hommes aux Britanniques, les colonies et protectorats français à peu près autant, dont près de 700 000 combattants. De leurs contacts avec leurs camarades de combat, ou avec des syndicalistes pour ceux qui étaient employés dans les industries de guerre, les indigènes ainsi mobilisés sont rentrés chez eux, porteurs d'idées nouvelles empruntées aux colonisateurs. Qu'il s'agisse du «droit des peuples à disposer d'eux-mêmes», au nom duquel les Occidentaux ont combattu et ont prétendu redessiner la carte de l'Europe, ou des thèses anti-impérialistes développées par les marxistes, ces idées vont servir de levier aux mouvements d'émancipation qui commencent à se développer au lendemain de la guerre chez les peuples colonisés.

● **Une influence intellectuelle contestée**

Dernier aspect de ce repli de l'hégémonie européenne, l'incontestable recul de son influence intellectuelle. Sans doute, on l'a déjà noté, celle-ci reste considérable dans le domaine de la littérature et des arts plastiques. Berlin jusqu'à l'avènement du nazisme, Vienne un peu plus longtemps, Paris et Londres pendant toute la période de l'entre-deux-guerres demeurent sur ce terrain des villes-phares où surgissent les «avant-gardes», où se font et se défont les réputations et les modes, où se créent les événements majeurs. Nous aurons l'occasion de revenir sur cette question. Pour l'instant, retenons que cette primauté maintenue dans les arts et les lettres s'accompagne d'un net recul dans d'autres domaines : celui par exemple des techniques de production et de gestion, dominées par les Américains, celui également de la science mesuré à l'aune des Prix Nobel. Notons enfin que les difficultés de l'après-guerre révèlent à tous l'usure d'un modèle politico-philosophique européen fondé sur les idées de raison, de progrès et de liberté.

Les bouleversements sociaux

● Nouveaux pauvres et nouveaux riches

Dans la plupart des pays européens, la guerre a fait subir d'importantes mutations au corps social : diversement et inégalement, selon les catégories qui le structurent. Parmi les plus touchés, figurent les détenteurs de revenus fixes, à commencer par les rentiers que l'inflation a ruinés. En France, nombre d'entre eux avaient placé une partie de leur épargne dans les emprunts russes. Le refus du gouvernement soviétique d'honorer les dettes du tsarisme les met dans une situation difficile. Une partie des classes moyennes se trouve ainsi privée de ressources, déclassée, poussée à la «prolétarisation» et dressée dès lors contre l'État libéral, jugé responsable de ce désastre.

Moins touchés, les ouvriers et les employés souffrent d'une hausse des prix que ne compense pas l'augmentation des salaires. Ceci, d'autant plus que le retour des démobilisés sur les sites de travail a eu pour effet de réduire le nombre des heures supplémentaires et, dans certains secteurs, les emplois féminins, donc les revenus des ménages. Le pouvoir d'achat des salariés se trouve ainsi réduit de 15 à 20% en France et en Grande-Bretagne, de 25% au moins en Italie et en Allemagne, ce qui explique l'agitation sociale de l'immédiat après-guerre et le gonflement des effectifs syndicaux qui passent en France de 900 000 à plus de 2 millions d'adhérents, en Angleterre de 4 à 8 millions.

En revanche, certains groupes sociaux ont fortement profité de la guerre : banquiers, gros fermiers et nombre d'industriels qui ont bénéficié des commandes de guerre tels, en France, Schneider (artillerie), Citroën (obus), Renault (chars et véhicules de transport), Boussac (toile d'aviation), en Italie les firmes Ansaldo et Fiat, en Allemagne les grands sidérurgistes de la Ruhr, etc. Spéculateurs et intermédiaires ont en peu de temps acquis d'immenses fortunes, constituant une classe de nouveaux riches qui affichent un luxe clinquant et éveillent des rancœurs tenaces, surtout parmi les anciens combattants.

● Destins contrastés du monde paysan et réaction agrarienne

Les mondes paysans constituent un univers à part. Une partie de la paysannerie a tiré profit de la hausse continue des produits alimentaires et a acquis de nouvelles terres. Mais beaucoup de petites entreprises rurales n'ont pas résisté au manque à gagner qu'ont entraîné la mobilisation d'une partie de la main-d'œuvre familiale et la chute de la productivité consécutive à la pénurie d'engrais et de matériel agricole. Elles se sont endettées et ont souvent dû cesser leur activité, provoquant une reprise de l'exode rural. En Europe centrale et orientale, les problèmes économiques et sociaux de la paysannerie vont trouver au lendemain de la guerre une expression politique au demeurant complexe.

Ici, dès la fin des hostilités, la paysannerie réclame en Pologne comme en Roumanie, dans les pays héritiers de la Double Monarchie comme en Russie, une réforme agraire opérée au profit des plus pauvres. Avant 1914 déjà, l'insurrection des paysans roumains (en 1907), les manifestations nationales et révolutionnaires en Transylvanie et en Slovaquie contre la domination des féodaux magyars, avaient éveillé les masses rurales à l'action politique. Dans l'Europe faiblement industrialisée qui s'étend de la Baltique aux Balkans, la classe révolutionnaire semble moins être la classe ouvrière que la paysannerie. Archaïsants, tournés vers un passé mythifié, ces mouvements ont parfois des accents qui annoncent ceux du premier fascisme. C'est ainsi que l'idéologie égalitaire d'un Stambolijski, en Bulgarie, stigmatise les « villes parasites », leurs avocats et leurs marchands de grain, exploiteurs de paysans, ainsi que les représentants de *l'establishment* intellectuel. Il affiche sa haine du communisme, assimilé aux villes qu'il considère comme de véritables « Sodomes ». Un mouvement analogue existe en Yougoslavie, derrière Stjepan Radic, en Roumanie avec le Parti paysan, en Tchécoslovaquie où Piast dirige une formation du même genre. Tous font, à des degrés divers, profession d'antisémitisme. Au lendemain de la guerre, ces partis représentent une force révolutionnaire ayant un objectif commun : la réforme agraire, et en 1921 ils se rassembleront au sein d'une « Internationale verte ».

● Les premiers pas de l'émancipation féminine

La guerre a provoqué un autre bouleversement majeur dans les pays industrialisés en favorisant l'arrivée des femmes sur le marché du travail, non suivie d'un « retour à la normale » une fois la démobilisation achevée, car l'hémorragie humaine a creusé l'écart entre les deux sexes. Il y avait en Allemagne, en 1911, 49,33 % d'hommes et 50,7 % de femmes. Dix ans plus tard les proportions sont passées respectivement à 47,6 % et 52,4 %, et il en est de même pour les autres pays. Il en est résulté un accroissement sensible du nombre des femmes seules : célibataires, veuves ou divorcées.

Le début de la décennie 1920 est marqué en effet par une forte poussée de la divorcialité, conséquence des séparations du temps de guerre et de la brusque mutation des mœurs qui caractérise les «Années folles». En Allemagne, le nombre moyen des divorces passe de 15 983 pour les années 1909-1913 à 35 240 pour la période 1920-1924. En France, les chiffres traduisent une évolution de même envergure (de 13 653 à 26 702), et en Grande-Bretagne, où la législation est beaucoup plus restrictive, on constate un quadruplement du nombre des divorces (de 590 à 2 673).

Nombreux sont les contemporains qui ont vu dans ces chiffres l'un des signes les plus tangibles du déclin d'une morale et d'une civilisation promises à une disparition prochaine. Tout en ramenant les choses à leur juste mesure, on ne peut que faire le constat d'un paysage social radicalement transformé par le conflit mondial. Malgré les pertes de la guerre, la population active augmente dans la plupart des pays et, si elle est moins jeune qu'en 1914, elle s'est déjà passablement féminisée. En France, l'effectif des actifs féminins, qui représentait 38 % de la population active agricole en 1911, atteint 44 % en 1921, tandis que dans le secteur des services la part des femmes est passée de 36 % à 40,5 %. En Allemagne et en Grande-Bretagne, les femmes occupaient à la fin de la guerre jusqu'à 35 % des emplois industriels. La paix revenue, elles n'abandonnent qu'une partie de ces postes de travail et en conquièrent d'autres, dans le commerce, dans les services et dans la fonction publique. Signe de leur émancipation, les femmes obtiennent le droit de vote dans certains pays comme la Russie soviétique, l'Allemagne et le Royaume-Uni, la France républicaine et «progressiste» s'opposant pour sa part à cette réforme.

L'apparente victoire de la démocratie

● Une Europe des Républiques et des monarchies parlementaires

Dans une Europe dont la guerre a bouleversé les structures, ce sont les idéaux et les institutions de la démocratie libérale qui paraissent s'imposer en 1919. En Europe centrale et orientale, aussi bien dans les petits États balkaniques que dans les États qui sont nés de l'effondrement des grands Empires autocratiques, les régimes autoritaires ont cédé la place à des constructions politiques inspirées du système parlementaire à la française. À la conférence de Versailles, les Quatre (États-Unis, France, Grande-Bretagne et Italie) n'ont pas caché la faveur dans laquelle ils tenaient la Tchécoslovaquie démocratique et laïque («maçonnique», pour les polémistes de l'extrême droite !) que venaient de fonder Beneš et Masaryk, pas plus qu'ils n'ont dissimulé leur méfiance à l'égard de l'autoritarisme de Pilsudski en Pologne. On assiste ensuite à une floraison de Constitutions calquées sur le modèle français de 1875 : en 1920 en Autriche et en Tchécoslovaquie, en 1921 en Yougoslavie et en Pologne, en 1923 en Roumanie.

Partout, les assemblées sortent de la guerre auréolées d'un nouveau prestige. Les premières élections se déroulent dans un climat de liberté et permettent à de nouvelles catégories sociales — paysannerie, classes populaires urbaines — d'être associées à la vie politique. L'imitation de la France explique la vogue que connaît la franc-maçonnerie, en particulier en Europe centrale et orientale où des loges apparaissent, dans la mouvance du Grand Orient de France : en 1919 en Yougoslavie, en 1920 en Pologne, en 1921 en Roumanie, en 1923 en Tchécoslovaquie.

● La démocratie fragile

Mais la démocratie apparaît vite fragile dans ces pays où les populations, en grande partie composées de paysans illettrés et au sein desquelles les classes moyennes sont faiblement représentées, n'ont pas encore acquis la pratique du régime représentatif. Les alliances qui ont fondé ou prolongé la démocratie après 1918 ne survivront pas, dans la plupart des cas, aux tensions intérieures de l'entre-deux-guerres. En Italie, la «paix mutilée» ouvre une crise politique et sociale qui aboutira, nous le verrons, en octobre 1922, à l'arrivée de Mussolini au pouvoir. En Pologne, la faiblesse de la coalition parlementaire et les risques de coup d'État d'extrême droite inclinent la gauche à soutenir en 1926 le putsch du maréchal Pilsudski. En Espagne, au Portugal, dans les pays baltes, des régimes autoritaires — dirigés ou non par des militaires — se substituent aux pouvoirs démocratiques, tandis que les monarchies balkaniques (Roumanie, Bulgarie, Yougoslavie) se radicalisent en ne conservant que les apparences du pluralisme. Enfin, dans les pays même où elle paraît le plus solidement implantée, la démocratie libérale se trouve bientôt attaquée sur deux fronts.

À gauche par la montée du communisme. Au lendemain immédiat de la guerre, celui-ci paraît sur le point de s'étendre à l'Europe tout entière, même s'il est vrai que le courant révolutionnaire ne tarde pas à pâtir des scissions intervenues en 1920-1921 à propos du problème de l'adhésion à la IIIe Internationale.

À droite, la démocratie est menacée par des mouvements de tendance autoritaire, particulièrement suivis dans les pays vaincus, ou mécontents de la façon dont la conférence de la paix a réglé le sort de l'Europe, et qui reprennent en les amplifiant les thèses nationalistes pour faire grief au parlementarisme de son manque d'efficacité.

Sociologiquement, ces mouvements composites trouvent leur principale audience dans les classes moyennes : aussi bien du côté des catégories sociales que l'inflation et la concentration capitaliste paraissent vouer à la marginalisation (artisanat, boutique, petite exploitation rurale, détenteurs de revenus fixes), que dans les rangs des classes moyennes «émergentes» (fonctionnaires, techniciens, professions libérales) qui entendent bien tirer profit des bouleversements en cours et conquérir une position dominante dans la société issue de la guerre. Là où il n'existe pas de structures d'accueil pour canaliser politiquement ces forces contestataires de l'ordre établi (en France le Parti radical, en Grande-Bretagne les syndicats réformistes et le Parti travailliste), et où les traditions démocratiques sont faibles, le danger est grand de voir ces mouvements s'emparer des rênes de l'État. Ceci d'autant plus que les classes dirigeantes n'hésitent pas, lorsque le «péril rouge» devient trop proche, à abandonner leur libéralisme traditionnel pour des méthodes qui leur permettent, fût-ce au prix d'une dictature, dont elles croient pouvoir limiter la rigueur et la durée, de conserver leurs positions et leurs privilèges.

● Une restauration démocratique précaire

Enfin, même dans les pays où perdurent les pratiques du parlementarisme, les impératifs de la conduite économique et politique de la guerre ont amené les gouvernements, on l'a vu, à user de méthodes dirigistes et autoritaires : pratique des «décrets-lois» en France, «dictature du cabinet» en Grande-Bretagne, que n'interrompt pas complètement le retour à la paix, l'exécutif s'efforçant de conserver ses prérogatives nouvelles, notamment en matière de direction et de contrôle de la vie économique. Ici cependant, la majorité de la classe politique aspire à restaurer intégralement l'esprit et les pratiques de la démocratie libérale. En France, elle supporte mal l'autoritarisme de Clemenceau devenu, au lendemain du conflit, et bien malgré lui, une sorte de leader charismatique doté d'un immense prestige populaire, et auquel elle barre le chemin de l'Élysée : députés et sénateurs, réunis en janvier 1920 pour désigner un successeur à Poincaré, lui préféreront l'inoffensif Paul Deschanel, qui devra démissionner quelques mois plus tard pour troubles mentaux ! En Angleterre, la volonté de retour aux procédés classiques de la vie parlementaire entraîne en octobre 1922 la chute du gouvernement Lloyd George. Dans les deux pays, on considère les entorses à la démocratie opérées pendant la guerre comme une parenthèse qu'il est possible de refermer. Il y a là une profonde aspiration de «retour à la normale», dont la crise de 1929 ne va pas tarder à révéler le caractère illusoire.

Les tensions franco-allemandes

● La France de l'après-guerre, colosse aux pieds d'argile

Victorieuse, mais épuisée, la France de 1920 est une puissance inquiète pour son avenir. L'énorme effort qu'elle a dû fournir pour résister au déferlement des armées allemandes lui fait redouter à moyen terme le retour en force de son ex-ennemie dans le champ des relations intereuropéennes. Aussi comprend-elle assez mal l'attitude de ses anciens alliés britanniques et américains à qui elle reproche comme une trahison leur refus d'appuyer les thèses françaises à propos de la «frontière militaire» sur le Rhin, puis la non-ratification du traité des garanties, et enfin l'idée qu'ils se font du rôle de l'Allemagne dans la nouvelle Europe.

Alertés par l'ouvrage de l'économiste britannique J. M. Keynes *Les Conséquences économiques de la paix,* publié en 1919, les Anglo-Saxons estiment en effet que la reconstruction de l'Europe ne peut se faire qu'à condition qu'y soit associée une Allemagne suffisamment forte, à la fois cliente de leur industrie et marché privilégié pour leurs capitaux. Ils redoutent d'autre part qu'à trop déstabiliser l'ancien

Reich, la France n'aboutisse à faire basculer sa voisine dans le camp du bolchevisme et ils s'inquiètent de la volonté de puissance que révèle de sa part le «projet sidérurgique», conçu par le Quai d'Orsay. Celui-ci vise à établir la suprématie industrielle de la France sur le continent grâce aux modifications des frontières allemandes, aux livraisons obligatoires de charbon et de coke et aux conditions commerciales du traité qui prévoit que, pendant 5 ans, les entreprises lorraines, alsaciennes et sarroises pourront faire pénétrer librement leurs produits en Allemagne. Ce programme est très mal accueilli par les dirigeants anglo-saxons pour qui le danger majeur est maintenant celui d'une Europe dominée économiquement et militairement par la France. Ils vont donc s'appliquer à combattre les initiatives de cette puissance en matière de paiement des réparations.

Inquiétudes bien excessives. La France en effet n'a guère les moyens d'appliquer le plan sidérurgique imaginé par ses diplomates. Les maîtres de forges lui sont d'ailleurs peu favorables, conscients qu'ils sont des faiblesses structurelles de la sidérurgie française. Première puissance militaire de l'Europe, la France n'a plus en 1919-1920 les moyens économiques de sa politique. Son déficit budgétaire est immense. Les dettes qu'elle a contractées envers les États-Unis et la Grande-Bretagne pendant la guerre pèsent lourdement sur ses finances, de même que les dépenses occasionnées par la reconstruction des provinces sinistrées et par l'indemnisation des victimes du conflit.

Dans ces conditions, le gouvernement, la classe politique et la majorité de l'opinion estiment que la seule possibilité pour la France d'éviter la banqueroute et de conserver un instrument militaire dissuasif est d'exiger de l'Allemagne le paiement des «réparations» dont le principe a été établi par le traité de Versailles, mais dont le montant n'a toujours pas été fixé. C'est sur la façon d'obtenir ces réparations que les points de vue divergent. Deux conceptions s'affrontent, proposées par les deux hommes politiques les plus en vue de cette période : Raymond Poincaré et Aristide Briand.

Le premier a été président de la République de 1913 à 1920. Son mandat achevé, il fait retour à la politique active. Président de la Commission des réparations, puis chef du gouvernement en 1922, il se déclare partisan de «l'exécution» pure et simple du traité de Versailles, conjuguée avec une politique d'alliance de revers avec les voisins méridionaux et orientaux de l'ancien Reich.

Aristide Briand a d'abord été partisan lui aussi de «mettre la main au collet» de l'Allemagne et de l'obliger, par la force s'il le fallait, à payer sa dette. À l'automne 1921, devenu président du Conseil, il modifie radicalement sa position et se déclare prêt, lors de la conférence de Cannes, à accepter les propositions de Lloyd George, lequel propose un aménagement de la dette allemande en échange d'une garantie des frontières françaises par le Royaume-Uni. Il estime en effet que la France n'a rien à gagner à maintenir son ancienne ennemie dans une position d'infériorité et à la saigner à blanc par l'exécution intégrale du traité.

● La crise de la République de Weimar

L'évolution de l'opinion et de la politique allemandes paraît justifier les craintes de Briand, lequel devra toutefois quitter le pouvoir en janvier 1922, désavoué par le président de la République, Alexandre Millerand. Après l'écrasement des spartakistes et la liquidation de la république communiste de Bavière, les sociaux-démocrates n'ont pu rester au pouvoir qu'en s'alliant avec les partis bourgeois modérés : Centre catholique et «démocrates». La coalition de ces trois formations permet à l'assemblée constituante, réunie dans la petite ville de Weimar, en Thuringe, de mettre au point une Constitution d'allure démocratique qui voit le pouvoir partagé entre un président de la République, élu pour sept ans et doté de pouvoirs étendus, et deux assemblées : le *Reichstag,* élu pour quatre ans au suffrage universel, qui vote les lois et investit le chancelier, mais peut être dissout par le Président, et le *Reichsrat* qui comprend les délégués des *Länder,* la nouvelle Allemagne étant une république fédérale regroupant 17 «États» ou «pays».

Or, la jeune République de Weimar traverse au lendemain de la guerre une période de très grandes difficultés. Difficultés économiques et financières, tout d'abord, qui se traduisent par la chute de la production industrielle (de moitié inférieure à celle de 1913), par un déficit commercial considérable et surtout par une véritable décomposition de la monnaie. Le mark-or, qui s'échangeait encore contre 46 marks-papier en janvier 1922, en vaut 4 280 en janvier 1923, 84 000 en juillet, 24 millions en septembre, 6 milliards en octobre, 1 trillion en décembre. Les salariés et les représentants des classes moyennes sont évidemment les principales victimes de cet état de choses, les salaires et traitements ne parvenant pas à rattraper les prix dont la galopade effrénée fait changer le cours des produits de consommation plusieurs fois par jour. Au contraire, les classes dirigeantes sont dans l'ensemble bénéficiaires de l'effondrement du mark, les grands magnats de l'industrie et de la finance notamment, qui peuvent racheter à bon compte une foule de petites et moyennes entreprises en difficulté et renforcer ainsi une concentration déjà fort avancée.

Dans cet état de profonde instabilité, les troubles politiques sont incessants avec l'agitation ouvrière dans les régions industrielles de la Ruhr et de la Saxe, et la pression constante de l'armée dont l'attitude est équivoque et dont certains éléments tentent de s'emparer du pouvoir : l'ancien fondateur de la *Ligue nationale,* Wolfgang Kapp, et le général von Lüttwitz à Berlin en mars 1920 ; une armée clandestine de 20 000 hommes — la «Reichswehr noire» — dans la région de Spandau en octobre 1923 ; le général Ludendorff, l'un des chefs militaires les plus prestigieux, dont l'appui permet à Hitler, un mois plus tard, d'organiser à Munich le fameux «putsch de la brasserie». Agitation enfin des groupuscules ultra-nationalistes, qui recrutent leurs troupes parmi les anciens militaires et les membres des corps francs, réclament l'annulation des clauses «honteuses» du traité de Versailles et n'hésitent pas à recourir au terrorisme. Le leader du Centre catholique, Erzberger, signataire du traité, et le ministre des Affaires étrangères, Walter Rathenau, tombent ainsi sous les balles des tueurs de l'organisation *Consul.*

● Les affrontements franco-allemands

Dans ces conditions, les années qui suivent la signature du traité voient se détériorer gravement les relations entre les deux puissances riveraines du Rhin. Les États-Unis s'étant désengagés des problèmes politiques européens en refusant de ratifier le traité de Versailles et le pacte de la SDN, la Russie soviétique étant mise au ban de l'Europe, la seule puissance capable de s'interposer entre la France et l'Allemagne est le Royaume-Uni. Ses dirigeants ont compris, depuis le début du XXᵉ siècle, qu'il ne leur était plus possible de se comporter comme s'ils ignoraient l'existence de l'Europe. Le maître-mot de leur politique est plus que jamais l'équilibre du continent. Or il leur apparaît que cet équilibre autrefois menacé par le Reich, est maintenant mis en péril par la France, dont la politique germanophobe, nationaliste et militariste inquiète le monde politique anglais. La venue au pouvoir, à la suite des élections de novembre 1919, d'une coalition de droite — le «Bloc national» — soutenue par une Chambre dans laquelle les anciens combattants sont nombreux (de là son surnom de chambre «bleu horizon», par référence à la couleur de l'uniforme des «poilus») les conforte dans cette attitude.

Le président de la République Alexandre Millerand est de fait, quoique issu de la famille socialiste, un nationaliste convaincu. Le gouvernement français maintient des troupes en Rhénanie et dans la Sarre, en Haute-Silésie et à Constantinople. Sa politique d'alliances de revers avec les petites puissances d'Europe centrale le fait apparaître aux yeux de nombreux Européens comme belliciste — ce qu'il n'est pas —, en tout cas comme prêt à tout pour assurer la sécurité de l'Hexagone. La Grande-Bretagne, où la direction des affaires est toujours assumée par Lloyd George, veut au contraire réconcilier l'Allemagne et la France. Aussi, le Premier ministre s'efforce-t-il de convaincre les dirigeants français de consentir à une réduction du montant des réparations dues par l'Allemagne. Il avait trouvé un interlocuteur compréhensif en la personne d'Aristide Briand. Mais celui-ci, nous l'avons vu, a été obligé de céder la place au début de 1922, et son successeur, Raymond Poincaré, n'a nullement l'intention de renoncer à l'exécution intégrale du traité.

Du côté allemand, on a mis à profit les hésitations de la diplomatie française pour mettre en échec le plan sidérurgique du Quai d'Orsay. En juillet 1920, l'Allemagne a obtenu une diminution de 43 % de ses livraisons de charbon et de coke. Elle a reconstitué sa puissance sidérurgique dans la Ruhr, en Westphalie et sur la mer du Nord. Elle a compensé la perte du fer lorrain en faisant appel aux minerais suédois et espagnols. En matière de réparations, elle multiplie les demandes de moratoires, et surtout elle joue habilement de sa position entre l'Est et l'Ouest, en faisant peser sur les Occidentaux la menace d'un rapprochement appuyé avec l'URSS. Ainsi, lors de la conférence de Gênes, en avril 1922, elle conclut à la surprise générale avec les délégués soviétiques le traité de Rapallo. Les deux pays renoncent à leurs dettes mutuelles et signent un accord économique prolongé par des négociations militaires secrètes (envoi de techniciens allemands en URSS et utilisation par l'Allemagne du territoire soviétique pour expérimenter le matériel de guerre prohibé).

Plusieurs raisons inclinent le gouvernement Poincaré à se montrer intraitable en matière de réparations. Tout d'abord des raisons budgétaires : les dépenses occasionnées par la reconstruction et l'indemnisation des victimes de la guerre ont été imputées au chapitre des dépenses «recouvrables»; cela veut dire que, pour les solder, le gouvernement compte sur les paiements qui doivent être effectués par l'Allemagne. En second lieu, la décision prise par les Britanniques en juillet 1922 d'aligner leurs positions sur celles des Américains, en exigeant comme eux de leurs anciens alliés le remboursement des dettes contractées pendant la guerre, a pour effet d'amener Poincaré à formuler clairement son point de vue sur cette question : les sommes empruntées aux Anglo-Saxons ne seront remboursées que si l'Allemagne paie elle-même scrupuleusement ce qu'elle doit. Enfin, le président du Conseil français est poussé à agir avant que le chantage au rapprochement avec l'URSS exercé par l'Allemagne sur les Occidentaux ne conduise Londres et Washington à exiger de Paris une moindre intransigeance.

● L'occupation de la Ruhr

Dès la fin de l'automne 1922, l'épreuve de force paraît inévitable. Dans le courant de l'été, le chancelier Cuno a fait savoir que son pays était incapable de poursuivre ses paiements et a réclamé un moratoire que Poincaré a refusé. Celui-ci est en effet décidé, dès lors que l'Allemagne refuse de s'acquitter de sa dette, à se saisir d'un « gage productif » permettant à la France de se payer en nature, et par prélèvement direct, sur le patrimoine économique de son ex-ennemie. Ce gage sera pris dans la Ruhr, principale région industrielle de l'Allemagne, dont les mines seront exploitées au profit de la puissance occupante. Le ravitaillement de la France en charbon et en coke sera ainsi facilité, et les Britanniques ne pourront que se montrer plus compréhensifs — du moins est-ce ainsi que Poincaré voit les choses —, vis-à-vis des positions françaises liant les réparations et les dettes interalliées.

Fort de l'appui de la Belgique et de l'Italie — où Mussolini a pris le pouvoir quelques mois plus tôt —, et en dépit des protestations anglaises, la Ruhr est occupée le 11 janvier 1923 par des troupes franco-belges, sous le prétexte d'un manquement allemand au paiement des réparations : en fait un retard de quelques semaines dans la livraison d'un chargement de poteaux télégraphiques ! L'immense majorité de l'opinion publique approuve en France la décision de Poincaré, tandis que le gouvernement allemand, comptant sur l'appui britannique, décide la « résistance passive », c'est-à-dire une grève générale de deux millions d'ouvriers (mineurs, employés des chemins de fer, etc.) qui reçoivent des subventions de l'État.

En fait, Londres se contente d'une protestation verbale et ne pousse pas très loin son opposition. Pour briser la résistance passive, Poincaré fait venir dans la Ruhr des mineurs français et belges, des employés de chemin de fer, des soldats du génie, en même temps qu'il fait expulser 150 000 Allemands et que des mesures très rigoureuses sont prises à l'encontre des auteurs d'attentats et de sabotages. Les dépenses occasionnées à l'Allemagne par le financement de la grève accélèrent la dégringolade du mark, cependant que l'économie souffre cruellement de la pénurie de charbon et de coke. La lassitude des populations de la Ruhr aidant, le gouvernement de Berlin se rend compte qu'il est dans une impasse. Le 31 août 1923, le nouveau ministre des Affaires étrangères, Gustav Stresemann, décide de reprendre les négociations sur les réparations. La politique de force de la France paraît l'avoir emporté.

L'ère Briand/Stresemann : détente et prospérité

• Sortir de l'impasse de la politique d'affrontement

Vainqueur, mais inquiet d'une victoire qui a isolé la France de ses anciens alliés, Poincaré ne sait trop quelle attitude adopter. Poser brutalement ses conditions au risque de se couper davantage encore de Londres et de Washington ? Ne vaut-il pas mieux attendre que la crise allemande s'aggrave pour négocier en position de force, ou encore soutenir le mouvement autonomiste rhénan du docteur Dorten ? Le gouvernement français joue un peu sur toutes ces cordes, mais en gardant une certaine prudence, incliné en ce sens par les difficultés du franc. Depuis l'automne 1922 en effet, celui-ci n'a pas cessé de baisser. Ne pouvant obtenir de la Chambre l'effort fiscal qui permettrait de le rétablir et de compenser les effets d'une spéculation internationale plus ou moins orchestrée par les financiers allemands, Poincaré se voit contraint en mars 1924 de demander à la banque américaine Morgan l'ouverture d'un crédit qui lui est accordé. En échange, il doit accepter la réunion d'un comité d'experts présidé par un banquier américain, le général Dawes, à qui est confiée la mission de régler le problème des réparations.

Le président du Conseil s'est donc incliné sous la double pression des Anglo-Saxons et d'une Allemagne qui a su jouer de sa position internationale, faisant peser sur les Occidentaux la menace d'un rapprochement plus intime avec la Russie des Soviets. Quelques semaines plus tard, il doit d'ailleurs quitter le pouvoir, les élections de mai 1924 donnant la majorité au «Cartel des gauches» : une alliance des socialistes et des radicaux reposant sur un nombre réduit de points d'accord, parmi lesquels toutefois figure l'hostilité à la politique de force pratiquée par l'équipe sortante. Lorsqu'au cours de l'été suivant, le plan Dawes est soumis à une conférence internationale réunie à Londres, le nouveau président du Conseil, le radical Édouard Herriot, en accepte les stipulations. La dette de l'Allemagne est substantiellement diminuée. Des facilités lui sont accordées pour les versements des réparations, ces dernières se trouvant cependant garanties par des hypothèques sur les douanes et les chemins de fer du Reich. La France doit évacuer la Ruhr et une partie de la Rhénanie.

De son côté l'Allemagne, sous l'influence de Stresemann, décide de s'acquitter scrupuleusement des réparations. Il est vrai qu'elle y est aidée — et au-delà — par les investissements de plus en plus considérables de capitaux britanniques et surtout américains. Tout se passe en fait comme si l'Allemagne redistribuait l'argent que lui fournissent les banquiers d'outre-Atlantique, les réparations servant aux pays débiteurs des États-Unis, tels que la France, l'Angleterre, l'Italie, etc., à payer leurs propres dettes de guerre. Les investissements américains apparaissent ainsi comme les régulateurs de l'économie européenne. Que ce soutien vienne à manquer et c'est tout le système qui s'effondre. On le verra au lendemain du «jeudi noir» de Wall Street. En attendant, il permet de résoudre les problèmes les plus urgents du vieux continent. Les difficultés s'estompant, un état d'esprit nouveau, fait de bonne volonté réciproque, s'instaure parmi les anciens belligérants.

● Une apparente prospérité

Plusieurs conditions favorables président à cette brève période de détente. Sur le plan économique tout d'abord, l'année 1924 voit l'achèvement de la dépression qui affectait depuis 1920 l'ensemble du monde capitaliste. La mise en pratique des décisions monétaires prises à la conférence de Gênes, en 1922 — entre autres la convertibilité des monnaies non plus seulement en or mais en devises fortes telles que le dollar (Gold Exchange Standard) —, va permettre aux principales puissances européennes de retrouver une certaine stabilité financière. Dès 1924, à la faveur des prêts américains et du règlement de la question des réparations dans le cadre du plan Dawes, le docteur Schacht, directeur de la Reichsbank, crée une nouvelle monnaie, le *Reichsmark,* convertible en or selon les règles établies à Gênes et qui va servir de base au redressement de l'économie allemande. L'année suivante, au prix d'un immense effort déflationniste, les conservateurs britanniques rétablissent la convertibilité en or de la livre sterling à sa parité de 1914. En France, Raymond Poincaré, qui est revenu aux affaires en juillet 1926 à la suite de la débâcle du Cartel, effectue grâce à des mesures drastiques le sauvetage du franc, lequel ne pouvant être ramené à la parité d'avant-guerre, est dévalué en 1928 au niveau de son pouvoir d'achat, soit à une valeur égale au cinquième du franc-or. À cette date, toutes les grandes monnaies européennes obéissent aux règles du nouveau système monétaire international, lui aussi dominé par les Américains.

Tel est le contexte dans lequel s'épanouit ce que les contemporains ont après coup appelé la «prospérité», par comparaison aux années difficiles de l'immédiat après-guerre, et surtout aux temps sombres de la Grande Dépression. Que cette courte phase d'euphorie cache un malaise latent que la crise de 1929 va brutalement révéler au monde et qu'elle n'ait profité avec une égale intensité ni à tous les pays, ni à toutes les catégories sociales, n'ôte rien au fait qu'elle coïncide, aussi bien en Europe que dans le Nouveau Monde, à l'apogée de la «seconde révolution industrielle».

Celle-ci se caractérise tout d'abord par une nouvelle concentration des entreprises. L'Angleterre et la France, certes, ne s'engagent que lentement dans la voie de l'intégration industrielle et financière dont les États-Unis ont fourni le modèle avec l'essor des *holdings.* Quelques groupes de cette envergure se développent néanmoins pendant cette période, par exemple l'Imperial Chemical Industries (produits chimiques, colorants, engrais), le groupe anglo-néerlandais Unilever, l'Union industrielle et financière créée par le Français Schneider avec l'aide de la Banque de l'Union parisienne. En Allemagne, en revanche, le phénomène prend une ampleur considérable avec la constitution de *Konzerne* qui, à la manière des holdings d'outre-Atlantique, rassemblent des entreprises liées entre elles par des participations financières. Les plus importants se situent dans la sidérurgie — avec les groupes Stinnes et Krupp qui emploient respectivement 300 000 et 170 000 ouvriers — et dans les industries chimiques, dominées à partir de 1925 par la Badische Anilin.

On voit en outre se constituer des ententes industrielles, les *cartels,* visant à un partage du marché intérieur ou international. Dans la première catégorie, on trouve en France le Comptoir sidérurgique ou le Comptoir de l'azote, en Allemagne le Kohlen-Syndicat, cartel de l'industrie charbonnière, et l'Entente des industriels de l'acier. À la seconde se rattachent le Cartel européen de l'aluminium, le Syndicat franco-allemand de la potasse et surtout le Cartel de l'acier, constitué en 1926 par les sidérurgistes allemands, français, luxembourgeois, belges et sarrois. Certes, ces accords visant à limiter la production et à répartir les ventes entre les entreprises sont, à bien des égards, le signe d'un écoulement difficile de la production. Ils n'en caractérisent pas moins une phase nouvelle dans l'évolution des économies capitalistes : phase marquée à la fois par la relative autonomie de ces vastes ensembles, qui tendent à constituer leur propre espace économique et à se jouer des barrières douanières, et par la collaboration à l'échelle intereuropéenne.

Cette formidable concentration s'accompagne de l'adoption dans certains secteurs des méthodes de gestion et de standardisation en vigueur outre-Atlantique et qui permettent d'orienter les industries vers la production de masse. L'organisation scientifique du travail, le recours à la publicité, le «travail à la chaîne» qui permet de spécialiser les ouvriers dans un petit nombre de gestes sur des objets qui sont amenés mécaniquement devant eux, font leur apparition sur le vieux continent, là encore plus vite et de façon plus généralisée en Allemagne qu'en Angleterre, où l'absence de dynamisme patronal et la persistance du chômage freinent ces innovations, et en France où elles restent limitées à la sidérurgie et à l'industrie automobile.

Il en résulte néanmoins, à l'échelle de l'Europe industrialisée, des gains de productivité très sensibles et une forte croissance de la production industrielle. Partie il est vrai d'un niveau relativement bas, compte tenu des destructions de la guerre et de la forte baisse enregistrée pendant le conflit, celle des pays européens a même été plus rapide — 60 % contre 50 % — que la croissance industrielle américaine. À la fin de la période, les deux pôles principaux du monde industrialisé — l'Europe et les États-Unis — fournissent respectivement 45 % et 42 % de la production industrielle mondiale.

● Limites et déséquilibres de la prospérité

L'évolution en cours trahit cependant une redistribution des cartes qui, à moyen terme, ne paraît pas favorable à l'Europe. En matière énergétique tout d'abord, les difficultés croissantes d'extraction, le vieillissement du matériel et le coût élevé de la main-d'œuvre font que l'on assiste à une stagnation très nette du charbon, base de la puissance industrielle anglaise, puis allemande, jusqu'au premier conflit mondial. Ce recul s'opère au profit des énergies nouvelles : hydroélectricité et pétrole, pour lesquelles les pays neufs sont infiniment mieux pourvus que ceux du vieux continent. Un certain nombre d'industries traditionnelles, en particulier dans le secteur des textiles (laine, lin, soie), qui avaient fait la fortune de certaines régions européennes, déclinent rapidement, et si le coton continue de progresser c'est essentiellement au profit des pays neufs : États-Unis, Chine, Japon, Inde, Brésil, autrefois fournisseurs de matières premières pour les producteurs européens et qui se sont donné avec la guerre une industrie qui concurrence fortement celles de la France et de la Grande-Bretagne.

Les industries métallurgiques et mécaniques résistent mieux, mais là encore la part des États-Unis dans la production mondiale est devenue prépondérante. En 1929, la sidérurgie américaine fournit en effet la moitié de la production des pays industrialisés, au lieu du tiers en 1913, et sur les 35 millions de véhicules automobiles qui circulent dans le monde, 30 millions sont sortis des usines d'outre-Atlantique. En Europe, la France tient un rang honorable dans ce dernier secteur, avec Renault, Citroën et Peugeot qui contrôlent à eux trois près de 70 % du marché. Son industrie aéronautique est également à l'honneur, avec une structure moins concentrée (Farman, Potez, Bréguet, Latécoère, etc., sont des entreprises de dimensions modestes), mais aussi un soutien médiatique entretenu par les exploits de ses pilotes : c'est en effet la grande période de l'Aéropostale, avec Mermoz, Guillaumet et Saint-Exupéry, celle aussi des premiers grands vols intercontinentaux où excellent pareillement les pilotes italiens... et américains ! Dans le domaine des industries chimiques et électriques, qui constituent également des secteurs de pointe, c'est encore une fois l'Allemagne qui peut — à une certaine distance — soutenir la comparaison avec les États-Unis.

Cette prospérité connaît cependant des limites. Elle est loin de concerner tous les pays européens. Ceux qui vivent principalement de l'agriculture et de l'exportation des produits de la terre souffrent durement de l'engorgement des stocks et de l'effondrement des prix qui caractérisent ce secteur. L'Europe centrale et orientale, qui fournissait au reste du continent avant la guerre la moitié de ses importations de blé, a vu sa part de marché réduite à 10 % du fait de la concurrence américaine. En France même, où la production agricole est protégée par de hauts tarifs douaniers, les agriculteurs ont du mal à lutter contre les produits étrangers. Il en est de même en Allemagne où la paysannerie s'endette et hypothèque ses terres (à l'est de l'Elbe, les dettes dépassent en 1929 de 50 à 100 % la valeur des domaines).

Le cas de la Grande-Bretagne est particulièrement grave. Il concerne en effet un État qui a été 30 ou 40 ans plus tôt au premier rang des puissances industrielles de l'Europe (et du monde) et qui, en pleine période de croissance, voit ses parts de marché se réduire au profit de ses concurrents européens et extra-européens. C'est que la crise est ici structurelle. Elle tient au vieillissement de l'industrie britannique, au déclin du charbon, à l'insuffisante concentration de certains secteurs, au coût élevé de la main-d'œuvre et au manque de dynamisme d'un patronat qui a perdu beaucoup de son mordant et de son goût du risque. Elle résulte aussi de la politique monétaire menée par les conservateurs. En maintenant, pour des raisons de prestige, la livre sterling à un cours trop élevé, ceux-ci ont provoqué le renchérissement des produits anglais et ont, par conséquent, aggravé leur mévente sur les marchés intérieur et extérieurs.

À ces difficultés ponctuelles s'ajoutent, pour l'ensemble de l'Europe industrialisée, celles qui tiennent à la relative stagnation du pouvoir d'achat des salariés (l'augmentation des salaires n'atteint pas la moitié du rythme de progression de la production industrielle), à l'existence de masses de chômeurs pratiquement privés de ressources (l'Europe compte en pleine période de prospérité 5 millions de chômeurs, soit 6 % de sa population active) et aux obstacles que les nationalismes économiques apportent aux échanges internationaux. Les traités de 1919-1920 ont consacré le cloisonnement de l'Europe en petites unités politiques souvent rivales et soucieuses de conserver leur indépendance économique en subvenant à leurs propres besoins. Il en résulte partout une élévation des barrières douanières et un repliement sur soi qui finiront par toucher, avec la crise, le Royaume-Uni lui-même, patrie traditionnelle du libre-échange.

● Détente et rapprochement franco-allemand

Ces ombres au tableau d'une Europe « prospère » et qui n'a pas conscience de vivre sur un volcan n'affectent pas le climat d'euphorie qui caractérise les « Années folles » et qui se traduit, sur le plan des relations internationales, par une spectaculaire détente. Favorisée par la conjoncture économique, celle-ci bénéficie en outre de changements intervenus dans le champ de la politique intérieure des principaux acteurs concernés. En 1924, en France comme en Angleterre, la gauche arrive au pouvoir. Or, les hommes du « Cartel », comme les travaillistes anglais, sont plus que leurs prédécesseurs favorables à une politique de conciliation internationale. Il en est de même en Allemagne où la restauration de la monnaie accomplie par Schacht et le formidable boom industriel que connaît la jeune République de Weimar facilitent la stabilisation politique. Sans doute, le feu couve-t-il sous la cendre dans ce pays où l'extrême droite nationaliste demeure puissante et irréductiblement hostile aux institutions démocratiques et où s'affrontent sporadiquement les formations paramilitaires de droite (*Stahlhelm* de Hugenberg, SA et SS dépendant du Parti nazi) et de gauche (*Reichsbanner* socialiste, «Front rouge» communiste), mais la coalition conservatrice qui détient le pouvoir depuis 1925 paraît en mesure de faire entrer à petit pas l'ancien Reich dans la voie du libéralisme et de l'apaisement international.

Il faut tenir compte enfin du rôle personnel joué dans le processus de détente par certains hommes politiques : Édouard Herriot, leader du Cartel des gauches, qui propose en 1924 un projet visant à établir un système de règlement des conflits internationaux par l'arbitrage de la SDN (le «Protocole de Genève»), le Britannique Austen Chamberlain, plus favorable à la France que Lloyd George, et surtout le Français Aristide Briand et l'Allemand Gustav Stresemann. À l'époque, beaucoup d'adversaires du premier, notamment dans les rangs de l'extrême droite française, ont raillé son idéalisme et son «pacifisme bêlant», faisant valoir que, dans le même temps, son interlocuteur allemand se jouait secrètement de sa candeur. En réalité, si l'idéalisme et la volonté d'assurer la paix en Europe ne sont pas absents des motivations des deux hommes, celles-ci reposent surtout sur une appréciation réaliste de la situation de leur pays. Briand, conscient de la faiblesse de la France en matière démographique et économique, estime que la conciliation est préférable à une politique de force, face à une Allemagne économiquement puissante, réconciliée avec l'URSS et soutenue par l'Angleterre.

De son côté, Stresemann juge que l'entente avec la France favorisera la stabilisation économique et politique de l'Allemagne et lui permettra ensuite, avec l'appui des Anglo-Américains, d'obtenir une révision du traité de Versailles. Plutôt que de suivre l'extrême droite allemande dans sa politique de résistance au traité et de refus brutal — politique dont l'Allemagne n'a pas les moyens — il lui paraît plus habile, comme il l'écrit en septembre 1925 dans une lettre au Kronprinz, de «finasser et de se dérober aux grandes discussions». La détente est donc un choix tactique à l'intérieur de stratégies différentes.

Après la conférence de Londres, où Herriot a manifesté un esprit de grande conciliation envers les anciens ennemis et alliés de la France, et après la mise en route du plan Dawes, une négociation directe s'engage entre la France et l'Allemagne. Elle aboutit, en octobre 1925, à la conférence qui réunit à Locarno (en Suisse) Briand, Stresemann, Mussolini, Chamberlain et le Belge Vandervelde. Le pacte signé par eux établit une garantie mutuelle des frontières franco-allemande et germano-belge sous la garantie du Royaume-Uni et de l'Italie. L'Allemagne reconnaît ainsi les décisions du traité de Versailles concernant l'annexion de l'Alsace-Lorraine par la France. Mais elle refuse de prendre les mêmes engagements à propos de sa frontière orientale.

Vient ensuite, sur proposition de la France, l'entrée de l'Allemagne à la SDN et son admission comme cinquième membre permanent du Conseil. Du jour au lendemain, voici l'ancienne pestiférée de l'Europe placée sur un pied d'égalité avec la France, l'Angleterre, l'Italie et le Japon. L'événement est salué à Genève par les discours «historiques» de ses deux principaux artisans, et en particulier par le fameux discours de Briand : «Arrière les fusils, les mitrailleuses, les canons ! Place à la conciliation, à l'arbitrage et à la paix ! »

À partir de 1927, le rapprochement franco-allemand se manifeste, hors du camp strictement politique, dans le domaine économique et dans celui de la psychologie collective. L'entente internationale de l'acier, dont il a été fait mention plus haut et qui relie à partir de septembre 1926 les principaux pays producteurs de l'Europe continentale, constitue un instrument puissant du désarmement industriel entre les deux anciennes ennemies. L'année suivante, celles-ci signent un traité de commerce qui, tout comme le cartel de l'acier, ne sera pas remis en cause avant 1939.

S'agissant des opinions publiques, on ne peut pas dire qu'en profondeur les choses aient radicalement changé depuis les années de l'immédiat après-guerre. Pourtant, dans ce domaine également, des signes de détente apparaissent au milieu de la décennie 1920. En Allemagne, les nazis et les autres organisations de l'extrême droite revanchiste perdent du terrain, tandis que les grands partis nationaux atténuent leurs critiques à l'égard de la politique de Stresemann. En France, les socialistes demeurent dans l'opposition mais approuvent les initiatives de Briand, tandis que dans sa très grande majorité l'opinion catholique passe de la méfiance à l'égard de l'Allemagne à la défense de Locarno, voire — s'agissant de la minorité démocrate-chrétienne — à un engagement enthousiaste pour la SDN et pour le rapprochement franco-allemand.

Une véritable mystique de la pacification franco-allemande naît pendant ces années fastes de la prospérité, dans un contexte où fleurissent les projets d'union douanière et d'unification européenne. Certes, elle émane de milieux très minoritaires où coexistent des représentants de la classe politique — les Allemands Ernst Robert Curtius, Konrad Adenauer et Franz von Papen, le Tchécoslovaque Edvard Beneš, les Français Aristide Briand, Édouard Herriot et Léon Blum, etc. — des intellectuels de réputation mondiale comme Paul Valéry, Paul Claudel, Romain Rolland, André Gide et Miguel de Unamuno, ou encore de grands industriels comme Émile Mayrisch, magnat de la sidérurgie luxembourgeoise, inspirateur du cartel de l'acier et fondateur en 1926 d'un «Comité franco-allemand d'information et de documentation» qui s'est donné pour tâche de promouvoir une meilleure connaissance mutuelle des deux pays et qui s'applique à agir sur l'opinion publique par le truchement de la presse et de manifestations diverses (colloques, traductions, voyages de jeunes, etc.). Pour la première fois peut-être depuis le XVIIIᵉ siècle et les tentatives faites par les philosophes pour faire vivre, transcendant les frontières, une «république des lettres», on voit se constituer un embryon de milieu «européen», très attaché à l'«esprit de Genève», c'est-à-dire à l'idéologie pacificatrice de la Société des Nations. Il ne survivra guère à la tourmente de la crise, mais un jalon sera posé qui servira de référence après la guerre aux «pères de l'Europe».

Les années 1927-1928 marquent de fait en Europe l'apogée de la «sécurité collective», concrétisée en août 1928 par la signature du pacte Briand/Kellogg (du nom du secrétaire d'État américain). Par cet acte, les quinze puissances signataires, dont la France et l'Allemagne, condamnent solennellement le recours à la guerre et s'engagent à rechercher, par des moyens essentiellement pacifiques, la solution d'éventuels différends. L'année suivante est élaboré un nouveau plan devant assurer le règlement définitif du problème des réparations. Ce sera le «Plan Young» qui, élaboré par un comité d'experts présidé par le financier américain Owen Young, est discuté et accepté à La Haye en août 1929.

Il réduit une nouvelle fois la dette allemande, ramenée à 38 milliards de marks payables à la Banque des règlements internationaux de Bâle, et il en échelonne les paiements jusqu'en 1988. Enfin, en juillet 1930, Français, Belges et Britanniques retirent leurs dernières troupes de Rhénanie, cinq ans avant la date fixée par le traité. La paix européenne paraît assurée.

Les ferments de déstabilisation

● Les alliances de revers de la France

La fin de la « guerre froide » franco-allemande n'a pas eu pour effet de faire disparaître les autres sujets de tension en Europe, particulièrement dans la partie orientale du continent. Pour contenir dans cette zone les aspirations allemandes à une révision des frontières orientales du Reich, et pour maintenir en même temps l'efficacité du « cordon sanitaire » mis en place au lendemain de la guerre d'intervention contre l'URSS, la France s'est appliqué à tisser un réseau d'alliances avec les pays « satisfaits » d'Europe centrale et orientale. Ce système d'« alliances de revers » — qui répond depuis François Ier à une tradition de la diplomatie française — devait aboutir à un véritable encerclement de l'Allemagne. Successivement la Pologne (1921), la Tchécoslovaquie (1924), la Roumanie (1926) et la Yougoslavie (1927), se placèrent sous sa protection. Par ailleurs, à Locarno, un traité de garantie mutuelle, qui pouvait se prolonger par une convention militaire, avait lié la France à la Pologne et à la Tchécoslovaquie. Enfin, la principale puissance militaire de l'Europe soutenait la « Petite Entente », qui reliait la Roumanie, la Tchécoslovaquie et la Yougoslavie par des traités bilatéraux contractés à partir de 1920-1921 et directement dirigés contre la Hongrie révisionniste.

Il existait un arrière-plan économique à ce système français des alliances de revers. Malgré la concurrence anglaise, la relative exiguïté des moyens financiers, les désaccords entre milieux d'affaires et hommes politiques, la France avait eu l'habileté, par le biais des accords politiques, de prendre pied économiquement en Europe orientale et dans les Balkans. De 1918 à 1929, le montant des emprunts hongrois, autrichiens, polonais, roumains et bulgares placés en France s'élève à plus de 700 millions de francs. De grandes institutions bancaires comme l'Union parisienne, Paribas et la Société générale possèdent de fortes participations dans les banques autrichiennes et tchécoslovaques. La pénétration est moins forte dans le secteur industriel, sauf en Tchécoslovaquie où la firme Schneider prend, dès 1919, le contrôle des usines Skoda (automobiles, armement). Toutefois, cet « impérialisme du pauvre » ne parvient pas à entamer les positions très fortes que détiennent bientôt dans ce secteur de l'Europe le Royaume-Uni et surtout l'Allemagne.

Celle-ci manœuvre également avec deux fers au feu, jouant à fond, à l'Ouest, la carte de la détente, et entretenant avec la Russie des Soviets, autre pestiférée de l'Europe de l'après-guerre, des relations de bon voisinage destinées à exercer une pression continue sur les Occidentaux. Ce rapprochement tactique se trouve facilité par l'évolution intérieure du régime bolchevik, entré à partir de 1921 dans une phase de consolidation qui impose à ses dirigeants de modérer leurs objectifs révolutionnaires.

● **À l'Est, la menace soviétique toujours présente. De la stabilisation de la NEP...**

L'assaut mené contre le pouvoir soviétique par les puissances occidentales, alliées aux armées blanches, avait semblé dans l'ordre des choses à Lénine et à ses compagnons, dès lors qu'ils tenaient pour impossible la coexistence entre l'ordre bourgeois et l'ordre socialiste. La création du Komintern au printemps 1919 et le soutien donné aux mouvements révolutionnaires en Europe appartenaient à la même logique.

Mais le double échec de l'intervention occidentale d'une part, des révolutions allemande et hongroise d'autre part, avaient changé les données du problème. Provisoirement victorieux de leurs adversaires, les dirigeants bolcheviks se trouvaient confrontés à d'immenses difficultés intérieures qu'il était essentiel de résoudre avant de tenter l'expérience socialiste : un pays dévasté par la guerre, une population affamée, sans travail et en proie aux épidémies, des usines arrêtées, une agriculture en régression, une paralysie à peu près complète des transports, un dénuement total provoquant une agitation sociale et politique très vive. En mars 1921, les marins de Cronstadt, qui avaient été le « fer de lance » de la révolution, sont entrés en révolte contre le pouvoir bolchevik aux cris de « Vivent les Soviets ! À bas les communistes ! »

Dans ces conditions, il pouvait sembler de bonne logique d'obtenir des États bourgeois une trêve qui permettrait de consolider le socialisme en Russie, avant de relancer sa marche en avant « jusqu'à la victoire de la révolution dans les pays les plus avancés ». Faisant adopter par les instances dirigeantes du Parti sa théorie du « répit »,

Lénine décide donc de mettre un terme provisoire à l'agitation entretenue par le Komintern et de présenter aux puissances européennes un visage propre à les rassurer, de manière à obtenir d'elles la reconnaissance *de jure* de l'État soviétique. Ce changement de stratégie dans le champ international s'accompagne du choix d'une «nouvelle politique économique» (la NEP), qui rétablit, à côté du secteur public, un secteur privé ouvert à la concurrence et à l'initiative individuelle. De la concurrence entre ces deux secteurs, Lénine, qui fait appel par ailleurs aux capitaux et aux techniciens étrangers, attend un progrès économique qui doit permettre par la suite d'éliminer progressivement le second. Il ne s'agit donc pas d'un retour pur et simple à l'économie de marché, mais d'«un capitalisme limité pour un temps limité».

● ... à la stratégie stalinienne de «lutte contre la guerre impérialiste»

La mort de Lénine, en janvier 1924, a tôt fait de remettre en cause cette politique économique nouvelle. À Staline, maître de l'appareil du parti, héritier des vues de Lénine sur la tactique à appliquer dans le court terme, s'oppose Trotsky pour qui la NEP constitue une capitulation de la révolution devant le capitalisme et qui juge impossible de construire le socialisme dans un seul pays, donc de pratiquer avec l'Occident une politique de «coexistence pacifique». Entre les deux hommes, la lutte pour le pouvoir dure trois ans. Elle s'achève par l'élimination de Trotsky, déporté d'abord en Asie centrale, à Alma Ata, puis expulsé d'URSS en 1929.

Dès 1927, devenu seul maître du pouvoir, Staline abandonne la NEP. La collectivisation agraire commence dans les campagnes, accompagnée d'une élimination impitoyable des opposants, qu'il s'agisse des représentants de la paysannerie aisée, les *koulaks,* qui ont effectivement profité du retour partiel à l'économie de marché, ou de la masse des petits exploitants qui refusent la collectivisation forcée et préfèrent abattre leur bétail que le livrer aux entreprises d'État ou aux fermes collectives. En même temps, le nouveau maître de l'URSS impose la socialisation de tous les moyens de production et d'échanges et introduit dans le système économique une planification rigide, orientée prioritairement vers le développement de l'industrie lourde. Le but est clair. Il s'agit à la fois de jeter les bases d'une «société sans classes» et de faire de l'URSS une grande puissance industrielle et militaire, capable en dix ans de rattraper l'Occident, puis de relancer le processus révolutionnaire. En attendant, la «patrie des prolétaires» a besoin d'une longue période de paix, ce qui suppose qu'elle normalise ses rapports avec les États capitalistes. Dès 1924, ce premier objectif est atteint : toutes les grandes puissances européennes ont reconnu *de jure* l'État né de la révolution d'Octobre.

Est-ce à dire que la Russie des Soviets est devenue un élément stabilisateur du système international et qu'elle a rejoint le camp des défenseurs du statu quo de 1919-1920? La réponse est de toute évidence négative. Tout d'abord, la politique pratiquée par Staline a l'égard de l'Allemagne ne se démarque pas de celle de son prédécesseur. Le rapprochement opéré à Rapallo en 1922 se poursuit au cours des années suivantes, avec la signature d'un accord d'amitié et de neutralité entre les deux pays en 1926 et une coopération militaire clandestine toujours plus étroite. Ensuite, les préoccupations de la «coexistence pacifique» avec l'Ouest ne suffisent pas à débarrasser les Russes du complexe de la citadelle assiégée qu'ils ont gardé des événements de 1918-1921. À partir de 1927, l'URSS vit ainsi dans la hantise d'une nouvelle offensive contre-révolutionnaire, dont Staline tire argument pour justifier le durcissement du régime et sa fermeture au monde extérieur.

En mai 1927, le VIIIe Plenum de l'Internationale communiste proclame que «le danger de guerre contre l'Union soviétique devient la question la plus brûlante du mouvement ouvrier international». L'année suivante, le programme du Komintern établit que «le prolétariat international, dont l'URSS est la seule patrie [...] a pour devoir de contribuer au succès de l'édification du socialisme dans l'URSS et de la défendre par tous les moyens contre les attaques des puissances capitalistes». Il en résulte une double conséquence sur les rapports entre la IIIe Internationale et les partis communistes nationaux. D'abord la lutte contre la «guerre impérialiste» devient le thème central de la propagande des sections de l'Internationale communiste et se concrétise dans l'organisation d'un «mouvement de masse», connu en France sous le nom de Comité Amsterdam/Pleyel. D'autre part, la croyance dans la nécessité de préparer une prochaine offensive révolutionnaire conduit les dirigeants communistes à l'adoption de la tactique «classe contre classe», laquelle met dans le même sac fascisme et social-démocratie et aboutira en Allemagne aux événements de 1933.

En attendant, cette attitude agressive a pour conséquence, outre l'enfermement des partis communistes dans de véritables ghettos politiques, l'animosité croissante des États capitalistes à l'égard de l'URSS. En mai 1927, le cabinet conservateur de Baldwin, qui reproche aux Soviets d'avoir soutenu financièrement les ouvriers anglais en grève et les accuse d'ingérence dans les affaires intérieures du royaume, rompt les relations diplomatiques avec Moscou. L'adhésion de l'URSS au pacte Briand/Kellogg marque certes une amélioration de ses rapports avec les Occidentaux, mais les méfiances restent vives de part et d'autre.

● La crise italienne de l'après-guerre

L'Italie constitue elle aussi, à partir de 1926, un facteur de turbulence dans les relations intereuropéennes. C'est le moment où la «dictature légale» instaurée par Mussolini après la Marche sur Rome, et la constitution d'un gouvernement présidé par le fondateur du mouvement fasciste, se transforme en une dictature pesante qui va elle-même donner naissance au cours des années suivantes à un régime totalitaire de masse.

La dérive fasciste du jeune État issu du Risorgimento a commencé au lendemain même de la guerre. Celle-ci a aggravé en effet les déséquilibres économiques et sociaux qui s'étaient manifestés dans ce pays dès la fin du XIXᵉ siècle. Déséquilibre entre une classe dirigeante peu nombreuse, acquise en partie seulement aux idéaux et aux pratiques de la démocratie, et des masses majoritairement exclues de la vie politique. Déséquilibre entre le Nord et le Sud, entre les secteurs de pointe de l'industrie piémontaise et lombarde et les archaïsmes d'une économie agraire vouée, dans de nombreuses régions, à l'exploitation extensive et peu rentable des terres, dans le cadre de grands domaines employant des armées de journaliers *(braccianti)* que le chômage et la misère poussent fréquemment à la révolte ou à l'expatriation.

Dans ces conditions, le conflit ne pouvait être que catastrophique pour l'Italie. Celle-ci a perdu près de 700 000 de ses fils. Elle compte un million de blessés et mutilés. Ses provinces du Nord-Est ont été ravagées par les opérations militaires et l'industrie a dans l'ensemble souffert du manque de matières premières et de bras. Sur le plan financier, l'effort de guerre a imposé, outre l'augmentation des impôts, l'endettement de l'État qui a dû recourir à l'emprunt et à l'inflation. Celle-ci provoque une montée vertigineuse des prix, non compensée par la hausse des salaires.

À ces effets ordinaires du grand chambardement de 1914, s'ajoutent pour l'Italie ceux d'une crise morale très grave. Beaucoup d'Italiens avaient espéré qu'une guerre victorieuse donnerait à leur pays un certain poids dans la vie internationale et qu'il ne serait plus traité en parent pauvre de l'Europe. Or, les Alliés ne tiennent pas les promesses du traité de Londres, ce qui provoque un vif mécontentement de l'opinion : celle-ci soutiendra Gabriele D'Annunzio et ses *arditi* lorsqu'ils s'installeront à Fiume en septembre 1919. La guerre a d'autre part provoqué la rancœur des combattants pour un régime jugé responsable du conflit et incapable d'assurer le reclassement des démobilisés. Elle a aussi développé chez beaucoup le goût de la violence, de l'aventure et de la vie dangereuse.

La montée du fascisme s'inscrit dans ce contexte. Elle s'explique également par la défaillance de la classe dirigeante traditionnelle face au péril révolutionnaire. Des trois grandes forces qui structurent la classe politique transalpine, les partis gouvernementaux (libéraux, modérés, radicaux) qui représentent les différentes couches de la bourgeoisie, le Parti populaire de don Sturzo, d'inspiration démocrate-chrétienne, et le Parti socialiste, lui-même divisé entre une minorité de réformistes et une majorité de maximalistes qui prônent l'action directe et la conquête du pouvoir par la force, mais dont les violences sont surtout verbales, aucune n'est capable de s'imposer seule et aucune n'est prête à s'allier avec les autres pour constituer une coalition solide, capable de répondre aux problèmes de l'heure.

Or, l'agitation sociale qui se développe à partir du printemps 1919, du fait de la diminution du salaire réel et de l'accroissement du chômage, prend bientôt un caractère insurrectionnel. Une formidable vague de grèves, avec occupation des usines et formation de «conseils» ouvriers, se développe en août-septembre 1920 dans le triangle industriel du Nord, tandis que dans les campagnes les paysans occupent les grands domaines, partagent les terres et s'organisent en syndicats. La classe dirigeante tremble, mais l'alerte est de courte durée. Lâchés par les états-majors syndicaux et par la direction du PSI, les ouvriers reprennent le travail à l'automne 1920 et c'est alors, au creux de la vague et avec le souci de déclencher une «contre-révolution préventive», que le mouvement fasciste prend son essor.

Il avait été fondé en 1919, à Milan, par Benito Mussolini, un ancien socialiste qui avait été exclu du Parti en 1914, pour avoir prêché dans son journal, *Il popolo d'Italia,* l'entrée en guerre de l'Italie. À ses débuts, il est essentiellement constitué d'anciens combattants, de jeunes officiers et de soldats des troupes d'élite tout récemment démobilisés et que le retour à la vie civile laisse désemparés et bien souvent sans emploi. Ils côtoient dans les *fasci di combattimento* (faisceaux de combat) des mécontents et des déclassés, majoritairement originaires des catégories sociales les plus touchées par la crise : petite bourgeoisie urbaine, employés, ouvriers réduits au chômage, etc. L'idéologie et le programme du mouvement sont encore très fumeux. Ils mêlent des thèmes empruntés au nationalisme et au syndicalisme révolutionnaire, avec une forte dose de démagogie destinée à rallier tous ceux qui rejettent sur le régime «bourgeois» la responsabilité de leurs difficultés.

● Naissance d'un modèle politique fasciste en Italie

Jusqu'à l'automne 1920, le fascisme conserve un caractère groupusculaire. C'est avec le reflux de la grande vague révolutionnaire qu'il prend son essor, soutenu par les subsides des grands propriétaires terriens et de certains milieux industriels, pour qui il constitue bientôt l'instrument de la terreur contre-révolutionnaire. Organisé en escouades de combat *(squadre),* armées, motorisées et encadrées par d'anciens officiers, il multiplie les «expéditions punitives», d'abord contre les coopératives rurales et les municipalités socialistes des riches régions agricoles du Nord et du Centre, puis contre les Maisons du Peuple et les organisations ouvrières des grandes villes industrielles. Tous ceux qui résistent, communistes, socialistes, syndicalistes, mais aussi catholiques et libéraux, sont maltraités, battus, bannis, voire purement et simplement assassinés.

Ainsi soutenu par une partie importante de la classe dirigeante, qui pense pouvoir manœuvrer le fascisme et son chef, et instaurer en sa personne une dictature provisoire — le temps de «rétablir l'ordre» et de liquider les organisations «révolutionnaires» —, le mouvement progresse très rapidement. Il compte déjà plus de 300 000 membres à l'automne 1921, lorsqu'il se transforme en Parti national fasciste et se donne un programme dans lequel les professions de foi nationalistes et réactionnaires l'emportent désormais sur la phraséologie antibourgeoise. Mais les élections de mai 1921 sont décevantes pour Mussolini qui ne réussit à faire élire que 32 fascistes, alors que la nouvelle Chambre compte 122 socialistes et 107 «populaires». Aussi, le chef du PNF décide-t-il de recourir massivement à l'action directe pour s'emparer du pouvoir. Tandis que les violences fascistes redoublent d'intensité dans les campagnes et dans les villes, le congrès du Parti, réuni à Naples fin octobre 1922, organise la «marche sur Rome», une parodie de révolution populaire essentiellement destinée à faire pression sur la classe politique et sur le Roi, qui aurait pu aisément barrer la route de Rome aux bandes armées mussoliniennes, en déclarant la loi martiale et en faisant donner l'armée. Avec l'assentiment d'une large fraction des milieux dirigeants, Victor-Emmanuel III préfère charger Mussolini de former le nouveau gouvernement.

À la tête d'un cabinet de coalition dans lequel les fascistes sont loin d'être majoritaires, Mussolini s'efforce d'abord de rassurer : ce qui lui permet d'obtenir de nombreux ralliements de militaires, de hauts fonctionnaires, de représentants de la bourgeoisie, d'intellectuels, et de désarmer d'éventuelles oppositions internationales. Mais en même temps il prépare la conquête légale du pouvoir, se faisant donner les pleins pouvoirs par les Chambres et modifiant la loi électorale. Aux élections d'avril 1924, les subsides de la grande industrie et la terreur exercée par les «squadristes» permettent à la coalition dominée par les fascistes d'obtenir la majorité absolue.

Dernière étape avant l'établissement de la dictature, l'Affaire Matteotti : le 10 juin 1924, tandis qu'il se rend à l'assemblée pour apporter à ses collègues les preuves des violences et des malversations opérées par les fascistes lors de la toute récente campagne électorale, le leader du Parti socialiste est enlevé devant son domicile par un commando de squadristes et assassiné. Un moment mis en difficulté par l'opposition, qui décide de boycotter les séances de la Chambre mais s'avère incapable de s'unir, Mussolini finit par décider, en janvier 1925, d'établir en Italie un régime autoritaire. L'année suivante, les lois dites «de défense de l'État» — ou lois *fascistissimes* — consacrent la liquidation de toute opposition. À la fin de 1926, la fascisation de l'État italien est à peu près achevée.

Jusqu'à cette date, l'Italie s'était dans l'ensemble comportée en puissance respectueuse du nouvel ordre international, Mussolini s'étant laissé convaincre par les professionnels de la diplomatie de mener avec les grands États européens une politique de «bon voisinage». Il ne s'en était écarté que dans le courant de l'été 1923 en faisant bombarder et occuper l'île de Corfou à la suite d'un incident mineur avec la Grèce. Mais la détermination anglaise l'avait vite convaincu de la nécessité de se montrer plus prudent. Après une courte idylle avec la France, que Mussolini a soutenue lors de l'occupation de la Ruhr, c'est en définitive vers le Royaume-Uni qu'il se tourne au milieu des années 1920, se gardant par ailleurs de trop s'écarter des sentiers genevois. En octobre 1925, le chef du fascisme se rend à Locarno et accepte, malgré les rebuffades de Briand et de Vandervelde, de garantir conjointement avec l'Angleterre les frontières orientales de la France. Une détente s'opère également avec la Yougoslavie, concrétisée en janvier 1924 par un traité qui règle à l'amiable la question de Fiume. À la fin de 1925, il semble que l'Italie soit prête à apporter son soutien aux champions de la détente et de la sécurité collective.

Or, dans le domaine des relations intereuropéennes, comme dans celui de la politique intérieure, l'année 1926 marque un brusque changement. Désormais assuré de pouvoir imposer ses choix diplomatiques aux masses et à la classe dirigeante italiennes, Mussolini ne cache plus son désir d'engager son pays dans les aventures extérieures qui tranchent avec l'atmosphère de détente inaugurée à Locarno. Et c'est en direction de l'Europe orientale et des Balkans qu'il oriente ses desseins. L'Italie va s'y faire la championne du révisionnisme des vaincus, soutenant les pays désireux d'obtenir une modification des traités : la Hongrie, avec laquelle elle signe en avril 1927 un traité visiblement dirigé contre la Petite Entente ; la Bulgarie, dont Mussolini soutient les revendications et subventionne les agitateurs en Macédoine yougoslave ; l'Autriche où le mouvement nationaliste du prince Starhemberg la *Heimwehr,* reçoit également son appui financier. Lorsqu'après les deux traités de Tirana (1926 et 1927), l'Albanie devient un véritable protectorat italien, l'encerclement de la Yougoslavie est à peu près total et cette puissance est d'autant plus inquiète que les nationalistes croates qui opèrent sur son territoire, les *oustachis* d'Ante Pavelic, trouvent refuge et appui en Hongrie et en Italie. Il est clair dans ces conditions que la rencontre des influences françaises et italiennes dans la zone danubienne et dans les Balkans constitue pour l'avenir un ferment de conflits.

Des espoirs déçus : sécurité collective et union européenne

● L'esprit de Genève et l'échec de la sécurité collective

Voulue par Wilson, fondée sur un compromis entre les conceptions idéalistes et pragmatiques des Anglo-Saxons et le projet français, inspiré par les idées de Léon Bourgeois (*Pour la Société des Nations,* 1906) et qui envisageait d'assurer la sécurité de l'Europe (et du monde) par la création d'une armée internationale, composée de contingents fournis par les États membres, et par un système de sanctions militaires applicables à tout État coupable d'agression, la SDN a eu tôt fait de montrer ses limites. Sans doute, le pacte *(Covenant),* incorporé aux traités par les négociateurs de Versailles, proclamait-il la nécessité du désarmement et de l'arbitrage devant l'Assemblée (ou devant la Cour internationale de justice de La Haye) en cas de conflit entre États signataires. L'article 16 prévoyait même des sanctions économiques et financières. Mais l'absence des États-Unis pendant toute la période, celle de l'URSS jusqu'en 1935, la règle de l'unanimité et l'inexistence d'une force internationale — rejetée d'entrée de jeu par le Président américain comme susceptible de «substituer au militarisme allemand un militarisme international» —, devaient rendre de telles dispositions inopérantes.

Il y eut toutefois, porté par un milieu de grands juristes internationaux, d'hommes politiques, de journalistes, d'intellectuels attachés à la conciliation et à la paix, un «esprit genevois» fait de respect du droit et de croyance en un monde où serait bannie la «loi de la jungle» qui était censée gouverner depuis toujours les rapports entre les États. C'est dans cet esprit, et pour tenter de donner à l'organisation internationale un peu plus d'efficacité que le Français Édouard Herriot, le Britannique Ramsay MacDonald et le Tchèque Edvard Beneš présentèrent en 1924, lors de l'assemblée générale de la SDN, un projet connu sous le nom de «Protocole de Genève». Le recours à l'arbitrage obligatoire en constituait l'élément nouveau. Tout différend international était soumis à la Cour permanente de justice ou à l'arbitrage de la SDN. L'État qui refusait un tel concours était considéré comme agresseur et devait subir des sanctions, y compris militaires, dès lors qu'elles auraient été décidées à la majorité des deux tiers du Conseil.

Dix États, dont la Tchécoslovaquie et la France, signèrent le protocole. Mais l'opposition britannique aboutit finalement à son échec. Influencés par les Américains, les Anglais refusèrent de donner leur aval à un système qui les aurait contraints à intervenir automatiquement dans les affaires continentales et que, de toute manière, l'absence au sein du Conseil des États-Unis et de l'URSS aurait vite rendu inopérant.

● Développement et échec de l'idée d'union européenne

Reliée à la foi en la sécurité collective, l'idée d'une fédération des États européens, qui avait eu ses prophètes et ses pionniers solitaires tout au long des XVIIIe et XIXe siècles — de William Penn à l'abbé de Saint-Pierre, de Jeremy Bentham à Emmanuel Kant, de Philippe Buchez à Giuseppe Mazzini et à Victor Hugo — a connu elle aussi un vif succès dans certains cercles politiques et intellectuels au cours de la décennie qui a suivi l'hécatombe de 1914-1918. Elle a même donné naissance à toute une floraison d'associations et de comités comme le mouvement «Paneuropa» du comte de Coudenhove-Kalergi, le Comité fédéral de coopération européenne d'Émile Borel, l'Union douanière européenne présidée par le sénateur Yves Le Trocquer, etc. Pour ces organisations, aux effectifs d'ailleurs très réduits mais non dépourvues d'influence, la réalisation des «États-Unis d'Europe» est devenue une nécessité vitale à l'heure où, après les bouleversements d'une guerre qui a bien failli faire basculer l'Europe dans la barbarie et le chaos, se profile le double danger que constituent pour le maintien de son identité le «bolchevisme» et l'«américanisme».

Briand, alors à l'apogée de sa gloire internationale, suit avec sympathie l'action militante de ces propagateurs de l'idée européenne. Depuis 1926, il encourage avec chaleur les initiatives de Coudenhove-Kalergi. Il devient même l'année suivante président d'honneur de son «Union paneuropéenne». Il y voit un prolongement de ses propres efforts en vue d'établir en Europe un système durable de sécurité collective. Il y voit également un moyen supplémentaire d'arrimer solidement l'Allemagne à ses partenaires européens et d'intégrer cette puissance aux ambitions économiques démesurées dans un ensemble transnational dont, il est vrai, les contours paraissent être restés très flous dans son esprit.

Cela n'empêche pas le «pèlerin de la paix» de prononcer le 5 septembre 1929, devant l'assemblée de la SDN, un discours dans lequel il fait état de son projet d'union européenne : projet dont il précisera la teneur dans le mémorandum qu'il adresse le 17 mai 1930 à 27 États membres de l'organisation internationale. L'idée directrice en est la suivante : à l'heure où la crise menace, et pour faire face à «des circonstances graves, si elles venaient à naître», il faut que l'Europe s'unisse. Il faut que les pays qui la composent établissent entre eux «une sorte de lien fédéral». Il n'en dit pas plus. Il ne précise pas quelle devrait être la nature de ce «lien». Tout au plus souligne-t-il qu'il faudrait «commencer par les liens économiques» et envisager par la suite les liens politiques, mais en ajoutant aussitôt que ces derniers ne devraient pas porter atteinte à la souveraineté des nations. Le dilemme, appelé à une belle longévité, de l'Europe transnationale et de l'«Europe des patries» est déjà en place à l'orée des années 1930. Mais Briand n'est pas Monnet, et surtout les temps ne sont pas mûrs pour que l'on aille très avant dans le concret de la construction européenne.

Le mémorandum sur l'union européenne et le projet d'organisation qu'il comportait furent rejetés par la plupart des destinataires, les uns comme l'Angleterre et l'Espagne parce qu'ils jugeaient le projet trop «continental», les autres comme l'Italie et l'Allemagne parce qu'il gelait les situations fixées par les traités et rejetait hors de la future communauté l'URSS et la Turquie, d'autres encore parce qu'ils reprochaient au projet Briand d'être trop (Italie, Espagne, Portugal, Norvège) ou pas assez (Pays-Bas) «supranational». Seules la Yougoslavie et la Bulgarie répondirent favorablement. Aussi le projet fut-il vite enterré dans les travaux des commissions. Il ne devait survivre ni au déclenchement de la crise, ni surtout à l'élimination politique, puis à la mort de Briand, survenues à quelques semaines d'intervalle au début de 1932.

À cette date, l'Europe a déjà changé d'histoire. Stresemann est mort d'épuisement en octobre 1929. La crise financière a commencé à déferler sur le vieux continent dans le courant du printemps et de l'été 1931. En mars de la même année, l'Allemagne et l'Autriche ont conclu un projet d'union douanière qui est aussitôt interprété en France comme devant servir de prélude à l'*Anschluss*. Il s'agissait en effet de faire pièce aux tentatives amorcées en 1930, entre les pays de la «Petite Entente» et la Pologne, pour créer un «bloc des pays agricoles», lié économiquement à la France, et de lui opposer une *Mitteleuropa* dominée par une «Grande Allemagne» englobant l'État autrichien. L'Autriche ayant dû faire appel à la France pour renflouer ses finances, et la Cour permanente de justice de La Haye ayant jugé l'union douanière austro-allemande incompatible avec le Protocole de Genève d'octobre 1922, Vienne doit bientôt renoncer à l'«Anschluss économique». Il reste que, deux ans après la disparition de Stresemann et alors que Briand quitte lui-même la scène, l'édifice de paix que les deux hommes avaient si difficilement mis en place paraît déjà fortement lézardé.

CHAPITRE 4

Démocraties et dictatures à l'épreuve de la crise

La crise économique, à partir du début des années 1930, frappe l'Europe et révèle l'interpénétration des grandes économies industrielles. C'est pourquoi cette crise touche plus durement les pays les plus engagés dans le processus capitaliste, tels le Royaume-Uni ou l'Allemagne, que ceux, comme la France, où la survivance de structures anciennes entretient des îlots d'archaïsme. Avec plus ou moins de force selon l'ampleur de la crise, le chômage frappe les populations européennes, les poussant à contester les régimes en place et à se porter vers les formations extrémistes. De la lutte contre la crise résulte une limitation des pratiques libérales : l'État intervient désormais davantage, quels qu'en soient les degrés ; cela va d'une simple correction des dysfonctionnements de l'économie aux tentatives d'autarcie complète (États fascistes) ou de prise en main de l'ensemble de la vie économique et sociale (Russie soviétique).

À la faveur de la grave dépression qui touche la fragile République de Weimar, Hitler parvient au pouvoir afin d'y appliquer sa doctrine raciste, proposant une solution à la crise par l'application d'idées simplistes, privilégiant une pratique autoritaire conduite par un chef charismatique gouvernant au nom du «peuple supérieur».

En quelques mois, Hitler instaure un régime totalitaire, contrôlant et inspirant tous les aspects de la vie humaine et se fixant pour but de modeler un «homme nouveau». À son tour, le régime fasciste italien durcit son totalitarisme à partir de 1936.

La contagion du fascisme étend en Europe les tendances autoritaires. Mais, en dehors de l'Allemagne et de l'Italie, les régimes forts qui s'installent entendent restaurer l'ordre traditionnel en s'appuyant sur les classes dirigeantes plutôt qu'instaurer un ordre nouveau totalitaire. Isolées dans cette Europe autoritaire, les démocraties sont sur la défensive. Face à la double offensive des admirateurs du communisme stalinien qui développe en URSS un projet totalitaire, et de ceux des régimes autoritaires plus ou moins inspirés par le fascisme, elles font figure de citadelles assiégées. Mais la puissance d'une culture politique démocratique profondément enracinée y constitue jusqu'en 1939 un efficace barrage à l'avènement du fascisme ou de ses avatars.

Un modèle libéral en crise

● Une perte de crédibilité du libéralisme

Durant tout le XIXe siècle, la majorité de la bourgeoisie européenne avait considéré les principes du libéralisme, aussi bien économique que politique, comme un dogme intangible et conforme aux «lois de la nature». Du point de vue économique, l'expansion continue dans les pays industriels constituait — en dépit des crises récurrentes — un encouragement au respect des lois du marché et au développement de la libre concurrence. Du point de vue politique, le régime parlementaire, assurant l'expression de la volonté du «peuple», dont les représentants étaient majoritairement issus des rangs de la bourgeoisie, paraissait le meilleur des systèmes de gouvernement. Ses adversaires étaient, d'une part les conservateurs, nostalgiques d'un temps où la propriété foncière était la source essentielle de la richesse et où le pouvoir «légitime» des rois s'exerçait en leur faveur, d'autre part les ouvriers pour qui la «liberté», lorsqu'elle pouvait s'exercer sans retenue, n'était qu'un instrument de domination entre les mains des riches, les plus conscients pensant trouver dans les théories socialistes un soulagement à leur misère.

Les bouleversements de la fin du XIXe siècle avaient érodé cette foi consensuelle de *l'establishment* bourgeois dans les vertus du libéralisme et du système représentatif. Mais le grand ébranlement devait venir de la guerre. Celle-ci en effet avait précipité l'Europe dans l'instabilité : instabilité économique soulignée par l'inflation et le désordre monétaire, instabilité sociale avec la ruine des détenteurs de revenus fixes et la multiplication des «nouveaux riches» et des «nouveaux pauvres», instabilité politique enfin dès lors qu'il était devenu manifeste que les régimes de démocratie parlementaire se montraient impuissants à assurer la direction effective de l'État en période de crise, sauf à transiger avec leurs propres règles de fonctionnement.

Dans le même temps, l'instabilité économique avait eu pour effet d'effacer en partie les acquis matériels obtenus depuis un demi-siècle par le monde ouvrier. Elle avait même, dans certains pays, brusquement aggravé les conditions de vie des classes populaires et poussé celles-ci à l'insurrection. La grande vague révolutionnaire des années 1917-1920 semblait ainsi annoncer la réalisation des prophéties marxistes.

● **L'alternative fasciste**

À l'alternative de la lutte entre socialisme et libéralisme, le fascisme offrait une option nouvelle. À la lutte des classes, il opposait le principe de l'unité de la nation, aux méfaits du capitalisme sauvage et de la collectivisation forcée, les remèdes régulateurs de l'économie dirigée et du corporatisme, à la démocratie «décadente» et instable un régime d'ordre, capable de rassembler et de bander toutes les forces vives du corps social. Ni droite ni gauche ? Aux origines, le fascisme s'est voulu révolutionnaire, et il l'a été à bien des égards, puisant une partie de son inspiration dans l'outillage idéologique qu'avait légué aux contempteurs de la démocratie bourgeoise le XIXe siècle finissant et où se trouvaient mêlés révisionnisme marxiste, syndicalisme révolutionnaire, putschisme blanquiste et jacobinisme musclé. Mussolini lui-même et une partie de ses troupes étaient issus des rangs de la gauche socialiste, comme le seront après lui nombre de dirigeants du fascisme européen. Mais déjà, avant 1914, cette matrice de gauche du fascisme s'était nourrie d'un autre discours et d'une autre culture, croyant trouver dans le nationalisme un pouvoir de mobilisation des masses infiniment plus fort que ne l'était la lutte des classes et se transformant dès lors, au contact de cette matrice de droite, en instrument de contestation et de destruction de l'ordre établi, dans une perspective qui n'avait plus grand-chose à voir avec la «révolution» au sens que les marxistes donnaient à ce terme. Toute l'ambiguïté du fascisme réside dans cette volonté de synthèse entre les idéaux de l'extrême gauche et ceux de la droite radicale, les seconds, dans le contexte de fièvre patriotique qui régnait en Europe depuis le début du siècle et que l'après-guerre allait porter à son paroxysme, n'ayant aucune difficulté à l'emporter sur les premiers.

Ainsi s'explique que, dans le pays où il a pris pour la première fois une forme concrète — et qui a donné son nom à toute une lignée d'organisations et de régimes —, le fascisme soit passé aussi vite de la révolution à la contre-révolution. Que pour les premiers groupes qui se sont rassemblés autour de Mussolini, au printemps 1919, la volonté de détruire l'ordre bourgeois soit passée avant toute autre considération, cela ne fait guère de doute. Les premiers fascistes n'ont pas été des «gardes blancs» fabriqués de toutes pièces par ceux qui avaient des intérêts et des privilèges à défendre. Ils sont apparus spontanément sur le terreau de l'Italie en crise, avec des revendications qui leur étaient propres, avec un programme qui n'était pas celui de la conservation sociale, avec une culture politique qui associait la nation et le peuple et qui n'était pas étrangère à la tradition garibaldienne. Cela n'a pas duré très longtemps. Entre la nation et la révolution, les adhérents aux *fasci* ont eu tôt fait d'opter pour la première, lorsqu'il est apparu qu'elle pouvait sombrer sous les assauts de masses qui, estimaient-ils, étaient le jouet des états-majors «bolcheviks». Le ralliement au fascisme, dans le contexte des événements de l'été 1920, de nombreux éléments authentiquement réactionnaires, l'appui financier apporté à partir de cette date à l'organisation mussolinienne par les agrariens et par certains éléments du patronat pour qui elle représentait un rempart contre une nouvelle offensive révolutionnaire, l'illusion répandue dans de larges secteurs de la classe dirigeante italienne que l'on pourrait se servir de Mussolini pour rétablir la paix intérieure et les privilèges des nantis, puis se débarrasser de lui à la première occasion, tout cela a joué pour transformer le fascisme première manière — contestataire de l'ordre bourgeois — en bras armé de la contre-révolution. Et c'est ce fascisme-là, fondé sur l'alliance tactique des éléments petits-bourgeois qui avaient constitué l'assise principale du premier fascisme et des couches dirigeantes qui lui avaient fourni subsides et connivences dans l'appareil d'État, qui s'était installé au pouvoir dans l'Italie des années 1920.

Dès lors, le fascisme au pouvoir allait devenir pour toute une partie des bourgeoisies européennes — plus ou moins importante, plus ou moins convaincue selon les pays concernés et selon le degré d'enracinement des structures et des pratiques démocratiques — un modèle de gouvernement et d'organisation sociale, mieux adapté que la démocratie libérale et les institutions parlementaires aux nécessités de l'heure : l'intégration des masses dans une société atomisée et déstabilisée, l'urgence de faire barrage à la révolution marxiste et d'enrayer la «décadence» des nations européennes, la recherche d'une solution aux immenses difficultés soulevées par le dérèglement de la machine économique qui ne soit pas celle de la collectivisation et du nivellement égalitaire. Sans doute estimait-on le plus souvent, du moins dans les pays industrialisés de l'Europe du Nord et de l'Ouest, que si le fascisme convenait parfaitement à l'Italie, il ne pouvait être importé tel quel dans des États économiquement plus avancés et dotés de structures sociales plus différenciées. On n'en considérait pas moins que certains aspects, et non des moindres, de la dictature des faisceaux — la mise au pas du parlementarisme, par exemple, ou l'encadrement corporatiste du corps social — méritaient d'être considérés autrement que comme des curiosités exotiques. La crise qui allait déferler sur l'Europe au début des années 1930 et remettre en cause ce qui restait de confiance dans le credo libéral ne pouvait que renforcer cette tendance née avec la guerre.

La Grande Dépression

● Des déséquilibres économiques et financiers annonciateurs de la crise

L'Europe avait connu depuis le début de l'ère industrielle un certain nombre de crises qui avaient fortement affecté ses forces économiques et sa cohésion sociale. Aucune cependant n'avait atteint, en durée et en violence, la gravité de celle qui a frappé le monde capitaliste au cours des dix années qui ont précédé le second conflit mondial.

Les causes de la «Grande Dépression» sont aujourd'hui encore très discutées et ne sauraient être ramenées à une explication unique.

Ont joué, à des degrés divers, la conjonction de phénomènes cycliques de courte et de moyenne amplitude, les effets du déséquilibre financier qui affectait depuis la guerre les échanges internationaux, ceux de la spéculation boursière et de la multiplication des crédits, notamment aux États-Unis, l'endettement excessif des divers pays, européens ou autres, à l'égard de la grande puissance d'outre-Atlantique, la disparité croissante entre une production de plus en plus abondante et un marché d'autant plus restreint que la distribution des revenus se faisait mal, le niveau élevé du protectionnisme américain qui a empêché les partenaires des États-Unis de reconstituer leurs avoirs, épuisés par la guerre : autant de signes d'un immense dérèglement à l'échelle de la planète, dont les États-Unis ne sont pas les seuls responsables mais dont ils sont, du fait de leur position centrale dans l'économie mondiale de l'après-guerre, l'élément accélérateur.

Les historiens de l'économie sont plus sensibles aujourd'hui qu'hier aux signes avant-coureurs de la crise. Quelques-uns insistent même sur les déséquilibres de l'économie européenne à la fin des années 1920 et sur les responsabilités de certains États du vieux continent, la France par exemple qui, selon certains économistes anglo-saxons, aurait fortement concouru au krach de Wall Street dans la mesure où, à partir de 1928 (franc Poincaré), elle aurait servi de refuge à la masse des capitaux flottants en quête de profits spéculatifs, provoquant une pénurie de liquidités sur le marché de New York et gênant ainsi le crédit et la hausse continue des valeurs mobilières. Toujours est-il que c'est précisément le krach de Wall Street qui va servir de détonateur à la crise, provoquant la destruction rapide des mécanismes du crédit, lesquels avaient assuré la «prospérité» des années 1920 et entraînant, de proche en proche, une dépression sans précédent des économies capitalistes.

● **La crise américaine**

Sans insister sur les aspects spécifiques de la crise américaine — largement étrangers à notre propos —, rappelons brièvement que le coup d'envoi en est donné par la faillite boursière d'octobre 1929. Les ordres de vente, qui se sont brusquement amplifiés à partir du 22, prennent un tour catastrophique à la séance du 24. C'est le «jeudi noir», au cours duquel 12 millions d'actions sont jetées sur le marché sans trouver de preneurs. Les cours plongent, chacun voulant se débarrasser de ses titres avant qu'il ne soit trop tard. De nombreuses banques qui avaient placé en actions l'argent de clients sont acculées à la faillite. Les emprunteurs, qui comptaient sur les revenus de la hausse boursière — continue depuis 5 ans —, ne peuvent plus rembourser leurs dettes, et les prêteurs, qui ont accepté des titres en garantie, ne parviennent plus à les écouler pour compenser la défaillance de leurs débiteurs. Autrement dit, c'est tout le système sur lequel reposait la croissance accélérée de l'économie américaine qui s'effondre. Les banques restreignant leurs crédits, on assiste à une raréfaction de l'argent qui a pour effet de paralyser la production et la consommation. Trois mois après le krach de Wall Street, la production automobile a déjà diminué de moitié, entraînant dans sa chute les industries des pièces détachées, du pétrole, du caoutchouc. Les prix industriels fléchissent de 30 % en trois ans, tandis que ceux du secteur agricole chutent de 70 %. En 1933, le PNB des États-Unis ne représente plus que la moitié de son niveau de 1929 et il y a, à cette date, 17 millions de chômeurs.

L'imbrication des économies nord-américaine et européenne faisait que le vieux continent ne pouvait rester longtemps à l'abri de la crise. Mal remise des conséquences de la guerre, l'Europe connaît le malaise de son agriculture et le surinvestissement spéculatif dans les activités pilotes de la seconde révolution industrielle. La contraction du commerce mondial (en baisse des deux tiers en valeur entre 1929 et 1932) affecte particulièrement ceux des pays européens dont l'économie est largement ouverte aux échanges : c'est le cas notamment du Royaume-Uni et de l'Allemagne. Mais surtout, c'est la restriction du crédit international, dont le volume diminue de moitié au cours des deux années qui suivent le krach, et le retrait massif des capitaux américains investis en Europe qui accélèrent le processus de propagation de la crise.

● **Une crise aux effets différents dans les grands pays européens**

Les pays germaniques ayant plus que les autres bénéficié depuis 1924 des crédits américains, ce sont eux qui sont le plus vite et le plus intensément touchés. L'Autriche la première, avec la faillite en mai 1931 du Kredit Anstalt, la plus grande banque viennoise, qui entraîne dans son naufrage le réseau bancaire autrichien. L'Allemagne est atteinte quelques semaines plus tard. La faillite de l'un des principaux groupes textiles, la Nordwolle, précipite celle de la Danatbank, puissante institution de crédit et, le 13 juillet, le chancelier Brüning doit décider la fermeture de tous les établissements de crédit et caisses d'épargne. Ils ne rouvriront qu'un mois plus tard, mais avec des restrictions sévères apportées aux retraits de fonds et aux opérations de change. Touchée à la fois dans ses possibilités de crédit et dans ses débouchés extérieurs, l'industrie allemande s'enfonce rapidement dans la crise. La production de charbon tombe de 160 à 100 millions de tonnes, celle de fer de 16 à 5,7 millions de tonnes ; en 1932, le pays compte près de 6 millions de chômeurs.

En Grande-Bretagne, où le marasme est plus ancien et revêt un caractère structurel, la crise paraît moins violente au début. Ici, c'est la rétraction du commerce international qui est déterminante, car elle prive ce pays, dont l'équilibre économique est largement tributaire des exportations, de ses débouchés extérieurs. De 1929 à 1931, la production a déjà diminué de 30 % et les ventes à l'étranger de moitié. La balance des comptes devient déficitaire, ce qui entraîne une hémorragie d'or et de grandes difficultés monétaires. À la suite des retraits massifs de capitaux américains et de la faillite du Kredit Anstalt, où étaient placés beaucoup de fonds britanniques, les banques font appel à la Banque d'Angleterre qui, pour sauver la livre, doit elle-même demander le soutien du Federal Reserve Board américain et de la Banque de France.

De tous les pays industrialisés du vieux continent, la France est la dernière touchée. Elle le doit à la forte autonomie économique que lui assure sa richesse agricole, à une industrialisation moins poussée et à une concentration moindre que chez ses partenaires, à l'importance très modérée des investissements étrangers et à la solidité du franc Poincaré. La crise ne l'atteint qu'en 1931, par contrecoup de la dévaluation anglaise qui a pour effet de réduire la compétitivité des prix français et de faire fléchir sensiblement les exportations. Beaucoup plus que d'une crise brutale, on peut donc parler pour la France d'un marasme prolongé, un peu comparable à celui qu'a connu l'Angleterre au cours des années 1920. La production industrielle en effet ne fléchit que lentement — de 20 % entre 1929 et 1933 — et le nombre des chômeurs ne dépasse pas 350 000 en 1933 (500 000 en 1935), alors qu'il se situe à cette date autour de 2 800 000 en Grande-Bretagne.

● Les retombées sociales de la crise

Les effets sociaux de la crise ont, à des degrés divers, affecté en Europe tous les pays et toutes les catégories. La paysannerie a surtout souffert dans les pays exportateurs de céréales de l'Europe de l'Est où la mévente et la réduction des emblavures ont aggravé la situation des ouvriers agricoles et accéléré l'endettement des grands propriétaires. Les salariés de l'industrie et du commerce ont subi les effets conjugués de la baisse des salaires, de la réduction des horaires et surtout du chômage. Dans les pays où, comme en France, les travailleurs immigrés étaient nombreux (près de 3 millions en 1931, soit 7 % de la population), leur ressentiment s'est fréquemment tourné contre ces «ennemis de l'intérieur», venus comme les Italiens, les Polonais et les Espagnols, «prendre le travail des nationaux» et répandre les idées «subversives». Les classes moyennes enfin, ont été frappées par les dévaluations (rentiers), par les faillites et le marasme du commerce de détail (artisans, boutiquiers, abandonnés à la concurrence des grosses entreprises), ou encore par les mesures déflationnistes (fonctionnaires) adoptées par certains gouvernements pour combattre la dépression. Nombreux sont les individus appartenant à ces catégories sociales qui, dans les pays de démocratie libérale, imputent la responsabilité de la crise et l'inefficacité des remèdes qui lui sont appliqués à la faiblesse du régime.

Lutte contre la crise et limitation du libéralisme

● L'impossible déflation

Tous les fondements du libéralisme économique — individualisme, non-intervention de l'État, libre concurrence, notamment — paraissent avoir fait faillite dans l'Europe en crise. Avec lui disparaît un certain optimisme, la croyance au progrès et à la marche de l'humanité vers un avenir de paix, de bonheur, d'épanouissement des individualités et d'harmonie sociale. Autrement dit, c'est toute la culture politique des bourgeoisies occidentales qui se trouve remise en cause par la Grande Dépression, comme déjà elle l'avait été par la guerre. Les États se replient sur eux-mêmes et adoptent des pratiques économiques relevant d'un nationalisme étroit.

Partout et dans tous les domaines, la tendance est à l'intervention de l'État. Sans doute, dans les premiers temps de la crise, a-t-on essayé d'en atténuer les effets en adoptant des solutions «classiques», conformes à l'orthodoxie libérale. L'Allemagne, le Royaume-Uni, la France des gouvernements modérés de Flandin et surtout de Laval ont choisi d'appliquer des mesures déflationnistes visant à défendre la monnaie par une réduction des dépenses publiques, et à rechercher l'équilibre de la balance commerciale par la diminution des coûts de production.

Ces politiques ont vite tourné court devant l'opposition des syndicats aux réductions de salaires, projetées ou effectivement appliquées (en France, Laval décide en 1935 une baisse autoritaire de 10 % sur les salaires et traitements, en Grande-Bretagne, la diminution des soldes en 1931 provoque des mutineries dans la *Royal Navy)*, et du fait des réactions défensives des autres pays dont le protectionnisme ou la dévaluation monétaire condamnaient à l'échec les choix déflationnistes de leurs concurrents. D'autre part, les recettes de l'État, amputées par la crise, diminuaient encore plus vite que les dépenses, annulant toute perspective de rééquilibrage budgétaire : la déflation ne faisait que creuser une dépression déjà liée à l'insuffisance de la monnaie et à la chute du pouvoir d'achat.

● La nécessaire intervention de l'État et le néo-libéralisme keynésien

Il fallut donc changer de politique et admettre que les pouvoirs publics avaient un rôle majeur à jouer dans la régulation de l'économie. Ce que l'on attend désormais de l'État c'est qu'il se comporte non plus en simple arbitre du jeu économique, mais en « chef d'orchestre » à qui il revient de définir les orientations essentielles de la vie économique et sociale. À ce titre, il est amené à prendre des mesures coordinatrices : réglementation des prix et des salaires, qui cessent d'être soumis à la loi de l'offre et de la demande, soutien des cours agricoles par une politique de primes, de subventions et d'organisation des marchés, sauvetage d'entreprises en difficultés, établissement de plans de grands travaux publics destinés à résorber le chômage, etc.

On aboutit ainsi, dans l'Europe des années 1930, à un « dirigisme » dont le degré varie beaucoup d'un pays à l'autre, en fonction du régime politique en vigueur et des pesanteurs de l'histoire. Il est total dans la Russie stalinienne où la collectivisation à outrance et la planification ont fait disparaître toute trace d'initiative privée. Il est très fort dans les régimes fasciste et nazi où les structures de l'économie restent celles du capitalisme — et même d'un capitalisme renforcé —, mais où l'État impose autoritairement ses choix aux divers acteurs sociaux. Il est nettement plus souple dans les grandes démocraties de l'Europe industrialisée, où il rencontre d'ailleurs des oppositions, de nombreux intérêts demeurant fidèles, malgré la crise, aux dogmes du libéralisme et où s'élabore, sous l'influence de Keynes, une voie moyenne entre libéralisme sans contrôle et interventionnisme. Cet économiste britannique préconise en effet, pour assurer le plein emploi, une politique de stimulation de la consommation par l'augmentation des investissements publics, une meilleure distribution des revenus, une inflation contrôlée et limitée. La monnaie, estime-t-il, ne doit plus être considérée comme un élément neutre de l'économie, mais comme un instrument actif au service d'une politique de relance et de redistribution. Il ne faut donc pas hésiter à la détacher de l'or, « cette vieille relique barbare », et à la dévaluer pour soutenir les exportations. Autrement dit, pour l'auteur de la *Théorie générale de l'emploi, de l'intérêt et de la monnaie* (1936), l'État doit, sans porter atteinte aux intérêts et par des voies essentiellement financières, jouer le rôle d'un régulateur de la vie économique.

Ces principes keynésiens vont exercer une grande influence sur la politique économique des grandes démocraties. Des mesures de « reflation » vont ainsi être adoptées aux États-Unis, dans le cadre du *New Deal,* mais aussi dans plusieurs pays européens, notamment en Grande-Bretagne, en Suède et dans la France du Front populaire. Leur application a toutefois manqué fréquemment de cohérence, dans la mesure où les gouvernements hésitaient à s'engager hardiment dans les voies nouvelles d'un interventionnisme pour lequel ils ne disposaient ni d'informations suffisamment précises, ni de savoir-faire technique. Le temps des « technocrates » n'était pas encore arrivé. Les résultats ont donc varié très sensiblement d'un pays à l'autre. Ils ont été plutôt satisfaisants en Grande-Bretagne et en Suède, plutôt décevants en France.

● Un nouveau paysage économique européen

Au total, la crise a profondément bouleversé le paysage économique de l'Europe. Elle a définitivement ruiné l'idée que le « laissez-faire » et le « laissez-passer » ne pouvaient que conduire à l'abondance et au bonheur de tous. Elle a entraîné de nouvelles concentrations industrielles et financières, mais aussi — du moins dans les pays démocratiques — un renforcement très sensible des organisations syndicales, auxquelles a été légalement reconnu le droit de mener des négociations avec le patronat sur les conditions et les règles de travail dans l'entreprise. Elle s'est accompagnée d'une généralisation et d'un approfondissement des politiques sociales. Avec l'indemnisation du chômage, la création des allocations familiales, les congés payés, est apparue la notion d'un «salaire social» qui n'est plus la simple contrepartie du travail et qui est garanti par l'«État-providence».

Voilà pour ce qu'il peut y avoir de positif, dans le long terme, aux bouleversements entraînés par la crise. Dans le court terme, le bilan est nettement moins brillant, surtout mesuré à l'aune de ses implications internationales. La dépression, en effet, a considérablement renforcé les nationalismes économiques. La rétraction du commerce international et la pénurie de devises ont incité les États à se donner les moyens de l'autonomie en matière d'approvisionnement, produits alimentaires ou matières premières et à user, sans le moindre ménagement, de l'arme protectionniste ou de celle de la dévaluation. Même l'Angleterre, traditionnellement attachée aux dogmes du libre-échange et de la monnaie forte, renoncera en 1932 à l'un et à l'autre pour ranimer son commerce extérieur. Quant aux dictatures totalitaires, elles iront jusqu'au bout de cette logique de l'isolement, en pratiquant l'autarcie et le troc, et en fondant le redémarrage de leur économie sur une politique d'armement à outrance. Avec les conséquences que l'on imagine et que nous aurons l'occasion d'examiner dans le prochain chapitre.

Tout ceci, sans que l'on puisse vraiment parler d'une reprise économique au moment où se profile la crise internationale qui va plonger l'Europe dans un nouveau conflit planétaire. En 1939, lorsque celui-ci éclate, la «Grande Dépression» est loin d'être terminée. L'Europe offre le spectacle d'un sous-emploi chronique des outillages et de millions de sans-travail. Dix ans après le «jeudi noir» de Wall Street, la crise n'en finit pas de dérouler ses conséquences funestes : à commencer par celle qui a porté au pouvoir à Berlin, en janvier 1933, un ancien caporal de la Reichswehr d'origine autrichienne devenu le leader charismatique du parti national-socialiste.

L'avènement du nazisme

● La crise de la République de Weimar

La défaite de 1918, l'effondrement du Reich impérial, la guerre civile ayant opposé les spartakistes aux sociaux-démocrates alliés aux forces conservatrices, l'humiliation infligée à la première puissance industrielle de l'Europe par le *Diktat* de Versailles, enfin le déclenchement d'une inflation sans précédent dans l'histoire monétaire du monde capitaliste et dont les conséquences sociales s'étaient révélées catastrophiques, tout cela a fait que les premiers pas de la République de Weimar ont coïncidé avec un traumatisme profond de la nation allemande. Aussi, le nouveau régime a-t-il connu pendant les premières années de son existence des difficultés immenses qui ont failli faire basculer l'Allemagne dans l'anarchie ou dans la dictature.

À la fin de 1923, au moment où Stresemann est devenu chancelier, l'ordre était partout rétabli, mais l'avenir de la République, à laquelle la bourgeoisie conservatrice paraissait finalement s'être ralliée, était loin d'être assuré. Certes, le rétablissement de la situation monétaire et le retour à la paix sociale qui a accompagné la prospérité ont favorisé le recul des partis extrémistes. Aux élections de décembre 1924, les nazis et les communistes n'obtenaient plus respectivement que 3 % et 9 % des voix. Mais c'est la droite qui a tiré profit de la consolidation apparente de la République, les socialistes se trouvant (avec plus du quart des suffrages) écartés du pouvoir par le Dr Luther, dont le gouvernement s'appuyait sur une coalition conservatrice intégrant les nationaux allemands.

Cette tendance s'est trouvée renforcée par l'élection présidentielle de 1925. Au second tour, tandis que les partis républicains se rassemblaient sur le nom du catholique Marx, la droite décidait habilement de retirer son candidat en faveur du vieux maréchal von Hindenburg, élu avec 14,6 millions de voix contre 13,7 à Marx et 2 millions au communiste Thaelmann. Or, si le nouveau chef de l'État a appliqué consciencieusement les règles constitutionnelles, alors que les formations de droite le poussaient à se passer du Parlement et à gouverner en s'appuyant sur l'article 48 de la Constitution (qui l'autorisait à assumer les pleins pouvoirs dans les « circonstances d'exception »), il n'en songeait pas moins à préparer la restauration impériale, et il a orienté le régime dans un sens ultra-conservateur.

Ceci était d'autant plus inquiétant pour l'avenir que des signes nombreux indiquaient que la démocratie allemande n'était pas à l'abri de nouveaux troubles. L'instabilité ministérielle, due à la fragilité de coalitions gouvernementales fondées sur une alliance précaire entre les partis du centre et la droite conservatrice, l'inquiétude manifestée par les classes moyennes devant le naufrage des valeurs traditionnelles que paraissait annoncer la formidable explosion culturelle des années 1920, le refus d'entériner les clauses humiliantes du traité de Versailles, tout cela a favorisé la renaissance des mouvements extrémistes et l'essor de formations paramilitaires financées par de grands intérêts privés.

Alfred Hugenberg, fondateur de la Ligue pangermaniste, ancien président de la firme Krupp et détenteur d'un immense empire médiatique (35 % des journaux, 90 % de la production cinématographique) a ainsi rassemblé d'anciens corps francs dans la puissante organisation paramilitaire du «Casque d'acier» *(Stahlhehm)* qui comptait 500 000 membres en 1930 et se réclamait d'une idéologie strictement nationaliste et conservatrice. D'autres mouvements — Herren Klub, Juni Klub, «nationaux-révolutionnaires», «nationaux-bolcheviks», etc. —, qui rejetaient les valeurs «bourgeoises», rêvaient d'une transformation radicale de la société et prétendaient concilier conservatisme et révolution. De tous, le plus influent était, déjà à la veille de la crise, le NSDAP d'Adolf Hitler.

Or la crise va brusquement servir de tremplin à ces adversaires de la République. Elle a, en Allemagne, été particulièrement violente, du fait de l'ampleur des retraits de capitaux américains et du suréquipement industriel que l'abondance même de cette manne avait produit. Elle a surtout eu des conséquences sociales catastrophiques. On compte, en 1932, 6 millions de sans-emploi, à quoi il faut ajouter les 8 millions de chômeurs partiels qui ne perçoivent plus que des salaires réduits. Au total, c'est plus de la moitié de la population allemande qui se trouve frappée par une crise de l'emploi qui affecte surtout les ouvriers, les jeunes et les cadres.

La République de Weimar qui, depuis le début de 1924, connaissait une ère de grande prospérité, voit soudain le spectre de la misère fondre sur elle. Celle-ci touche au premier chef les classes populaires urbaines qui réagissent en apportant leurs suffrages aux partis qui leur promettent une amélioration sensible de leur sort. Les communistes sont les premiers à bénéficier de ce mouvement de fond. Ils progressent de scrutin en scrutin et, lorsque le chancelier Brüning dissout le Reichstag en 1930 après avoir essayé de juguler la crise par des moyens classiques, ils recueillent quatre millions et demi de voix.

Comme au lendemain immédiat de la guerre, les classes moyennes se trouvent également touchées par la crise et font les frais de la hausse des prix, de la dépréciation monétaire et de la politique déflationniste de Brüning. Nombre de représentants de cette catégorie sociale souffrent, par ailleurs, de la perte de considération qui accompagne, dans cette société encore très hiérarchisée et très attachée aux marques de la reconnaissance sociale, leur marginalisation ou leur prolétarisation. Aussi, leur désespérance les incline-t-elle à se tourner non vers les socialistes et les communistes qui leur proposent un remède pire que le mal, mais du côté de ceux qui prétendent leur offrir une «révolution conservatrice» : c'est-à-dire la liquidation de la République bourgeoise et son remplacement par un «ordre nouveau», respectueux des valeurs et des prérogatives de ceux qui ont «fait l'Allemagne».

Au début des années 1930, cette masse, que la guerre et deux crises successives ont déstabilisée, est prête à apporter son soutien à ceux qui lui promettent une amélioration de son sort, une revanche sur les frustrations occasionnées par la défaite et, surtout, le moyen de barrer la route au communisme. C'est elle qui va fournir au Parti national-socialiste la base électorale qui lui manque pour partir à l'assaut du pouvoir.

● Hitler et le national-socialisme

L'homme qui est à la tête de cette organisation n'est pas comme Mussolini, qu'il admire et qui lui a servi de modèle, un transfuge du socialisme révolutionnaire. Il y a certes, dans les rangs du NSDAP, des hommes qui, comme les frères Strasser, relèvent de cette culture politique et qui pensent sincèrement pouvoir concilier nationalisme et révolution sociale, mais ils sont infiniment moins nombreux qu'ils ne l'étaient dans la version première du fascisme italien. Hitler lui-même, s'il n'est pas avare de propos démagogiques destinés à se rallier les masses, appartient fondamentalement à la droite radicale et ultra-nationaliste. D'extraction petite-bourgeoise, il est très précisément un déclassé qui résume en sa personne toutes les frustrations et tous les espoirs déçus de la catégorie sociale et de la génération auxquelles il appartient. C'est la raison pour laquelle beaucoup d'Allemands croiront se reconnaître en lui.

Hitler est né autrichien en 1889, dans une petite ville proche de la frontière bavaroise où son père était douanier. À Vienne, où il se rend à 16 ans et où il tente à deux reprises le concours de l'Académie de peinture, puis à Munich, qu'il rejoint en 1912, il mène une vie difficile, se donne une culture en autodidacte, et fait l'apprentissage de la politique. C'est là que la guerre le surprend et il l'accueille avec enthousiasme. Réformé par l'armée autrichienne, il s'engage dans un régiment bavarois, combat avec bravoure, est blessé, gazé, décoré de la Croix de fer de Ire classe et remarqué par ses chefs.

Démobilisé, il est rejeté à sa vie de semi-marginal, avec au cœur la nostalgie de la période passée au front. Vivant médiocrement des quelques subsides que lui offre l'armée, pour prix de l'activité de «surveillance» qu'il exerce auprès de divers groupes subversifs, il est le type même du combattant déçu, prêt à s'engager dans les groupuscules ultra-nationalistes qui pullulent en Allemagne au lendemain de la défaite. En 1919, il adhère au Parti ouvrier allemand, un obscur groupement d'extrême droite dont il va bientôt prendre la tête pour en faire le Parti national-socialiste des travailleurs allemands (NSDAP).

Comme Mussolini, le Führer (guide) du NSDAP dote ses adhérents d'un uniforme — la chemise brune et le brassard orné de la croix gammée —, les organise en unités de combat qui s'attaquent aux communistes, encore puissants dans cette Bavière où la République d'Eisner a laissé des traces profondes. En novembre 1923, alors que l'exaspération nationaliste est à son comble, il pense que le moment est venu de s'emparer du pouvoir en Bavière. Mais le «putsch de la brasserie» échoue lamentablement et conduit pour quelques mois Hitler en prison. Le futur maître du IIIe Reich y rédige *Mein Kampf* (Mon Combat), le livre dans lequel il expose sa doctrine et son programme.

L'œuvre, qui deviendra un immense succès éditorial quelques années plus tard, n'a rien de très original. Le discours hitlérien reprend en effet, en les poussant à leur paroxysme, les thèmes qu'avaient développés à la fin du XIXe siècle les doctrinaires du pangermanisme et ceux qui — comme les Français Joseph de Gobineau, Georges Vacher de Lapouge et Jules Soury, ou comme l'écrivain allemand d'origine anglaise H. S. Chamberlain, grand admirateur de Wagner et gendre du maître de Bayreuth — croyaient avoir trouvé dans la race «aryenne», dont les Allemands étaient censés être les représentants les plus purs, la «race des seigneurs», à qui revenait de droit la domination de l'Europe.

Toute la doctrine du leader du NSDAP repose sur cette base pseudoscientifique. Si les grands hommes blonds dolichocéphales qui ont peuplé l'espace germanique ne détiennent pas la maîtrise du monde, c'est parce que la pureté de la «race élue» a été compromise par l'introduction d'éléments allogènes qui ont partiellement corrompu et avili sa nature, et qui ont entravé le cheminement «normal» de l'Histoire. Au premier rang de ces «ennemis du peuple allemand» figurent les Juifs, «bacille dissolvant de l'humanité» et qui a produit tout ce que l'Allemagne et l'Europe comptent d'éléments destructeurs : la démocratie, le socialisme et même le christianisme.

C'est à ces éléments étrangers que l'ancien Reich doit l'humiliation qu'il a subie du fait du traité de Versailles. Ce sont eux les responsables de la défaite et du *Diktat,* eux qui ont accepté de voir des morceaux de la nation allemande abandonnés à la domination de peuples «inférieurs» tels que les Slaves et les Latins.

À partir de ces prémices, dont le caractère paranoïaque traduit bien les frustrations d'une population que la défaite et l'effondrement de son système de valeurs ont profondément traumatisée, Hitler expose avec passion les «solutions» que le national-socialisme offre à l'Allemagne : réduire à néant (il ne dit pas encore comment) l'influence des éléments «étrangers», Juifs et communistes, liquider la démocratie, doctrine fondée sur une égalité niveleuse et sur un libéralisme déstabilisateur qui sont contraires à la «nature» allemande, substituer par conséquent au régime parlementaire des institutions fortes, coiffées par le pouvoir absolu du *Führer,* «guide» charismatique auquel il incombera d'incarner et d'interpréter la «volonté» du peuple. Quant aux thèmes «socialistes» et anticapitalistes que Hitler avait développés pour attirer les masses, de façon d'ailleurs très vague dans le programme de 1920, et dont on trouve encore quelques traces dans *Mein Kampf,* ils ne tarderont pas à disparaître, l'alliance passée avec certains milieux d'affaires exigeant que soit mises en sourdine les diatribes contre le capital.

Ainsi réconciliée avec sa nature profonde, l'Allemagne pourra réaliser, par étapes, le programme que son futur chef a conçu. Elle détruira d'abord toutes les entraves que le *Diktat* de Versailles a mises à sa puissance et elle procédera, s'il le faut par la force, à la révision de l'humiliant traité. Conformément au vieux rêve des pangermanistes, elle se constituera ensuite en une «Grande Allemagne», à laquelle seront annexées toutes les populations de langue allemande. Enfin, le «peuple élu» devra, pour s'assurer des conditions d'existence dignes de lui, conquérir à l'Est de l'Europe, un «espace vital» dans lequel les représentants des races «inférieures» seront réduits à l'esclavage. La puissance de la «Grande Allemagne» serait alors telle qu'elle n'aurait aucune difficulté à dominer l'Europe. Elle y établirait un système hiérarchisé. À la «race des seigneurs» seraient associés les groupes ethniques d'origine voisine (Flamands, Scandinaves, Anglo-Saxons). Au-dessous, viendraient des peuples plus mêlés comme les Latins, puis les peuples «inférieurs» : Juifs et Slaves. Un «ordre nouveau» verrait ainsi le jour sur le vieux continent regénéré, dont Hitler pense qu'il devrait durer au moins mille ans.

Que cette «doctrine» relève du fantasme et du délire, qu'elle fonde sa cohérence sur de pseudo-concepts élaborés à la fin du siècle précédent par quelques «anthropologues» hallucinés, n'ôte rien au fait que, par son simplisme même, elle ait — à l'heure où les effets ravageurs de la «Grande Dépression» faisaient remonter à la surface toutes les frustrations et toutes les peurs accumulées par la génération de la guerre — trouvé une immense audience auprès de masses désorientées, toutes prêtes à trouver des boucs émissaires à accuser d'être à l'origine de leurs malheurs et à acclamer celui qui prétendait pouvoir les en débarrasser. Ce n'était ni la première, ni la dernière fois qu'un démagogue retors jouait ainsi sa fortune sur la désespérance de la multitude. Le malheur de l'Allemagne, comme celui de l'Europe et de l'humanité, ont voulu que l'ampleur de la crise porte au pouvoir le prophète mégalomane de *Mein Kampf* et fasse de son délire mental la doctrine officielle de l'Allemagne nazie.

Après l'échec du putsch de Munich, le Parti national-socialiste bénéficie des derniers soubresauts de la crise et de la publicité que son chef a tirée de l'événement et du procès qui a suivi son arrestation. Les élections de 1924 lui donnent 32 députés. Mais dans les années qui suivent, et bien que, sorti de prison au bout d'un an, Hitler ait repris en main et réorganisé son parti, la prospérité revenue fait oublier le national-socialisme. Aux élections de 1928, il n'a plus que 14 élus et compte peu dans la vie politique allemande. Son chef a beau le flanquer d'une garde prétorienne, les SS — destinée à faire équilibre aux SA, devenus eux-mêmes trop puissants et trop indépendants et à disputer la rue aux communistes — le Parti nazi reste un groupe minoritaire dirigé par des agitateurs et des aventuriers.

● Le nazisme devient l'État

C'est la crise qui fait du NSDAP une force politique de premier plan. Recrutant ses adhérents — 200 000 en 1930 — et ses électeurs dans les catégories sociales les plus touchées par la dépression, il gagne des adeptes dans la paysannerie frappée par la chute des exportations agricoles, dans la petite et moyenne bourgeoisies menacées de prolétarisation et sensibles au péril révolutionnaire, parmi les chômeurs et les marginaux à qui les organisations nazies offrent un refuge provisoire contre la misère, chez les jeunes enfin, dont l'avenir paraît bouché et qui croient trouver un remède à leur désespoir dans la démagogie hitlérienne, ainsi que dans l'électorat féminin jusqu'alors plutôt enclin à voter pour le centre et pour les partis conservateurs. La grande bourgeoisie industrielle et financière, l'aristocratie terrienne, les hauts fonctionnaires et les chefs de la Reichswehr sont plus réticents et se montrent volontiers méprisants envers le «caporal autrichien», mais les urgences de l'heure les obligent à envisager une alliance tactique avec lui. Hitler se montre lui-même résolu à gommer de son discours les pointes anticapitalistes et commence, à partir de 1930, à se rapprocher des forces conservatrices. Il traite avec la grande industrie, se fait reconnaître par la Reichswehr la libre disposition de ses formations armées et remplace à la tête des SA Otto Strasser par Roehm, qu'il juge moins «révolutionnaire».

Adaptée à cette clientèle composite, à laquelle le candidat à la dictature promet à peu près tout et son contraire, la propagande nazie obtient de spectaculaires résultats. Aux élections de septembre 1930, le NSDAP recueille 6 400 000 voix et 107 députés. Aux présidentielles d'avril 1932, Hitler lui-même n'hésite pas à se porter candidat contre le maréchal von Hindenburg. À la stupéfaction générale, il obtient au premier tour 36 % des suffrages exprimés, et si Hindenburg l'emporte finalement au second (19 millions de voix contre 13 millions), c'est grâce au report sur son nom des voix de la gauche et de l'extrême gauche.

Désormais, le Parti nazi constitue la principale force politique du pays. Les législatives de juillet 1932 lui donnent 230 sièges sur les 607 que comporte le Reichstag. Ses formations paramilitaires tiennent le haut du pavé et entretiennent une violente agitation de rues. Le Dr Goebbels, qui dirige l'appareil de propagande du NSDAP, mène une campagne obsédante visant à convaincre les Allemands du caractère «providentiel» de l'homme qui se présente désormais comme l'ultime recours, face à la montée du «bolchevisme» et à la déliquescence de la République bourgeoise.

Devant le danger, Hindenburg essaie de gouverner sans les nazis, mais il n'ose pas les braver de front, et lorsque le chancelier Brüning tente de dissoudre les SA et SS, le vieux maréchal-président le désavoue et fait appel pour former le gouvernement à Franz von Papen, l'homme des féodalités financières. Celui-ci croit habile de dissoudre une nouvelle fois le Reichstag. De fait, aux élections de novembre 1932, les nazis perdent 34 sièges, alors que les communistes recueillent 6 millions de voix, mais les deux partis de droite qui soutenaient Papen s'effondrent, contraignant le chancelier à la démission. Hindenburg se tourne alors vers le chef de la Reichswehr, Schleicher, connu pour ses idées sociales avancées. Rêvant non de dictature plébéienne mais de restauration monarchique, le président du Reich tente donc de barrer la route au nazisme en confiant la direction du pays à un homme qui, tout en étant partisan de solutions brutales, va essayer de gouverner en prenant appui sur les républicains modérés, sur l'armée et sur les syndicats, auxquels il promet un salaire minimum et le partage des grands domaines en faillite. Hitler s'inquiète et, avec lui, les grands intérêts économiques.

C'est pourquoi une partie importante du grand patronat — les Thyssen, Kirdorf, Krupp, etc. — se résout finalement, comme une dizaine d'années plus tôt les représentants de la *Confindustria* italienne, à soutenir l'ennemi déclaré de la démocratie, avec l'espoir de pouvoir le manœuvrer à sa guise et éventuellement de s'en débarrasser, une fois la crise conjurée et la menace révolutionnaire écartée. Hitler ne lui a-t-il pas donné l'assurance de rétablir le *Führerprinzip* dans les entreprises et d'engager l'Allemagne, après son arrivée au pouvoir, dans une politique d'armement favorable aux industries lourdes? En échange de quoi il a obtenu des fonds importants pour sa campagne électorale.

Papen, que Schleicher a écarté du pouvoir, se propose comme intermédiaire. Le 4 janvier 1933, il rencontre Hitler à Cologne chez le banquier Schroder et lui propose de former avec lui un nouveau gouvernement. Hitler accepte, estimant avec raison sans doute que son mouvement est désormais à son apogée et que de nouvelles élections pourraient lui être fatales. Le 28 janvier, Hindenburg renvoie Schleicher et deux jours plus tard il confie au chef du NSDAP le poste de chancelier.

Le totalitarisme hitlérien

● Comment meurt une démocratie

Cherchant à donner un fondement légal à la dictature qu'il veut instaurer, Hitler — comme l'avait fait dix ans avant lui le Duce du fascisme — cherche d'abord à rassurer les forces conservatrices. Plaçant son gouvernement, dans lequel les nazis sont minoritaires, sous le signe du « redressement national », il multiplie les professions de foi légalistes et se présente comme l'homme qui va réconcilier la tradition historique du Reich impérial et les forces de la nouvelle Allemagne. Mais en même temps, il prépare soigneusement l'établissement de son pouvoir personnel.

L'incendie du Reichstag (27 février 1933), provoqué par les nazis mais porté au compte de leurs adversaires marxistes, permet à Hitler de liquider l'opposition « communiste » : 4 000 militants sont arrêtés, parmi lesquels figurent en fait de nombreux socialistes. La campagne électorale qui s'ouvre aussitôt après l'« attentat » se déroule dans un climat de terreur. Cela ne suffit pas toutefois à donner la majorité absolue aux nazis, qui ont pourtant bénéficié de l'appui financier des milieux d'affaires. Ils ne recueillent, lors du scrutin du 5 mars, que 44 % des voix et 288 sièges (sur 647). Qu'importe d'ailleurs à Hitler ? Il fait invalider les 81 députés communistes par un Reichstag qui délibère sous la pression des SA et des SS et il obtient du Centre catholique, contre la promesse d'un concordat, qu'il joigne ses voix à celles du Parti nazi pour lui voter, le 23 mars, les pleins pouvoirs pour quatre ans.

Usant de cet instrument légal d'élimination des libertés publiques, il met systématiquement en place les rouages de la dictature. Les partis politiques sont dissous ainsi que les syndicats, remplacés par un « Front du travail » d'inspiration corporatiste. Le Parti nazi est déclaré « parti unique ». L'administration est « épurée » et la centralisation renforcée par la désignation d'un *Staathalter* tout-puissant à la tête de chaque Land. Les SA exercent des fonctions de police, bientôt relayés par une « police secrète d'État » (Gestapo), vite célèbre par la férocité de ses méthodes. En dépit de ces mesures terroristes qui frappent essentiellement la classe politique et les Juifs — dont les magasins sont boycottés —, le régime qui signe avec le Vatican un concordat fixant le statut de l'Église catholique paraît jouir à la fin de 1933 d'un fort consensus populaire.

L'année 1934 va pourtant se révéler difficile pour le nouveau régime. La persistance des difficultés économiques et sociales (baisse sensible des exportations, chômage élevé, abaissement du salaire nominal) mécontente salariés et milieux d'affaires et nourrit de nouvelles oppositions qui obligent Hitler à lutter sur deux fronts. D'un côté, celui de la bourgeoisie conservatrice qu'inquiètent les excès des milices nazies ; de l'autre, celui de l'aile gauchisante du Parti, notamment des SA, dont le chef, Ernst Roehm, réclame « l'achèvement de la révolution ». La « nuit des longs couteaux » met fin à cette période d'incertitude. Entre les éléments avancés de son parti et les grandes forces conservatrices, Hitler choisit ces dernières. Dans la nuit du 29 au 30 juin 1934, il fait arrêter par les SS de Himmler de nombreux dirigeants SA, dont beaucoup sont exécutés aussitôt. Roehm lui-même est emprisonné à Munich puis abattu. En même temps, Hitler se débarrasse de ses autres adversaires et satisfait de vieilles rancunes. Il fait assassiner Gregor Strasser, le chef de l'Action catholique Klausener, l'ex-chancelier von Schleicher, Kahr qui avait fait échouer le putsch de 1923 à Munich et des collaborateurs de Papen.

Plus rien ne s'oppose désormais à la mise en place d'un régime totalitaire, tout entier tendu vers la réalisation des objectifs fixés par *Mein Kampf.* La centralisation est poussée à l'extrême. À la mort du maréchal von Hindenburg, le 2 août 1934, Hitler a ajouté à ses fonctions de chancelier, celles de chef de l'État. Maître de tous les pouvoirs, il est à la fois « commandant suprême de l'armée, chef du gouvernement, détenteur du pouvoir exécutif et juge suprême ». Il ne réunit qu'exceptionnellement le Conseil des ministres dont les membres doivent lui prêter un serment de fidélité et d'obéissance. À la tête de chaque Land se trouve un *Staathalter*, sorte de gouverneur tout-puissant qui ne dépend que du Führer et a été choisi parmi les nazis les plus sûrs.

Depuis la grande purge de juin 1934, il tient parfaitement en main le NSDAP. Le « parti unique » a été placé sous la direction de Rudolf Hess, successeur désigné du maître du IIIe Reich. Il double et contrôle l'administration locale mais demeure un parti de minorité, dont il n'est pas nécessaire d'être membre pour occuper des fonctions officielles. Là encore on observe une extrême centralisation, avec un découpage en *Gaue* (avec à leur tête un *Gauleiter),* subdivisés en cercles, groupes, cellules et blocs, le tout constituant avec l'administration d'État, l'armée, la SS, etc., un enchevêtrement de pouvoirs et de contre-pouvoirs concurrents.

L'appareil policier est doté d'une puissance redoutable. Les SA ont vu leur rôle réduit au profit des SS qui constituent une véritable armée de 200 000 hommes, divisée en unités combattantes d'élite *(Waffen SS)* et en « unités à tête de mort » vouées aux basses besognes du régime (police, garde des camps, etc.). Destinée à devenir la matrice d'une nouvelle aristocratie raciale, soigneusement sélectionnée et fanatisée, la SS est placée sous les ordres du *Reichsführer* Himmler qui a également la haute main sur la Gestapo. Ces organisations étroitement dépendantes du Parti nazi entreront bientôt en concurrence, puis en lutte ouverte avec les services de contre-espionnage de l'armée, l'*Abwehr,* dirigée par l'amiral Canaris. Les méthodes utilisées sont d'une férocité inouïe : assassinats, tortures, «suicides» organisés, camps de concentration promis à devenir pendant la guerre des camps d'extermination. En 1939, il y a déjà près d'un million de déportés dans les camps, au nombre d'une centaine, parmi lesquels les plus tristement célèbres sont à cette date Dachau et Buchenwald.

● Un totalitarisme raciste et autarcique

L'encadrement des individus est d'abord assuré par un enseignement qui subit fortement l'emprise du régime. Le personnel est soigneusement «épuré», les professeurs et les étudiants soumis à un contrôle très strict, ainsi que les manuels. Cette action est prolongée par celle des organisations de jeunesse reliées au parti, *Jungvolk,* puis *Hitlerjugend,* qui visent à la formation de sujets obéissants, bien entraînés physiquement et militairement, et totalement dévoués au régime. La propagande, dirigée par Goebbels, est particulièrement intense. Utilisant comme en Italie, mais à un degré beaucoup plus fort, les grands moyens d'information et de mobilisation des masses, ainsi que de gigantesques parades (la plus importante étant la «journée du parti» à Nuremberg), elle se propose de fanatiser le peuple allemand. La «Chambre de la culture nationale» et la police veillent en outre à interdire tout ce qui n'est pas dans la ligne idéologique du régime. Les bibliothèques sont expurgées et des milliers d'ouvrages «subversifs» sont brûlés dans de vastes autodafés. Il en résulte un rapide déclin de la culture allemande, nombre d'intellectuels, d'écrivains et d'artistes (d'Albert Einstein à Thomas Mann, de Stefan Zweig à Fritz Lang, de George Grosz à Bertold Brecht) quittant le pays ou se refusant à poursuivre leur œuvre.

Quant à la politique raciale, qui est au cœur du système, elle se manifeste à la fois par des mesures dites de «défense de la race» (avantages matériels et récompenses honorifiques accordés aux familles de «vrais aryens», stérilisation puis élimination des individus tarés) et par une législation dirigée contre les Juifs, qui subissent par ailleurs toutes sortes de violences. Mises en œuvre en 1935, les lois de Nuremberg écartent les Israélites du droit de vote et de nombreux emplois : banque, commerce, édition, professions juridiques et médicales, fonction publique, etc., leur interdisant par ailleurs tout mariage ou toute relation sexuelle avec les «Aryens». Des mesures vexatoires et ségrégationnistes — port de l'étoile jaune, interdiction d'accès à de nombreux lieux publics — leur sont infligées. À partir de 1938, les nazis déclenchent contre les Juifs allemands une vague de persécutions qui, élargie à l'échelle de l'Europe occupée, aboutira pendant la guerre au plus grand et au plus monstrueux génocide de l'histoire.

En attendant ce règlement de comptes avec l'« ennemi principal du peuple aryen », il faut faire sortir l'Allemagne de la crise et préparer l'incontournable affrontement avec les démocraties. Contrairement à ses objectifs initiaux, le nazisme ne cherche pas à détruire le capitalisme, bien au contraire. La dictature hitlérienne, comme celle qui a triomphé à Rome dix ans plus tôt, a plutôt pour effet de renforcer les grands intérêts privés, pourvu que ceux-ci veuillent bien collaborer avec le régime et reconnaître à l'État un rôle directeur dans la vie économique. Pour prix de leur docilité, ils profiteront largement du redressement de l'Allemagne et de la mise au pas du mouvement ouvrier. Les syndicats sont dissous et remplacés, comme en Italie, par des groupements corporatifs, ayant chacun leur *Führer* et groupés en une organisation unique et obligatoire : le Front du travail *(Arbeitsfront)* dont le but affiché est de « régler les rapports du capital et du travail conformément à l'intérêt collectif ». Une planification souple est adoptée au début du régime par le Dr Schacht, mais en 1936 celui-ci est éliminé de la direction de l'économie et remplacé par Goering qui préside au plan, nettement tourné celui-ci vers la préparation de la guerre. Enfin, de grands travaux sont mis en chantier pour résorber le chômage.

Peu à peu l'Allemagne se tourne vers l'autarcie, cherchant à limiter ses achats extérieurs et à rendre son économie indépendante des autres pays. Pour cela, on développe l'agriculture, en luttant contre l'exode rural et le morcellement des terres, on conclut avec un certain nombre d'États des accords de *clearing* (toute importation doit être compensée par une exportation de même valeur dans le pays intéressé) et l'on développe, grâce aux progrès des industries chimiques, la fabrication de produits de remplacement ou *Ersätze* (caoutchouc et essence synthétiques, textiles artificiels, etc.) de façon à réduire les achats à l'étranger.

Si le niveau de vie ne s'élève guère, la production connaît un bond en avant spectaculaire. En 1939, l'Allemagne produit assez de blé, de beurre et de sucre pour ses besoins et est devenue la seconde puissance industrielle du monde. Elle a d'autre part à peu près complètement résorbé son chômage. Mais les possibilités d'absorption du marché intérieur restant faibles, il est devenu nécessaire, à partir de 1936, de convertir une partie de l'industrie à des fins militaires. L'essor industriel du Reich se trouvant largement fondé sur une politique d'armement et sur la conquête d'un espace économique susceptible de fournir à l'Allemagne des produits de base et des débouchés, le régime hitlérien s'engage dès 1938 dans une politique de coups de force qui débouche tout droit sur la guerre européenne.

L'évolution du régime fasciste en Italie

• Une dictature autoritaire encadrant la population

Si le totalitarisme hitlérien s'est imposé aussi vite et aussi complètement à l'Allemagne, ce n'est pas seulement parce que ce pays offrait de fortes prédispositions, dont il faut d'ailleurs rechercher la cause dans le déroulement de son histoire contemporaine, plutôt que dans les recoins de l'«âme allemande»; c'est également parce que le chef du NSDAP a eu le loisir de méditer les leçons de l'expérience mussolinienne constamment adaptée aux circonstances de tous ordres, intérieures et extérieures, qu'a eu à affronter le fascisme, et parce qu'il a en quelque sorte bénéficié de l'existence d'un «modèle». Ce modèle, Hitler aura tôt fait de le dépasser, puis d'inspirer à son tour son homologue latin, mais il ne nie pas qu'il ait exercé sur lui une influence profonde.

La transformation du régime pluraliste musclé, que Mussolini avait instauré après la Marche sur Rome, en une dictature totalitaire ne souffrant aucune opposition et visant très clairement à l'enrégimentement des masses date, nous l'avons vu, des années 1925-1926. Après l'adoption des lois *fascistissimes*, il ne reste plus en effet du système inauguré par le *Statuto* de 1848 que les apparences institutionnelles. La monarchie est maintenue, mais le Roi — en l'occurrence le faible Victor-Emmanuel III, qui a laissé s'accomplir la Marche sur Rome pour sauver sa couronne — se trouve cantonné dans un rôle d'enregistrement et de représentation. Le Sénat reste également en place, par souci d'exploiter la référence à l'antique institution romaine, et aussi pour ménager l'ancienne classe dirigeante, mais si les membres de cette haute assemblée sont couverts d'honneurs par le régime, ils n'ont aucun pouvoir réel. La Chambre des députés est élue dans des conditions qui la font dépendre étroitement du Parti. Elle sera d'ailleurs remplacée en 1938 par une Chambre des faisceaux et des corporations dont les fonctions sont strictement consultatives et dont les membres sont les dirigeants des corporations fascistes.

L'essentiel du pouvoir appartient en fait au *Duce*. Celui-ci n'est en principe responsable que devant le Roi et est doté de larges attributions économiques, en tant que ministre des Corporations, et militaires, comme chef suprême des armées. Il nomme et révoque les ministres, qui ne sont plus que de simples agents d'exécution, et peut légiférer par décrets-lois sans contrôle parlementaire. Mussolini est assisté dans sa tâche par le Grand Conseil du Fascisme qui rassemble, à côté de ses anciens compagnons, les ministres et quelques hauts fonctionnaires.

Le parti unique a pour mission d'encadrer et de surveiller la population, d'assurer sa mobilisation permanente au service du régime en diffusant en son sein les mots d'ordre élaborés par le pouvoir et en veillant à leur application. Il participe également au maintien de l'ordre, grâce à la milice, organisation paramilitaire dont les effectifs atteignent 700 000 membres en 1940. À cette date le PNF (Parti national fasciste) regroupe lui-même, sans compter les organisations annexes, près de 3 millions d'adhérents : les uns militants sincères, parfois inscrits au Parti depuis les temps héroïques du squadrisme, les autres — vraisemblablement les plus nombreux — par obligation professionnelle (les enseignants et la plupart des fonctionnaires doivent en principe être titulaires de la carte du PNF, la *tessera)*, ou par pur et simple opportunisme. Parti d'«élite» donc et dont la composition donne lieu périodiquement à des purges rigoureuses effectuées par le puissant secrétaire général. De 1931 à 1939, cette fonction est assurée par Achille Starace.

● **Une volonté totalitaire**

De même qu'en Allemagne, il ne s'agit pas seulement en effet de soumettre la nation à la volonté de la classe dirigeante et de faire prévaloir sur toute autre considération les intérêts de cette catégorie sociale, comme cela est de règle dans les dictatures classiques qui fleurissent alors en Europe. Le *fascisme,* au sens générique du terme, englobant le régime mussolinien et son homologue germanique, est d'une autre nature. Autoritaire, en ce sens qu'il ne tolère aucune opposition ni aucune entrave à la volonté souveraine du «guide» de la nation, il est également, et de manière spécifique, *totalitaire,* ce qui signifie qu'il s'applique à diriger et à contrôler, dans tous les domaines, l'activité et la pensée de chaque individu, à soumettre la société civile au parti et à l'État, et à exercer une action en profondeur sur le corps social visant dans un premier temps à réaliser autour de lui un consensus aussi large que possible, et dans un second à transformer radicalement la société et les individus qui la composent. Le but ultime étant de créer un «homme nouveau», en complète rupture avec l'individu produit par le mode d'organisation sociale et par la culture de la bourgeoisie.

Dans cette perspective, la mobilisation des Italiens s'opère à un double niveau. Par l'éducation d'abord, qui cherche moins à former des esprits cultivés et des citoyens responsables qu'une race saine, courageuse, disciplinée, endurante et fanatiquement attachée au régime. En dehors de l'école, qui connaît une fascisation poussée (les instituteurs font classe en chemise noire) et plus tard de l'université (où les maîtres, issus de la haute bourgeoisie, sont majoritairement ralliés au fascisme), les jeunes des deux sexes sont enrégimentés dès l'âge de huit ans dans les différentes organisations de l'*Opera nazionale Balilla.* Ils reçoivent un uniforme, des armes factices, participent à des défilés et à des parades. On cherche à donner aux garçons le goût de la vie en commun et de l'activité militaire. Les filles reçoivent également une formation physique et civique destinée à former des «mères vigoureuses», prêtes à sacrifier leurs fils à la nation et au Duce.

Par la propagande ensuite, qui revêt un aspect obsédant et utilise massivement les moyens modernes d'information et de manipulation des esprits. La presse, la radio, les actualités cinématographiques, les affiches géantes, les bandes dessinées, les grands rassemblements sportifs, tous étroitement contrôlés par le pouvoir — qui a créé un ministère de la Presse et de la Propagande, transformé en 1937 en ministère de la Culture populaire, ou *Minculpop* — concourent à la mobilisation des masses, à la diffusion des mots d'ordre du régime («Croire, obéir, combattre», «Mussolini a toujours raison», etc.) et à la propagation d'un nationalisme agressif.

Enfin, pour assurer l'intégration des masses italiennes et pour désamorcer en elles toute velléité révolutionnaire, ou simplement revendicative, l'État corporatif fasciste donne aux syndicats placés sous sa dépendance le monopole des rapports entre employeurs et salariés, et soumet toute la vie économique et sociale du pays aux directives de l'État. En 1934, les syndicats fascistes sont intégrés dans les corporations qui délèguent leurs représentants à un Conseil national où siègent des représentants de l'État et des membres du Parti. En fait de collaboration des classes et d'harmonie sociale, le système favorise le patronat : celui-ci en effet est prépondérant à tous les niveaux, les représentants ouvriers n'étant que des fonctionnaires des syndicats fascistes, lesquels sont formés dans des instituts où ne sont pratiquement admis que des membres de la bourgeoisie. Quant aux industriels et aux propriétaires fonciers qui peuplent les organismes professionnels et le Conseil national des Corporations, ils entretiennent en général des rapports étroits avec les chefs fascistes. Le régime et le Parti ont certes sécrété avec le temps une nouvelle élite dirigeante, mais celle-ci est largement en symbiose avec la classe dirigeante traditionnelle.

Celle-ci a dû toutefois, pour maintenir ses privilèges et sa puissance matérielle, s'accommoder de la tutelle exercée par l'État sur l'ensemble des activités économiques du pays. En effet, après avoir mené pendant quelques années une politique strictement libérale en ce domaine, le régime s'est engagé dans une voie dirigiste qui, jusqu'en 1932-1933, s'est caractérisée surtout par de grandes «batailles» de production (notamment la «bataille du blé»), la mise en service de terres nouvelles conquises sur les zones insalubres (marais Pontins au sud de Rome, Maremme toscane) et la réalisation de vastes programmes de travaux publics (autoroutes, voies ferrées, rénovation de la capitale). La crise ayant révélé les limites de ce dirigisme limité, le fascisme a adopté à son tour la voie de l'autarcie et du réarmement à outrance, justifiés par une «pression démographique» au demeurant toute relative, et à laquelle le Duce a lui-même concouru en faisant adopter à partir de 1926 des mesures natalistes et en refusant à beaucoup d'Italiens le droit de s'expatrier.

Jusqu'au milieu des années 1930, le régime fasciste a effectivement bénéficié d'un consensus d'intensité variable, enthousiaste chez les uns, résigné pour la majorité des Italiens, sensibles à tel ou tel aspect jugé positif de sa politique : le retour à la «paix sociale» pour les nantis, les possibilités de promotion et de mobilité ascensionnelle offertes par le Parti et par ses organisations annexes aux représentants des catégories intermédiaires, une législation sociale hardie et le recul du chômage pour les couches populaires urbaines, et, pour tous, les satisfactions de prestige fournies par les quelques succès de politique étrangère — à Stresa, en 1935, Mussolini est apparu comme l'arbitre de la paix européenne —, par les conquêtes coloniales (l'Éthiopie en 1935-1936) et par les réussites obtenues dans divers domaines : la modernisation du pays (où les «trains arrivent à l'heure!»), la fascination exercée par le régime et par son chef sur une partie des élites européennes, les spectaculaires prestations des sportifs italiens (deux fois vainqueurs de la Coupe du monde de football, en 1934 et 1938, troisièmes derrière l'Allemagne et les États-Unis aux Jeux olympiques de Berlin, en 1936). La signature en février 1929 des accords du Latran, qui règlent le contentieux avec le Saint-Siège et reconnaissent le catholicisme comme religion d'État, ont fortement contribué à l'établissement de ce consensus, encore que, dès 1931, des difficultés aient commencé à se manifester à propos des associations de jeunesse sur lesquelles le régime entendait avoir la haute main.

● Les failles du totalitarisme fasciste

Après la guerre d'Éthiopie, Mussolini s'interroge sur le degré d'adhésion des masses à son régime et sur les chances qu'a celui-ci de survivre à sa propre disparition. Son diagnostic est sévère. L'Italie, malgré tous les efforts du fascisme pour inverser la tendance, lui paraît s'être engagée sur la voie de la décadence, comme en témoigne le ralentissement de sa croissance démographique. Cette évolution a pour le Duce des causes essentiellement morales, liées au maintien de la prééminence exercée sur la société et sur la culture italiennes par les élites traditionnelles. Influencées et «perverties» par les bourgeoisies occidentales, dont elles partagent les sentiments et les pratiques hédonistes, celles-ci n'ont plus le ressort nécessaire pour entraîner les masses italiennes et pour faire de l'Italie une grande nation aspirant, comme l'Allemagne ou comme la Russie soviétique, à la direction de l'Europe. Il importe donc de réveiller les Italiens et de rompre avec les derniers vestiges de l'ancien régime. Ce sera l'objectif majeur de ce que l'historien De Felice a appelé la «révolution culturelle du fascisme», une révolution anti-bourgeoise, qui renoue avec l'esprit activiste du premier fascisme et vise à opérer une mobilisation radicale des masses. Converti à l'efficacité hitlérienne, Mussolini donne pour tâche prioritaire au fascisme de forger un «homme nouveau», défini par un certain nombre de traits — dynamisme, célérité, décision, héroïsme, esprit de sacrifice, mépris du

confort matériel, etc. — et s'opposant au style décadent de la vie bourgeoise. On s'oriente ainsi, à partir de 1938, vers une imitation de
l'Allemagne nazie qui, à côté d'aspects parfaitement bouffons (l'adoption du «pas de l'oie» rebaptisé «pas romain», la substitution dans le
langage parlé du *tu* et du *voi* à l'emploi traditionnel de la troisième personne, jugé «bon pour un peuple de laquais», etc.), introduit dans la
vie des habitants de la péninsule des pratiques étrangères à son identité
culturelle. À commencer par l'adoption d'une législation raciale dirigée
contre les Juifs et qui sera d'ailleurs appliquée de manière très laxiste.

En fait d'adhésion plus étroite des masses aux objectifs définis par
le fascisme, il apparaît clairement qu'à la veille de la guerre, le consensus qui s'était établi quelques années plus tôt autour du régime se
trouve fortement érodé. Le raidissement du totalitarisme, l'alignement sur un modèle étranger que les Italiens rejettent spontanément,
la peur d'un conflit dont Mussolini ne cesse de proclamer l'inéluc-
tabilité, autant que les effets persistants de la crise et de l'austérité
que commandent les choix autarciques du pouvoir, tout cela concourt
à détacher de lui une partie importante de la population transalpine.
Si bien qu'une opposition discrète commence à se manifester à l'intérieur même du fascisme, notamment parmi les jeunes. Déclenchée
contre la volonté quasi unanime du peuple italien, la guerre va brusquement révéler à ses dirigeants les failles d'un régime apparemment
intact en 1939 et qui fait figure de modèle pour toute une partie des
classes dirigeantes de l'Europe en crise.

La contagion du modèle autoritaire

● Un modèle fasciste européen?

Au prix d'une formidable régression des libertés publiques et des
droits de la personne humaine, accompagnée d'une asphyxie culturelle tout aussi manifeste, au prix également d'une réorientation de
leurs économies vers la préparation systématique de la guerre, l'Italie
fasciste et l'Allemagne hitlérienne ont pu à la fois limiter les effets
de la crise et résoudre un certain nombre de problèmes qui se posaient
à elles depuis la fin du XIXe siècle : en particulier celui de l'intégration des masses sans bouleversement majeur des structures de l'économie et de la société capitalistes.

On conçoit que, dans ces conditions, le «fascisme» au sens générique du terme ait pu constituer un modèle pour un certain nombre de pays européens que la guerre, la menace de contagion révolutionnaire, puis la crise avaient fortement ébranlés. Son pouvoir d'attraction était d'autant plus fort qu'à partir du moment où le raidissement du régime mussolinien a incliné l'Italie à se rapprocher du Reich, il s'est formé au cœur de l'Europe un bloc totalitaire, une «aire fasciste» vers laquelle ont commencé à se tourner, dans le courant des années 1930, nombre de dictateurs et de candidats à la dictature opérant aux quatre points cardinaux de l'Europe.

Mussolini et Hitler ont incontestablement joué sur cette fascination exercée par leurs régimes. Dès la fin des années 1920, le premier a largement accordé ses subsides à certaines organisations fascistes ou fascisantes dont l'action lui paraissait utile à la réalisation de ses objectifs internationaux, telle la *Heimwehr* du prince Starhemberg en Autriche. Après 1933, l'aide apportée à ces mouvements a pris une plus grande ampleur, le Duce visant tantôt à entretenir dans certains pays une agitation déstabilisatrice (par exemple les Oustachis croates en Yougoslavie), tantôt à pouvoir disposer de clientèles favorables à sa politique (les *Heimwehren* autrichiens joueront un rôle décisif lors de la tentative de putsch nazi en juillet 1934), tantôt enfin à limiter le pouvoir d'attraction de l'Allemagne nazie dans un contexte qui, jusqu'en 1935, était celui d'une lutte d'influence entre les deux dictatures totalitaires dans l'aire danubienne et dans les Balkans. Hitler de son côté avait en effet mis les bouchées doubles après son arrivée au pouvoir, en soutenant des organisations pronazies, comme la *Falanga* polonaise ou le mouvement sudète de Konrad Henlein en Tchécoslovaquie.

S'agissant de l'action menée par les services italiens et allemands dans les grands pays de démocratie libérale, adversaires potentiels des totalitarismes noir et brun, il ne s'agissait ni pour les dirigeants de Rome, ni pour ceux de Berlin, d'y favoriser l'avènement de régimes fascistes. Parce qu'ils étaient fondamentalement des nationalismes à vocation impérialiste et conquérante, le fascisme et le national-socialisme n'avaient aucun intérêt à faciliter chez leurs voisins l'avènement de régimes forts, capables de stimuler les énergies nationales, donc de faire obstacle éventuellement à leurs propres objectifs. Tout au plus pouvaient-ils souhaiter, dans une perspective diamétralement opposée, que de petits groupes à leur dévotion entretiennent chez leurs adversaires une activité déstabilisatrice. Telle était la signification de l'aide financière apportée au Francisme de Bucard en France, à sir Oswald Mosley et à sa *British Union of Fascists* en Angleterre ou à José Antonio Primo de Rivera en Espagne par les services du *Minculpop,* ou des subventions versées par l'ambassade d'Allemagne aux journalistes et aux hommes politiques dont l'action et les écrits étaient jugés «positifs» par les dirigeants nazis. En revanche, dans certains pays trop faibles pour mener une politique étrangère autonome et susceptibles dans ces conditions d'être satellisés, l'éventualité d'un putsch pro-fasciste ou pro-nazi a pu être sérieusement envisagé à Rome ou à Berlin. L'appui donné par le Führer aux nazis autrichiens et sudètes, le soutien très important accordé par Mussolini à la Phalange espagnole, puis l'aide militaire fournie à Franco, répondent largement à ce dessein.

Ceci étant, la floraison de dictatures militaires et civiles qui caractérise l'Europe des années 1930 ne saurait être considérée comme la pure et simple «fascisation» du vieux continent. En effet, si le fascisme se rattache dès ses origines, ou à peu près, au grand flux contre-révolutionnaire qui a déferlé sur l'Europe au lendemain de la guerre, il n'en constitue qu'un cas particulier, ayant ses caractères propres. Il se dit et se veut contestataire de l'ordre établi. Il prône la collaboration des classes et vise à intégrer à la nation les masses atomisées auxquelles il offre des structures d'accueil produites par le parti unique. Il maintient ou renforce les privilèges sociaux des anciennes classes dirigeantes mais dans la mesure où elles veulent bien renoncer à leur hégémonie politique. Il rêve d'un «homme nouveau», d'une société et d'une culture «régénérée» et il place cet objectif au centre de son projet totalitaire. Tout cela est très différent de ce qui se passe dans nombre de pays de l'Europe centrale, orientale et méditerranéenne, où les modes de production et les structures sociales restent à bien des égards ceux du monde pré-industriel.

● Les dictatures conservatrices de l'Europe centrale, orientale et méditerranéenne

Dans cette partie de l'Europe, le court intermède démocratique libéral qui a fait suite à la guerre et qui était relié, pour une bonne part, à l'influence exercée par les démocraties victorieuses, n'a duré que quelques années. En l'absence de traditions libérales et des bases socio-économiques qui constituaient en Europe de l'Ouest le fondement et le soutien de la démocratie parlementaire, ils n'ont pas tardé à s'effondrer pour faire place à des régimes autoritaires de droite, généralement instaurés à la suite d'un coup d'État militaire et destinés, dans la plupart des cas, à écarter la menace révolutionnaire et à restaurer le pouvoir de la classe dirigeante traditionnelle.

Ceux qui ont survécu à la première vague contre-révolutionnaire, celle des années 1919-1926, ou n'ont été que partiellement affectés par elle — en conservant l'apparence au demeurant toute formelle du pluralisme — vont pour la plupart être emportés par la seconde, conséquence de la «Grande Dépression» et des menaces que celle-ci fait peser sur les oligarchies régnantes. Simplement, ce n'est pas le «fascisme» qui s'installe aux postes de commandes des États dictatoriaux dont la crise favorise ainsi l'éclosion. Les régimes autoritaires qui mettent fin à l'intermède démocratique ne se fondent ni sur les mêmes assises sociologiques, ni sur le même projet de société. Le «fascisme-régime» — pour reprendre l'expression employée par les historiens italiens pour distinguer le fascisme au pouvoir du «fascisme-mouvement» — prend appui sur une alliance tactique et conflictuelle entre une classe dirigeante composite, au sein de laquelle le rôle majeur est joué par les industriels et les milieux d'affaires, et divers groupes appartenant aux classes moyennes. Il entend promouvoir un ordre nouveau, et affiche, au moins verbalement, sa volonté de changer l'homme. Au contraire, les dictatures qui fleurissent dans les années 1930 à l'est de l'Europe et dans les pays méditerranéens reposent sur une tout autre base sociale. La bourgeoisie industrielle et financière y est faiblement représentée et les catégories intermédiaires sont loin d'y occuper une place aussi importante qu'en Italie et en Allemagne. C'est la classe dirigeante traditionnelle, majoritairement composée de propriétaires terriens, qui exerce donc le pouvoir, directement ou par militaires interposés, et qui imprime ses directives au régime d'exception qu'elle a mis en place. Elle n'a pas, comme en Italie et en Allemagne, le souci de fonder sa légitimité sur un consensus populaire plus ou moins artificiellement entretenu et le but qu'elle s'est assignée n'est pas de forger une humanité nouvelle, mais de faire revivre les institutions traditionnelles, puis de fixer la société dans sa forme restaurée.

Le fascisme est cependant présent à deux niveaux dans ces régimes classiquement réactionnaires. D'abord dans le «style» qu'adoptent fréquemment leurs dirigeants, par souci d'efficacité, pour se donner l'illusion du consensus, ou simplement parce qu'il fait partie de l'air du temps. Un homme comme Gömbös, qui accède à la direction du gouvernement hongrois en 1932, affectionne les grands rassemblements de masse, les défilés des milices nationalistes, les acclamations scandées par la foule pour le «guide bien-aimé de la nation hongroise». Salazar au Portugal, Metaxas en Grèce, Franco en Espagne après la victoire des forces nationalistes ne répugnent également ni aux moments de communion avec la foule, ni au déploiement des milices armées et des mouvements de jeunesse enrégimentés par le régime. Celui-ci n'en demeure pas moins radicalement distinct des régimes totalitaires de masse mussolinien et hitlérien.

Le fascisme *stricto sensu* est également présent dans ces pays, sous la forme originelle du «fascisme-mouvement», en ce sens que de nombreuses organisations se réclament de lui et présentent, par leur base sociale, par leur idéologie, par leur phraésologie révolutionnaire et par la violence de leurs méthodes des traits qui sont effectivement ceux du fascisme. Or les rapports entre ces mouvements contestataires de l'ordre établi et les pouvoirs autoritaires qui règnent dans cette partie de l'Europe sont rarement au beau fixe. Certes, dans un premier temps, le bloc dirigeant (bourgeoisie et grands propriétaires) utilise fréquemment les groupes fascistes et fascisants pour briser l'agitation révolutionnaire, ou simplement pour éliminer le mouvement ouvrier. Après quoi il s'applique à les absorber et, quand il ne le peut pas, à s'en débarrasser par la force. C'est même parfois pour empêcher que ces organisations n'accèdent au pouvoir que sont mis en place ou que se radicalisent des régimes d'exception contrôlés par l'oligarchie.

Il en est ainsi par exemple en Lituanie, où Voldemaras, un ancien professeur d'histoire, a établi en 1926 un régime d'état de siège, en Lettonie, où Karlis Ulmanis, chef de l'Union paysanne, dirige depuis 1934 un État militaire qui s'oppose avec la même rigueur aux socialistes et aux «fascistes» de la *Perkonkrust* — dont le principal dirigeant, l'ancien corps franc Zelmin, subit fortement l'attraction du Reich hitlérien —, en Estonie, où les dirigeants conservateurs parviennent également à prendre de vitesse le mouvement corporatiste et antisémite du général Larka et à instaurer un état d'exception qui va durer jusqu'à la guerre, en Hongrie enfin, où le régime corporatiste et autoritaire installé au début des années 1930 par Gömbös se heurte après 1935 au parti des «Croix-fléchées» du fasciste Szálasi.

On aboutit parfois à un véritable conflit ouvert entre la dictature exercée par les forces conservatrices et les partis fascistes, qui s'appuient davantage sur la paysannerie et sur la petite bourgeoisie. En Roumanie, devant la poussée fasciste incarnée par le mouvement de la Garde de fer, c'est le souverain en personne, le roi Carol, qui a recours en 1938 à un coup de force, suivi de la dissolution de tous les partis et de la liquidation physique de Codreanu, chef de la Garde de fer. En Bulgarie, le général Georgieff dissout en 1934 les partis traditionnels et les mouvements fascistes et établit une dictature monarcho-militaire comparable à celle que le général Metaxas instaurera en Grèce deux ans plus tard avec l'appui du souverain. En Autriche, le chancelier Dollfuss dirige également depuis 1934 un État réactionnaire traditionaliste et catholique. En 1936, son successeur Schuschnigg élimine la *Heimwehr* sur laquelle le régime s'était jusqu'alors appuyé.

En Pologne, c'est aussi pour empêcher un coup d'État de la droite extrême que le maréchal Pilsudski avait organisé en mai 1926, avec une partie de l'armée, une «Marche sur Varsovie». D'abord soutenu par les partis de gauche, Pilsudski avait dû renoncer rapidement à ses alliances «populistes» pour se rapprocher des conservateurs, si bien que le régime s'était orienté vers une forme classique de dictature militaire. Après sa mort, en 1935, le «régime des colonels» qui lui succède est en fait dominé par le général Rydz-Smigly, sous l'impulsion duquel s'organise en 1937 un parti de gouvernement, le Camp de l'Unité nationale (OZN), dont le programme ultra-conservateur révèle cependant des tendances populistes et totalitaires. D'autre part, l'influence du fascisme s'exerce sur des mouvements réactionnaires tels que le Camp national radical (ONR), dont l'aile extrémiste, la *Falanga,* prend à la fin des années 1930 un caractère ouvertement fasciste. Organisée militairement, cette formation recrute l'essentiel de ses troupes parmi les étudiants et les membres de la petite bourgeoisie de la capitale, que séduit son programme de limitation de la propriété privée et d'économie dirigée. Pendant quelque temps la *Falanga,* qui se rend vite tristement célèbre par ses brutalités envers les Juifs, attire à elle des membres de l'OZN et entretient de bons rapports avec le pouvoir. Ceci jusqu'au moment où, suspectée de vouloir déclencher un putsch pro-nazi, elle est lâchée par ses alliés gouvernementaux et interdite.

● Le cas de l'Espagne franquiste

L'Espagne constitue un cas particulier dans l'Europe de l'entre-deux-guerres, en ce sens qu'elle a connu successivement deux types de régime autoritaire. Jusqu'en 1930, c'est une dictature très classique, instaurée avec l'assentiment du roi Alphonse XIII, qu'a dirigée le général Primo de Rivera. Lorsque ce dernier, au demeurant grand admirateur de Mussolini, a décidé en 1923 de mettre fin au parlementarisme et d'installer un régime d'exception dominé par les militaires, il s'agissait moins en effet d'affronter une menace révolutionnaire, alors à peu près inexistante, que de mettre fin aux difficultés militaires au Maroc et de briser l'agitation séparatiste en Catalogne. Rien de comparable avec la situation de l'Italie deux ans plus tôt. Rien non plus d'équivalent avec le mouvement de masse qui avait abouti à la Marche sur Rome. Mis en place par l'armée, le régime rivériste n'est rien d'autre qu'une dictature de la classe dirigeante traditionnelle.

La nature du franquisme est différente. Franco lui-même n'a pas grand-chose de commun avec les leaders plébéiens qui président aux destinées de l'Italie et de l'Allemagne. Le régime qu'il instaure après la défaite des républicains s'appuie fondamentalement sur les forces conservatrices — l'armée, l'Église, la grande propriété foncière, etc. — et son projet politique ne vise pas à fonder un «ordre nouveau», mais au contraire à restaurer la société espagnole dans sa forme traditionnelle. Pourtant, s'il n'est pas à proprement parler un *fascisme,* le régime franquiste subit plus que les autres dictatures de l'Europe orientale et méridionale l'influence du fascisme. Pour triompher de ses adversaires, Franco a eu besoin en effet du soutien d'une fraction importante des classes moyennes, pour lesquelles le retour pur et simple au passé ne constitue pas un programme très mobilisateur. Il a d'autre part, pendant les trois années qu'a duré la guerre civile, bénéficié de l'aide militaire et diplomatique des puissances fascistes, et largement utilisé les services de la Phalange. Fondée en 1933 et dirigée par le fils de l'ancien dictateur, José Antonio Primo de Rivera (qui sera fusillé par les républicains en novembre 1936), cette organisation s'apparente par son idéologie au premier fascisme. Recrutant ses partisans dans diverses strates de la petite bourgeoisie, elle réclame une réforme agraire d'envergure, l'intervention de l'État dans la vie économique et la nationalisation du crédit. Vainqueur avec l'aide de cette organisation du *Frente popular,* Franco se soucie peu de réaliser son programme. Le régime qu'il établit vise moins, répétons-le, à fonder un ordre nouveau, comme le voudraient les phalangistes, qu'à faire revivre l'Espagne traditionnelle dans un cadre autoritaire et corporatiste qui fait davantage songer au Portugal du docteur Salazar qu'à l'Italie mussolinienne.

Il y a cependant entre le franquisme au pouvoir et les régimes mussolinien et hitlérien plus de ressemblances qu'entre ces derniers et

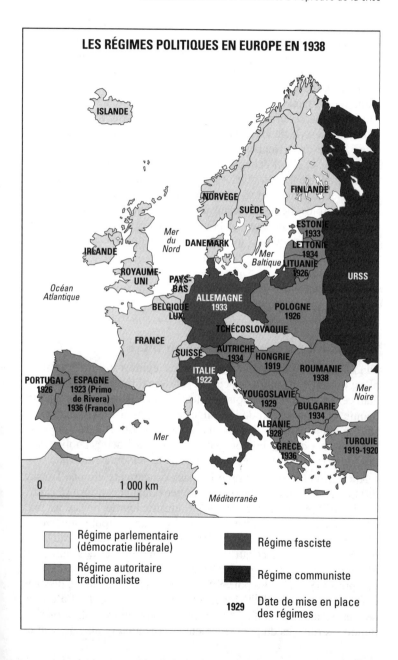

LES RÉGIMES POLITIQUES EN EUROPE EN 1938

ISLANDE

NORVÈGE

SUÈDE

FINLANDE

Mer
du
Nord

DANEMARK

ESTONIE
1933

IRLANDE

Mer
Baltique

LETTONIE
1934

ROYAUME-
UNI

LITUANIE
1926

URSS

Océan
Atlantique

PAYS-
BAS

ALLEMAGNE
1933

POLOGNE
1926

BELGIQUE
LUX

FRANCE

TCHÉCOSLOVAQUIE

SUISSE

AUTRICHE
1934

HONGRIE
1919

ROUMANIE
1938

ITALIE
1922

PORTUGAL
1926

ESPAGNE
1923 (Primo
de Rivera)
1936 (Franco)

YOUGOSLAVIE
1929

Mer
Noire

BULGARIE
1934

ALBANIE
1928

Mer

GRÈCE
1936

TURQUIE
1919-1920

0   1 000 km

Méditerranée

Régime parlementaire
(démocratie libérale)

Régime fasciste

Régime autoritaire
traditionaliste

Régime communiste

1929   Date de mise en place
des régimes

135

les dictatures classiques. Même confisquée par le fossoyeur de la République et vidée de son idéologie contestataire, la Phalange est plus qu'un simple parti de gouvernement. Elle constitue «un mouvement militant inspirateur et base de l'État espagnol», fortement structuré et hiérarchisé. D'autre part, si l'Espagne ne connaît ni de véritable enrégimentement de la population et de la jeunesse dans des organisations de masse, ni surtout de volonté de remodeler la société en lui imposant un style de vie fasciste, elle a elle aussi pour chef un authentique guide charismatique, responsable «devant Dieu et devant l'Histoire», et elle n'échappe pas complètement à la tentation totalitaire. Simplement, ce sont ici les institutions traditionnelles — l'école, l'armée et surtout l'Église — qui servent de support au totalitarisme par le contrôle qu'elles exercent sur la formation intellectuelle, morale et civique de la jeunesse, sur la vie familiale et professionnelle, sur les mœurs et les activités quotidiennes du peuple espagnol.

La démocratie assiégée

● Le totalitarisme stalinien en URSS

Tandis que se multipliaient en Europe les régimes autoritaires mis en place ou soutenus par les anciennes classes dirigeantes, l'URSS où était censé régner un pouvoir «prolétarien» et où devait à jamais être bannie «l'exploitation de l'homme par l'homme», se transformait sous la houlette de Staline en un régime terroriste et totalitaire aussi peu soucieux que ses homologues fascistes des libertés publiques — dites ici «formelles» — et du respect de la personne humaine.

Après avoir triomphé de ses principaux concurrents, éliminé Trotsky, instauré un système d'économie planifiée donnant la priorité à la production de biens d'équipement et à l'industrie lourde, poussé les feux de la collectivisation forcée et liquidé à cette fin toute opposition, Staline avait paru s'orienter en 1934 vers une certaine libéralisation du régime. Parmi ceux qui avaient survécu à l'enfer des camps, de nombreux déportés avaient été amnistiés et avaient retrouvé une activité professionnelle. La police d'État, le Guépéou, avait été dissoute et remplacée par le NKVD, auquel avait été retiré le droit d'ordonner des exécutions capitales. En 1936, une nouvelle constitution simplifiait les rouages du gouvernement et proclamait l'attachement de l'URSS aux principes de la «démocratie». Bref, le pouvoir stalinien paraissait vouloir s'engager sur la voie d'un relatif relâchement de la «dictature du prolétariat».

Or, un brutal raidissement se produit en 1936. Prenant prétexte de l'assassinat de Kirov, ami et dauphin éventuel de Staline, qui a eu lieu en décembre 1934, le maître de l'URSS — qui en fait a peut-être ordonné l'exécution de ce rival en puissance — déclenche une vague de répression et de terreur qui lui permet de se débarrasser de ses principaux adversaires. Dirigées par la police politique, des arrestations massives donnent lieu à des procès monstres, suivis de liquidations et de déportations dans les camps de la lointaine Sibérie. D'anciens compagnons de Lénine, comme Zinoviev et Kamenev, des hauts fonctionnaires, des opposants «de droite» comme Boukharine, sont les principales victimes de ces purges qui frappent en 1937 les chefs de l'Armée Rouge, en particulier le maréchal Toukhatchevski. L'intelligentsia elle-même — savants, écrivains, musiciens, etc. — n'est pas épargnée. La répression s'étend même aux révolutionnaires étrangers réfugiés en Russie, comme l'ancien dirigeant de la Hongrie communiste, Bela Kun. Au total, on peut évaluer à 2 millions le nombre des victimes liquidées physiquement, à quoi il faut ajouter les 7 ou 8 millions de détenus des camps gérés par le Goulag (branche du NKVD) où le taux de mortalité atteint 10% par an. Le pouvoir absolu de Staline s'en trouve évidemment renforcé, mais au prix d'un affaiblissement de l'URSS qui perd une partie de ses cadres administratifs, politiques et militaires au moment où se précise la menace de guerre.

● La diffusion du communisme en Europe

Il faudra beaucoup de temps pour que l'Occident prenne la mesure de la dérive accomplie par ce qui fut, pour beaucoup d'Européens appartenant aux classes laborieuses, mais aussi au monde intellectuel et à la jeunesse bourgeoise, l'«immense lueur» née à l'Est. Après des débuts difficiles, consécutifs aux conditions dans lesquelles se sont opérées les scissions de 1920-1921 et la «bolchevisation» des sections de la IIIᵉ Internationale, le communisme a en effet le vent en poupe dans l'Europe des années 1930. Les difficultés dues à la crise, le peu d'enthousiasme suscité par les institutions et les idéaux d'une démocratie libérale qui paraît avoir épuisé toutes ses capacités de renouvellement, le spectacle donné dans certains pays comme la France par le jeu alambiqué du parlementarisme, l'appétit d'absolu d'une jeunesse qui n'a pas pour sa part renoncé au rêve, tout cela joue dans toute une partie de l'opinion en faveur des jeunes partis communistes et de la «patrie des prolétaires» que glorifie la propagande du Komintern. Beaucoup de ceux qui se sont rendus en URSS pour confronter leurs espérances avec les réalités bien tangibles de la «construction du socialisme» sont revenus, quand ils ne se sont pas laissés prendre par la mise en scène ou aveugler par d'inébranlables certitudes, déçus et parfois révoltés par la vision de la révolution «confisquée». Certains comme André Gide, Georges Friedmann et beaucoup d'autres vont le proclamer avec vigueur, mais leurs voix sont encore moins fortes à gauche que celles qui affirment que l'URSS est porteuse de l'espoir et de la jeunesse du monde.

D'abord groupusculaires et d'un poids électoral médiocre, les partis communistes vont dès lors connaître un développement spectaculaire dans l'Europe en crise. En Allemagne et en Autriche jusqu'à l'avènement de la dictature, en Espagne jusqu'à la victoire de Franco, en France pendant la période du Front populaire, ils drainent des centaines de milliers d'adhésions et des millions de suffrages, ils acquièrent une représentation parlementaire solide (en France 72 députés communistes aux élections de 1936) et font la conquête de nombreuses municipalités. Bien que, dans un souci d'union avec les autres forces de gauche, ils modèrent leur agressivité à l'égard de la démocratie bourgeoise, il est clair qu'au-delà de cette attitude tactique — et dénoncée comme telle par beaucoup, à droite mais aussi au centre et jusque dans les rangs de la social-démocratie —, ils gardent l'espoir d'un «grand soir» révolutionnaire.

● Le fascisme, alternative au communisme en Europe?

Tandis qu'à droite on croit, ou l'on feint de croire à l'imminence de l'assaut «bolchevik», on n'en finit pas à gauche de dénoncer la menace d'un coup d'État «fasciste». Or s'il est vrai que la droite extrême traverse elle aussi des jours fastes, il ne l'est pas moins que, dans les pays industrialisés de l'Europe de l'Ouest et du Nord, où les institutions et les pratiques de la démocratie parlementaire reposent sur des traditions anciennes, sur une culture politique profondément enracinée et sur l'appui d'une fraction importante des masses, les partis fascistes et fascisants, voire les formations classiquement réactionnaires, ne parviennent pas à menacer sérieusement les pouvoirs en place. Avec la crise, ils connaissent toutefois un spectaculaire essor, notamment en France où la poussée des «ligues» et la paralysie des institutions débouchent, en février 1934, sur une véritable crise de régime. De toutes les organisations d'extrême droite qui fleurissent avant ou après cette date — Faisceau de Georges Valois dès le milieu des années 1920, Jeunesses patriotes de Pierre Taittinger, Croix de feu du lieutenant-colonel de La Rocque, transformées après l'interdiction de ce mouvement par le gouvernement Blum en Parti social français, Francisme de Marcel Bucard, Solidarité Française, etc. —, seul le Parti populaire français, que dirige l'ancien dirigeant communiste Jacques Doriot et qui fait son apparition au moment des grandes grèves de 1936, peut être comparé, par l'importance de ses effectifs (300 000 membres en 1938 selon ses dirigeants, sans doute pas plus du tiers de cotisants), par la sociologie de ses adhérents et la nature de son idéologie, aux grandes formations fascistes qui ont triomphé en Italie et en Allemagne.

Il est à noter toutefois que les potentialités de fascisation de la société française ne se mesurent pas seulement en termes d'effectifs partisans et de suffrages. Comme le communisme en effet, et à bien des égards pour les mêmes raisons — le rejet du parlementarisme et de l'immobilisme politique, le mépris des valeurs bourgeoises, la recherche d'une dramatisation romantique de l'existence —, le fascisme est à la mode dans la France des années 1930, notamment dans les milieux intellectuels et parmi les jeunes bourgeois. «Je puis dire, écrira de sa prison Robert Brasillach, que je ne pourrai jamais oublier le rayonnement merveilleux du fascisme universel de ma jeunesse, le fascisme, notre mal du siècle.»

Son implantation a incontestablement été moins forte en Angleterre où, au milieu des années 1930, la *British Union of Fascists* ne rassemble guère qu'une vingtaine de milliers d'adhérents, recrutés dans les rangs de la classe moyenne et parmi les marginaux de la périphérie londonienne. L'organisation de Mosley sera d'ailleurs très vite déconsidérée auprès de l'opinion britannique par la violence de ses entreprises et n'aura pratiquement aucun impact électoral.

Comme la France, la Belgique a au contraire connu entre 1932 et 1936 une forte poussée de l'extrême droite nationaliste et fascisante. Du côté flamand, deux mouvements ont joué un rôle important : le *Verdinaso* de Joris van Severen, qui a rassemblé jusqu'à 15 000 adhérents en 1934, et l'Union nationaliste flamande (VNV) de Staf De Clercq, pronazie et d'ailleurs subventionnée par les services allemands. Chez les Wallons, l'organisation de loin la plus puissante est le mouvement rexiste de Léon Degrelle, d'inspiration plus traditionaliste que spécifiquement fasciste, ce qui ne l'empêche pas de bénéficier des subsides de Mussolini. Aux élections de 1936, elle obtient 11 % des suffrages et fait entrer 21 députés à la Chambre.

Aux Pays-Bas, c'est également à la faveur de la crise que le petit Mouvement national-socialiste (NSB) que dirige l'ingénieur Anton Mussert — et qui n'a d'abord attiré que quelques centaines d'adhérents recrutés dans la haute bourgeoisie, les milieux militaires et le monde des planteurs rapatriés — reçoit le renfort des classes moyennes et celui des chômeurs envers qui il multiplie les promesses démagogiques. D'où l'accroissement de ses effectifs, qui passent de 1 000 membres en janvier 1933 à 40 000 au printemps de la même année, et ses succès électoraux : 300 000 en voix en 1935, soit près de 8 % des suffrages exprimés.

L'Europe de l'immédiat avant-guerre est-elle, dans ces conditions, prête à basculer dans le totalitarisme fasciste, ou dans des formes classiques de dictature s'inspirant partiellement des modèles italien et allemand ? Aussi puissant qu'ait pu être le champ d'attraction du fascisme, la réponse est de toute évidence négative, s'agissant des pays de démocratie libérale qui ont subi, à la faveur de la crise, la seconde offensive de l'extrême droite nationaliste.

Ayant fait le plein de leurs adhérents et de leurs voix dans les années 1934-1936, toutes les organisations qui viennent d'être évoquées, ainsi que celles qui se sont développées en Suisse (le mouvement fasciste suisse du colonel Fonjallaz et surtout le *National Front* du Dr Rolf Henne, antisémite et prohitlérien), en Norvège (la *Nasjonal Samling* de Quisling qui aura jusqu'à 30 000 adhérents mais dont l'impact électoral est très faible), en Irlande (les « chemises bleues » de O'Duffy), en Finlande et à un degré moindre au Danemark et en Suède, connaissent un reflux rapide après 1936.

Il en est de même en France où, après l'intermède du Front populaire, conçu dans la perspective de la lutte contre le « fascisme » mais qui avait eu pour effet de radicaliser la droite, l'arrivée au pouvoir de Daladier en 1938 aboutit au même résultat. Conséquence dans tous ces pays (auxquels il faut joindre la Tchécoslovaquie qui réussit elle aussi à préserver jusqu'en 1939 ses institutions pluralistes) de la relative amélioration de la situation économique, de la forte mobilisation populaire et de la résistance opposée aux entreprises des organisations factieuses par les partis démocratiques et par les gouvernements en place.

L'échec des assauts autoritaires et totalitaires dans les États de l'Europe occidentale et septentrionale s'explique donc principalement par la solidité de leurs traditions démocratiques, plus anciennement insérées dans la mentalité collective des peuples de cette partie du vieux continent que dans celle des Allemands et des Italiens ; dans la présence de masses déjà fortement intégrées à la vie politique et de puissantes formations démocratiques encadrant une partie de la classe ouvrière et de larges secteurs de la classe moyenne ; dans le fait également qu'aucun des pays dans lesquels se développe l'offensive totalitaire n'appartient au camp des vaincus ou des mécontents des traités, ce qui réduit très sensiblement la force de pénétration du fascisme et de ses imitations. Pour que la marée brune s'étende à la quasi-totalité de l'Europe, il faudra que les totalitarismes ligués plongent celle-ci dans un nouveau conflit suicidaire.

CHAPITRE 5

Genèse, apogée et chute de l'Europe hitlérienne, 1933-1945

Dès son arrivée au pouvoir, le régime nazi s'affirme comme un élément perturbateur de l'ordre européen. Un moment contenu par l'opposition des puissances européennes (pacte franco-soviétique; accord de Stresa), l'expansionnisme nazi se manifeste ouvertement après 1936.

La remilitarisation de la Rhénanie en 1936, l'intervention dans la guerre d'Espagne des puissances fascistes apparaissent comme autant de coups d'essai, précédant une grande offensive. Celle-ci se déclenche en 1938 par la réalisation de l'*Anschluss* et l'annexion des Sudètes, à la suite de la conférence de Munich. Convaincu de la faiblesse des démocraties, Hitler s'empare en 1939 de la Bohême et envahit la Pologne, provoquant ainsi une déclaration de guerre de la part de l'Angleterre et de la France.

De 1939 à 1941, Hitler opère, par une série d'offensives-éclair, la conquête de la quasi-totalité de l'Europe. La Pologne vaincue en moins d'un mois, il conquiert au printemps 1940 le Danemark et la Norvège, met les Pays-Bays et la Belgique hors de combat, contraint la France, militairement écrasée, à signer un armistice en juin 1940. S'il échoue dans la Bataille d'Angleterre, il s'assure en 1941 le contrôle de la Yougoslavie et de la Grèce avant de se lancer en juin à l'assaut de la Russie soviétique. Cette Europe conquise est organisée en fonction des intérêts ou des conceptions du Reich. Perception de lourdes indemnités de guerre, pillage économique, propagande, répression contre les adversaires déclarés ou supposés, persécution contre les «races inférieures» sont le lot commun des pays soumis au joug nazi. À cet asservissement participent, de gré ou de force, les gouvernements locaux qui pratiquent la collaboration d'État ou les partisans zélés du fascisme. Pourtant, inspirés par les gouvernements réfugiés à Londres ou refusant spontanément la sujétion, des résistants combattent les nazis.

La victoire soviétique de Stalingrad, le débarquement allié en Afrique du Nord marquent le retournement du conflit. Le débarquement des Anglo-Américains en Italie, en 1943, provoque la chute du fascisme. L'avance de l'Armée Rouge à l'Est, l'offensive des Occidentaux à l'Ouest à la suite des débarquements en France de 1944 conduisent à la capitulation sans conditions de l'Allemagne nazie en mai 1945.

Premiers coups de force hitlériens

• Les prémices du drame

La crise économique mondiale a eu sur les relations intereuropéennes des conséquences qui ont rapidement réveillé les antagonismes entre pays «satisfaits» et puissances «révisionnistes», ces dernières se trouvant de plus en plus entraînées dans l'orbite d'une Allemagne remilitarisée et décidée à en découdre avec les vainqueurs de 1918.

Après l'échec de la conférence de Londres, en juin 1933, où l'on avait timidement essayé de rechercher des remèdes internationaux à la crise, le règne du «chacun pour soi» s'installe dans les relations entre les puissances, chaque État jouant pour limiter son déficit commercial de l'arme protectionniste ou de celle de la dévaluation, sans autre résultat que de pousser ses partenaires à élever à leur tour des barrières douanières infranchissables ou à modifier arbitrairement leurs taux de change. L'Angleterre elle-même, traditionnellement attachée au libre-échange, ne doit-elle pas en 1931 adopter des mesures protectionnistes et se replier sur son empire ? Ces dispositions entretiennent une atmosphère de tension peu favorable à la coopération intereuropéenne rêvée par Briand. Le choix par les États totalitaires de solutions autarciques à la crise, puis celui du réarmement à outrance ne peuvent que les incliner à pratiquer une politique de force au moment où les démocraties, motivées par des options économiques différentes — les politiques déflationnistes s'accommodent mal de l'entretien d'un outil militaire puissant et de coûteuses alliances de revers — s'engagent pour leur part sur la voie du repliement et de l'*appeasement,* ouvrant dans leur dispositif de défense une brèche dans laquelle Hitler va aussitôt s'engouffrer.

Devenu chancelier du Reich en janvier 1933, le chef du NSDAP ne va pas attendre bien longtemps pour mettre en pratique le programme de politique étrangère dont il avait fixé les grands traits dans *Mein Kampf.* Quelques semaines avant l'avènement du nazisme, l'Allemagne avait obtenu à Genève la reconnaissance du principe de l'égalité des droits avec les autres puissances en matière d'armement. Hitler voudrait en obtenir l'application immédiate, mais le gouvernement français s'y oppose. Aussi décide-t-il en octobre 1933 de quitter la conférence du désarmement, puis de claquer la porte de la SDN. C'était se placer délibérément en dehors de tout contrôle international et proclamer à la face de l'Europe que l'Allemagne ne prendrait plus en compte désormais que ses impératifs nationaux.

● Menaces sur la Pologne

Parmi les États voisins du Reich, deux semblaient particulièrement désignés pour servir de terrain d'expérimentation à la politique expansionniste du IIIe Reich : la Pologne et l'Autriche.

S'agissant de l'État polonais, le traité de Versailles s'était chargé de fournir à l'Allemagne un prétexte d'intervention : l'existence du «corridor» de Dantzig, qui coupe l'Allemagne en deux et où se multiplient les incidents de frontières et les litiges internationaux. L'arrivée au pouvoir des nazis, partisans déclarés de la force, épouvante les dirigeants polonais car, outre le corridor de Dantzig dont la population est majoritairement de langue allemande, Berlin revendique la Posnanie et la Haute-Silésie. Or, à la surprise générale, Hitler propose au gouvernement de Varsovie un pacte de non-agression qui est signé en janvier 1934. Il s'engage à ne pas employer la force pour régler ses litiges avec la Pologne et à ne pas intervenir dans les conflits entre le pouvoir central polonais et les minorités allemandes.

Cette attitude temporisatrice du maître du IIIe Reich s'explique par sa volonté de désarmer la méfiance de l'opinion européenne, et aussi bien sûr de démanteler le système diplomatique établi par la France au début des années 1920 dans le but d'encercler l'Allemagne. Du côté polonais, la conclusion de l'accord est motivée à la fois par des raisons de sécurité immédiate et par les affinités politiques qui relient le Reich hitlérien au régime dictatorial et farouchement anticommuniste du maréchal Pilsudski. Cela n'empêche pas les Polonais de détester les Allemands, mais entre les deux menaces qui pèsent sur eux, celle de la Russie révolutionnaire leur paraît plus dangereuse.

Toujours est-il que, s'il se justifie du point de vue polonais par des vues politiques à court terme, le pacte de janvier 1934 brise la cohésion des alliances françaises face à l'Allemagne hitlérienne. Menacée d'isolement par une défection qui risque d'entraîner celle des pays de la Petite Entente, la France cherche un partenaire de rechange. L'URSS de son côté manifeste une vive inquiétude. Dès 1934, s'ouvrent des négociations qui visent à établir un contrepoids au pacte germano-polonais et la même année, sur la recommandation de la France, l'URSS fait son entrée à la Société des Nations.

● La tentative d'*Anschluss* de 1934

Prudent dans ses relations avec la Pologne, État traditionnellement hostile à l'Allemagne, Hitler ne se croit pas tenu aux mêmes ménagements envers l'Autriche, où il pense pouvoir compter sur un large appui populaire. *Mein Kampf* avait fait de l'*Anschluss* l'étape première de la réalisation du «Grand Reich». Dès l'arrivée de Hitler à la chancellerie s'était créé en Autriche un Parti nazi dont le programme était précisément l'union avec l'Allemagne et auquel la crise — qui avait été durement ressentie en Autriche — allait apporter une audience non négligeable.

Le 25 juillet 1934, un groupe de nazis autrichiens s'empare à Vienne de la radio et du palais de la chancellerie, blesse mortellement le chancelier Dollfuss et tente d'installer au pouvoir une équipe favorable à l'*Anschluss*. Mais la réaction des chrétiens-sociaux, qu'appuient

145

les milices armées du prince Starhemberg, fait échouer le putsch. Le président de la République désigne un nouveau chancelier, Schuschnigg, qui rétablit l'ordre et oblige les nazis à renoncer à leur entreprise.

Que va faire l'Allemagne ? Hitler, à n'en pas douter, est prêt à intervenir, mais l'hostilité déclarée de Mussolini au projet d'union germano-autrichienne l'en empêche. Redoutant de voir les Allemands s'installer sur le Brenner, à proximité de la région du Haut-Adige, ce « Sud-Tyrol » de langue allemande que les pangermanistes revendiquent, et au cœur d'une région où l'influence italienne n'a cessé de croître depuis la guerre, le Duce envoie plusieurs divisions à la frontière autrichienne et proclame sa volonté de faire respecter l'indépendance de l'Autriche. Le Führer n'ose pas passer outre, mais il retiendra de cet événement que la domination de l'Europe passe par l'alliance avec l'Italie fasciste, ou par sa vassalisation.

L'Europe contre l'Allemagne

● La recherche d'alliances à l'Est

La volonté manifestée par l'URSS de rompre son isolement diplomatique et l'hostilité de l'Italie fasciste aux visées hitlériennes en Europe centrale vont être mises à profit par la France pour tenter de dresser contre l'Allemagne toutes les puissances qu'inquiète l'application du programme impérialiste de *Mein Kampf.*

Le ministre français des Affaires étrangères Louis Barthou songe d'abord à un vaste système d'assistance mutuelle qui engloberait l'URSS, les États d'Europe de l'Est et l'Allemagne, qui accepterait ainsi de reconnaître ses frontières orientales. Berlin et Varsovie en ayant refusé le principe, Barthou pousse au rapprochement direct avec l'URSS et s'efforce de resserrer les liens avec les pays de la Petite Entente. C'est en accueillant à Marseille le roi Alexandre de Yougoslavie qu'il est assassiné avec celui-ci par un terroriste croate le 8 octobre 1934.

Son successeur Pierre Laval, tout en affirmant mener la même politique, en infléchit l'orientation. Il poursuit certes la négociation avec l'URSS. Celle-ci aboutit en mai 1935 à la signature d'un pacte d'assistance mutuelle en cas d'agression reconnue par la SDN. Elle est suivie d'un voyage du ministre français à Moscou à l'issue duquel Staline fait une déclaration favorable aux efforts de réarmement du gouvernement français, ce qui a pour effet de faire cesser la lutte «classe contre classe» et l'équation social-démocratie = fascisme, dont le Komintern avait fait la base de son action internationale à la fin des années 1920. Considérant que l'idéologie brune est devenue son ennemie principale, l'Union soviétique se prononce désormais, par le truchement de la IIIe Internationale, pour l'unité d'action des partis communistes avec les autres forces «antifascistes» au sein de «fronts populaires». Laval empoche l'avantage que son gouvernement retire de ce renversement tactique, mais il ne montre aucun empressement à pousser plus avant le rapprochement avec la Russie des Soviets. L'accord signé, il tarde à le faire ratifier par les Chambres et élude les avances faites par l'ambassadeur en vue de la conclusion d'une convention militaire.

● Le Front de Stresa

Résolument anticommuniste, le successeur de Barthou privilégie en effet le rapprochement avec l'Italie fasciste, amorcé lui aussi avant son arrivée au Quai d'Orsay. En janvier 1935, il se rend à Rome et signe avec Mussolini un accord par lequel ce dernier s'engage à collaborer avec la France en vue de maintenir le statu quo en Europe danubienne (ce qui implique une action conjointe en cas de nouvelle tentative d'*Anschluss*), en échange de quoi l'Italie obtient quelques concessions territoriales dans le Sud tunisien et aux confins de l'Érythrée. Tournant capital semble-t-il dans l'histoire des relations intereuropéennes de l'entre-deux-guerres, en ce sens que l'Italie, jusqu'alors chef de file des États révisionnistes en Europe danubienne et dans les Balkans, paraît opter pour le respect des frontières établies par les traités et prête à se rapprocher durablement des démocraties. Parallèlement, Laval recherche un terrain d'entente avec l'Allemagne et se désintéresse du plébiscite prévu par le traité de Versailles et par lequel la Sarre devait, au bout de quinze ans, décider de son sort.

Les chances de voir les Sarrois se prononcer pour le rattachement de leur territoire à la France étaient nulles. Mais il y avait, notamment chez les catholiques, une forte minorité à qui le retour au Reich, devenu hitlérien et terroriste, posait problème et qui aurait pu voter en faveur du maintien de l'autonomie. En laissant les nazis, appuyés par le grand industriel Roechling, mener une intense propagande en faveur du rattachement à l'Allemagne et semer la terreur parmi les opposants à cette solution, le gouvernement français a permis à Hitler de l'emporter facilement, le plébiscite de janvier 1935 donnant 90 % des voix aux partisans du rétablissement de la souveraineté allemande sur la Sarre.

Encouragé par ce résultat et prenant prétexte d'une loi militaire française qui porte à deux ans le service militaire, le Führer annonce en mars 1935 le rétablissement de la conscription en Allemagne, violant ainsi une disposition fondamentale du traité de Versailles. Un mois plus tard, les représentants de la France, du Royaume-Uni et de l'Italie se rencontrent à Stresa pour réaffirmer leur fidélité au traité de Locarno et pour arrêter une attitude commune en face du réarmement allemand et du problème de l'indépendance autrichienne. Ce «Front de Stresa», relié au pacte franco-soviétique que Laval s'apprête à signer et aux alliances de revers que la France a conclues avec les pays de la Petite Entente paraît inaugurer de la part des principales puissances européennes une politique commune visant à faire obstacle aux projets conquérants du Führer.

Les crises de 1935-1936

● De l'accord naval anglo-allemand à la guerre d'Éthiopie

Cette union sacrée contre le Reich hitlérien ne va pas durer plus de quelques semaines. Dès juin 1935 en effet, le Royaume-Uni porte un premier coup au Front de Stresa en signant avec l'Allemagne un accord par lequel cette puissance s'engage à limiter sa flotte de guerre, ce qui en fait contribue à la reconnaissance implicite de son réarmement. Dans les deux grandes démocraties occidentales, l'opinion publique est alors extrêmement partagée quant à l'opportunité d'une alliance qui les ferait coexister avec l'Italie fasciste et avec la Russie des Soviets. En France notamment, le climat de guerre civile froide qui précède les élections de mai 1936 et qui va encore se détériorer au lendemain de la victoire du Front populaire ne favorise guère le maintien de la coalition anti-hitlérienne, une partie de l'opinion souhaitant un rapprochement plus intime avec l'URSS, tandis que nombreux sont, à droite, ceux qui prônent l'alliance avec l'Italie, voire un arrangement avec l'Allemagne nazie («plutôt Hitler que le Front populaire»). Coup sur coup la guerre d'Éthiopie, puis les événements d'Espagne vont convaincre le Duce de l'intérêt qu'il y a pour lui à rompre avec la politique qu'il poursuit depuis l'été 1934 et à choisir le camp de l'Allemagne.

La première crise commence en octobre 1935 par l'entrée des troupes italiennes en Éthiopie, et s'achève six mois plus tard par l'annexion de ce pays, dont le roi Victor-Emmanuel devient empereur en mai 1936. Or, l'Éthiopie était un État indépendant, membre de la SDN. Saisi par le Négus Haïlé Sélassié, le conseil de cette organisation décide de considérer l'Italie comme agresseur et de lui appliquer des sanctions économiques dont le gouvernement Laval, qui veut ménager à la fois Londres et Rome, s'efforce de limiter la portée. Les sanctions pèseront surtout sur la consommation quotidienne des Italiens, mais les armées mussoliniennes ne manqueront ni d'acier ni surtout de pétrole, ce qui leur permettra de triompher de la résistance héroïque de leurs adversaires. Soucieux finalement d'éviter la rupture avec Rome, Français et Britanniques proposent à Mussolini, en décembre 1935, un accord secret de partage de l'Éthiopie (le «plan Laval-Hoare») que des indiscrétions de presse révèlent au public, suscitant dans les deux pays — en Angleterre surtout — une très vive réprobation qui obligera quelques semaines plus tard les deux hommes politiques à démissionner. Le Front de Stresa a désormais bel et bien vécu.

Lors de la crise éthiopienne, Hitler a habilement ménagé son homologue italien. Durant l'année 1936, deux événements internationaux vont achever de rapprocher les deux puissances fascistes. Tout d'abord la remilitarisation de la Rhénanie par le Reich, opérée en mars 1936 à la suite d'un véritable coup de poker du Führer. Prenant prétexte de la ratification par la France du pacte franco-soviétique de mai 1935, celui-ci décide le 7 mars de faire entrer 30 000 soldats dans la zone démilitarisée, sans autre réaction qu'un discours du président du Conseil français, Albert Sarraut, («Nous ne sommes pas disposés à laisser Strasbourg exposé au feu des canons allemands»), une timide proclamation de la SDN et une non moins lénifiante déclaration du Premier ministre de Sa Majesté. L'état-major français fait savoir que, pour intimider Hitler, il convient de procéder à la mobilisation générale ; l'opinion étant majoritairement favorable à la temporisation, on en reste là. Les Allemands ont réussi leur coup de force, seconde violation flagrante du traité de Versailles, et peuvent tranquillement entreprendre les travaux de la «ligne Siegfried», un puissant complexe défensif édifié face à la «ligne Maginot» et destiné à empêcher les Français de secourir, le cas échéant, leurs alliés d'Europe centrale et orientale. Du coup, le système diplomatique patiemment mis en place durant les années 1920 se trouve ébranlé. Tandis que la Belgique reprend sa liberté d'action à l'égard de la France, la Petite Entente se disloque. L'amitié britannique s'est révélée des plus fragiles et Mussolini — qui s'était trouvé pendant la crise rhénane complètement absorbé par les affaires d'Afrique orientale — mesure de quel côté penche désormais le rapport de force. Le déclenchement de la guerre civile espagnole lui offre l'occasion de concrétiser son choix de l'amitié allemande.

● La guerre d'Espagne et la formation de l'axe Rome-Berlin

Commencée en juillet 1936 à la suite d'un pronunciamiento militaire, la guerre d'Espagne met fin à une longue période d'incertitude politique et de troubles dans la péninsule. En 1931, après une consultation qui a donné une large majorité aux partis républicains, le roi Alphonse XIII a abandonné son trône et la République a été proclamée en Espagne. Mais cette République est fragile. Combattue par les forces conservatrices — militaires, clergé, grands propriétaires fonciers —, elle doit, après les élections de 1933 qui donnent le pouvoir à la droite, faire face à une vive agitation sociale : en octobre 1934, la grève insurrectionnelle des Asturies est noyée dans le sang.

Le changement de stratégie adopté par le Komintern permet aux partis de gauche (socialistes, communistes, syndicalistes révolutionnaires, anarchistes) de s'unir et, aux élections de février 1936, le *Frente popular* l'emporte à l'issue d'une dure bataille. Aussitôt se déclenche une vague de grèves insurrectionnelles, d'occupations de terres par les paysans pauvres et de violences généralisées. C'est l'assassinat du leader monarchiste Calvo Sotelo, le 13 juillet 1936, qui donne le signal du putsch militaire. Celui-ci a été préparé au Maroc espagnol, avec l'appui de Mussolini, par les généraux Sanjurjo et Franco. La mort du premier dans un accident d'avion fait du second le chef du mouvement nationaliste.

Une terrible guerre civile va dès lors opposer pendant trois ans les nationalistes, appuyés sur l'armée régulière, sur la Phalange, sur la majorité du clergé catholique et de la classe dirigeante, aux républicains qui ont le soutien des ouvriers, de la petite bourgeoisie radicale et d'une partie de la paysannerie. Elle est d'un acharnement et d'une cruauté extrêmes. En avril 1938, Franco parviendra à couper Madrid de Barcelone et, le 28 mars 1939, il occupera Madrid où son gouvernement dictatorial s'installe en octobre de la même année.

Dans l'intervalle, la guerre d'Espagne s'est transformée en un conflit international — véritable «répétition générale» de la guerre à venir — qui oppose les principales puissances européennes. Dès août 1936, le gouvernement Blum, qui songe avant tout à maintenir la paix, a proposé, malgré ses sympathies envers le régime républicain, un accord de non-intervention qui est aussitôt accepté par 25 pays, dont l'Italie, l'Allemagne et l'URSS. Or, si le Royaume-Uni l'applique de manière rigoureuse et si la France se contente de laisser passer des volontaires et quelques armements, l'Union soviétique et les États fascistes interviennent massivement : la première en envoyant en Espagne des techniciens, des conseillers militaires, des avions, et en favorisant le recrutement des «brigades internationales», les seconds en acheminant vers l'Espagne des hommes et du matériel de guerre. Mussolini envoie 80 000 miliciens et des armes lourdes, tandis que le Reich fournit les 10 000 hommes de la Légion *Kondor*, des tanks et des avions. L'Espagne constitue ainsi un véritable banc d'essai pour les troupes et le matériel des dictatures. Elle leur offre en même temps l'occasion de marquer de nouveaux points sur la scène internationale, l'Italie en affirmant sa vocation à dominer la Méditerranée occidentale et en cherchant à obtenir des avantages économiques en Espagne, l'Allemagne en prenant une option sur des matières indispensables à son industrie d'armement : le fer, le cuivre et le manganèse. Pour Hitler, elle s'intègre surtout dans une stratégie plus vaste dans laquelle entrent la préoccupation de fixer une partie de l'armée française sur la frontière pyrénéenne, dans la perspective de la guerre prochaine, le fait que Mussolini doit, pour envoyer des troupes en Espagne, dégarnir la frontière du Brenner et laisser par conséquent le champ libre à l'Allemagne du côté de l'Autriche, la certitude enfin que le conflit espagnol, en aggravant la tension internationale et l'hostilité entre les démocraties et le Duce, amènera ce dernier à lier son sort à celui du Reich. Le calcul était bon. En octobre 1936, le comte Ciano, gendre de Mussolini et nouveau ministre des Affaires étrangères, se rend à Berlin où il signe avec le Führer un protocole affirmant l'amitié et la solidarité des deux pays. Le 1er novembre, devant la foule massée sur la place du Duomo à Milan, le Duce rend publique la constitution de cet «axe» Rome-Berlin, autour duquel sont censés pouvoir «s'unir tous les États européens», en fait prélude à un rapprochement plus intime entre les États totalitaires.

L'offensive hitlérienne en Europe centrale

L'année 1937 marque un répit dans l'escalade de la violence qui caractérise depuis deux ans la politique des États totalitaires. Convaincu toutefois que l'audace et l'intimidation lui permettront de réaliser ses desseins, et qu'il n'a rien à redouter de démocraties «décadentes» et rongées par le pacifisme, Hitler annonce le 5 novembre à ses plus proches collaborateurs que le moment est venu de réunir au Reich les communautés allemandes d'Europe centrale et orientale, et il fixe les étapes de la constitution de la «Grande Allemagne».

● La réalisation de l'*Anschluss* (mars 1938)

Première étape : l'*Anschluss*. L'accord germano-italien d'octobre 1936, puis l'orientation de la politique mussolinienne vers la Méditerranée et l'Afrique faisaient disparaître le principal obstacle à la réalisation de l'unité austro-allemande. Le 12 février 1938, Hitler passe brutalement à l'action. Il convoque à Berchtesgaden, lieu de sa résidence dans les Alpes bavaroises, le chancelier autrichien Schuschnigg, et il lui ordonne d'accepter comme ministre de l'Intérieur le chef du Parti nazi autrichien Seyss-Inquart. Il lui a promis certes solennellement de respecter l'indépendance de l'Autriche, mais, devenu maître de la police, Seyss-Inquart organise aussitôt dans tout le pays des manifestations favorables au rattachement à l'Allemagne.

Craignant d'être débordé et essayant de prendre le Führer de vitesse, Schuschnigg décide le 9 mars d'organiser un plébiscite par lequel le peuple aura à se prononcer sur l'indépendance de l'Autriche. Il sait pouvoir compter sur une majorité favorable à cette solution, et Hitler ne l'ignore pas. Aussi le recours à la force paraît-il pour ce dernier inévitable.

Le 11 mars 1938, appuyé par la police et par les organisations paramilitaires du Parti nazi, Seyss-Inquart somme le Chancelier de renoncer au plébiscite, tandis que les forces allemandes se massent à la frontière. Schuschnigg ayant dû s'incliner devant cette double menace, c'est Goering qui prend les choses en main. Par téléphone, il exige la démission du chef du gouvernement autrichien, puis son remplacement par Seyss-Inquart. C'est en vain que Schuschnigg s'adresse à Paris, Londres et Rome pour demander de l'aide. Mussolini a maintenant fait son choix et il laisse s'accomplir l'acte auquel il s'était opposé par la force quatre ans plus tôt. La France et l'Angleterre se contenteront de vagues protestations verbales. Rien n'empêche par conséquent le maître du IIIe Reich de pousser son coup de force jusqu'au bout. Par un télégramme fabriqué par les autorités allemandes et signé Seyss-Inquart, le nouveau gouvernement de Vienne fait appel au Führer. Le 12 mars, l'Autriche est occupée par la *Wehrmacht* et le 13 l'union austro-allemande est proclamée. Elle sera ratifiée un mois plus tard par 98 % de la population.

• La crise des Sudètes et la conférence de Munich (septembre 1938)

Seconde étape : les Sudètes. Née de l'effondrement de l'empire des Habsbourg, la Tchécoslovaquie est un État moderne, puissant, disposant d'une industrie importante et d'une armée nombreuse et bien équipée. À la différence de l'Autriche, elle dispose par ailleurs d'appuis internationaux apparemment solides, puisqu'elle est liée par des traités très précis à la France et à l'Union soviétique. Une agression contre ses frontières risquerait donc, par le jeu des alliances, d'enclencher l'engrenage d'une guerre européenne.

L'hétérogénéité ethnique de sa population constitue toutefois un grave facteur de faiblesse. En effet, si la partie occidentale de la Tchécoslovaquie, la Bohême — de loin la plus riche et la plus peuplée — appartient incontestablement à l'Europe occidentale par ses structures économiques et sociales, l'est du pays, la Slovaquie, est économiquement moins développée et évoque davantage les pays à dominante agraire de l'Est européen. À ces disparités de développement, s'ajoutent des clivages linguistiques et religieux qui expliquent que de fortes tendances autonomistes se fassent jour en Slovaquie, menaçant l'unité du pays.

Les problèmes les plus graves sont ceux qui résultent de l'agitation des minorités : minorité ukrainienne dans la partie orientale de la Slovaquie, minorité hongroise au sud et surtout, dans les montagnes qui bordent le quadrilatère bohémien, minorité allemande constituée par les trois millions et demi de Sudètes. Conscient des risques que fait courir à l'existence de l'État tchécoslovaque l'existence de ces groupes minoritaires, le gouvernement de Prague leur a accordé un certain nombre de garanties et, en particulier, l'usage de leur langue dans les tribunaux et les administrations publiques. Mais, depuis 1933, les effets de la crise et l'attraction exercée par l'Allemagne nazie aidant, il s'est constitué un Parti allemand des Sudètes, étroitement lié au NSDAP et dont le chef, Konrad Henlein, exige l'autonomie des territoires concernés.

Il reçoit l'appui de moins en moins discret du Führer et lorsque celui-ci réalise l'*Anschluss* en mars 1938, la Bohême se trouve pratiquement encerclée par des territoires germaniques. Après avoir longtemps refusé toute négociation, le gouvernement tchèque finit, sur les conseils d'un médiateur anglais, Lord Runciman, par accepter une discussion avec Henlein, dans le but d'accorder aux Sudètes l'autonomie qu'ils réclament.

C'est alors que, sortant tout à coup de son mutisme, Hitler pousse son avantage et, dans un discours fracassant prononcé à Nuremberg le 12 septembre 1938, donne le coup d'envoi de la crise internationale en déclarant que le Reich «n'admettra pas que l'on puisse continuer à opprimer trois millions et demi d'Allemands». Encouragé par cet éclat, Henlein demande immédiatement le rattachement des provinces sudètes au Reich, tandis que la Tchécoslovaquie, qui se juge directement menacée par les paroles du Führer, fait appel à ses alliés.

La France, avec qui elle a des engagements militaires formels, fait connaître, par la voix du président du Conseil, Édouard Daladier, qu'elle est prête à soutenir son alliée par les armes. Mais le ministre des Affaires étrangères, Georges Bonnet, conscient de l'état d'impréparation de l'armée française, souhaite obtenir l'assurance d'être suivi en cas de conflit par la Grande-Bretagne et l'URSS. Cette dernière se dit prête à honorer ses engagements, mais en France nombreux sont ceux qui doutent de l'efficacité de cette alliance, ou qui en redoutent les effets sur la politique intérieure.

Dans ces conditions, l'attitude britannique est déterminante. Or le Premier ministre, Neville Chamberlain, est un partisan résolu de l'apaisement. Il est convaincu que les revendications des Sudètes sont légitimes et que l'on peut s'entendre avec Hitler. Le 15 septembre, il rencontre ce dernier à Berchtesgaden. Le Führer exige l'annexion de la région des Sudètes, dont il n'était nullement question jusqu'alors. Décidé à sauver la paix à tout prix, Chamberlain fait sienne la «solution» allemande et finit par rallier Daladier à ses vues. Devant la pression franco-anglaise, le président tchécoslovaque Beneš doit à son tour, la mort dans l'âme, donner son accord au démembrement de son pays.

Le 22 septembre, Chamberlain va rendre compte à Hitler de ses démarches. À sa profonde surprise, il s'aperçoit que le Führer, qu'il s'attendait à trouver comblé et reconnaissant, formule de nouvelles exigences. Les Tchèques ont huit jours pour évacuer la totalité des Sudètes, sans pouvoir emmener leurs biens. Ils doivent en outre céder à la Pologne le district charbonnier de Teschen, objet de litige entre les deux pays, et à la Hongrie le sud de la Slovaquie, de peuplement majoritairement magyar.

Stupéfait et indigné, le Premier ministre britannique refuse net ces nouvelles exigences. Aussitôt la Tchécoslovaquie mobilise. Hitler annonce qu'il est prêt à faire de même. Français et Anglais rappellent leurs réservistes. Toute l'Europe retentit du bruit des armes. Mais Chamberlain redoute l'engrenage fatal. Il fait appel à Mussolini pour tenter de sauver la paix. Le chef de l'Italie fasciste, qui estime que son pays n'est pas prêt à affronter le risque d'une guerre, et qui n'est pas fâché de jouer les arbitres de l'Europe, accepte d'intercéder auprès du Führer pour que celui-ci se rallie à l'idée d'une conférence internationale où serait fixé le sort de l'État tchécoslovaque.

Le 29 septembre 1938, Hitler, Mussolini, Daladier et Chamberlain se rencontrent à Munich en l'absence des représentants de la Tchécoslovaquie et de l'URSS. Le maître du IIIe Reich livre là un combat gagné d'avance. Au prix de concessions dérisoires — il autorise les Tchèques à vendre leurs biens et il échelonne sur dix jours l'occupation des territoires concernés —, il obtient satisfaction sur toute la ligne et Chamberlain, imité quelques semaines plus tard par le gouvernement français, signe avec lui un pacte de non-agression.

À Paris et à Londres, c'est l'illusion de la paix. De retour dans leur capitale, Daladier et Chamberlain sont acclamés, tandis que Léon Blum parle de «lâche soulagement». Or, les conséquences de Munich sont désastreuses pour les démocraties. La politique de force ayant fait ses preuves, les États dictatoriaux, sûrs de l'impunité, ne se gênent plus pour pratiquer le dépècement de leurs voisins plus faibles. La Tchécoslovaquie en est la première victime. Les Polonais occupent le territoire de Teschen, en Silésie. La Hongrie se fait attribuer le sud de la Slovaquie, avec un million d'habitants. Les minorités de Slovaquie et de Ruthénie s'agitent.

L'URSS est mécontente d'avoir été écartée du règlement du conflit et suspecte les Occidentaux d'avoir orienté vers l'Est les ambitions hitlériennes. Surtout, la France est discréditée aux yeux de ses alliés d'Europe centrale et orientale, désormais à la merci des dictatures.

Encerclée, disloquée, la Tchécoslovaquie qui constituait le pivot du système défensif français est menacée de disparaître à court terme. Hitler se trouve donc encouragé dans sa politique d'agression, de même que les dirigeants fascistes qui formulent, dès novembre 1938, des revendications tapageuses sur la Tunisie, la Corse, la Savoie et Nice. Un clivage s'opère dans l'opinion, en France notamment, entre «munichois», favorables à la poursuite de l'«apaisement», voire à une entente avec les dictatures, et «antimunichois», qui estiment que le moment est venu de barrer la route à Hitler, si besoin est par la force.

Les crises décisives
et le déclenchement de la guerre

● Le dépècement de la Tchécoslovaquie et l'annexion de l'Albanie (mars-avril 1939)

Même affaiblie, la Tchécoslovaquie constitue encore aux yeux du Führer un bastion de la démocratie au cœur de l'Europe en voie de satellisation. Aussi décide-t-il au début de 1939 de profiter des difficultés internes de ce pays pour le liquider définitivement. Il soutient pour cela le mouvement autonomiste slovaque de Mgr Tiszo, dont l'action a abouti à la formation d'un gouvernement autonome. En mars 1939, le président Hacha, qui vient de succéder à Beneš, tente de mettre fin à cette demi-sécession, mais Tiszo se rend à Berlin où il obtient l'appui total du gouvernement nazi.

Le 14 mars, Hacha est convoqué à Berlin. Là, le dictateur nazi terrorise littéralement le vieux président tchécoslovaque, le menaçant de détruire Prague de fond en comble s'il n'accepte pas de faire appel aux troupes allemandes. Hacha doit céder et la *Wehrmacht* pénètre aussitôt en Bohême. La Tchécoslovaquie est rayée de la carte. À côté de la Slovaquie devenue un État «indépendant», en fait satellite de l'Allemagne, et tandis que la Hongrie annexe la Ruthénie subcarpathique, Hitler fonde un «Protectorat de Bohême-Moravie», lui aussi complètement inféodé au Reich. Dans la foulée de ce succès, le 22 mars, il impose à la Lituanie de lui céder Memel. Quant à Mussolini, profitant de la stupeur de l'Europe et ne voulant pas être en reste, il envahit et annexe l'Albanie en avril 1939.

Cette seconde crise tchécoslovaque a pour effet de réveiller tardivement le Royaume-Uni et la France. Chamberlain est personnellement ulcéré du non-respect par le Führer des accords de Munich. Désormais convaincu que l'Allemagne nazie poursuit un autre but que la simple application du principe des nationalités, le gouvernement de Londres adopte une attitude radicalement différente de celle qui avait prévalu jusqu'alors, immédiatement suivi par la France qui voit dans un accord intime avec les Anglais le moyen ultime d'assurer sa propre sécurité. Les deux pays offrent donc aux États les plus menacés par l'Allemagne et l'Italie une garantie d'assistance en cas d'agression. La Pologne ayant accepté, une alliance anglo-polonaise est conclue en août 1939. La Roumanie, la Grèce et la Turquie donnent également leur accord, mais la Belgique et les Pays-Bas, qui craignent des représailles allemandes, refusent la garantie britannique.

● Pacte d'acier et pacte germano-soviétique : l'engrenage de la guerre

Au printemps 1938, la Pologne est en effet devenue le nouvel enjeu de la politique hitlérienne. Jusqu'alors, ce pays avait entretenu des rapports de bon voisinage avec l'Allemagne dont elle partageait l'hostilité envers le communisme et les Juifs. En octobre 1938, Hitler avait bien formulé des revendications portant sur le retour de Dantzig à l'Allemagne et sur le rétablissement d'une voie d'accès à la Prusse orientale, mais il avait assuré le gouvernement de Varsovie de son désir de ne pas recourir à la force. Or, fin mars 1939, il durcit brusquement ses positions, exigeant désormais formellement Dantzig, déjà contrôlée par les éléments nazis, et une voie ferrée reliant cette ville à l'Allemagne et à la Prusse orientale. En fait, derrière ces revendications inacceptables pour Varsovie, il y a de sa part la volonté de déclencher la guerre contre la Pologne et d'occuper une partie de son territoire.

Avant de s'engager dans l'épreuve de force finale, Hitler resserre ses liens avec son homologue fasciste. Le 28 mai, Ciano et Ribbentrop signent le «pacte d'acier», alliance offensive qui, pour Mussolini, ne saurait entrer en vigueur qu'en 1943, une fois achevés les préparatifs italiens. Or, lorsque Ciano se rend en Allemagne, en août 1939, il constate que tout est prêt pour l'attaque contre la Pologne. Aussi conseille-t-il à son beau-père, pour justifier la «non-belligérance» italienne, de présenter aux Allemands une longue liste de fournitures

L'EUROPE AU PREMIER SEPTEMBRE 1939

États neutres

Allemagne nazie et ses alliés

États alliés contre l'Allemagne

ISLANDE

NORVÈGE

FINLANDE

SUÈDE

ESTONIE

Mer du Nord

DANEMARK

Mer Baltique

LETTONIE

LITUANIE

IRLANDE

ROYAUME-UNI

PAYS-BAS

Dantzig

ALLEMAGNE

URSS

Océan Atlantique

BELGIQUE

LUX.

ALLEMAGNE

POLOGNE

FRANCE

BOHÊME MORAVIE

SLOVAQUIE

SUISSE

AUTRICHE

HONGRIE

ITALIE

ROUMANIE

PORTUGAL

ESPAGNE

YOUGOSLAVIE

Mer Noire

BULGARIE

ALBANIE

Mer

GRÈCE

TURQUIE

0   1 000 km

Méditerranée

stratégiques nécessaires à l'entrée en guerre de son pays, que le Reich n'a pas les moyens de fournir à son alliée.

Dès lors, les démocraties ne peuvent plus compter que sur l'alliance russe pour retenir le Führer sur la voie de l'agression contre la Pologne. Des pourparlers sont en cours, depuis avril, entre les trois puissances, mais plusieurs obstacles retardent la conclusion d'un accord. En Grande-Bretagne et en France, toute une partie de l'opinion est hostile à l'idée d'une alliance avec Staline. Les dirigeants polonais s'opposent au passage des troupes soviétiques sur leur territoire, condition mise par les Soviétiques à la signature d'une convention militaire. Staline, de son côté, se méfie depuis Munich de ce qu'il estime être un double jeu de la part des Occidentaux. Il est encouragé par Molotov, qui vient de remplacer Litvinov à la direction des Affaires étrangères, à entamer des négociations secrètes avec l'Allemagne, dans le but de gagner du temps — car il est conscient que le but ultime du nazisme est de détruire le bolchevisme et de refouler la Russie vers les «steppes asiatiques» —, et aussi de récupérer les territoires perdus en 1918. Hitler répugne certes à traiter avec un pouvoir communiste, et il a longuement hésité à le faire, mais il choisit finalement de payer de ce prix l'avantage d'avoir les mains libres à l'Est pendant qu'il réglera le compte de la Pologne, puis celui des démocraties occidentales.

À la surprise générale, alors que la signature de la convention militaire avec les Franco-Britanniques paraissait imminente, un pacte de non-agression est conclu entre l'Allemagne et l'URSS le 23 août 1939. Valable pour dix ans, il est assorti d'un protocole secret (il ne sera révélé qu'en 1946) qui reconnaît les droits de l'URSS sur la Finlande, la Lettonie, l'Estonie et la Bessarabie, et qui prévoit un partage de la Pologne. Le Führer a donc les mains libres pour engager l'ultime épreuve de force.

Jusqu'au dernier moment, Français et Britanniques vont tenter de le faire renoncer à son projet belliqueux. Daladier lui écrit le 26 août : «Vous avez été, comme moi-même, un combattant de la dernière guerre. Vous savez, comme moi, tout ce que la conscience des peuples garde à jamais d'horreur et de réprobation des désastres de la guerre, quelle qu'en soit l'issue.» Chamberlain essaie d'organiser une conversation directe entre la Pologne et l'Allemagne. Le 29 août, Hitler se déclare prêt à recevoir un négociateur polonais, mais Varsovie, qui craint de se voir prise dans un nouvel engrenage munichois, attend le 31 pour donner sa réponse, et Hitler estime alors qu'il est trop tard.

Une ultime tentative de médiation effectuée par Mussolini n'ayant donné aucun résultat, le 1er septembre 1939 les troupes allemandes franchissent à l'aube la frontière polonaise. Deux jours plus tard, le Royaume-Uni et la France déclarent la guerre à l'Allemagne.

1939-1941 :
la conquête de l'Europe continentale

● Guerre-éclair hitlérienne en Europe, «drôle de guerre» en France (septembre 1939-mai 1940)

Dès septembre 1939 commence la première phase du *Blitzkrieg*, la «guerre-éclair» qui, en moins de dix-huit mois, va faire du Führer le maître tout-puissant de l'Europe, face à une Angleterre en état de siège, et qui demeure jusqu'au début de 1941 le dernier bastion de la démocratie en guerre.

Il faut moins d'un mois à Hitler pour venir à bout de l'armée polonaise, très inférieure en nombre et en armement moderne à la *Wehrmacht*, et prise à revers dès le 17 septembre par une invasion soviétique. Fin septembre, Allemands et Russes se partagent le pays, suivant la frontière du Bug. Après quoi, avec l'invasion de la Finlande par l'URSS (novembre 1939-mars 1940), la guerre se déplace vers l'Europe du Nord. En avril 1940, les troupes allemandes se jettent sur le Danemark, puis débarquent en Norvège. Une intervention franco-britannique à Narvik, destinée à couper aux Allemands la route du fer suédois, ne retarde que de quelques semaines la conquête de ce pays.

La rapidité de ces campagnes s'explique par les conceptions tactiques de la *Wehrmacht*. Les Allemands sont certes supérieurs en nombre aux Polonais et aux Norvégiens, mais, surtout, ils possèdent en plus grande quantité des chars et des avions modernes, et ils s'en servent d'une manière nouvelle. Au lieu de les utiliser comme dans les autres armées pour protéger l'avance de l'infanterie, ils concentrent leurs divisions blindées (les *Panzerdivisionen)* en un point précis du front, avec pour mission de rompre les lignes adverses et de créer ainsi une brèche qui désorganise les armées ennemies et dans laquelle l'infanterie, transportée par camions, peut s'engouffrer. Cette «force cuirassée» (dont le lieutenant-colonel de Gaulle avait essayé de faire admettre le principe en France, se heurtant aux conceptions défensives de l'état-major) bénéficie du soutien d'une puissante flotte aérienne, comportant surtout des avions d'assaut (bombardiers en piqué du type *Stuka*), capables de clouer sur place toute réaction de l'adversaire.

Bien différente est la stratégie française. Jusqu'au printemps 1940, les démocraties occidentales ne réagissent pratiquement pas (sauf une brève incursion dans la Sarre, vite abandonnée). Retranchés derrière la «ligne Maginot» (qui s'arrête à la frontière belge), les Français attendent l'attaque allemande. Cette «drôle de guerre» va durer huit mois, sapant le moral des troupes exposées aux rigueurs de l'hiver et aux «bobards» d'une information parfois noyautée par la propagande allemande. Il est vrai que la coopération politique et militaire franco-anglaise n'est guère efficace et empêche toute opération d'envergure. Lorsque le 10 mai 1940, l'énergique Winston Churchill remplace Chamberlain, obligé de démissionner à la suite du fiasco de Narvik, les choses sérieuses ont commencé sur le front français.

● **Guerre-éclair à l'Ouest :
la défaite de la France (mai-juin 1940)**

En attaquant les Pays-Bas et la Belgique le 10 mai 1940, les Allemands mettent en application un plan conçu par le général von Manstein consistant à attirer le gros des troupes alliées vers le nord, avant de percer le dispositif français dans les Ardennes (que les experts français jugeaient impénétrables aux chars), foncer vers la Manche et encercler ainsi les forces franco-britanniques engagées en Belgique.

Ce plan obtient une pleine réussite. Tandis que la Hollande est écrasée en cinq jours et que les Alliés, comme prévu, se portent au secours des Belges, les blindés allemands forcent la ligne de la Meuse le 13 mai, franchissent les Ardennes et atteignent en une semaine l'embouchure de la Somme, enveloppant dans une gigantesque nasse le gros des troupes franco-anglaises et les Belges.

C'est en vain que le général Weygand, précipitamment nommé généralissime à la place de Gamelin, tente de rompre l'encerclement. Le 28 mai, les Belges capitulent tandis que, bloqués dans la poche de Dunkerque, les troupes franco-britanniques s'embarquent en catastrophe pour l'Angleterre en abandonnant sur place des dizaines de milliers de prisonniers et un matériel de guerre considérable.

En France, le désarroi est total. À partir du 5 juin, les Allemands lancent une nouvelle offensive vers l'ouest et le sud, chassant devant eux des hordes de réfugiés où se mêlent civils et militaires en pleine débandade. La campagne de France s'achève en débâcle. Abandonnant Paris, qui sera occupée dès le 14 juin, le gouvernement se réfugie à Tours, puis à Bordeaux, alors que Mussolini, voulant sa part du butin, déclare le 10 juin la guerre à la France.

Le gouvernement français avait pris envers la Grande-Bretagne l'engagement solennel de ne pas conclure de paix séparée avec l'Allemagne. Le président du Conseil Paul Reynaud voudrait tenir cette promesse, mais l'opposition des chefs militaires et de plusieurs ministres l'oblige à démissionner le 16 juin. Son successeur, le maréchal Pétain, demande aussitôt aux Allemands un armistice qui est signé le 22 juin à Rethondes, dans le wagon de l'armistice de 1918. Quatre jours plus tôt, le général de Gaulle, sous-secrétaire d'État à la Guerre du gouvernement Reynaud, a lancé de Londres un appel à la continuation de la lutte.

En vertu des clauses de l'armistice, la France est coupée en deux. La moitié nord et l'ouest du pays sont occupés par les troupes allemandes. L'armée française est démobilisée, à l'exception de 100 000 hommes. La flotte doit rejoindre ses bases de départ. Les prisonniers de guerre (près de deux millions) resteront en Allemagne jusqu'à la signature de la paix. Enfin une indemnité de 400 millions de francs par jour sera versée à l'occupant. À Vichy, au cœur de la zone non occupée, où le gouvernement français s'est installé, la République s'effondre, le 10 juillet 1940, lorsqu'à l'initiative de Pierre Laval les deux Chambres réunies confient au maréchal Pétain les pleins pouvoirs (par 569 voix contre 80), avec le droit de modifier la Constitution. L'«État français», dont Pétain est le chef, est un régime autoritaire dont le fondateur va jouir pendant quelque temps de l'adhésion d'une population que la défaite a privée de ses ressorts.

● La bataille d'Angleterre
et la conquête de la Grèce et des Balkans
(automne 1940-printemps 1941)

Fin juin 1940, la Grande-Bretagne se retrouve donc seule, dernier rempart de la liberté contre la marée brune qui a déferlé sur l'Europe. Après lui avoir, à plusieurs reprises, proposé la paix, Hitler envisage un débarquement sur les côtes anglaises, mais il lui faut pour cela la maîtrise de l'air et des mers. Or les Britanniques ont ménagé leur aviation pendant la campagne de France et leur flotte est très supérieure à la *Kriegsmarine*. C'est dans ce but, et aussi pour terroriser la population et anéantir l'industrie anglaise que le Führer décide de déclencher en août 1940 la «bataille d'Angleterre», c'est-à-dire le bombardement intensif et ininterrompu du sol britannique par les avions de la *Luftwaffe*. D'août à octobre 1940, des dizaines de milliers de tonnes de bombes écrasent Londres et de nombreuses villes du Royaume-Uni. Le *Blitz* fait de nombreuses victimes et des dégâts considérables mais, galvanisés par Churchill — qui pourtant ne peut leur offrir que «du sang, de la sueur et des larmes» —, les Britanniques tiennent bon. Les chasseurs «Spitfire» de la Royal Air Force (RAF) infligent de lourdes pertes à l'aviation allemande, obligeant Hitler à renoncer le 12 octobre à son projet d'invasion. La bataille d'Angleterre est son premier échec.

Assiégés dans leur île, les Anglais ne peuvent pas l'empêcher toutefois de régler le sort de l'Europe à sa convenance. En octobre 1940, jaloux des succès militaires du Reich et désireux de ne pas laisser à celui-ci l'exclusivité des victoires en Europe, Mussolini décide d'attaquer la Grèce. Une armée de 200 000 hommes basée en Albanie, mal équipée et mal préparée, prend aussitôt l'offensive. Après quelques succès initiaux, dus à la surprise, une contre-offensive grecque repousse en novembre les envahisseurs et pénètre même en Albanie. L'hiver 1940-1941 est particulièrement dur pour les troupes italiennes et, au printemps, Mussolini doit, la mort dans l'âme, faire appel à son allié hitlérien.

Or, depuis septembre 1940, le Führer songe à remanier à son profit la carte des Balkans, domaine slave tout naturellement offert au besoin d'«espace vital» du Grand Reich. Deux États, qui avaient fait partie du système d'alliances de revers de la France pendant l'entre-deux-guerres, la Roumanie et la Yougoslavie, se trouvent directement visés par ses ambitions. La première a déjà dû «restituer», en juin 1940, la Bessarabie à l'URSS. Un peu plus tard, Hitler contraint le roi Carol à céder la Dobroudja du Sud à la Bulgarie et la Transylvanie à la Hongrie et finalement, en octobre 1940, il lance ses troupes sur ce qu'il subsiste de l'État roumain. Le Roi doit abdiquer en faveur de son fils Michel dont le gouvernement, dirigé par le général Antonescu, accepte de se ranger aux côtés du Reich. Après s'être assuré l'alliance de la Bulgarie, Hitler va pouvoir attaquer la Yougoslavie : lorsque Mussolini fait appel à lui au printemps 1941, pour l'aider à vaincre la Grèce, il ne lui faut pas plus d'un mois pour occuper les deux pays. Désormais, à l'exception de quatre pays neutres, Suisse, Suède, Espagne et Portugal, toute l'Europe continentale — URSS exclue — est conquise ou satellisée par le Führer et par son allié italien, lui-même devenu étroitement dépendant du Reich.

Pour venir à bout de la résistance britannique, les Allemands ont eu recours depuis la fin de la bataille d'Angleterre à une double stratégie : sur mer, avec la guerre sous-marine à outrance dirigée contre les convois destinés au ravitaillement du Royaume-Uni — ce sera la «bataille de l'Atlantique», finalement gagnée par les Alliés qui subiront toutefois des pertes considérables — et en Méditerranée orientale, où les forces conjuguées de l'Axe ont tenté de couper aux Anglais la route de Suez et l'accès aux puits de pétrole du Proche-Orient. Là encore, après une première offensive italienne en Égypte, en septembre 1940, repoussée par l'armée britannique, il faudra que Hitler envoie en Libye l'*Afrikakorps* du général Rommel pour redresser et stabiliser la situation en avril 1941.

● **Juin 1941 : Hitler attaque l'URSS**

À cette date, l'URSS demeure l'ultime obstacle à la domination de toute l'Europe continentale par le Grand Reich. Jusqu'à la fin de 1940, le pacte germano-soviétique n'a pas été remis en question. Staline a profité du contrat passé avec Hitler pour rétablir l'Union soviétique dans des frontières proches de celles de l'ancien empire des tsars. Mais en 1941, il s'inquiète de la pénétration allemande dans les Balkans et ses rapports avec l'Allemagne s'enveniment. Ni l'un ni l'autre des deux dictateurs ne se font d'ailleurs d'illusion sur la pérennité du pacte. Le Führer n'en a jamais attendu qu'un répit provisoire qui devait lui permettre de vaincre les démocraties et de ranger toute l'Europe sous sa coupe. Quant à Staline, qui sait que pour l'auteur de *Mein Kampf,* la destruction du bolchevisme «judéomarxiste» et la conquête d'un vaste espace de colonisation à l'Est demeurent des objectifs fondamentaux, il cherche seulement à mettre à profit le sursis qui lui est laissé pour réorganiser son armée.

Il n'en aura pas le temps. Dès septembre 1940, Hitler a mis à l'étude un projet d'agression contre l'URSS : le plan *Barbarossa*. L'initiative malheureuse du Duce en Grèce en retarde d'un mois l'application et c'est le 22 juin 1941 que l'assaut est lancé contre le territoire soviétique par plus de 200 divisions, dont 17 *Panzerdivisionen* et une quarantaine de divisions alliées — finlandaises, roumaines, italiennes, hongroises, en attendant la division espagnole et le contingent français de la LVF, Légion des volontaires français —, enrôlées dans la « croisade contre le bolchevisme ».

Quelques semaines plus tard, les Allemands assiègent Leningrad, occupent le bassin du Donetz et parviennent à 100 kilomètres de Moscou. Mais la « guerre-éclair » bute sur l'obstacle de la distance, qui pose aux blindés le problème de leur ravitaillement en carburant. La résistance acharnée des Soviétiques, qui pratiquent la tactique de la « terre brûlée » devant l'envahisseur, l'action des partisans derrière les lignes ennemies, l'entrée en ligne de renforts venus d'Asie centrale et de Sibérie, ainsi que l'arrivée précoce du grand hiver russe font le reste. Une contre-offensive soviétique en décembre 1941 permet même de dégager Moscou, premier échec terrestre de la *Wehrmacht*. Tandis que la destruction de la flotte américaine à Pearl Harbor par l'aviation japonaise, le 7 décembre 1941, entraîne les États-Unis dans la guerre et transforme celle-ci en un nouveau conflit mondial, le Reich va devoir passer pendant l'hiver 1941-1942 de la guerre-éclair à la guerre d'usure. Au printemps et pendant l'été 1942, une nouvelle offensive des armées de l'Axe en direction des puits de pétrole du Caucase va certes repousser le front loin vers l'est, jusqu'à la Volga, mais elle est finalement bloquée devant Stalingrad.

L'Europe à l'heure allemande

● « Grande Allemagne », États vassaux, pays occupés

Maître de la plus grande partie du continent européen, Hitler peut penser à l'automne 1942 que le projet de « réorganisation » de l'Europe, dont il avait esquissé les grandes lignes dans *Mein Kampf*, une vingtaine d'années plus tôt, est à la veille de se réaliser. Conformément à son programme pangermaniste, l'Allemagne a été agrandie par l'inclusion dans le Reich de tous les territoires que le Führer considère comme allemands : l'Autriche, les Sudètes, la Pologne occidentale, Memel, la Silésie, l'Alsace-Lorraine, le nord de la Slovénie, la Styrie. L'Allemagne ainsi délimitée est un État de plus de 100 millions d'habitants, riche de ses immenses ressources industrielles et formant le centre de gravité d'une Europe promise à la réalisation de l'« ordre nouveau ».

Autour de ce noyau dur, l'Empire nazi s'organise en fonction d'un plan «racial», dont l'application doit toutefois tenir compte des alliances passées avec des États latins ou slaves tels que l'Italie et la Bulgarie. Les pays qui ont reçu un statut officiel de «protectorats» — parce que, de peuplement slave, ils étaient jugés indignes d'être purement et simplement intégrés à la Grande Allemagne — forment des régions vassales, considérées comme des réservoirs de produits bruts et de matériel humain et administrées par des gouverneurs. Tels sont la Bohême-Moravie, le Gouvernement général de Pologne, le Gouvernement général des territoires de l'Est (Biélorussie et Ukraine). Ils constituent à proprement parler le *Lebensraum* (cercle vital) hitlérien.

Les pays ennemis, occupés par les troupes allemandes et parfois placés sous l'autorité directe de l'administration militaire, subissent un traitement qui varie avec l'origine ethnique. Les Scandinaves, les Néerlandais, les Flamands, considérés comme peuples «germaniques» sont mieux traités que les peuples latins, tandis que les Slaves sont particulièrement maltraités. Certains, comme le Danemark, gardent leur souverain. D'autres se voient imposer un gouvernement pronazi, tel celui de Quisling en Norvège.

Quant aux petits États de l'Europe centrale et orientale qui, dotés de régimes autoritaires, participent de leur plein gré à la guerre contre l'URSS, ils demeurent théoriquement indépendants. En fait, leur marge d'autonomie ne cesse de se restreindre au cours de la guerre et ils finissent par constituer de simples satellites du IIIe Reich. Il en est ainsi de la Finlande, de la Hongrie, de la Bulgarie, de la Roumanie, de la Slovaquie de Mgr Tiszo et de deux nouveaux États, le Monténégro et la Croatie, nés du démembrement de la Yougoslavie.

Il en est de même de l'Italie qui passera progressivement du statut d'allié à part entière à celui de subordonné, puis de pays «protégé» à partir de 1943.

● L'exploitation financière et économique de l'Europe

Dans l'immédiat, la réorganisation de l'Europe compte moins aux yeux du Führer que la victoire militaire, laquelle implique que toutes les richesses et les forces disponibles soient mises au service de l'effort de guerre allemand. Il en résulte une formidable exploitation économique des pays occupés. Ceux-ci doivent payer au Reich de lourdes indemnités, en principe destinées à l'entretien des troupes d'occupation, en fait hors de proportion avec les effectifs concernés. Ainsi, avec 400 millions de francs par jour, la France paie de quoi entretenir une armée de 8 millions d'hommes.

Parallèlement à cette énorme ponction financière, l'Allemagne procède au pillage économique des territoires conquis. Elle prélève une part importante de la production agricole et industrielle, se fait livrer gratuitement des matières premières, déménage quantités d'usines, investit autoritairement ses capitaux dans les sociétés dont elle entend prendre le contrôle, rafle au passage œuvres d'art et objets précieux. Il en résulte partout des pénuries qui entraînent le rationnement alimentaire, une mortalité sélective, de graves carences dans la nutrition (à Athènes, en 1942, la ration quotidienne s'abaisse à 600-800 calories par habitant et l'on meurt littéralement de faim au coin des rues!), la hausse des prix et un «marché noir» qui enrichit diverses catégories d'intermédiaires. Enfin, à partir de 1942, commence la réquisition de la main-d'œuvre : des millions d'hommes partent travailler en Allemagne dans le cadre du Service du travail obligatoire (STO) ou sont embrigadés par l'Organisation Todt pour construire le «Mur de l'Atlantique», un gigantesque ensemble de fortifications destinées à empêcher tout débarquement allié.

● **L'Ordre nouveau en Europe**

À ces difficultés matérielles et aux dangers qui continuent de peser sur elles du fait, notamment, des bombardements aériens s'ajoute pour les populations des pays occupés un profond désarroi moral causé par la psychose de la défaite, la privation des libertés, l'incertitude de l'avenir, et entretenu par une propagande omniprésente, utilisant tous les moyens modernes d'information et de désinformation (presse, affiches, cinéma, radio, etc.).

La mise en place de l'«Ordre nouveau» passe enfin par la répression et la persécution systématique des opposants ou de ceux que les nazis dénoncent comme les «ennemis permanents du Reich». Les premiers sont pourchassés à la fois par la *Wehrmacht*, par de multiples organismes policiers nazis et fascistes (police militaire, services de renseignement, OVRA, Gestapo) et par leurs auxiliaires recrutés dans les rangs des organisations collaborationnistes. En France la Milice de Joseph Darnand, en Croatie les Oustachis d'Ante Pavelic, en Grèce les milices anticommunistes armées par les Allemands participent ainsi à des actions d'envergure contre les maquis.

La lutte contre les seconds — francs-maçons, communistes, Juifs et autres représentants des «races inférieures», tels les Tziganes — est principalement l'œuvre de la SS, dont la sinistre besogne a toutefois été préparée et assistée par les autorités de certains pays occupés. Elle culmine avec le massacre des populations slaves de l'Est européen (Polonais, Russes) et surtout avec la monstrueuse «solution finale de la question juive», c'est-à-dire l'extermination des populations de confession israélite opérée à partir de 1942. Dans tous les pays occupés par les Allemands, les Juifs sont arrêtés par centaines de milliers, déportés en Allemagne ou en Pologne dans des camps où on les oblige à travailler dans des conditions épouvantables, presque sans nourriture, sans hygiène, soumis aux brutalités sadiques des gardiens qui les surveillent. Ceux qui ne sont pas en état de travailler (vieillards, enfants, malades), ou qui faiblissent sont asphyxiés dans des chambres à gaz et leurs corps brûlés dans des fours crématoires. Le but de Hitler est d'anéantir ainsi la «race juive» dans sa totalité. En 1945, l'Europe découvrira avec horreur que 9 millions de personnes, dont près de 6 millions de juifs, ont connu cette mort terrible dans les camps d'extermination : Auschwitz, Treblinka, Ravensbruck, etc.

● La collaboration

Ce monstrueux génocide s'est accompli, répétons-le, avec la complicité tacite ou explicite d'une minorité d'Européens qui, pour des raisons idéologiques, ou simplement par un opportunisme à courte vue — qui les a inclinés au début de l'Occupation à se ranger dans le camp du plus fort — ont choisi la voie de la «collaboration» avec l'Allemagne. S'agissant des relations intergouvernementales, celles-ci ont pris d'un pays à l'autre, et en fonction de l'évolution de la carte de guerre, des formes diverses. En Norvège, le gouvernement de Quisling est entièrement inféodé au IIIe Reich. En France, le régime de Vichy a surtout cherché, dans un premier temps, à obtenir des aménagements aux conditions de l'armistice : c'était en tout cas l'objectif de Pétain lorsqu'il a rencontré Hitler à Montoire en octobre 1940. Cela ne l'a pas empêché d'aller au devant de l'occupant, lorsqu'il s'agissait de traquer les adversaires du Reich ou de promulguer le statut des Juifs. Mais c'est surtout à partir du printemps 1942 que l'on voit le «second Vichy» incliner sans grande retenue du côté de la satellisation consentie et, en 1943, le régime que continue d'incarner le maréchal Pétain, mais dont Laval est devenu l'homme fort, n'est plus que l'auxiliaire docile de l'Allemagne, un État-fantoche qui a perdu le soutien de la population.

À côté de cette collaboration d'État s'est développée dans toute l'Europe occupée une collaboration idéologique qui est celle des partis, des hommes politiques, des intellectuels pour qui l'Ordre nouveau représente la réalisation de leurs idéaux et de leurs fantasmes. En France le RNP de Déat, le PPF de Doriot, le Parti franciste de Bucard, en Belgique le mouvement rexiste de Degrelle, aux Pays-Bas le NSB de Mussert, en Croatie l'Oustacha de Pavelic, en Norvège le Rassemblement national de Quisling, appartiennent à cette catégorie dans laquelle figurent également des écrivains comme les Français Drieu La Rochelle et Brasillach. Beaucoup d'entre eux iront jusqu'au bout de leur engagement, en servant d'auxiliaires aux Allemands contre la résistance ou en participant à la lutte contre le «bolchevisme» dans des unités rattachées à la SS : division «Charlemagne» en France, division SS «Wallonie» en Belgique, etc. Rejetés presque unanimement par la communauté nationale, ces ultranationalistes vont ainsi chercher un refuge dans l'idée, parfaitement utopique, de l'Internationale national-socialiste, dans la vision en trompe-l'œil d'une Europe réunifiée par Hitler et débarrassée à la fois du communisme et du capitalisme.

L'Europe contre Hitler

• De multiples formes de résistance à la domination hitlérienne

Aussi puissante que soit l'armée allemande, ainsi renforcée à partir de 1943 par les unités de volontaires constituées dans les milieux collaborationnistes, elle ne peut, compte tenu des forces de plus en plus nombreuses qui doivent être engagées sur les différents fronts, établir un filet continu sur l'ensemble des pays occupés. Dans certaines régions d'accès difficile, éloignées de leurs bases de départ, les Allemands rencontrent des difficultés croissantes pour contrôler l'ensemble du territoire conquis. Il en est ainsi en Grèce, dans certaines zones montagneuses de la France et de l'Italie, et surtout en Yougoslavie.

Outre le chevauchement et la concurrence des différents pôles de pouvoir, qui caractérisent le national-socialisme, et que les nécessités de la guerre ont plutôt renforcés, le système d'exploitation mis en place par le IIIe Reich souffre d'autre part de contradictions majeures qui en freinent le fonctionnement : par exemple entre collaboration et prélèvements forcés, ou entre réquisitions de populations à des fins stratégiques et volonté d'extermination des «ennemis du Reich».

Ce sont ces failles du système qui vont permettre aux mouvements de résistance de se développer et d'engager partout la lutte contre l'occupant. Tous les pays occupés ont connu en effet des formes diverses de résistance, nées spontanément, organisées par les gouvernements en exil — à Londres se sont réfugiés dès 1940 les gouvernements belge, néerlandais, tchécoslovaque et polonais, tandis que le général de Gaulle y a regroupé les Français libres —, ou suscitées par les Alliés. Ainsi, en Europe occidentale, les Britanniques créent en juillet 1940 le SOE (Service d'opérations spéciales), chargé de promouvoir la subversion et de pratiquer le sabotage dans les pays occupés. Pendant toute la guerre, des émissions radiophoniques émises par les stations alliées (Boston, Moscou et surtout la BBC anglaise) soutiendront l'action des groupes clandestins.

Au-delà de l'enjeu militaire, la résistance a presque toujours porté en elle une volonté de rénovation politique et sociale. Un clivage s'est fréquemment opéré entre la résistance communiste, entraînant derrière elle les partisans d'un changement révolutionnaire, et une résistance nationaliste ou réformiste, attachée à la restauration des institutions et de la société traditionnelles ou se réclamant d'un humanisme social ou chrétien. Les perspectives de l'après-guerre n'ont d'ailleurs pas tardé à dissocier les alliés d'un moment, cette opposition interne aboutissant parfois à une véritable guerre civile à la fin du conflit, en Grèce par exemple.

Les actions de groupes de résistants ont varié selon les lieux et les périodes de la guerre. Avec le prolongement du conflit, la résistance a pris un aspect de plus en plus militaire, avec l'implantation dans les régions d'accès difficiles de «maquis» et de groupes de «partisans» pratiquant le sabotage et les coups de main contre les forces allemandes, en attendant les soulèvements armés de 1944.

● Une résistance qui varie d'une zone à l'autre de l'Europe allemande

En Europe occidentale, la résistance a d'abord cherché à mobiliser l'opinion en se constituant en «mouvements» qui publiaient tracts et journaux clandestins. Des réseaux, formés de petits groupes d'activistes, plus ou moins solides et durables, ont mis en place des filières d'évasion pour les Juifs, les réfractaires du STO, les prisonniers et déportés évadés, les aviateurs alliés. D'autres fournissaient des renseignements aux services de Londres, pratiquaient le sabotage (celui de l'unique usine d'eau lourde, par les Norvégiens, en 1943, a peut-être empêché les Allemands d'être les premiers possesseurs de l'arme nucléaire), ou se livraient à des attentats contre les armées occupantes. En Belgique, en Hollande, au Danemark, en France du Nord, où les conditions géographiques se prêtaient mal à la constitution de maquis, mouvements de résistance et réseaux se sont spécialisés dans ce type d'action. Ailleurs, favorisée par le refus du STO, la résistance a pris un caractère plus militaire et plus massif, par exemple en Norvège et dans la moitié sud de la France, où elle a joué un rôle non négligeable dans la libération du territoire.

En Europe orientale et dans les Balkans, la résistance a mené une action militaire particulièrement efficace. En Russie, des soldats débandés ont été regroupés en une armée de partisans de 200 000 hommes qui ont harcelé les Allemands, coupé leurs lignes de ravitaillement et préparé les contre-offensives de l'Armée Rouge. En Bohême-Moravie, la résistance tchèque a, entre autres actions, assassiné le «protecteur» Heydrich, l'un des hauts dignitaires du nazisme et l'un de ses plus féroces serviteurs. En Yougoslavie, où la résistance a pris de bonne heure un caractère de masse, les partisans communistes de Tito ont pris dès 1943 l'avantage sur les Tchetniks du monarchiste Mihailovitch. Ce sont eux qui, avec l'aide des Anglo-Américains, ont libéré le pays à l'automne 1944. En Grèce, l'opposition farouche entre maquisards communistes et résistants monarchistes ou républicains s'est transformée en 1944 en une véritable guerre civile. En Pologne, une armée intérieure s'est constituée dès 1940, soutenue par le gouvernement en exil à Londres. Elle n'a pas tardé à s'opposer à la résistance communiste, elle-même soutenue par les Soviétiques. La crise a culminé avec la découverte à Katyn, en 1943, de 12 000 cadavres d'officiers polonais, manifestement exécutés par l'Armée Rouge en 1939. Pour s'assurer le contrôle de la situation avant l'arrivée des Russes, l'armée intérieure a organisé en août 1944 le soulèvement de Varsovie, écrasé après 63 jours de combats héroïques, Staline ayant stoppé l'avance de ses troupes pour se débarrasser de ces alliés indociles.

Dans les États de l'Axe, enfin, toute résistance équivalait à une trahison. En Allemagne, après le démantèlement d'un centre clandestin de renseignements d'obédience communiste *(Rote Kapelle),* la résistance n'a guère pu se manifester que sous la forme d'une opposition aristocratique au sein même de la *Wehrmacht* qui a culminé le 20 juillet 1944 avec l'attentat manqué du colonel von Stauffenberg contre Hitler.

En Italie, la chute de Mussolini en juillet 1943, puis l'occupation du pays par les Allemands, ont transformé la résistance larvée des antifascistes en une lutte ouverte, menée dans le centre et dans le nord de la péninsule par quelque 60 000 partisans dont le rôle s'est avéré considérable lors de la campagne de libération de 1945. Comme en France, où fut fondé en 1943 par Jean Moulin le Conseil National de la Résistance, et comme dans d'autres pays d'Europe occidentale, l'unité des mouvements de résistance fut assurée en Italie par le ralliement des communistes aux autorités gouvernementales en lutte contre l'Axe, à savoir le gouvernement légitime désigné par le roi Victor-Emmanuel.

La libération de l'Europe occupée et l'effondrement de l'Axe

● Le retournement stratégique de 1942-1943

On a vu comment, à l'automne 1942, l'offensive allemande en direction du Caucase avait fait passer sous le contrôle de la *Wehrmacht* une partie importante de la Russie d'Europe, le front se stabilisant à l'entrée de l'hiver autour de Leningrad, de Moscou et de Stalingrad. C'est la défaite enregistrée par l'armée allemande devant cette dernière ville, au début de 1943 qui marque, en Europe continentale, le début du reflux.

À la mi-novembre, en effet, le général Joukov lance deux offensives, l'une au nord de Stalingrad, dans la région de Voronej, l'autre au sud, afin d'envelopper l'armée de Paulus. Celui-ci aurait pu sauver son armée en se repliant en toute hâte vers l'ouest, mais Hitler lui donne l'ordre de rester sur place. Encerclés, les Allemands résisteront deux mois avant de capituler le 2 février 1943, laissant dans la bataille plus de 300 000 hommes tués, blessés ou prisonniers. Au début de l'été 1943, ils tenteront une dernière offensive dans la région de Koursk, avec 50 divisions dont 16 blindées, mais cette grande bataille de chars

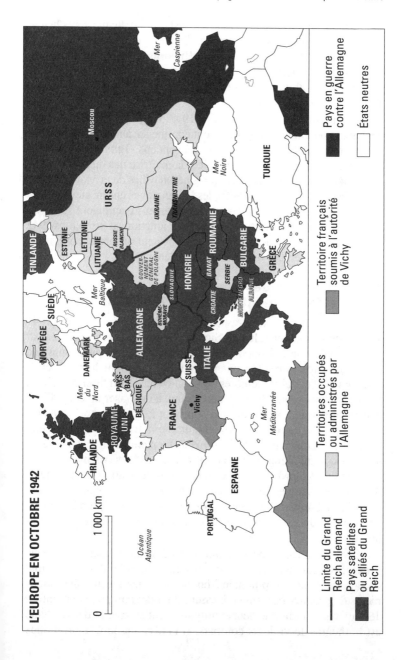

L'EUROPE EN OCTOBRE 1942

0   1 000 km

Océan Atlantique

IRLANDE

ROYAUME-UNI

Mer du Nord

NORVÈGE

SUÈDE

Mer Baltique

DANEMARK

PAYS-BAS

BELGIQUE

FRANCE

● Vichy

ESPAGNE

PORTUGAL

Mer Méditerranée

SUISSE

ITALIE

ALLEMAGNE

BOHÊME-MORAVIE

SLOVAQUIE

GOUVERNEMENT GÉNÉRAL DE POLOGNE

HONGRIE

CROATIE

SERBIE

BANAT

MONTÉNÉGRO

ALBANIE

ROUMANIE

BULGARIE

GRÈCE

FINLANDE

ESTONIE

LETTONIE

LITUANIE

RUSSIE BLANCHE

URSS

UKRAINE

TRANSNISTRIE

Moscou

Mer Caspienne

Mer Noire

TURQUIE

— Limite du Grand Reich allemand

■ Pays satellites ou alliés du Grand Reich

□ Territoires occupés ou administrés par l'Allemagne

▨ Territoire français soumis à l'autorité de Vichy

■ Pays en guerre contre l'Allemagne

□ États neutres

173

tourne à l'avantage des Soviétiques. C'est ensuite, fleuve après fleuve, et grâce à de puissants mouvements d'enveloppement, la reconquête de la Crimée, de l'Ukraine et de la Biélorussie. Kiev est reprise en novembre 1943. Leningrad, qui a soutenu un siège héroïque et perdu un million d'habitants, est dégagée. Au début de 1944, le front de 1941 est à peu près rétabli.

De l'automne 1942 au printemps 1943, les Alliés occidentaux ont également rétabli leur situation et ont commencé à marquer des points sur les théâtres d'opérations extra-européens. Tandis que, dans le Pacifique, les Américains reprenaient la maîtrise des mers et des airs aux Japonais après les deux victoires aéronavales de la Mer de Corail et de Midway (mai et juin 1942), les Britanniques enfonçaient le front germano-italien à El Alamein, en Égypte, puis occupaient successivement la Libye et la Tunisie, faisant leur jonction au printemps 1943 avec les troupes anglo-américaines qui avaient débarqué en Afrique du Nord en novembre de l'année précédente.

● L'Europe libérée et l'effondrement du Reich (1943-1945)

L'assaut contre la «forteresse Europe» commence en juillet 1943 avec le débarquement allié en Sicile. Les difficultés rencontrées par l'armée italienne et l'opposition croissante de la population à une guerre que les Italiens n'ont pas voulue inclinent le roi Victor-Emmanuel et certains membres du Grand Conseil du fascisme, parmi lesquels le propre gendre du Duce, Ciano, à organiser un coup d'État contre ce dernier. Mussolini est contraint à démissionner, puis est arrêté. Après quelques atermoiements, le nouveau gouvernement, dirigé par le maréchal Badoglio, signe le 3 septembre un armistice avec les Alliés, avant d'entrer en guerre à leurs côtés. Les Allemands occupent aussitôt le nord et le centre de la péninsule, tandis que les Anglo-Américains, flanqués par des unités françaises que commande le général Juin, débarquent dans la région de Naples en septembre 1943, puis au sud de Rome en juin 1944, libérant bientôt la capitale italienne.

Délivré par un audacieux coup de main des parachutistes allemands, Mussolini crée dans le nord de l'Italie, à Saló, une «République sociale italienne», qui prétend renouer avec les idéaux révolutionnaires du premier fascisme mais qui est en fait complètement inféodée aux nazis. Politiquement et militairement coupée en deux, l'Italie est le théâtre de violents combats. Il faudra attendre le printemps

1945 pour que soit enfoncée la «ligne gothique» défendant la plaine du Pô. Arrêté par les partisans italiens, Mussolini sera exécuté le 27 avril 1945.

Dès la fin de 1943, il apparaît que l'espoir a changé de camp et que la défaite du Reich est désormais probable. Aussi les «trois Grands», Roosevelt, Churchill et Staline, se rencontrent-ils pour la première fois à Téhéran, afin d'examiner les problèmes territoriaux de l'après-guerre et d'arrêter une stratégie commune. C'est à Téhéran qu'est prise la décision d'ouvrir au printemps 1944 un second front en France.

Le 6 juin 1944, d'importantes troupes anglo-américaines débarquent sur les côtes normandes et réussissent à y établir une tête de pont. Aidées par la résistance française, elles parviennent début juillet à percer le front allemand à Avranches, déferlant aussitôt vers la Bretagne et vers la vallée de la Seine. Le 25 août, Paris, où s'est déclenchée quelques jours plus tôt une insurrection des «Forces françaises de l'Intérieur», est libérée par les blindés du général Leclerc. Dans l'intervalle, le 15 août, a eu lieu en Provence un second débarquement allié, avec la Ire armée française du général de Lattre de Tassigny. Le 12 septembre, les armées venues du nord et du sud font leur jonction en Bourgogne et, en novembre, le territoire français est à peu près complètement libéré.

Commence alors l'ultime phase de la guerre européenne, les opérations dans le Pacifique prenant fin en août 1945, après la destruction des deux ports nippons de Hiroshima (6 août) et de Nagasaki (9 août) par des bombardiers américains utilisant pour la première fois la terrifiante arme atomique.

Au cours de l'automne 1944, l'Armée Rouge a occupé le territoire des satellites du Reich — Finlande, Roumanie, Bulgarie, Hongrie —, les contraignant à l'armistice. Cette poussée soviétique dans les Balkans inquiète suffisamment Churchill pour que la décision soit prise d'un nouveau débarquement en Grèce, bientôt libérée mais tout aussi vite en proie à la guerre civile.

En décembre 1944, les blindés russes sont aux portes de Varsovie et les Alliés occidentaux ont atteint le Rhin. Mais Hitler ne s'avoue pas vaincu. Il jette les dernières forces vives de l'Allemagne dans la bataille, allant jusqu'à mobiliser adolescents et vieillards. Mais ni l'usage tardif d'armes nouvelles (chasseurs à réaction, fusées V1 et V2), ni les ultimes contre-offensives de la *Wehrmacht* dans les Ardennes (en décembre 1944) et à Budapest (en janvier 1945) ne parviennent à retourner la situation. Le rapport des forces est maintenant largement en faveur des Alliés qui disposent de 650 divisions contre les 220 divisions allemandes. Réunis à Yalta, en février 1945, les trois Grands règlent déjà le sort du vaincu.

Ce qu'il reste du Grand Reich hitlérien s'effondre en quelques mois. En mars, les Anglo-Américains franchissent le Rhin et marchent sur l'Elbe qu'ils atteignent le 22 avril. À l'Est, l'Armée Rouge s'empare de Vienne (13 avril) et franchit l'Oder. Le 25 avril, à la suite de combats d'une violence extrême, Berlin est encerclée et la jonction entre Russes et Alliés occidentaux se fait sur l'Elbe.

La capitale allemande, épicentre d'un séisme qui a pendant plus de cinq ans ravagé le continent européen et symbole, par ses ruines, de l'effondrement du rêve millénariste hitlérien, tombe le 2 mai aux mains des Soviétiques, deux jours après que le Führer eut choisi de s'y donner la mort. Le cauchemar s'achève les 7 et 8 mai 1945 lorsque les Allemands signent à Reims et à Berlin — aux QG d'Eisenhower et de Joukov — leur capitulation sans conditions.

CHAPITRE 6

« **A**nnées folles » et années sombres : les cultures européennes d'une guerre à l'autre

C'est dans un cadre totalement renouvelé
par l'urbanisation et le développement spectaculaire
des moyens de transport et de communication que
les populations européennes vont vivre l'après Première
Guerre mondiale. Celui-ci est marqué par un soulagement
général, une « joie de vivre » bien réelle, même si elle est
fort éloignée de l'image d'Épinal des « Années folles »
qui ne concerne que quelques nantis. En effet, en dépit
de brassages sociaux favorisés par les tranchées,
et des bouleversements de fortunes provoqués par
le conflit, les clivages sociaux demeurent très forts.
Le poids de la guerre marque profondément
les cultures européennes de l'entre-deux-guerres.
Directement, par l'évocation sécurisante de son souvenir,
indirectement par la perception d'une profonde crise
de civilisation qui remet en question les valeurs
humanistes. Il en résulte une fuite dans le rêve,

l'irrationnel ou l'esthétisme et une dénonciation de l'absurdité
du monde qui donnent naissance à la révolte sommaire
du mouvement Dada, aux recherches des surréalistes explorant
le monde de l'inconscient ou à l'affirmation par l'expressionnisme
de la personnalité de l'artiste aux dépens du monde extérieur.
Ces recherches pionnières ne doivent cependant pas dissimuler
l'importance du mouvement néo-classique de «retour à l'ordre»,
non plus que la poursuite des courants d'avant-guerre
qui aboutissent à l'art abstrait ou à la musique sérielle.
Dès les années 1930, l'évasion vers les recherches esthétiques laisse
la place à l'engagement des intellectuels dans les combats politiques,
marqué par l'attraction qu'exercent sur eux les totalitarismes. Or ces
régimes ont tenté de soumettre la vie intellectuelle. La lutte entreprise
contre l'art moderne a ouvert la voie à un art figuratif, conformiste
et académique contre lequel les créateurs se sont défendus par la fuite
à l'étranger, le refus d'obéissance et la passivité, voire par la réalisation
d'œuvres non conformistes échappant à l'idéologie officielle.
Enfin l'entre-deux-guerres voit naître et se développer une culture
de masse où la presse, les magazines, les bandes dessinées,
les variétés occupent une place de choix, les activités-reines
de l'époque étant cependant le sport et le cinéma.

Bouleversements matériels et changement du cadre de vie

Le retour à la paix après l'hécatombe de 1914-1918 puis la prospérité renaissante, dans une Europe qui panse ses plaies et croit pouvoir renouer avec les temps heureux de la «Belle Époque», ont pour effet de développer dans certains milieux un appétit de vivre et un goût de la liberté, sous toutes ses formes, qui caractérise, là où la chape de plomb des dictatures ne l'empêche pas de se manifester, l'esprit des Années folles. En fait, la frénésie au quotidien de ces *roaring twenties* (les «rugissantes années 1920») cache fréquemment un pessimisme et une inquiétude qui s'expriment chez beaucoup d'intellectuels et d'artistes par la recherche de l'évasion. Avec le déclenchement et la généralisation de la crise, puis avec la montée des périls extérieurs, l'illusion du retour à l'âge d'or se dissipe, tandis que nombre de représentants du monde des arts, des lettres et de la pensée s'engagent dans le combat politique.

La révolution technique du XIXe siècle trouve son épanouissement en Europe dans les années de l'entre-deux-guerres. L'électrification et l'adduction d'eau pour les usages domestiques se généralisent dans les villes et gagnent rapidement les campagnes. Les moyens de transport et les moyens de communication à distance mis au point au début du XXe siècle connaissent un formidable essor, modifiant le cadre et les habitudes de vie des Européens et concourant à leur information ou à leur enrégimentement, là où les pouvoirs autoritaires et totalitaires excellent à manipuler ces nouveaux médias.

● L'explosion de la modernité : la révolution des transports

Le chemin de fer fait déjà partie du paysage européen depuis près d'un siècle et les grandes innovations, comme la traction électrique, avaient été expérimentées avant la guerre. Simplement, c'est pendant les deux décennies qui suivent le conflit que ce mode de locomotion, de loin le plus rapide et le plus sûr, prend sur le vieux continent sa plus grande extension. Les réseaux nationaux achèvent de se constituer, avec leurs « grandes lignes » reliant en quelques heures les principales agglomérations urbaines, leur tissu serré de lignes secondaires, leurs lignes de banlieue déjà soumises au rythme pendulaire du déplacement citadin, du lieu de travail au lieu d'habitat en semaine, de la ville vers la proche campagne durant le « week-end ». Du « train de plaisir », pour les loisirs des catégories modestes, aux *sleeping cars* des grands express internationaux, c'est toute une mythologie du chemin de fer qui se répand, dont la culture européenne de l'époque porte la trace, que ce soit dans la musique avec *Pacific 231* d'Arthur Honegger, dans la poésie et le romanesque (de la *Prose du Transsibérien* de Blaise Cendrars à la *Madone des sleepings* de Maurice Dekobra), ou dans la représentation cinématographique de la locomotive, véritable image-symbole du premier XXe siècle avec *La Bête humaine* de Jean Renoir. Emblématiques également, les gares parisiennes prises d'assaut durant l'été 1936 pour les premiers départs des « congés payés » et le slogan fasciste sur « les trains qui arrivent à l'heure » dans l'Italie mussolinienne.

La guerre a fait accomplir un formidable bond en avant à l'aviation. Dix-huit ans seulement après l'exploit de Blériot traversant la Manche, c'est l'Atlantique Nord qui est vaincu, l'Américain Lindbergh reliant pour la première fois New York à Paris le 20 mai 1927. À cette date, les Mermoz, Guillaumet, Saint-Exupéry, etc., et leur «chef d'orchestre», Didier Daurat, ont déjà écrit quelques-unes des pages de l'épopée pionnière de l'Aéropostale, faisant transiter le courrier par voie aérienne de Toulouse à Dakar, via l'Espagne, en attendant la conquête de l'Atlantique Sud, puis le franchissement des Andes. Les années 1930 marquent le triomphe des grands «raids» intercontinentaux, ceux de Mermoz, de Costes et Le Brix, de Costes et Bellonte, de Codos et Rossi, de l'Italien Italo Balbo au-dessus de l'Atlantique, ceux de la Française Maryse Hilsz de Tokyo à Paris et de Paris à Saïgon, des Anglais Scott et Campbell Black de Londres à Melbourne, des Soviétiques Gromov, Daniline et Youmatchev de Moscou à Los Angeles via le pôle Nord, etc. Des vitesses supérieures à 750 km/h sont atteintes à la veille de la guerre par des aviateurs allemands.

Certes, jusqu'au second conflit mondial, l'avion reste fondamentalement un moyen de transport réservé aux marchandises chères, au courrier et à une clientèle de *happy few* que ne rebutent ni le prix élevé du voyage aérien, ni les risques encourus. Il existe bien, dès le début des années 1930, des lignes régulières assurant le transport des passagers sur des appareils pouvant transporter de 40 à 60 personnes, et que gèrent des compagnies telles que la Lufthansa allemande, les Imperial Airways britanniques, les compagnies françaises Air Union, Air Orient, Société générale de transports aériens (lignes Farman), Compagnie internationale de navigation aérienne — elles fusionneront en 1933 pour donner naissance à Air France —, etc., mais elles demeurent pour l'essentiel limitées aux parcours continentaux. En 1939, des appareils longs-courriers volant à 400 km/h sont capables de relier les deux rivages de l'Atlantique Nord en une vingtaine d'heures et mettent Calcutta à trois jours de Londres. Mais l'inconfort y est grand, la sécurité incertaine et la fréquence des étapes, due aux impératifs du ravitaillement en carburant, ajoute encore aux fatigues du voyage. Si bien que, pour les grands déplacements intercontinentaux, on préfère utiliser les somptueux paquebots des grandes compagnies de navigation britanniques, françaises, allemandes ou italiennes, tels le *Queen Mary* ou le *Normandie,* dont les turbines développent 160 000 chevaux et qui assurent la traversée de l'Atlantique en quatre jours. Là encore, diffusée par l'affiche, par les magazines illustrés, par le cinéma, par le théâtre, par les revues de music-hall, l'image du grand navire de luxe servant de toile de fond aux évolutions d'une élite cosmopolite, insouciante, coupée — le temps d'une traversée — des problèmes du monde, fait partie de la mythologie de l'époque. Quarante ans plus tard, Fellini en évoquera le souvenir ébloui dans son admirable *Amarcord.*

L'automobile, au contraire, a cessé d'être à la fois une curiosité sportive et un luxe de nanti. Non que l'on puisse parler encore de « vulgarisation », comparable à celle que la « petite reine » a connue à la veille de la Première Guerre mondiale, ou à l'extraordinaire démocratisation de ce mode de locomotion qui est en train de s'accomplir de l'autre côté de l'Atlantique, avec les méthodes de standardisation adoptées par Henry Ford dans ses usines de Detroit. Mais, stimulés précisément par la concurrence américaine, les constructeurs français, bientôt suivis par leurs homologues britanniques, allemands et à un moindre degré italiens, partent à la conquête du marché des classes moyennes. Dès 1919, l'ingénieur Citroën a construit une « torpédo » de quatre places, première voiture française de série, la 10 CV, dont le prix ne dépasse pas 8 000 francs. Trois ans plus tard, sa firme lance la fameuse 5 CV que son prix et sa consommation raisonnable mettent à la portée de nombreux budgets, mais qui va vite subir la concurrence de la 6 CV Renault et de la Quadrillette Peugeot, en attendant le coupé Simca 5 de 1936 et sa cousine italienne, la « topolino », ainsi que les cylindrées moyennes des années 1930 : 202 et 302 de Peugeot, Celtaquatre et Vivaquatre de Renault, et surtout l'étonnante Berline « 7 » TA de Citroën, la fameuse « traction », appelée à une belle longévité. Tout comme la *Volkswagen,* la « voiture du peuple », promise par Hitler à tout Allemand qui en financerait la construction en épargnant 5 marks par semaine : la « coccinelle » aura une longue et glorieuse destinée, mais après la guerre, le conflit ayant éclaté avant que les chaînes qui devaient la produire en grande série fussent prêtes.

Cette rude bataille menée sur le front des produits de « bas de gamme » n'a pas empêché les constructeurs européens de rivaliser en même temps sur celui des véhicules de haut luxe, destinés à une clientèle fortunée pour laquelle l'automobile est vite devenue un marqueur social et un signe de « distinction ». Jamais dans l'histoire de l'automobile l'objet de rêve ne sera aussi intensément mis en scène qu'il ne l'a été dans les « concours d'élégance » des années 1920 et 1930, sur fond d'architecture « art déco » et de parures féminines, avec ces chefs-d'œuvre de sophistication industrielle qui s'appellent, pour ne citer que ceux-là, cabriolet Rolls-Royce (1934), limousine Delage (1934), landaulet Hispano-Suiza (1936), et autres bolides produits par les grands de l'automobile européenne : les Mercédès-Benz, Bugatti, Alfa-Romeo, etc.

● L'explosion de la modernité : diffusion des outils de la communication de masse

S'agissant des moyens d'information et de communication à distance, là encore pas de révolution proprement dite dans les techniques utilisées, mais une mise au point des technologies existantes, et surtout une diffusion croissante des outils de la communication. Si le téléphone reste un privilège des catégories aisées, la radio devient en revanche un phénomène de masse. Il y a en 1939 plus de douze millions de récepteurs en Allemagne, plus de six millions en France, à peu près autant en Angleterre. Il y en a moins de deux millions en Italie, où cet instrument de propagande et d'évasion est pourtant l'objet de tous les soins du régime, qui le contrôle étroitement et qui a multiplié les postes destinés à l'écoute collective (dans les écoles, les sièges des organisations fascistes, les coopératives rurales, etc.). Au début des années 1930, des sociétés de radiodiffusion se sont développées dans toute l'Europe : la plupart sont privées, mais les pouvoirs publics s'intéressent à la question et ont créé des postes « nationaux ».

Le cinéma lui aussi connaît un essor prodigieux. Art nouveau, véhicule de toutes les tendances esthétiques de son époque, auxquelles il assure une diffusion sans précédent, il est en même temps une industrie qui exige, surtout après l'introduction du « parlant » en 1927, des capitaux abondants. Aussi assiste-t-on dans l'entre-deux-guerres à une forte concentration de la production. Sans atteindre le gabarit des grands trusts américains, d'importantes sociétés liées aux banques et aux industries chimiques et électriques se constituent, telles la Bavaria, l'UFA, la Tobis en Allemagne, Pathé-cinéma et Gaumont en France. Le film devient dès lors un produit commercial, obéissant aux lois du marché, donc cherchant à ratisser large en flattant les goûts instinctifs du public, et épousant ainsi une tendance déjà largement répandue dans le monde de la presse et de l'édition populaire. Il subit également le contrôle des gouvernements qui cherchent à utiliser son extraordinaire pouvoir de persuasion à des fins de propagande directe ou indirecte. La première utilise prioritairement le vecteur des bandes d'actualité, dont la production et la distribution sont étroitement dépendantes du pouvoir dans les pays totalitaires (en Italie ce sont les *cinegiornali* produits par l'institut Luce). La seconde passe par le truchement du cinéma de fiction. Dans tous les pays, celui-ci reste très majoritairement le domaine d'un cinéma d'évasion qui n'est pas toujours politiquement innocent. En effet, à côté d'un cinéma « noir » qui, dans les pays démocratiques, s'attache à dénoncer les tares et les injustices sociales, il existe toute une production visant à gommer ces réalités et à présenter au public un monde aseptisé et sans problème : ceci même en Italie et en Allemagne, où les œuvres explicitement politiques font exception, dans une production cinématographique à vocation récréative. L'action sur le public de ces diverses stratégies d'imprégnation idéologique est mal connue. Ce qui paraît en revanche évident c'est que partout où le cinéma a pénétré, que ce soit dans les villes, où les « salles de quartier » se sont multipliées entre les deux guerres, ou dans les campagnes, atteintes dans certaines régions par des opérateurs itinérants (voir les premières séquences du superbe *Splendor* d'Ettore Scola), il a contribué à modifier les mentalités et le cadre de vie.

● L'explosion de la modernité : l'urbanisation

L'essor des industries et des activités de service, la nouvelle vague d'exode rural provoquée par la guerre, puis les conséquences de la crise qui ont incité paysans en difficulté et ouvriers résidant dans de petites agglomérations à émigrer vers les grandes villes pour y trouver du travail et des secours organisés (par les municipalités et les organismes privés) ont fortement accru les effectifs des populations urbaines. En France, de 1921 à 1931, plus de deux millions de personnes sont venues s'installer dans les villes, cette croissance s'opérant essentiellement au profit des agglomérations de plus de 100 000 habitants et en premier lieu de la périphérie parisienne (2 043 000 habitants en Seine-banlieue en 1931 contre 1 505 000 en 1921, soit une augmentation de 35 %). En Grande-Bretagne, la part des citadins dans la population totale est passée de 75 % en 1914, à 83 % en 1939, le nombre de villes de plus de 100 000 habitants de 44 à 60. Au cours de la même période, la population de l'agglomération londonienne s'est accrue de 1 700 000 unités, celle de Berlin de plus d'un million, celles de Milan, de Gênes, de Hambourg, de Rotterdam, de plusieurs centaines de milliers.

La plupart du temps, cette nouvelle poussée d'urbanisation s'est effectuée dans une complète anarchie, sans la moindre perspective d'ensemble et avec le seul souci de la rentabilité immédiate. Il en est résulté dans beaucoup de pays une dégradation rapide des espaces périurbains, transformés en France notamment en zones pavillonnaires hétéroclites et sans équipement, mal reliées aux lieux de travail de leurs habitants et où dominent les édifices disgracieux et sans confort, parfois bâtis avec des matériaux de fortune et que séparent des jardinets qui permettent aux nouveaux résidents de ces banlieues-dortoirs de ne pas se sentir complètement coupés de leurs racines rurales. Au cœur de la ville proprement dite se posent d'autres problèmes qui tiennent au prix élevé des terrains, à l'exiguïté des espaces libres, aux difficultés d'évacuation des eaux polluées et des ordures ménagères, à la multiplicité des nouveaux besoins à satisfaire : chauffage central, éclairage électrique (il a, à peu près partout en Europe, remplacé l'éclairage au gaz), air conditionné, ascenseurs, etc. Ils se conjuguent pour rejeter à la périphérie toute une partie de la population traditionnelle des centres-villes.

La réflexion architecturale et urbanistique n'est pourtant pas absente des grands débats du moment. En France, elle avait été poussée assez loin déjà avant la guerre avec les recherches et les réalisations «fonctionnalistes» des frères Perret. Après le conflit, elle trouve dans toute l'Europe industrialisée des conditions qui en favorisent l'essor : l'emploi de matériaux nouveaux (alliages de métaux légers, aluminium, matières plastiques, contre-plaqué, verre), le recours généralisé au couple béton-acier, l'adoption de nouvelles techniques de construction faisant appel aux éléments fabriqués en usine plutôt que sur le chantier (portes, fenêtres, briques, blocs de ciment, etc). Le ton est donné en Allemagne où, depuis 1919, Walter Gropius dirige le *Bauhaus,* qui sera transféré en 1925 de Weimar à Dessau. Dans cet établissement qui tient à la fois de l'Académie des Beaux-Arts et de l'École des Arts et Métiers, Gropius et son successeur Mies van der Rohe enseignent une esthétique nouvelle, fondée sur un certain nombre de principes révolutionnaires pour l'époque : le fonctionnalisme — nous voulons, écrit Gropius, une architecture «qui définisse elle-même fonctionnellement son sens et son but dans la tension des masses architecturales, qui se dégage de tout ce qui n'est pas absolument indispensable, et de tout ce qui masque la structure de l'édifice» —, la suppression de la distinction «élitiste» entre art et artisanat (chaque atelier est dirigé en collaboration étroite par un artisan et un artiste), l'adaptation des créateurs aux besoins de la société industrielle, etc.

Lié avec les cubistes et avec les représentants de l'art abstrait, le *Bauhaus* exercera une influence profonde sur toute une génération d'architectes et de décorateurs, les enseignements y étant donnés par une équipe de grands artistes (Kandinsky, Paul Klee, Feininger, etc.), et ceci longtemps encore après sa disparition. En 1933, en effet, le régime nazi condamne comme «art dégénéré» de Juifs et de communistes l'entreprise de Gropius et de van der Rohe, ordonnant la fermeture du *Bauhaus* et contraignant ses principaux promoteurs à l'exil.

L'autre grande figure du fonctionnalisme est celle du Suisse Charles-Édouard Jeanneret, dit Le Corbusier, véritable pionnier d'une architecture révolutionnaire qui triomphera après le second conflit mondial. Peintre, ingénieur, théoricien de l'architecture et de l'urbanisme *(La Ville contemporaine de trois millions d'habitants,* 1922 (projet), *Urbanisme,* 1925, *La Ville radieuse,* 1935), autant que concepteur d'édifices de toutes dimensions et de vastes ensembles urbains, Le Corbusier n'entend pas seulement mettre en valeur, lui aussi, la fonction de l'espace construit et l'esthétique qui découle de l'emploi brut des matériaux nouveaux. Il est en même temps à la recherche d'une rénovation profonde de l'art d'habiter et s'applique dans ses projets à réorganiser la ville afin de l'adapter aux exigences du monde moderne.

Ces conceptions novatrices trouveront surtout un terrain d'application après la Seconde Guerre mondiale, et hors d'Europe plus que sur le vieux continent. Nous y reviendrons. En attendant, les villes européennes et leurs périphéries échappent rarement à l'uniformisation qu'imposent les contraintes de l'urgence et des coûts. En Italie et en Allemagne, la volonté de promouvoir une monumentalité grandiose, expression du «génie de la race» et de l'enracinement historique du régime, l'emporte sur les considérations sociales et incline les pouvoirs en place à privilégier une architecture colossale et froide, d'inspiration plus ou moins néoclassique, principalement destinée à l'accueil des administrations et aux lieux de célébration des grandes liturgies fascistes. En URSS, la même dichotomie s'impose avec la glaciation stalinienne. Dans les pays de démocratie libérale, la loi du profit et la logique du marché, conjuguées avec une absence à peu près totale de programmation urbanistique, induisent un paysage urbain voué à l'uniformité et à la monotonie. Échappent toutefois à cette standardisation quelques-uns des programmes de logements populaires réalisés par les municipalités — par exemple le Karl-Marx Hof de Vienne, édifié dans les années 1920 par la municipalité socialiste de la capitale autrichienne —, et certaines «cités-jardins» de la périphérie londonienne ou parisienne : celles notamment qui ont été construites à l'instigation du directeur du Chemin de fer du Nord, Raoul Dautry.

Les «Années folles» : mythologies et réalités

● La rage de vivre de l'après-guerre

La mémoire des Européens, celle du moins des Européens de l'Ouest, a conservé de la décennie qui fait suite à la guerre le souvenir d'une période de facilité et d'insouciance, le retour en quelque sorte à la «Belle Époque», avec en plus la libération des mœurs et le mélange des classes, le tout sur fond de musique syncopée, de danses frénétiques, de cortèges noctambules, de délire dada : ce sont les «Années folles», contrastant d'une part avec la guerre et ses horreurs, de l'autre avec la morosité et la désespérance du second «avant-guerre». S'agit-il d'une illusion rétrospective, forgée par comparaison avec les années sombres qui ont précédé et suivi cette embellie passagère, ou d'une réalité vécue comme telle par la majorité des habitants de l'Europe industrialisée ?

Après les souffrances et les privations de la guerre, on assiste dans la plupart des pays belligérants, mais surtout chez les vainqueurs, à une explosion de joie de vivre et de refus des contraintes qui se manifeste par exemple dans l'engouement pour la musique jazz, débarquée en Europe en 1917 avec les soldats de Pershing, et pour les danses nouvelles également venues d'Amérique : le lascif tango argentin, le fox-trot, le charleston et le shimmy *made in USA*. Paris, Londres et Berlin sont les villes-symboles de ce nouvel art de vivre. Paris surtout, où l'on vient du monde entier pour y jouir d'un air de liberté qui a frappé tous les exilés de l'Europe. Le phénomène n'est pas nouveau, on l'a vu, mais il prend dans les années 1920 une ampleur sans précédent. Dancings, cabarets, «boîtes de nuit», music-halls, théâtres de boulevard, accueillent une population bigarrée, cosmopolite, venue pour s'étourdir et pour goûter des plaisirs qui lui sont refusés ailleurs. Artistes d'avant-garde, écrivains, intellectuels, journalistes en renom, vedettes du monde politique et économique, altesses et jolies femmes hantent les hauts lieux de la fête nocturne : le restaurant «Maxim's», le cabaret du *Bœuf sur le toit,* la *Revue Nègre* où s'illustre Joséphine Baker, etc. Dans des perspectives bien différentes, des peintres tels que le Français (d'origine néerlandaise) Kees Van Dongen, les Allemands George Grosz et Otto Dix ont mis en scène dans certaines de leurs œuvres ce monde des «noctambules» parisiens et berlinois : le premier en peignant avec complaisance et humour la faune montparnassienne, les deux autres en dénonçant avec une férocité acide les comportements ambigus et les relations douteuses de la classe dirigeante allemande.

Années folles donc, si l'on veut, mais pour un petit nombre de nantis domiciliés dans quelques-unes des grandes métropoles européennes. Pas plus que la «Belle Époque», elles n'ont été vécues comme telles par la majorité des habitants du vieux continent. D'abord parce que, même dans les catégories aisées, la tendance n'est pas à la généralisation des pratiques hédonistes. Le monde des anciens notables, la bourgeoisie de province et la majorité des représentants des classes moyennes sont trop attachés à leurs idéaux d'austérité et de patiente ascension sociale pour considérer la fête citadine autrement que comme un spectacle à l'égard duquel on conserve en général quelque distance. Ensuite parce que, pour la masse de la population, les conditions d'existence restent difficiles.

● **L'envers des Années folles : paysans et ouvriers**

Si la guerre a en apparence provoqué un fort brassage des classes sociales, rapprochant citadins et ruraux, bourgeois et prolétaires, intellectuels et «primaires», appelés à se côtoyer et à se mieux connaître, si elle a fait et défait des fortunes, fabriqué de «nouveaux riches» et de «nouveaux pauvres», bref si elle a temporairement ébranlé les clivages du corps social, il est vite apparu qu'en profondeur elle avait plutôt eu tendance à renforcer les déséquilibres sociaux et à aggraver les problèmes qui se posaient au plus grand nombre à la veille du conflit. La plupart des ruraux, même dans un pays comme la France où pourtant la première moitié des années 1920 coïncide avec l'apogée de l'exploitation familiale et avec une hausse sensible du revenu paysan, voient leur univers familier se défaire sans que le triomphe de la civilisation urbaine change grand-chose à leurs conditions de vie.

Les ouvriers pour leur part ne bénéficient que très partiellement des effets de la prospérité et des forts gains de productivité qui accompagnent dans les pays de l'Europe industrialisée l'introduction des méthodes américaines. Jusqu'à la crise, le chômage tend certes à disparaître et les heures supplémentaires permettent aux travailleurs de l'industrie d'arrondir leur salaire, d'améliorer leur alimentation et d'accroître la part de leur budget consacrée au logement, aux vêtements, ainsi qu'aux dépenses de santé et aux loisirs. Mais leur participation à la prospérité générale reste toute relative. Que de fortes difficultés d'ordre structurel s'en mêlent, comme en Grande-Bretagne, et la tendance s'inverse pour nombre d'entre eux.

La notion de «classe ouvrière» recouvre d'ailleurs une réalité complexe. Aux catégories classiques des ouvriers employés dans les petits ateliers du secteur artisanal, des ouvriers qualifiés et des manœuvres de l'industrie, dont les conditions de travail et de rémunération varient beaucoup selon la dimension des entreprises et le secteur d'activité considéré, est venu s'ajouter un nouveau type d'ouvrier, peu répandu encore avant la guerre et dont l'essor résulte de l'acclimatation en Europe du travail parcellisé mis au point dans les entreprises d'outre-Atlantique. Ce sont les «ouvriers spécialisés», les OS, nombreux dans les branches les plus modernes de l'industrie : celles qui, comme l'automobile, ont adopté les pratiques du taylorisme et ont transformé de manière radicale la nature du travail industriel. Certes les ouvriers qualifiés n'ont pas disparu de l'usine taylorisée. Ils y occupent au contraire une place de choix dans les travaux d'ajustage, d'outillage, de réglage et de mise au point qui ne relèvent pas de l'automatisation de la chaîne et qui font de ces praticiens une sorte d'aristocratie ouvrière, mais ne représentent précisément qu'une fraction très minoritaire du personnel employé dans la grande industrie. Ce sont les OS qui effectuent les tâches les plus aliénantes, les plus déshumanisées du travail industriel. Eux qui subissent les effets démoralisateurs d'un milieu où se sont aggravées les procédures de surveillance, de répression, de chronométrage, qui font que l'usine moderne est fréquemment vécue comme un «bagne» et le travail à la chaîne comme une forme moderne de l'esclavage. Eux à qui l'on impose le salaire au rendement et qui perçoivent les rémunérations les plus basses, que l'on débauche le plus facilement dès lors que l'on peut aisément pourvoir au remplacement de ces travailleurs souvent issus de l'immigration récente, formés «sur le tas» et dépourvus de tout bagage technique. Eux enfin qui peuplent l'univers sordide des périphéries urbaines — à Paris, Lyon, Milan, Birmingham, Manchester, Hambourg, etc. —, où ils vivent dans des « bicoques » construites à la hâte au milieu des zones industrielles enfumées. C'est là, parmi les OS de l'industrie « rationalisée », que les jeunes partis communistes italien (jusqu'en 1924-1925), allemand (jusqu'en 1933), français, belge, autrichien, tchèque, vont recruter leurs troupes les plus nombreuses et les plus combatives.

● L'envers des Années folles : bourgeoisie et classes moyennes

Quant aux représentants de la bourgeoisie et des classes moyennes, les liens qu'ils ont pu établir sur le front ou dans les camps de prisonniers avec des prolétaires et des petits bourgeois sortis du rang, s'ils ont créé des solidarités jusqu'alors à peu près inexistantes et pesé sur le développement ultérieur de puissants courants égalitaires, n'ont pas pour autant fait disparaître les différences de statuts et les systèmes de valeurs, pas plus que les préjugés sociaux. La façon dont ces catégories réagissent aux effets économiques et sociaux de la guerre, puis à ceux de la « Grande Dépression » disent bien leur attachement à des positions que ces bouleversements ont durement atteintes même si, en termes statistiques tout au moins, l'idée d'une « prolétarisation » de la bourgeoisie et des classes moyennes doit être relativisée, y compris dans un pays comme l'Allemagne où la crise de 1920-1923 a eu à ce niveau des effets ravageurs. Partout, l'érosion monétaire a entamé les patrimoines et fait baisser les revenus traditionnels (obligations, emprunts publics, loyers, etc.), réduisant le pouvoir d'achat de certaines catégories et s'accompagnant parfois d'un véritable déclassement social. Nombre de fortunes ont ainsi été érodées, modifiant de manière sensible les nivaux de vie et les habitudes de consommation. Mais la ruine pure et simple, réduisant à la misère des familles autrefois cossues, ne paraît pas avoir été la règle.

Il reste que, appauvris ou non, nombreux sont les membres de la bourgeoisie qui joignent leurs voix à celles des catégories modestes pour dénoncer les « profiteurs » et les « nouveaux riches », détenteurs à leurs yeux de fortunes « immorales ». Le phénomène n'est pas nouveau, mais les fortes variations à la hausse et à la baisse enregistrées par les patrimoines à la faveur du conflit et de la crise accentuent les réactions provoquées par la remise en cause de l'éthique bourgeoise traditionnelle et nourrissent des attitudes mentales qui vont, dans la plupart des pays, incliner certains représentants de la bourgeoisie et des classes moyennes vers l'extrémisme de droite, l'antisémitisme et le fascisme.

Est-ce à dire qu'il faille opposer sans nuance le comportement festif et les pratiques hédonistes d'une minorité de privilégiés appartenant à l'*establishment* des grandes métropoles européennes, bénéficiaires exclusifs des Années folles, et la masse des petites gens exposées à la dureté des temps et tenues à l'écart des divertissements de l'heure ? Rien ne serait plus caricatural. Toute l'Europe ne vit pas au rythme des *jazz bands* et du *charleston,* en rejetant les contraintes et les tabous de la morale traditionnelle. Toutes les femmes, même si elles se coiffent «à la garçonne» et relèvent l'ourlet de leur jupe, selon les canons de la mode nouvelle, ne sont pas prêtes à suivre l'exemple subversif des héroïnes de Victor Margueritte *(La Garçonne,* 1922) ou de Raymond Radiguet *(Le Diable au corps,* 1923). Mais si la «fureur de vivre» caractérise surtout une élite sociale, la joie de vivre le moment présent, après les souffrances et les angoisses de la guerre, est un phénomène général qui transcende les catégories et les statuts sociaux. Et ceci longtemps après que le krach de Wall Street aura signé le glas de la prospérité. Le temps des cortèges de grévistes, des marches de la faim, des soupes populaires, de la montée du fascisme et du nazisme n'est pas exclusif d'une certaine insouciance ambiante. Celle-ci est évidemment plus visible et plus répandue pendant la décennie qui suit la guerre que durant les *gloomy thirties* (les «sombres années 1930»), mais elle est loin de disparaître complètement avec ces dernières. En 1935, à l'heure du réarmement allemand et de la crise éthiopienne, toute la France fredonne la chanson de Paul Misraki, popularisée par l'orchestre de Ray Ventura, *Tout va très bien, Madame la Marquise,* et trois ans plus tard, à la veille de Munich, *Y'a d'la joie,* qui fera connaître dans toute une partie de l'Europe le nom de Charles Trenet.

«Crise de l'esprit» et esthétiques nouvelles

● La présence obsédante de la guerre

La guerre a profondément marqué la génération des combattants dont elle hante la mémoire. Pendant au moins dix ans, elle constitue le thème majeur d'un nombre considérable de romans, nouvelles, témoignages, où domine le sentiment de l'horreur. Il en est ainsi d'ouvrages tels que *Les Croix de bois* de Roland Dorgelès, *Les Éparges* de Maurice Genevoix, À *l'Ouest rien de nouveau* de l'Allemand Erich Maria Remarque, *Un'anno sull'altipiano* de l'Italien Emilio Lussu (dont Francesco Rosi tirera en 1970 la substance de son film *Uomini contro).* Mais bientôt s'affirme un clivage entre des écrivains dont les œuvres révèlent une certaine nostalgie de l'héroïsme, qu'ils opposent à l'embourgeoisement et à la médiocrité de la société d'après-guerre — tels sont, à des degrés divers, les cas de Montherlant, de Drieu La Rochelle, de Joseph Kessel, de Raymond Escholier, d'Ernst Jünger, de Mario Carli et de F.T. Marinetti —, et ceux qui dénoncent le caractère absurde et monstrueux de la guerre (Louis-Ferdinand Céline dans *Le Voyage au bout de la nuit)* et dressent un véritable acte d'accusation contre un système qui a permis le déchaînement de l'horreur. Georges Duhamel, après avoir publié coup sur coup *Vie des Martyrs* en 1917 et *Civilisation* en 1918, propose ainsi dans *Possession du monde* un pacifisme raisonnable et vigilant. Henri Barbusse dans *Le Feu* évoque lui aussi la laideur de la guerre et l'affection fraternelle des «poilus». Pacifisme («plus jamais ça»), sentiment de solidarité avec les rescapés et avec ceux qui ont disparu, nostalgie de la fraternité des tranchées, volonté chez les vainqueurs de préserver ce qui a été acquis au prix du sang, chez les vaincus de faire disparaître les traces de l'humiliation subie, tels sont quelques-uns des mobiles contradictoires qui animent, au lendemain de la guerre, les associations d'anciens combattants, avec lesquelles tous les gouvernements vont devoir compter.

● Une crise des valeurs humanistes

La guerre a en même temps déterminé une remise en question radicale du système de valeurs sur lequel reposait la civilisation occidentale. Celui-ci, nous l'avons vu, avait déjà subi une forte érosion au cours des trois décennies qui avaient précédé le déclenchement du conflit européen, conséquence à la fois du choc de la seconde révolution industrielle et de la mise en cause par les scientifiques eux-mêmes des certitudes de la science. Jusqu'en 1914 cette crise de la conscience européenne était toutefois restée le fait d'une minorité et les transformations de la pensée qui en résultaient se heurtaient à un fort conformisme ambiant. La «Grande Guerre» a fait voler en éclats ce verrou, libérant des pulsions qui vont nourrir pendant vingt ans ce que Paul Valéry identifie dès 1920 comme une «crise de l'esprit».

C'est d'abord une crise morale. Le mépris de la vie humaine, l'opposition entre les souffrances des combattants et l'insouciance de l'«arrière», le spectacle d'immenses fortunes acquises en peu d'années, parfois aux dépens des soldats, tout cela a laissé des cicatrices profondes dans la mentalité collective. Le sentiment d'avoir été, au nom de grands principes, le jouet d'intérêts sordides, suscite une révolte contre les morales traditionnelles fondées sur le devoir, et une réhabilitation du plaisir sans contrainte. On a vu que cette réaction s'était manifestée, à divers niveaux, par un appétit de jouissance qui avait donné le ton aux Années folles. Elle se traduit également, dans le champ de l'écriture, par toute une floraison d'œuvres qui ont certes une tout autre portée, mais dans lesquelles le public voit surtout la destruction des idées reçues et des principes moraux. *Les Nourritures terrestres* d'André Gide, qui n'avaient pas trouvé plus de cinq cents lecteurs depuis leur parution en 1897, devient le livre de chevet de la jeunesse bourgeoise, tout comme *Les Caves du Vatican* (1914), dans lesquelles Gide fait l'apologie de l'acte «gratuit», c'est-à-dire vide de toute signification humaine. La même volonté affichée de libération à l'égard des règles et des tabous, la même évolution vers un individualisme sceptique, font le succès d'un Jean Cocteau *(Thomas l'imposteur,* 1923, *Les Enfants terribles,* 1929), d'un Henry de Montherlant *(Aux fontaines du désir,* 1927, plus tard *Les Jeunes Filles),* d'un James Joyce *(Ulysse,* 1922), d'un Aldous Huxley *(Chrome Yellow,* 1921), d'un Luigi Pirandello, dont les *Six personnages en quête d'auteur* (1921) sont représentés sur toutes les scènes européennes.

● Crise du rationalisme et refus du réel

C'est également une crise des valeurs intellectuelles. La réaction contre le rationalisme, déjà très vive à la fin du XIXᵉ siècle, se trouve accentuée par la guerre et triomphe avec Henri Bergson, avec l'Espagnol Miguel de Unamuno dont *L'Agonie du christianisme,* publié en 1925, met en parallèle perte des valeurs morales et mort des civilisations. Par ailleurs la psychanalyse freudienne, véritable «révolution copernicienne» de l'esprit, révèle un autre fonctionnement de l'homme, avec la phénoménologie de l'Allemand Edmund Husserl, avec l'existentialisme de ses compatriotes Karl Jaspers et Martin Heidegger, ce dernier mettant en valeur la notion d'*absurde* dans notre univers. Chez le Tchèque (de langue allemande) Franz Kafka, dont la plupart des récits et romans seront publiés après sa mort (en 1924), ce sentiment de l'absurdité du monde et de la conscience de l'écrasement de l'individu par des États-machines n'obéissant qu'à leur propre logique débouchent sur un désespoir profond *(Le Procès,* 1925).

Cette crise du rationalisme peut aboutir à un renouveau du sentiment religieux. Dans les pays et dans les régions où le processus de déchristianisation des masses était déjà fortement avancé à la veille du premier conflit mondial, le mouvement ne se ralentit pas : il tend même à gagner du terrain dans les campagnes, en France notamment où l'enseignement laïque a fini par ébranler certains bastions de l'influence cléricale. En revanche, ce que les Églises perdent d'un côté, avec le recul des pratiques formelles et de la foi traditionnelle, elles le regagnent d'un autre avec l'aspiration à une religion revivifiée, ramenée à ses sources premières, conforme au message humaniste et égalitaire de l'Évangile, tel qu'il est vécu par un nombre croissant de croyants et par quelques intellectuels comme Georges Bernanos *(La Grande Peur des bien-pensants,* 1931).

Il y a aussi tous ceux qui cherchent un remède à leur angoisse dans l'évasion. «Fuir est la hantise de ceux qui se veulent libres, écrit Giovanni Papini, l'homme, après avoir fui Dieu, se fuit lui-même [...] : il s'enfuit dans les illusions et les artifices qui lui cachent pour quelques minutes sa propre indigence.» Les uns, après avoir proclamé, comme Valéry, leur croyance à l'impuissance de l'homme moderne et leur inquiétude de voir s'engloutir une culture plusieurs fois millénaire («Nous autres civilisations, nous savons maintenant que nous sommes mortelles»), s'évadent dans l'esthétisme, dans la «poésie pure», vide de sens et de contenu humain. D'autres se construisent un monde de fantaisie et d'irréalité, tels Cocteau et Giraudoux. D'autres encore cherchent le dépaysement dans le voyage et dans le contact avec d'autres civilisations, comme André Malraux *(La Voie royale,* 1930), Paul Nizan, Paul Morand ou les frères Tharaud, dans le retour aux sources de la nature et du monde paysan (Alphonse de Chateaubriant, Henri Pourrat, les écrivains italiens rassemblés autour de la revue *Il Selvaggio* de Mino Maccari), dans l'action révolutionnaire (Louis Aragon, l'Anglais George Orwell), ou encore dans la vie dangereuse (Antoine de Saint-Exupéry, Gabriele D'Annunzio).

Les avant-gardes

● Une révolte contre la civilisation occidentale : le mouvement Dada

Surtout le triomphe de l'irrationnel et le refus du monde présent s'expriment par le truchement des avant-gardes artistiques, héritières des mouvements qui avaient procédé, dès les toutes premières années du siècle, à une remise en question radicale des modes traditionnels de représentation du «réel». La guerre, une fois encore, a joué sur ce terrain un rôle amplificateur en provoquant le rejet brutal d'une société et d'une culture «bourgeoises» auxquelles sont imputées les principales responsabilités de la grande tuerie. Sont ainsi désignées comme ennemies de l'homme non seulement les idéologies qui ont poussé les sociétés européennes à s'entredéchirer — le nationalisme, l'impérialisme, etc. —, mais encore celles qui ont, pendant deux siècles, servi de soubassement à la «civilisation» occidentale : libéralisme, démocratie, humanisme, etc., et dont le caractère atroce de la guerre a montré à quel point elles relevaient du pharisaïsme et de l'absurde.

De ce rejet est né en pleine guerre (1916), à Zurich, dans un milieu d'exilés politiques de divers pays rassemblés autour de l'écrivain Tristan Tzara, des peintres Marcel Duchamp et Francis Picabia, le mouvement de révolte qui a pris le nom de *dada* par référence aux premiers balbutiements de l'enfance : l'idée étant que l'art et la littérature devaient aider l'homme à retrouver sa spontanéité primitive, écrasée ou pervertie par la civilisation industrielle. Pour cela, il fallait rompre radicalement avec la culture bourgeoise ou, mieux, la tuer par la dérision et par des provocations de toute nature visant à en faire éclater à la fois la forme et le contenu. Après la guerre, la chapelle dadaïste quitte la Suisse pour Berlin, d'où elle va essaimer vers Cologne, Amsterdam, New York et surtout Paris, lieu de rencontre d'écrivains et d'artistes qui ont eux-mêmes subi dans leur esprit et dans leur chair le traumatisme de la guerre et qui partagent la fureur nihiliste du fondateur de «dada». En mars 1919, autour d'André Breton, de Louis Aragon et de Philippe Soupault, se crée la revue *Littérature,* dont l'objectif affiché est de détruire les «fausses idoles». En prônant avec Tzara la désarticulation totale du langage, avec Picabia le rejet absolu du sujet, la nouvelle école prétend trouver des formes d'expression révolutionnaire. En Allemagne, favorisé par la défaite et par les événements de 1918-1919, le mouvement a un caractère plus politique qu'en France et il est davantage tourné vers les arts plastiques, avec Georg Grosz à Berlin, caricaturiste féroce de la bourgeoisie et du militarisme allemands, Hans Arp et Max Ernst à Cologne et Kurt Schwitters à Hanovre.

● Le surréalisme

Les chahuts provocateurs de la branche parisienne du dadaïsme et son action exclusivement destructrice ne vont pas tarder cependant à détacher de lui ses éléments les plus créatifs, en particulier l'équipe de *Littérature*. Rompant avec Tzara, André Breton, Louis Aragon, Paul Éluard et Robert Desnos vont ainsi, dès 1922, lancer le mouvement surréaliste, dont Breton publie le *Manifeste* deux ans plus tard. Certes, il s'agit toujours d'afficher un non-conformisme violent et, pas plus que leurs prédécesseurs, les surréalistes ne répugnent à la provocation et au scandale. Mais, à cette volonté de destruction des valeurs morales et esthétiques de l'*establishment,* s'ajoute chez eux le souci de reconstruire une culture, fondée non plus sur l'humanisme traditionnel mais sur la sincérité qui habite chaque être humain. De là l'idée de créer de nouvelles formes d'art et de poésie, en libérant l'univers onirique dont chacun est dépositaire, en pratiquant l'écriture automatique «en l'absence de tout contrôle exercé par la raison, en dehors de toute préoccupation esthétique et morale».

L'avant-garde surréaliste va occuper pendant sept ou huit ans le devant de la scène culturelle, apportant des matériaux et des formes d'expression neufs à la poésie (Breton, Aragon, Desnos, Éluard), à la peinture (Picabia, Ernst, Magritte, Miró, Dali), à la sculpture (Germaine Richier, Hans Arp), au cinéma également avec Luis Buñuel (*Le Chien andalou),* René Clair et Jean Cocteau. Tournée vers l'individu, dont l'imagination et le rêve fondent une «réalité» qui n'existe que dans la vision de l'artiste et du spectateur, elle conserve de ses racines «dada» trop d'inclination à la révolte pour ne pas se sentir concernée par le grand souffle rénovateur qui paraît s'être levé avec la révolution d'Octobre. Aussi nombre de surréalistes vont-ils adhérer au Parti communiste, dont ils partagent la volonté de rupture avec l'ordre bourgeois. Leur souci d'indépendance et leur anarchisme latent auront tôt fait, toutefois, de se heurter aux tendances centralisatrices et bientôt totalitaires d'une organisation qui subit à la fin des années 1920 les premiers effets de la glaciation stalinienne. De là découlent des voies divergentes qui pousseront une partie d'entre eux à renouer — comme André Breton — avec l'esprit libertaire, voire nihiliste, de la révolte dada, tandis que d'autres s'engageront totalement aux côtés du PC, sans rompre toutefois leurs attaches — c'est le cas notamment de Paul Éluard — avec une esthétique surréaliste qui a profondément marqué son temps et qui a essaimé hors de l'Hexagone.

Comme les avant-gardes qui l'ont précédé — fauvisme, cubisme, futurisme, dadaïsme —, le surréalisme est à la fois un mouvement culturel transnational, ayant des ramifications dans plusieurs pays européens et extra-européens, et un phénomène «parisien» ayant élu domicile sur cette «Rive gauche» qui reste au milieu des années 1920 le pôle principal des arts et des lettres. En témoigne la formidable concentration de créateurs qui se sont installés dans la capitale française et qui hantent ces hauts lieux du cosmopolitisme culturel que sont alors les grandes brasseries de Montparnasse : Le Dôme, La Coupole, La Rotonde ou La Closerie des Lilas. Les écrivains américains de la «génération perdue», comme Francis Scott Fitzgerald, Ernest Hemingway et Henry Miller, y côtoient les exilés qui fuient la répression des dictatures méditerranéennes et balkaniques — en attendant la diaspora antinazie des années 1930 — et les peintres étrangers qui forment les gros bataillons de ce que l'on appellera l'«École de Paris» et où figurent, entre autres, l'Italien Modigliani, le Lituanien Soutine et le Russe Chagall.

● L'expressionnisme

À la différence du mouvement dada et du surréalisme, l'expressionnisme ne constitue pas un phénomène absolument nouveau dans l'Europe de l'après-guerre. Phénomène culturel transnational lui aussi, mais dont l'épicentre se situe en Allemagne, il a commencé en effet à se manifester dans ce pays quatre ou cinq ans avant le déclenchement du conflit européen, par réaction contre l'impressionnisme. Au lieu de chercher en effet à reproduire l'impression faite par le monde extérieur, l'artiste s'applique à imposer, par le truchement de l'œuvre d'art, sa vision du monde et sa personnalité. La recherche de l'harmonie des formes et des couleurs devient ainsi secondaire, et ce qui compte c'est d'atteindre le plus haut degré possible d'expression. Refusant, comme le futurisme italien, le conformisme petit-bourgeois, l'expressionnisme allemand, tel qu'il se développe dans les années 1910 à Munich, Berlin et Dresde, se réclame d'une tradition «germanique» remontant au moins à Grünewald. Cela n'empêche pas ses promoteurs d'avoir subi l'influence et du vaste mouvement qui, depuis la fin du XIXe siècle, visait à exalter l'énergie vitale sous toutes ses formes, et de peintres étrangers à la culture allemande, comme Paul Cézanne, Paul Gauguin et Vincent Van Gogh.

Il reste que c'est bien l'Allemagne, dont l'ambiance tourmentée et l'ébullition culturelle constituent pour lui un terrain favorable au lendemain de la guerre, qui devient dans les années 1920 le terrain d'élection de l'expressionnisme. Expressionnisme pictural tout d'abord, représenté principalement par Max Beckmann, Otto Dix, George Grosz, Lyonel Feininger — que l'on trouve mêlés à divers courants d'avant-garde —, Ernst Ludwig Kirchner, Emil Nolde, Max Pechstein. Il est à noter que c'est dans ce domaine des arts plastiques que le mouvement aura le plus de ramifications européennes, avec l'Autrichien Oskar Kokoschka, le Tchèque Kubin, le Norvégien Edvard Munch, le Russe Kandinsky, les Belges James Ensor et Van den Berghe, le Danois Sörensen, et avec un certain nombre de peintres français, ou étrangers vivant en France qui, sans se rattacher expressément à l'école expressionniste, ont fortement subi son influence, tels Marcel Gromaire, Georges Rouault, Henry de Waroquier, Édouard Goerg, Chaïm Soutine et Amedeo Modigliani.

Il existe également une littérature, surtout une poésie expressionniste, illustrée par Georg Trakl, Franz Werfel, Gottfried Benn, Georg Heym, J.-R. Becker, et qui exercera son influence sur beaucoup d'autres écrivains, dont Rainer Maria Rilke, ainsi qu'une musique expressionniste, la revue *Der Blaue Reiter* («le cavalier bleu»), fondée par les peintres Paul Klee et Wassily Kandinsky comptant parmi ses collaborateurs le compositeur Arnold Schönberg et ses deux principaux disciples : Alban Berg et Anton von Webern. Mais surtout, c'est dans le domaine du spectacle que le mouvement produira peut-être ses œuvres les plus originales.

En premier lieu le cinéma, qui a été en Allemagne le vecteur privilégié du courant expressionniste, assurant à celui-ci une forte diffusion. Exprimant l'angoisse de l'individu et le désarroi de la société devant un monde qui paraît s'effondrer, il emprunte ses sujets baroques et inquiétants à la tradition légendaire *(Nosferatu* de Murnau), à l'horreur banalisée du fait divers *(M. le Maudit* de Fritz Lang), ou à la représentation d'un monde robotisé et manipulé politiquement qui préfigure celui de la crise et de la montée du nazisme *(Metropolis* de F. Lang, 1926). Quant à l'expressionnisme de la forme, il réside dans l'emploi du clair-obscur, dans le jeu tourmenté et grimaçant des acteurs, dans leur accoutrement insolite et dans un décor angoissant de paysage urbain aux ruelles étroites bordées de maisons chancelantes.

En second lieu, le théâtre a lui aussi été fortement transformé par l'esthétique expressionniste, avec dès avant 1914, les œuvres de Georg Kaiser, Fritz von Unruh, Carl Sternheim, et après la guerre surtout avec les pièces d'Ernst Toller, animées d'un esprit violemment satirique et anticonformiste, et dont la mise en scène rompt avec toutes les traditions établies. Elles auront une forte influence sur le théâtre politique de Bertolt Brecht et d'Erwin Piscator.

Classiques et modernes

● **Le «retour à l'ordre»**

Les audaces et les provocations de l'avant-garde, amplifiées par les réactions d'hostilité, parfois très vives, de la critique et du public ne sauraient être prises pour autre chose que ce qu'elles sont : un filon culturel d'une importance extrême si l'on considère sa formidable capacité de renouvellement esthétique, mais d'une exiguïté tout aussi manifeste, comparé à l'immense champ de la production intellectuelle et artistique de l'entre-deux-guerres.

Dans les arts plastiques, par exemple, les recherches esthétiques des surréalistes et de l'expressionnisme sont contemporaines d'une tendance générale au «retour à l'ordre». Tout se passe, pour beaucoup de créateurs, comme si la Première Guerre mondiale les avait incités à mettre une sourdine à leurs audaces et à se rapprocher d'un public que l'hermétisme de leurs œuvres de jeunesse avait éloigné d'eux, donc de renouer au moins partiellement avec la figuration. Paradoxalement, c'est Pablo Picasso qui, après avoir ouvert les voies les plus révolutionnaires, donne l'exemple, dès 1915, en abandonnant la géométrisation totale des formes (sans renoncer entièrement au cubisme) pour une peinture — celle du séjour romain et des périodes «bleue» et «rose» (*L'Arlequin, L'Écolière,* etc.) — qui rend leur importance à la couleur et aux formes figuratives. La rupture avec le cubisme est moins nette chez Georges Braque qui va désormais adopter une voie moyenne entre le figuratif et une transcription très interprétée et structurée du réel dont il ne se départira pas jusqu'à sa mort. Avec Henri Matisse au contraire, on en revient à une approche plus conventionnelle de la réalité et à un choix des sujets (nus, danseuses, odalisques) qui fait la part belle au goût du public. Il en est de même pour d'autres peintres, eux aussi en retrait par rapport aux hardiesses d'avant-garde de leur jeunesse, tels André Derain, devenu classicisant dans ses représentations de natures mortes sévères et de nus, Raoul Dufy, l'Espagnol Juan Gris, les Italiens Giorgio Morandi et Giorgio De Chirico : ce dernier passé de la « peinture métaphysique » à une attitude extrêmement critique à l'égard des mouvements picturaux contemporains, dont rend compte le texte qu'il publie en 1919 sous le titre *Il Ritorno al mestiere* (« le retour au métier ») dont la dernière phrase est à elle seule un manifeste : *Pictor classicus sum* (« je suis un peintre classique »). La liste serait longue des artistes dont le classicisme n'est pas le résultat d'une conversion de l'âge mûr et de la préoccupation de trouver ou de retrouver un public, mais le simple prolongement de tendances anciennes que le tapage mené autour des avant-gardes depuis la fin du XIXᵉ siècle avait cantonnées dans une position secondaire. Parmi les créateurs qui ont ainsi connu un cheminement plus traditionnel que celui des convertis au « retour à l'ordre », nous nous contenterons de citer, parce que son itinéraire est emblématique du genre, André Dunoyer de Segonzac, passé du réalisme un peu pesant de l'avant-guerre à un art délicat de portraitiste, de paysagiste, d'aquarelliste et de graveur.

● Le jaillissement des recherches esthétiques dans les arts plastiques

Le « retour à l'ordre » de l'immédiat après-guerre est loin de marquer toutefois le triomphe définitif du figuratif sur les autres formes de représentation du réel ou du pensé. Avec Fernand Léger et avec le « purisme », le choix des sujets empruntés au monde du travail et la rigueur du dessin (souligné par une coloration sobre) ne constituent pas un pur et simple retour à la figuration. La peinture abstraite, qui avait jusqu'alors trouvé son terrain d'élection en Europe centrale et orientale, va devoir migrer avec la victoire et l'expansion du nazisme vers l'ouest du continent, notamment aux Pays-Bas où s'est constitué, autour de Piet Mondrian, de Théo van Doesburg et de Bart van der Leck, le groupe *De Stijl* (du nom de la revue qui leur sert de point de ralliement), et à Paris, devenu au début des années 1930, avec le groupe *Cercle et carré,* avec la revue *Abstraction-Création,* le pôle majeur de ce courant, autour duquel gravitent des créateurs venus du monde entier : Piet Mondrian, les Français Michel Seuphor, Jean Gorin et Auguste Herbin, l'Anglais Ben Nicholson, le Suisse Max Bill, l'Uruguayen Joaquin Torrès-Garcia, l'Américain Alexander Calder, le Néerlandais Georges Vantongerloo, le Russe Wassily Kandinsky, etc. Malgré leur extrême vitalité, ces groupes ne représentent toutefois jusqu'à la guerre que des chapelles dont l'audience est des plus limitées. Ne font dans une certaine mesure exception que Robert et Sonia Delaunay qui, après avoir abandonné le figuratif au début des années 1930 se verront passer commande de la décoration des pavillons de l'Air et des Chemins de fer pour l'Exposition universelle de 1937.

Enfin, quelques-uns des plus grands noms de la peinture ne vont pas tarder à déserter les voies du retour à l'ordre. Il en est ainsi de Matisse et de Bonnard, le premier revenant, après son voyage aux États-Unis en 1930, à son grand style synthétique visant à ne retenir de la vision du réel que l'essence des formes, le second y trouvant prétexte à une rêverie s'exprimant par des lacis de pâtes colorées (*Le Déjeuner,* 1932). Mais surtout, c'est avec Picasso que s'affirme la volonté de renouer avec les recherches et avec les découvertes des avant-gardes : surréalisme (il participe à l'exposition de 1925), cubisme synthétique et surtout expressionnisme. Son *Guernica,* exécuté pour le pavillon de l'Espagne républicaine à l'Exposition de 1937, peut être considéré comme le sommet de l'expressionnisme pictural de l'époque.

La sculpture européenne de l'entre-deux-guerres a été de son côté nettement moins affectée par le retour à l'ordre et à la tradition que l'art pictural, sauf bien sûr dans les pays totalitaires et, dans une certaine mesure en France, où cette tendance a connu de beaux jours avec Charles Despiau et Henri Bouchard, maîtres d'œuvre du vaste programme sculptural des Palais de Chaillot et de Tokyo, édifiés à l'occasion de l'Exposition de 1937, avec Pierre Poisson, Louis Dejean, Léon Drivier, Georges Saupique, Marcel Gimond, etc. La volonté novatrice et la création de formes nouvelles se manifestent essentiellement autour de deux pôles : celui de l'abstraction avec Mondrian et le mouvement du Néoplasticisme issu de la revue *De Stijl* et avec sa filiale londonienne, avec également l'Allemand Otto Freundlich, le Hollandais César Doméla, le Hongrois Étienne Béothy, le Français Gorin, et celui de la sculpture surréaliste, incarné par Alberto Giacometti, Max Ernst, Juan Miró, Julio Gonzalez, etc.

Après l'avènement du nazisme, et surtout après les premiers coups de force hitlériens, nombreux sont les représentants des avant-gardes picturale, sculpturale et architecturale originaires des pays de l'Europe centrale et orientale qui, après une première étape en France ou en Grande-Bretagne, prendront le chemin des États-Unis, certains pour un exil définitif. L'art contemporain américain, déjà en plein épanouissement durant les années 1920, puisera dans ce vivier de nouvelles forces et de nouvelles sources d'inspiration dont le vieux continent se trouvera au contraire privé. C'est seulement après le second conflit mondial qu'il prendra conscience de la richesse de ce « filon », devenu dans l'intervalle un rameau de la culture « américaine ».

● La musique : modernité et classicisme

La musique européenne n'a pas connu une aussi grande variété de tendances que les arts plastiques. L'influence de l'expressionnisme est médiocre, celle du surréalisme à peu près nulle. Les grands mouvements novateurs passent ici par la diffusion du jazz, lui-même passé du spontanéisme *New Orleans* à des formes plus élaborées, introduisant dans le style *swing* une orchestration plus savante, ou pour l'utilisation que font, dans la continuité des expériences effectuées à la fin du XIXe siècle par des compositeurs tels que Dvorak et Smetana, certains musiciens originaires d'Europe de l'Est comme les Tchèques Janacek et Martinu, les Polonais Paderewski et Szymanowski, les Hongrois Kodaly et Bartok, le Roumain Enesco et le Finlandais Sibélius, qui s'efforcent d'incorporer des éléments folkloriques à une écriture musicale tantôt classique, tantôt au contraire d'une facture très moderne.

Mais c'est surtout en Autriche, autour d'Arnold Schönberg et de ses disciples Alban Berg et Anton von Webern, que se poursuit la révolution musicale amorcée avant la guerre avec la mise au point d'une nouvelle méthode de composition : l'écriture « sérielle » (ou dodécaphonique) dont le principe est comparable à celui de la peinture moderne, à savoir que l'artiste doit substituer ses propres normes et son propre univers aux lois déterminées et imposées par la « nature ». Si cette musique « atonale » donne pendant la période de l'entre-deux-guerres quelques-unes de ses œuvres majeures — Les *Variations pour orchestre* et *Moïse et Aaron* de Schönberg, le *Concerto à la mémoire d'un ange* de Berg, dédié à Manon Gropius, fille d'Alma Mahler, la *Symphonie op. 21* et le *Concerto pour neuf instruments* de Webern — elle ne sera guère connue jusqu'en 1945 que dans de petits cénacles de spécialistes. Elle exercera néanmoins une influence non négligeable en France sur le «groupe des Six» (Georges Auric, Arthur Honegger, Darius Milhaud, Francis Poulenc, Louis Durey, Germaine Taillefer).

Dominent au contraire très fortement la production musicale européenne, les tendances néoclassiques et le retour aux formes traditionnelles, que ce soit chez Stravinsky dont l'exil consécutif à la révolution d'Octobre s'accompagne d'une conversion spectaculaire aux influences classiques (Bach, Beethoven et Pergolèse), chez Ravel que la découverte de Schönberg et du jazz ne détournera pas de son écriture néoclassique, chez les Français Paul Dukas, Albert Roussel et Florent Schmitt, ou chez les Allemands Kurt Weill *(L'Opéra de quat'sous,* sur un livret de Bertolt Brecht, 1928), Carl Orff *(Carmina Burana,* 1937) et Paul Hindemith, les Italiens Respighi et Busoni, et les Britanniques Elgar, Delius et Benjamin Britten, dont l'œuvre est d'ailleurs surtout postérieure à la Seconde Guerre mondiale.

Écrivains et artistes «engagés»

● L'âge d'or de l'introspection littéraire

La littérature européenne de l'entre-deux-guerres, celle notamment de la décennie 1920, quand elle ne fait pas purement et simplement retour aux sources du classicisme et de la tradition — en France par exemple avec Anatole France, qui s'éteint en 1924 à l'âge de 80 ans, trois ans après avoir été couronné par le jury du Nobel —, se caractérise, nous l'avons vu, par la recherche de l'évasion, sous toutes ses formes. Le goût de l'introspection, auquel la mode du freudisme et les influences bergsoniennes ne sont pas étrangères, relève de cette tendance générale à privilégier l'individu et sa connaissance par rapport à un monde qui l'écrase et dans lequel il ne se reconnaît plus. S'y rattachent directement l'œuvre d'André Gide, celle de François Mauriac dont la *Thérèse Desqueyroux,* publiée en 1927, est loin d'être une simple analyse critique de la société bordelaise, celle surtout de Marcel Proust, dont l'inclassable *À la recherche du temps perdu,* commencée en 1913, couronnée dès 1919 par un prix Goncourt, s'achève en 1927 avec la parution posthume du *Temps retrouvé.* Peuvent également être classés dans cette catégorie des écrivains comme l'Irlandais James Joyce, la romancière britannique Virginia Woolf, l'Allemand Thomas Mann, après sa rupture avec le nationalisme et sa réconciliation avec son frère Heinrich, romancier lui aussi, l'Autrichien Robert von Musil, dont *L'Homme sans qualités,* publié en partie en 1930 et 1933 (le reste ne paraîtra qu'en 1943, après la mort de Musil), révèle, au-delà de l'évocation désabusée de la société austro-hongroise du début du siècle, une immense lucidité intellectuelle.

● L'engagement des intellectuels : humanisme et antifascisme

Cette passion introspective n'empêche pas les grands noms de la littérature et les arts de s'intéresser à leur temps et de participer au débat, sinon au combat politique. Il en est ainsi de Gide dont l'individualisme désinvolte peut temporairement s'effacer devant l'adhésion, au demeurant toute sentimentale, à des causes qui relèvent de la solidarité entre les hommes : l'anticolonialisme, qui imprègne son *Voyage au Congo,* publié en 1927 à la suite d'un séjour dans cette possession française, puis le communisme, vite abandonné il est vrai après que l'auteur de *Retour d'URSS* (1936) eut constaté sur le terrain l'écart qui séparait la réalité stalinienne des espérances suscitées par « l'immense lueur » surgie à l'Est. Il en est ainsi également de Romain Rolland, encore que cet anticonformiste n'ait pas attendu les années 1920 pour faire entendre ses plaidoiries vibrantes en faveur de la paix, de la justice et de la fraternité humaine (la publication en 1915 d'*Au-dessus de la mêlée* avait soulevé en France une immense vague de protestations nationalistes). L'auteur de *Jean-Christophe* n'en salue pas moins avec enthousiasme les premières heures de la révolution russe puis, lorsque celle-ci s'engage dans la voie sanglante de la glaciation bureaucratique, la sagesse de Gandhi. Que sa recherche d'une synthèse entre le père de la révolution bolchevique et l'apôtre de la non-violence l'ait personnellement conduit à une impasse n'ôte rien au caractère emblématique de la quête qu'il a entreprise et qui coïncide avec les aspirations pacifistes et égalitaires de nombreux hommes de sa génération.

Dans les années 1930, l'extension de la crise à toute l'Europe, la montée des totalitarismes et la confrontation des grandes idéologies de l'heure — démocratie libérale, socialisme réformiste, communisme, fascisme — bouleversent la vie culturelle du vieux continent et inclinent de plus en plus d'intellectuels à s'engager dans la bataille. À l'heure où l'extrême droite ligueuse s'apprête, en France, à donner l'assaut contre la République, où la guerre civile fait rage en Espagne, où Hitler engage l'Europe dans une série de coups de force dont sortira le second conflit mondial, où Staline soumet son pays à la terreur organisée, rares sont en effet les écrivains et les artistes qui, «au-dessus de la mêlée» peuvent encore se réclamer d'un humanisme fraternel transcendant les frontière des États et les clivages politiques, à la manière du Jules Romains des *Hommes de bonne volonté* et du Roger Martin du Gard des *Thibault*. Les contraintes de l'actualité autant que l'«air du temps» poussent les créateurs à l'engagement politique, les uns dans le champ exclusif de la culture, d'autres dans celui de l'action militante.

Ainsi en France, au lendemain du 6 février 1934, des écrivains, des artistes, des savants appartenant aux diverses familles de la gauche fondent le Comité de vigilance des intellectuels antifascistes, dont le rôle dans la constitution du «Front populaire» a été considérable. En 1935, lors de la guerre d'Éthiopie, des écrivains et des journalistes de droite signent un «manifeste pour la défense de la civilisation chrétienne» et se déclarent hostiles aux sanctions prises contre l'Italie. Mais surtout c'est la guerre d'Espagne qui, de 1936 à 1938, mobilise intellectuels et artistes, quelques-uns comme combattants — André Malraux, engagé dans les «Brigades internationales» —, les autres comme témoins présents sur le terrain (Georges Bernanos, d'abord favorable aux nationalistes puis dénonciateur de leurs crimes dans *Les Grands Cimetières sous la lune,* l'Américain Ernest Hemingway, correspondant de guerre et auteur d'un roman-témoignage, *Pour qui sonne le glas ?,* publié en 1940 et qui connaîtra un succès mondial, Robert Brasillach dans le camp franquiste) ou simplement par le truchement de leurs œuvres, le *Guernica* de Picasso, les *Présages de la guerre civile* de Salvador Dali, les affiches appelant à aider l'Espagne républicaine de Juan Miró, etc.

● L'engagement des intellectuels : communisme, fascisme, «troisième voie»

L'attrait des régimes totalitaires sur toute une partie de l'intelligentsia européenne des années 1930 est l'une des données majeures de la période. Du côté des communistes, nous avons vu que le pouvoir d'attraction de la révolution d'Octobre avait été considérable, dépassant largement le cercle restreint des adhérents aux PC et exerçant son influence sur d'importants bataillons de «compagnons de route» auxquels il faudra beaucoup de temps parfois pour rompre avec le «socialisme réel». Le pacte germano-soviétique d'août 1939 éloignera certes beaucoup de militants et de sympathisants des partis communistes, mais avec la mise en place d'une Europe hitlérienne, ceux-ci auront l'occasion de se refaire une virginité dans la résistance et d'attirer à eux une nouvelle génération de fidèles.

Du côté du fascisme et de son homologue nazi, la fascination n'a pas été moins forte, avec là aussi des degrés d'adhésion idéologique et d'engagement très variables selon les groupes et les individus concernés. En France, les intellectuels proprement «fascistes» ne représentent qu'une mince légion, d'où émergent quelques individualités brillantes comme Drieu La Rochelle et Brasillach. Mais à côté de ces fascistes déclarés — et souvent à cette date critiques à l'égard de leurs modèles —, il existe toute une nébuleuse d'intellectuels fascisants, les uns porteurs d'un nihilisme violemment antisémite comme Céline, d'autres simplement favorables à un rapprochement avec les dictatures par passion de l'ordre et par anticommunisme (c'est le cas de la plupart des représentants de l'*establishment* intellectuel traditionnel), d'autres encore par souci d'introduire dans l'Hexagone tel ou tel élément emprunté au fascisme (le corporatisme pour l'extrême droite cléricale, un exécutif fort et un patriotisme sourcilleux pour la plupart des membres de Ligues, etc.). Enfin, autour de ce noyau dur pour qui l'Italie et l'Allemagne constituent tout de même un modèle, il y a toute une gamme d'attitudes émanant d'individus, de groupes, de revues qui, sans vouloir explicitement substituer une dictature musclée à la République parlementaire, marquent leur hostilité à celle-ci et rêvent d'une révolution spirituelle qui rendrait à la nation française sa force vive et serait en mesure de s'opposer aux deux Léviathans matérialistes qui menacent l'identité de l'Europe : le communisme russe et l'hyper-capitalisme *made in USA*. Des revues comme *Combat,* comme *L'Ordre nouveau,* lieux de croisement de nombreux intellectuels de droite (J.-P. Maxence, Jean de Fabrègues, Thierry Maulnier, etc.), dans une moindre mesure et dans une autre perspective *Esprit* d'Emmanuel Mounier, relèvent de cette recherche d'une «troisième voie» qui caractérise l'esprit des «non-conformistes des années 1930».

Comme le fascisme lui-même, l'admiration plus ou moins discrète pour les mouvements et les régimes autoritaires et totalitaires de droite ne se limite évidemment pas à la France, même si c'est dans ce pays que le champ d'attraction des dictatures noire ou brune a été le plus fort. En Angleterre par exemple, le régime mussolinien a eu de bonne heure des thuriféraires zélés dans le monde intellectuel, et celui du Führer a lui aussi eu ses adeptes. Si pour T. S. Eliot, Wyndham Lewis,

Roy Campbell et W. B. Yeats, l'«illusion fasciste» a fini par se dissiper à la veille de la guerre, elle a conduit le poète américain proche de ceux-ci, Ezra Pound, à l'exil en Italie, où il dirigera pendant la guerre des émissions de la radio fasciste, à l'arrestation par les Alliés en 1945 et finalement à l'internement pour folie.

Cultures totalitaires

● Une phase de liberté de création en URSS (1922-1929)

À la différence des régimes mussolinien et hitlérien, qui ont procédé très rapidement à la fascisation de la culture, l'URSS a d'abord été dans ce domaine, à l'époque de la NEP et jusqu'à l'avènement de Staline, le théâtre d'une libéralisation qui s'est accompagnée d'une forte créativité. Il faut dire que les interventions de l'État restent alors très discrètes. Le Parti se contente de distribuer louanges et critiques en fonction de la plus ou moins grande «utilité sociale» des œuvres produites, mais celles-ci ne doivent pas encore être conformes à un «modèle» élaboré par les instances dirigeantes. «Les communistes, écrit Trotsky dans *Littérature et Révolution,* doivent accorder une totale autodétermination à l'artiste pour autant qu'il n'est pas contre la révolution.» Et si les dirigeants bolcheviks se sentent plus proches du groupe *Prolet Kult,* qui prône l'adoption d'un modèle culturel authentiquement «prolétarien», que du Front gauche de l'Art dont les principaux représentants — le peintre Kandinsky, qui s'exilera plus tard en Occident, et surtout le poète Maïakovski qui, pour échapper aux tracasseries et aux désillusions de l'univers bureaucratique stalinien, se suicidera en 1930 — se font l'écho des tendances surréalistes et avant-gardistes qui triomphent au même moment en Europe de l'Ouest, ils ne prennent pas officiellement position.

Il en résulte un bouillonnement d'idées et de recherches esthétiques qui touche à tous les domaines de la vie intellectuelle et artistique : littérature, avec la permanence d'un fort courant individualiste, romantiquement attaché à l'épopée révolutionnaire mais tout aussi vigilant à préserver les droits de la critique, de la fantaisie et du raffinement formel : arts plastiques, malgré la condamnation en 1922, par l'Association des artistes de la Russie révolutionnaire, du «formalisme» sous tous ses aspects : musique, avec Khatchatourian et Chostakovitch (Prokofiev ne rentrera en URSS qu'en 1933 et Rachmaninov a fui son pays pour se réfugier aux États-Unis où, supportant mal le déracinement, il compose peu), etc. Le cinéma, pourtant placé depuis 1919 sous le contrôle du Commissariat du peuple à l'Éducation et encadré par une École d'État, constitue semble-t-il le témoignage le plus éclatant de la vitalité et de la créativité de la culture soviétique à l'époque de la NEP. Eisenstein *(La Grève, Octobre, Le Cuirassé Potemkine, La Ligne générale)*, dont l'œuvre cinématographique réussit à concilier le souffle révolutionnaire, la volonté didactique et une recherche esthétique et technique qui fera date dans l'histoire de la cinématographie européenne, Poudovkine *(La Mère, La Fin de Saint-Petersbourg)*, Trauberg, Emler *(L'Homme qui a perdu la mémoire)*, sont les représentants les plus illustres d'un vecteur culturel dont Lénine disait : «De tous les arts, l'art cinématographique est pour nous le plus important».

● Le totalitarisme culturel stalinien

Tout change avec les débuts du stalinisme. À partir de 1929 en effet, les écrivains et les artistes sont appelés à s'engager dans la bataille du Plan, et trois ans plus tard l'Association des écrivains soviétiques se voit assigner comme tâche par le Comité central du PCUS de «soutenir la plate-forme du pouvoir soviétique». Dès lors, tandis que l'enseignement à tous les niveaux subit l'imprégnation de l'idéologie marxiste, la littérature nouvelle reçoit pour mission d'exprimer les «aspirations des masses» et les objectifs économiques et sociaux du régime. Ainsi prend corps ce que l'on va appeler, à partir de 1932, le «réalisme socialiste», véritable doctrine officielle plus tard codifiée par Jdanov et qui vise à «décrire l'homme en tant que membre de la société», à le détourner des «tourments d'intellectuels indécis» et à exalter le héros individuel et l'héroïsme des masses qui «se sacrifient pour l'édification d'un monde nouveau». Le rejet du «formalisme», du «subjectivisme», aussi bien que du «primitivisme naturaliste», qualifiés de «bourgeois» par les doctrinaires du «réalisme socialiste», l'usage systématique de la carotte et du bâton — d'un côté les louanges, les honneurs, les commandes, généreusement distribués aux écrivains et aux artistes conformes aux modèles par les instances du Parti, de l'autre une censure stricte et bientôt une répression impitoyable —, vont avoir pour effet de produire une littérature stéréotypée, d'où émergent malgré tout quelques grands noms comme ceux d'Ilya Ehrenburg et de Cholokhov, mais où dominent, avec Fourmanov *(Tchapaiev,* 1923), Alexis Tolstoï *(Mil neuf cent dix-huit),* Serafimovitch *(Torrent de fer),* Fadeiev *(La Défaite,* 1927), Ivanov *(Les Partisans),* par exemple, le conformisme et la médiocrité.

Les arts plastiques, eux aussi mis au service de la «construction du socialisme», se voient cantonnés dans l'exaltation du régime, de ses réalisations et de ses dirigeants, et ramenés à un figuratif conventionnel totalement étranger aux traditions artistiques du pays. L'architecture moderne, qui avait connu les faveurs du pouvoir dans les premières années de la révolution, est également abandonnée au profit d'un «retour à l'ordre», qui caractérise d'ailleurs la société stalinienne dans son ensemble, et qui se traduit par l'adoption d'un style néoclassique pesant, à la décoration foisonnante et passablement pompier. La musique elle-même subit cette mise au pas, un grand génie musical comme Prokofiev finissant par composer en 1939 la partition d'une «Ode à Staline». Enfin l'histoire est récrite, la psychanalyse condamnée, les sciences humaines orientées dans un sens conforme à la doctrine marxiste-léniniste. Le cinéma ne fait évidemment pas exception, sauf, en fin de période, où se manifeste dans ce domaine une brillante renaissance avec les films historiques de Petrov *(Pierre le Grand)* et d'Eisenstein *(Alexandre Nevski).*

● La «bonification culturelle» en Italie fasciste et ses limites

En Italie, la «bonification culturelle» — traduisons : la mise au pas de la culture et son embrigadement au service du régime — ne s'est pas faite non plus du jour au lendemain, et surtout elle est loin d'avoir été poussée aussi loin que dans l'URSS stalinienne et en Allemagne nazie. D'autre part, à l'intérieur même du fascisme, il n'y a pas en ce domaine unité de conception et monolithisme des réalisations.

L'esprit du premier fascisme, contestataire de l'ordre établi et violemment antibourgeois, continue d'inspirer pendant toute la période un certain nombre d'intellectuels qui avaient adhéré à l'idéologie des faisceaux par admiration pour son nihilisme régénérateur. Ce sont soit des nationalistes, des futuristes comme Mario Carli, Ardengo Soffici et Marinetti lui-même, soit d'anciens «interventionnistes de gauche» comme Malaparte. Tous rattachent leur discours aux idéaux «révolutionnaires» du squadrisme et dénoncent l'évolution conservatrice et l'embourgeoisement d'un régime qui, pourtant, ne leur ménage ni les honneurs ni les prébendes, et qui n'hésitera pas, à partir de 1936, à récupérer leur thématique anticonformiste pour justifier sa radicalisation totalitaire.

Unanimes à dénoncer la dérive « bourgeoise » de l'Italie mussolinienne, intellectuels et artistes militants sont en revanche divisés sur le sens à donner à ce qu'ils considèrent comme devant être la « révolution fasciste ». Au courant moderniste et centralisateur, qu'incarnent l'écrivain Bontempelli et sa revue *Novecento* (« Vingtième siècle »), les peintres De Chirico, Morandi et Carrà, s'oppose dans les années 1920 une tendance provincialiste, populiste et ultra-réactionnaire, représentée notamment par la revue *Il Selvaggio,* de Mino Maccari, à laquelle collaborent Soffici et Malaparte.

Si certains de ces écrivains et de ces artistes se détachent peu à peu du régime, par fidélité à leurs idéaux comme Marinetti, ou par opportunisme, d'autres, comme Soffici, iront jusqu'au bout de leur engagement en soutenant après 1943 l'éphémère et féroce République de Saló.

À côté de cette minorité porteuse d'une culture authentiquement « fasciste », la plupart des intellectuels qui se sont ralliés à la dictature mussolinienne l'ont fait parce qu'ils approuvaient au contraire son évolution conservatrice et son adhésion aux thèmes du nationalisme classique — avec une certaine réserve, comme D'Annunzio, ou avec un enthousiasme plus ou moins sincère, comme Prezzolini et Papini —, quand ce n'était pas, à la manière de Pirandello (prix Nobel de littérature en 1934), par opportunisme pur et simple.

Ce ralliement d'une fraction importante de l'*establishment* intellectuel, l'abandon par le fascisme de ses idéaux originels au profit de ceux de la tradition intellectuelle de la bourgeoisie, puis le développement du culte du Duce, ont concouru à la propagation d'un conformisme culturel qui doit également beaucoup à l'insertion des créateurs dans des structures contrôlées par le pouvoir : corporation spécialisée, Institut fasciste de la Culture, Académie d'Italie, etc. Des prix et des distinctions divers sont institués pour récompenser les réalisations pouvant le mieux contribuer à la gloire du régime. Il en résulte une sclérose de la culture officielle, particulièrement manifeste dans les arts plastiques, voués pour une large part à la représentation d'une histoire nationale recomposée pour exalter la gloire du fascisme, à la transcription figurative du vécu quotidien de l'« Italie nouvelle », ou à la reproduction obsessionnelle et idéalisée de l'image du chef charismatique.

En dépit de réalisations de valeur comme la gare de Florence de Michelucci, la Maison du *Fascio* de Côme de Terragni, diverses manifestations d'une modernité incarnée par le mouvement du *Novecento* (Muzio, Pizzigoni, Fiocchi, etc.) et qui s'est surtout concrétisée à Milan (Piazza della Repubblica) et à Turin (l'usine Fiat-Lingotto, l'exposition de 1928), l'architecture, au demeurant très diverse, ne saura pas en fin de compte trouver la mesure entre les aspirations modernistes et fonctionnalistes et la reproduction passéiste du Moyen Âge et de la romanité. Plus le régime s'appliquera à imposer ses normes totalitaires, plus il aura tendance à choisir entre ses deux architectes-vedettes, Pagano le « fonctionnel » et Piacentini l'opportuniste, celui dont les choix architecturaux collaient le mieux avec ses fonctions de représentation et de mise en scène des masses, à savoir le second. De là le navrant néoclassicisme du style « licteur », présent dans de nombreuses villes de la péninsule, et l'échec du grandiose projet d'Exposition Universelle de Rome (l'EUR), prévue pour 1942 et qui, contraintes imposées par l'autarcie aidant, aboutit à l'édification d'un quadrillage inhumain de monuments rigides et pompeux.

C'est évidemment par le truchement de la culture de masse que le fascisme a poussé le plus loin son effort de pénétration « capillaire » de la société italienne. Nous avons vu que celui-ci utilisait de manière systématique tous les grands vecteurs modernes de l'information et du divertissement collectif, la presse, les magazines illustrés, l'affiche, les « bandes dessinées » *(fumetti),* la radio, l'accent étant mis principalement sur la cinématographie, considérée par Mussolini comme « l'arme la plus forte ». Or si le cinéma italien est soumis dès 1923 à une censure très stricte et est placé depuis 1934 sous le contrôle direct de l'État et du Parti, cette mainmise du régime ne se traduit pas par une fascisation à outrance de la production courante. Conscients du risque de rejet que pourrait susciter auprès du public un cinéma de fiction truffé d'idéologie explicite, les dirigeants fascistes s'accommodent parfaitement d'une production filmique répondant aux aspirations d'une petite bourgeoisie restée attachée aux valeurs traditionnelles, pour peu que soient bannis des écrans — et l'autocensure des réalisateurs y suffit largement — toute représentation déviante pouvant affecter l'image d'une société harmonieuse et sans problèmes. Dans ces conditions, les œuvres de facture authentiquement « fasciste » sont-elles rares : pas plus d'une trentaine de films pour l'ensemble de la période, parmi lesquels beaucoup se rattachent davantage à l'idéologie nationaliste ou colonialiste « classique » — c'est le cas de *Scipion l'Africain* de C. Gallone ou de *L'Escadron blanc* de A. Genina — qu'aux idéaux spécifiques du régime.

On touche ici aux limites culturelles du totalitarisme fasciste, marquées par l'échec d'un cinéma de fiction «politique» au profit d'un cinéma d'évasion, peu éloigné somme toute du modèle hollywoodien. À la fin de la période, on assiste d'ailleurs dans ce secteur, comme dans beaucoup d'autres, à l'éveil d'un esprit contestataire qui, utilisant les rares espaces de liberté laissés vacants par la politique du pouvoir, prend de l'assurance avec la guerre, pour aboutir en 1943 à des œuvres qui appartiennent déjà à la veine néoréaliste, comme *Ossessione* de L. Visconti et *Les Enfants nous regardent* de V. de Sica.

C'est au contraire au domaine de la propagande explicite et directe que se rattachent d'une part les parades paramilitaires et les meetings de masse, au cours desquels le Duce dialogue avec la foule selon une liturgie inaugurée par D'Annunzio à Fiume, d'autre part les manifestations d'un sport-spectacle, lui aussi érigé en quasi-monopole de l'État. Prolongé par la lecture des journaux et l'audition des émissions radiophoniques spécialisées, le spectacle sportif constitue en effet une excellente recette pour qui veut détourner les masses de leurs préoccupations quotidiennes. Il permet de nourrir au moindre prix les pulsions nationalistes et se déroule en des lieux où peut aisément s'exercer l'action de propagande du fascisme. Sports populaires, sports virils, sports de pauvres, le football et la boxe seront ainsi instrumentalisés en la personne du menuisier Primo Carnera, devenu champion du monde poids lourds à New York, et des stars de la *squadra azzura,* deux fois victorieuse de la coupe du monde, en 1934 et 1938.

Les limites de la «bonification culturelle» voulue par le fascisme apparaissent moins qu'en Allemagne dans l'exil massif des intellectuels et des artistes que dans la résistance passive qu'ont opposée à son entreprise totalitaire nombre d'intellectuels non ralliés au régime et parfois en conflit ouvert avec lui, tel le philosophe Benedetto Croce. C'est parmi eux que la littérature italienne a recruté pendant le *ventennio* fasciste les meilleurs de ses représentants : un Elio Vittorini (*Il Garofano rosso,* 1933, *Conversation en Sicile,* 1941), un Cesare Pavese (les poèmes de *Lavorare stanca,* 1936, *Paesi tuoi,* 1941), un Alberto Moravia (*Les Indifférents,* 1929), Ignazio Silone ayant pris, lui, le chemin de l'exil, d'abord pour Moscou puis, après son expulsion du Parti communiste, pour la Suisse où il publiera ses principaux livres : *Fontamara* (1930), *Le Pain et le vin* (1937), *Le Grain sous la neige* (1940), etc.

● L'Allemagne nazie : la culture sous la botte

Dix années après la «révolution fasciste», le nazisme a mis les bouchées doubles pour combler son «retard» sur son homologue transalpin et est allé beaucoup plus loin que lui sur la voie du totalitarisme culturel et de l'embrigadement du monde des arts et des lettres. La mise au pas imposée par le ministère de la Culture et de la Propagande, confié à Goebbels, et par la Chambre de la Culture, à laquelle tous les créateurs doivent s'inscrire, obéit d'entrée de jeu à des objectifs clairement définis et qui visent à promouvoir dans le IIIe Reich une esthétique nouvelle. Au libéralisme et à l'intellectualisme qui ne peuvent qu'être le fait d'intellectuels et d'artistes «dégénérés», doit être substitué l'idéal «nordique» de l'art, fondé sur la conviction que «le sang et le sol forment l'essentiel de la communauté allemande», que l'art «dans son éclosion n'est pas affaire esthétique mais biologique», qu'il doit exprimer la race, la nation, la «beauté germanique» et que son but exclusif doit être de rendre l'âme populaire consciente de son unité et de sa force.

Soucieux d'imposer cette culture *völkisch,* le régime commence par éliminer tout ce qui est susceptible d'opposer une résistance à sa diffusion. Dans le domaine artistique, il oppose en 1937 à Munich la «Grande Exposition de l'Art allemand» à celle de l'«Art dégénéré», autrement dit l'art plein de santé et d'élan vital des représentants du germanisme triomphant et la morbidité de l'esthétique «cosmopolite» et «judéo-bolchevique» incarnée aux yeux des dirigeant du IIIe Reich par le dadaïsme, le surréalisme, l'expressionnisme et l'abstraction. Résultat mitigé en ce sens que l'afflux des visiteurs à la visite du «véritable enfer du sous-homme» (selon le catalogue de l'exposition des «dégénérés») est jugé suspect par les organisateurs qui se garderont à l'avenir d'une telle entreprise. On se contentera d'éliminer des musées et des collections publiques tout ce qui est jugé incompatible avec l'«âme populaire» allemande, pas seulement les œuvres de Klee, Kandinsky, Borbach ou Kokoschka, mais celles de nombreux peintres italiens modernes et des impressionnistes français. Beaucoup seront vendues aux enchères en Suisse, ou détruites.

Dans le domaine des lettres et de la pensée, l'hostilité au «modernisme», sous toutes ses formes, est tout aussi virulente et aberrante. Ici également, on ne se contente pas de retirer des bibliothèques et de brûler dans de gigantesques autodafés les œuvres d'écrivains et de philosophes communistes, socialistes et libéraux. On élimine pêle-mêle les ouvrages d'Einstein, de Freud, de H-G. Wells, de Gide, de Proust, de Voltaire, de Romain Rolland et de… Jack London ! Même des «compagnons de route» comme les tenants de la «révolution conservatrice», même Ernst Jünger qui dans son livre *L'Ouvrier* avait été le défenseur d'un socialisme national proche du premier nazisme, subissent le même sort. Il en est de même pour la musique : des dizaines de chefs d'orchestre juifs de renommée internationale doivent quitter leur pupitre tandis que Mendelssohn et Mahler sont interdits d'exécution en concert.

On conçoit que, dans ces conditions, l'exil hors des frontières du Reich, ou l'«émigration intérieure», c'est-à-dire le silence, aient été les seules issues possibles pour les créateurs dignes de ce nom. C'est par milliers qu'écrivains, artistes et savants vont prendre le chemin de l'étranger, celui des pays de l'Ouest européen d'abord, puis celui plus lointain et souvent définitif des États-Unis. D'Einstein aux sociologues de l'École de Francfort, de Gropius à Brecht, des peintres et cinéastes expressionnistes à Thomas Mann, de Wassermann à Remarque, c'est tout le miel de la culture allemande qui prend le large, laissant le champ libre à la nouvelle «élite» intellectuelle du régime. Peu de grands noms en son sein, sinon ceux du philosophe Martin Heidegger, devenu recteur de l'université de Fribourg, et du musicien Richard Strauss, dont la fréquentation du régime sera d'ailleurs brève.

Si bien que la culture *völkisch* que les dirigeants nazis ont essayé de promouvoir n'a guère donné autre chose que des œuvres de circonstance produite par des écrivains de seconde zone tels que Hans-Friedrich Blunck, Hermann Claudius et Hans Carossa, des peintres médiocres comme Conrad Hommel, Paul Hermann et Fritz Erler, des sculpteurs appliqués à la reproduction stéréotypée des modèles exaltés par la *Reichskulturkammer* comme Kolbe, Klimsch et Scheibe. Échappent un peu à la grisaille de cet art figé et conformiste la statuaire de Thorak et surtout d'Arno Breker, quelques tableaux de Ziegler et Padua, ainsi que toute une production relevant davantage de l'art du *designer* que de celui du peintre ou du sculpteur. Quant à l'architecture, après la fermeture du Bauhaus par les nazis, elle subit plus que toutes les autres formes d'art la pression idéologique du régime qui privilégie, sous l'influence de Speer — à qui l'on doit la construction de la nouvelle Chancellerie, l'esplanade Zeppelin à Nuremberg et de grandioses projets de remodelage de la capitale — un style néoclassique froid et pesant.

À côté de quelques réalisations originales effectuées dans le cadre du *Thingstätte,* théâtre en plein air où sont jouées des pièces populaires impliquant la participation du public, les seules véritables productions culturelles de qualité — techniquement parlant et indépendamment de leur contenu — se situent dans le domaine cinématographique.

Une fois le cadre administratif et politique mis en place, le régime a organisé progressivement la restructuration de l'industrie du film, comme en Italie, selon sa politique de consolidation des monopoles. Après l'acquisition de la Tobis en 1933, il mit à profit la grave crise économique qui frappait le cinéma allemand pour renforcer la concentration, le mouvement trouvant son achèvement en 1942 avec la création de l'UFA qui contrôlait directement une grande partie des salles, l'ensemble de la distribution et des installations techniques. Le cinéma allemand bénéficia dès lors, notamment avec les studios de Babelsberg, des meilleurs équipements européens et, en 1938, l'industrie filmique du Reich se situait au second rang mondial après celle des États-Unis.

Bien que la cinématographie de l'Allemagne nazie ait continué de fonctionner, comme celle de l'Italie, dans le cadre strict de l'économie de marché, les impulsions du pouvoir et l'encadrement de cette activité industrielle et artistique y ont été plus poussés que dans la péninsule. Sa vocation affichée étant de former l'affectivité des masses, peu accessibles aux idées abstraites, de les convaincre et non de les instruire, en faisant appel à la force des sentiments plus qu'à la raison, il fallait établir une base nouvelle marquant la rupture définitive avec tout ce qui était considéré comme la dégénérescence de l'Allemagne de Weimar. Les composantes de cet esprit nouveau furent le nationalisme et le racisme, thème majeur de la filmographie explicitement «national-socialiste».

Le style monumental des célèbres documentaires longs métrages du IIIe Reich fut créé par Leni Riefenstahl, «égérie du Führer» et cinéaste attitrée du Parti pour le congrès de Nuremberg. Dès 1933, *La Victoire de la foi* permit au public de découvrir les fastes et la liturgie d'un grand rassemblement nazi où les SS apparaissaient pour la première fois. Pour *Le Triomphe de la volonté,* l'année suivante, d'importants moyens techniques et financiers ayant été mis à la disposition de la réalisatrice, celle-ci parvint à créer une atmosphère qui paraissait toute de spontanéité alors que tout avait été minutieusement préparé et orchestré en fonction de la présence des caméras. En 1936, *Olympiade : fête du sport, fête de la beauté* (titre français : *Les*

Dieux du stade), réalisée avec d'énormes moyens à l'occasion des Jeux olympiques de Berlin, eut un succès mondial, bien qu'à côté de quelques très belles séquences — le marathon, le 100 mètres gagné, on le sait, pour le plus grand dépit du Führer, par le Noir américain Jesse Owens — l'œuvre comportât des passages à la gloire de la «race des seigneurs», comparés aux héros de l'Antiquité, qui ne manquaient pas de ridicule.

Au seuil de la guerre, le racisme s'exprima en des termes d'une violence et d'une inhumanité jamais atteintes jusqu'alors sur l'écran avec des films comme *Le Juif éternel* de F. Hippler et surtout *Le Juif Süss* qui, pendant le conflit fit le tour de l'Europe occupée. Parallèlement, l'accent était mis dans toute une série d'œuvres patriotiques édifiantes sur les héros, célèbres ou obscurs, qui avaient fait l'Allemagne, de Frédéric II à Bismarck, des patriotes rebelles à la domination napoléonienne, aux combattants anonymes de la Grande Guerre et aux «martyrs» de la cause national-socialiste.

Comme en Italie, les films de divertissement — qui firent connaître dans le monde entier quelques-unes des stars du cinéma d'outre-Rhin, Marika Rökk, Zarah Leander, Emil Jannings, Hans Albers, etc. — représentent quantitativement la partie la plus importante de la production cinématographique. Pourtant, au nom de la mobilisation des esprits *(Wehrgesinnung),* les thèmes majeurs de la politique furent toujours présents dans les comédies les plus anodines. Enfin les «actualités» occupèrent une place de choix dans les programmes, surtout pendant la guerre où elles duraient parfois jusqu'à trois quarts d'heure. Les quatre journaux filmés qui existaient jusqu'en 1939 (UFA, Fox, Tobis, Deulig) furent regroupés en 1940 en une bande unique, «Les Actualités allemandes», placées sous le contrôle direct de Goebbels et soumises à la censure personnelle du Führer.

Le 14 novembre 1938, un arrêt antisémite publié par le *Völkischer Beobachter* avait interdit l'accès des Juifs à toutes les manifestations de la culture allemande. Les départs de ceux qui constituèrent les colonies germaniques de Paris et de Hollywood furent une perte immense pour le cinéma allemand, mais les studios de Neuebabelsberg n'en demeurèrent pas moins l'un des pôles majeurs de la cinématographie européenne.

Pratiques sociales et loisirs de masse

● Naissance d'une culture de masse

La massification des sociétés européennes, si elle a servi de levier au totalitarisme, a produit partout les mêmes effets sur les comportements sociaux, l'essor spectaculaire des grandes villes et de la consommation de masse, les tirages croissants de la presse d'information, la radio et le cinéma conjuguant leur influence pour uniformiser les goûts et les genres de vie.

Nombreux sont, pendant la période de l'entre-deux-guerres, les intellectuels et les moralistes qui expriment leur inquiétude devant cette uniformisation menaçante et qui dénoncent les dangers que font courir à la civilisation européenne la réduction de l'individu à l'état de «robot». C'est le Français Georges Duhamel décrivant avec une précision horrifiée la «mort industrielle» telle qu'il a pu l'observer dans les abattoirs de Chicago, symbole d'une Amérique dont l'évolution préfigure celle de notre continent. C'est l'Espagnol Ortega y Gasset décrivant, dans *La Récolte des masses* (1930), l'individu écrasé par le corps social anonyme. C'est le Britannique Aldous Huxley évoquant dans *Le Meilleur des mondes* (1930) un futur d'uniformisation et de manipulation des masses. Thèmes auxquels des réalisateurs de génie comme l'Allemand Fritz Lang *(Metropolis,* 1926) et Charlie Chaplin *(Les Temps modernes,* 1936) donnent une audience internationale.

Mais les masses elles-mêmes sont trop préoccupées de leurs problèmes immédiats, trop avides de goûter un peu au confort et aux plaisirs qui étaient jusqu'alors réservés à une élite de nantis et que l'essor des industries modernes leur apporte, trop conscientes également des menaces qui pèsent sur leur avenir, pour ne pas jouir quand elles le peuvent des loisirs qui leur sont offerts.

Entre la culture des élites, toujours réservée à de minces légions de privilégiés qui ont le temps, le bagage intellectuel et les moyens financiers de fréquenter le théâtre, les galeries d'art et le concert, de faire de longs et coûteux séjours à l'étranger, de nourrir leur esprit et leur sensibilité d'œuvres littéraires et artistiques contemporaines ou «classiques», et la culture populaire traditionnelle notamment rurale — qui tend à disparaître ou à se cantonner dans un «folklore» plus ou moins artificiellement maintenu —, il se développe ainsi une culture de masse nourrie par la presse à sensation, les magazines illustrés, pour les jeunes les bandes dessinées inspirées des *comics* américains, les émissions de variétés diffusées par la radio, etc. La musique légère, l'opérette et surtout la chanson, qui avait fait avant la guerre la fortune du «café concert» dans nombre de pays européens, trouvent avec les ondes radiophoniques un moyen d'étendre leur audience à toutes les parties du continent.

● Le sport, loisir de masse du monde moderne

Deux médias culturels de masse jouent surtout un rôle déterminant et soulignent l'engouement de l'époque pour les distractions collectives. Le sport tout d'abord, essentiellement pratiqué on l'a vu, jusqu'à la guerre, par une élite et dont plusieurs disciplines se transforment à la fois dans les années 1920 en pratiques et en spectacles de masse auxquels la presse et la radio assurent une formidable audience. Il en est ainsi du cyclisme, avec les deux épreuves reines de la saison internationale que sont le «Tour de France» et le «Giro d'Italia» auxquels participent les stars européennes du «vélo» — les Français Vietto, Magne et Leducq, les Belges Maës et Scieur, les Italiens Bottecchia et Bartali, etc. —, et avec les populaires épreuves des «six jours cyclistes» qui, de Paris à Berlin et de Londres à Bruxelles peuvent attirer jusqu'à 25 000 spectateurs par soirée. Il en est ainsi également de la boxe et du football.

La première peut donner lieu à de formidables moments médiatiques, tel le «match du siècle» opposant le 2 juillet 1921, pour le titre mondial toutes catégories, le Français Carpentier et l'Américain Dempsey. Les grands quotidiens d'information ont rivalisé d'ingéniosité et de moyens pour être les premiers à annoncer au public, qui se presse devant leurs vitrines, le résultat du combat. Mais ce sont les ondes radiophoniques qui créent l'événement en donnant à leurs auditeurs la primeur de la nouvelle (Dempsey vainqueur au 4e round).

Le second devient à la fois un sport populaire pratiqué par un nombre croissant d'adeptes dans toute l'Europe, alors que son rival le rugby reste socialement et géographiquement plus circonscrit, et le sport-spectacle par excellence, avec ses équipes-vedette, «Arsenal» chez les Britanniques, Marseille, Sète, Montpellier, Roubaix, le «Red Star» chez les Français, le «*Torino*», la «*Juventus*», le Milan AC, chez les Italiens, etc., et ses étoiles professionnelles adulées et payées au prix fort. Déjà la coupe «Jules Rimet», qui couronne tous les quatre ans la meilleure équipe mondiale, est l'enjeu d'une bataille planétaire entre Latino-Américains et Européens.

À l'exception de Los Angeles, qui accueillera en 1932 les Jeux de la Xe Olympiade, ce sont enfin les grandes capitales européennes qui organisent tous les quatre ans également le grand rassemblement du sport mondial que constituent les Jeux Olympiques : Anvers en 1920 d'où sont exclus les vaincus de la guerre et les représentants de l'URSS, Paris en 1924 où sont représentés 44 pays, avec plus de 3 000 concurrents, Amsterdam en 1928 en dépit des réticences de la reine Wilhelmine pour qui les Jeux étaient une «cérémonie païenne» et où triomphèrent surtout les champions de l'Europe du Nord (Suède, Finlande, Danemark, Royaume-Uni, Allemagne), Berlin enfin en 1936, sur fond d'exclusion raciste, de boycott avorté et de parade nazie.

● L'âge d'or du cinéma

Le cinéma constitue le grand divertissement de masse de l'entre-deux-guerres. Avant le premier conflit mondial, la cinématographie française avait occupé une place dominante sur le marché mondial. Or, dès 1915, elle doit faire face à la concurrence vite triomphante des produits *made in Hollywood*. L'introduction du sonore en 1927, qui demande des moyens financiers encore plus importants, accentue la tendance et pousse, nous l'avons vu, à une concentration qui favorise les industries filmiques américaine et allemande. Bien avant que l'avènement du nazisme et les coups de force hitlériens ne provoquent un exode général du monde cinématographique, l'Amérique a commencé à drainer nombre de réalisateurs et d'acteurs de talent : l'Anglais Charlie Chaplin, les Allemands Lubitsch, von Sternberg et von Stroheim, le Danois Carl Dreyer, le Suédois Sjöström et sa compatriote, la «divine» Greta Garbo, etc.

Si l'expressionnisme allemand et l'école soviétique dominent par leur qualité et leur originalité la cinématographie des années 1920, si les productions britanniques, suédoises, danoises et italiennes occupent pendant toute la période une place de choix dans la filmographie européenne, c'est incontestablement le cinéma français qui, qualitativement, l'emporte sur tous ses concurrents au cours de la décennie qui précède la guerre : cinéma de divertissement, avec ses comédies légères et ses grandes fresques historiques, cinéma à vocation sociale et politique, avec *Quatorze Juillet* et *À nous la liberté* de René Clair, *La Marseillaise, Toni* et *La Grande Illusion* de Jean Renoir, cinéma «noir» inspiré par l'atmosphère de la crise, avec *Pépé le Moko* de Julien Duvivier, *Quai des brumes* et *Hôtel du Nord* de Marcel Carné (sur un scénario de Jacques Prévert tiré d'un roman d'Eugène Dabit), *La Règle du jeu* de Renoir, etc.

Au cours des deux années qui précèdent le déclenchement de la guerre, un climat de veillée d'armes imprègne, à des degrés divers, cette culture médiatisée, lentement et à petites doses dans les pays démocratiques, de façon massive au contraire du côté des dictatures. Aux monuments militaristes des cinémas nazis et fascistes *(Sentinelles de bronze* de Marcellini, *Luciano Serra pilota* d'Alessandrini, *Légion Kondor* de Karl Ritter), répondent l'*Alexandre Nevski* d'Eisenstein (1938) et les productions françaises exaltant la geste de l'armée coloniale *(La Bandera* de Duvivier, dès 1935, *Trois de Saint-Cyr).* Dans l'Hexagone, on ne chante pas seulement «Tout va très bien Madame la Marquise», mais également «Mon légionnaire» et «Flotte petit drapeau». Au diapason de ces petits événements «culturels», les sondages d'opinion qui viennent de faire leur apparition en France et en Angleterre disent sans ambiguïté qu'une majorité d'habitants de ces deux pays jugent la guerre à peu près inévitable et, une fois dissipée l'illusion de Munich, que l'on est résigné à la faire si c'est à ce prix que l'on peut arrêter Hitler. L'«embellie» de 1936 s'achève, les Années folles font désormais partie des souvenirs mythifiés. Commence pour l'Europe, après les *gloomy thirties,* le long calvaire des années de sang.

CHAPITRE 7

L'Europe en « guerre froide », 1945-1956

Au lendemain de la Seconde Guerre mondiale, l'Europe semble être en plein déclin. Si la conférence de Yalta n'a pas été un « partage du monde », les rapports de force aboutissent à la partition du continent. Celui-ci est exsangue : pertes humaines, ruines matérielles, chute de la production, effondrement financier, crise morale née des massacres de la guerre et du génocide ont bouleversé ses valeurs et les fondements de sa puissance.

Dans cette situation difficile, les débuts de la Guerre froide creusent le fossé entre les deux Europe. Redoutant l'expansionnisme soviétique, les pays de l'Europe occidentale se tournent vers les États-Unis qui leur procurent une aide économique par le Plan Marshall et une protection militaire par la signature du pacte Atlantique. De leur côté, les pays de l'Europe de l'Est occupés par l'Armée Rouge connaissent une satellisation politique et économique qui les conduit à un alignement pur et simple sur l'Union soviétique. Sous l'inspiration du Kominform, les communistes d'Europe de l'Ouest se lancent dans une offensive politique qui leur vaut d'être exclus des gouvernements. Avec le « coup de Prague», puis le blocus de Berlin en 1948, l'Europe devient le théâtre privilégié de la Guerre froide.

Le déclenchement en 1950 de la guerre de Corée mène à une affirmation des blocs antagonistes. En Occident, la psychose anticommuniste conduit à la «chasse aux sorcières», cependant que le mouvement de décolonisation, appuyé par l'URSS et la Chine, est perçu comme un aspect de l'offensive communiste. En URSS, l'ère est aux grandes purges et au «monolithisme», car Staline est inquiet du danger de contagion du schisme yougoslave. Pour échapper au danger communiste, l'Europe occidentale, sous l'inspiration de Jean Monnet, jette les bases de son unification.

La mort de Staline en 1953, suivie de l'armistice en Corée ouvre une période de dégel que Khrouchtchev qualifiera de «coexistence pacifique». Les accords de Genève sur l'Indochine (1954), la réconciliation des Soviétiques avec Tito, le traité d'État autrichien (1955), les accords sur la Sarre et sur Trieste marquent la reprise du dialogue et l'effacement du risque de guerre immédiate.

Yalta

● Organiser la paix

Au cours de la Seconde Guerre mondiale, la politique d'expansion des régimes fascistes, puis les atrocités nazies, ont fait prendre conscience à une bonne partie de l'humanité — Européens et non-Européens — de leur solidarité de fait face à un danger commun. La «Grande Alliance» qui s'est constituée à la fin de 1941 entre des régimes politiques et sociaux aussi différents que ceux des démocraties occidentales et de l'URSS paraît indiquer que, conscients du risque que l'hitlérisme fait courir au monde civilisé, les adversaires de l'Axe sont prêts à faire taire leurs divergences idéologiques et leurs conflits d'intérêts pour fonder une paix durable, dans le respect mutuel de leurs partenaires et sans chercher à substituer leur propre hégémonie à celle du Reich vaincu.

Dès la fin de 1943 en effet, la défaite de l'Allemagne nazie semble à peu près assurée et les trois principaux États qui dirigent la lutte contre Hitler commencent à s'interroger sur leur collaboration future, non plus seulement pour gagner la guerre dans les meilleures conditions possibles et dans les délais les plus brefs, mais pour organiser la paix. L'affaire est trop importante, elle engage trop l'avenir et la sécurité de chacun, elle conditionne trop étroitement le sort du continent où s'est localisé l'épicentre du séisme, pour que le règlement du conflit soit laissé au hasard et à l'improvisation. C'est dans cette perspective que des conférences internationales sont organisées entre les grands Alliés. Celle de Téhéran, qui réunit, du 28 novembre au 1ᵉʳ décembre 1943, Roosevelt, Churchill et Staline, débouche sur d'importants échanges de vues concernant l'après-guerre.

● Un partage du monde ?

C'est surtout à Yalta, en Crimée, que se joue, en février 1945, le sort de l'Europe libérée. Non que les trois Grands s'y soient livrés — comme on l'a dit et redit depuis en faisant de cette réunion des futurs vainqueurs un véritable «mythe» — à un partage explicite de l'Europe et du monde. Mais parce qu'au moment où a lieu la rencontre, l'essentiel est joué sur le terrain et que les Occidentaux n'ont guère d'autre choix que d'essayer de lier Staline par un engagement solennel de reconnaissance des droits et de la souveraineté des «peuples libérés», ou de lui faire la guerre, ce dont personne ne veut entendre parler après bientôt six années de conflit meurtrier.

L'idée du partage n'est certes pas absente de tous les esprits. Staline n'a pas hésité, en 1939 et en 1940, à négocier avec Hitler la «restitution» à l'URSS des territoires perdus en 1917 et, pendant les premières années de la guerre, il a proposé à deux reprises au moins à ses alliés une distribution concertée des zones d'influence en Europe. À chaque fois, Britanniques et Américains ont répondu par la négative.

Or, en octobre 1944, Churchill s'est rendu à Moscou et a improvisé avec Staline sur un coin de table un accord très vague délimitant les «zones d'influence» des deux pays dans les Balkans, l'URSS dominant à 90 % en Roumanie, 80 % en Bulgarie et en Hongrie, le Royaume-Uni à 90 % en Grèce et le «partage» s'effectuant pour la Yougoslavie sur la base du *fifty-fifty*. Ce faisant, le Premier ministre britannique a paré au plus pressé. Face à une Union soviétique dont les armées déferlaient depuis l'été 1944 sur l'ensemble de l'Europe de l'Est, et dont il était clair que personne ne la ferait reculer sans qu'elle ait choisi de le faire, il ne pouvait guère que tenter de geler la situation sur le terrain, de manière à assurer une transition provisoire vers la paix. Roosevelt, lui, croit aux possibilités d'une entente loyale avec le maître du Kremlin et, en attendant, ce qu'il veut c'est gagner la guerre. Il n'accepte donc pas de reconnaître, aussi peu explicite que soit celui-ci, l'accord anglo-russe et il se refuse à entériner tout projet de remodelage de l'Europe qui anticiperait sur les décisions de la future conférence de la paix. Tout au plus est-il résigné à satisfaire les exigences soviétiques en Extrême-Orient — et le démantèlement de l'Allemagne, en échange de concessions russes à propos de l'Organisation des Nations unies et surtout de la promesse de Staline d'entrer en guerre contre le Japon deux ou trois mois après la capitulation allemande.

Telles sont les positions des trois Grands au moment où s'ouvre la conférence de Crimée. Simplement, la carte de guerre joue alors à fond en faveur des Soviétiques. Les armées de Joukov et Koniev sont sur l'Oder, à moins de 80 kilomètres de Berlin, alors qu'à la suite de l'échec de l'opération aéroportée qui aurait permis à Montgomery de franchir le Rhin au début de l'automne, puis de la contre-offensive lancée par Rundstedt dans les Ardennes à la mi-décembre, les Alliés occidentaux piétinent dans des zones peu favorables aux attaques de blindés et ne peuvent espérer franchir le Rhin avant mars. Les Russes le savent et en profitent pour faire monter les enchères, d'autant plus que l'arme nucléaire n'étant pas encore opérationnelle, personne ne peut imaginer une victoire facile et rapide sur le front du Pacifique.

● Un constat réaliste de l'équilibre des forces

Ce déséquilibre stratégique, joint à une certaine candeur de la part de Roosevelt, fait qu'à défaut de «partage» de l'Europe on laissera dans le flou, pour l'essentiel, le futur statut politique du continent, et l'on se contentera de régler, outre les questions relatives au fonctionnement du Conseil de sécurité de l'ONU et à l'engagement soviétique d'entrer en guerre contre le Japon, le sort de l'Allemagne et de la Pologne jusqu'à la conclusion de la paix. La première ne sera pas démantelée et réduite au statut d'État purement agricole, comme l'avait un moment envisagé le plan américain Morgenthau, mais démilitarisée, divisée en quatre zones d'occupation (dont une confiée à la France à la demande expresse de Churchill), condamnée à de lourdes réparations (20 milliards de dollars pour l'URSS), administrée par le «conseil de contrôle interallié» et privée d'une partie de ses territoires de l'Est : la Prusse orientale annexée à l'URSS et une partie de la Poméranie et de la Prusse qui reviendraient à la Pologne. Celle-ci voyait en effet ses frontières subir une translation vers l'Ouest : celles de l'Est étaient en gros fixées à la «ligne Curzon», comme il avait été envisagé de le faire au lendemain du premier conflit mondial, et les pertes ainsi enregistrées au profit de la Russie seraient compensées par des annexions réalisées aux dépens de l'Allemagne. Il était dit que jusqu'à la conclusion définitive de la paix, les Polonais administreraient la zone située à l'est de la ligne constituée par l'Oder et la Neisse, mais pas que ce territoire ferait désormais partie de la Pologne ressuscitée, comme les Polonais le souhaitaient et comme Staline entendait le faire admettre à ses partenaires.

Quant au gouvernement qui devait présider aux destinées de l'État polonais, on avait fini par se mettre d'accord sur un compromis par lequel au «Comité de Lublin», installé par les Russes et résolument prosoviétique, seraient adjointes quelques-unes des personnalités du gouvernement exilé à Londres en 1939. Cela revenait à faire de Staline, pour qui la Pologne constituait un enjeu majeur pour la sécurité de l'URSS, l'arbitre de l'évolution politique de ce pays dont il s'était appliqué — une première fois à Katyn, une seconde en ne secourant pas l'insurrection de Varsovie — à éliminer toute opposition virtuelle à sa politique. Il est vrai qu'avant de prendre congé de ses deux partenaires, le «maréchalissime» avait accepté de signer une «déclaration sur l'Europe libérée», dans laquelle il était précisé que les Trois Grands reconnaissaient le «droit de tous les peuples à choisir la forme de gouvernement sous lequel ils veulent vivre» et s'engageaient à «constituer des autorités gouvernementales provisoires largement représentatives de tous les éléments démocratiques de ces populations, et qui s'engageront à établir, dès que possible, par libres élections, des gouvernements qui soient l'expression de la volonté des peuples».

Les bonnes intentions affichées dans ce texte ne devaient guère résister aux premières manifestations de la Guerre froide. Si bien que, pour toute une partie de l'opinion occidentale, Yalta est vite devenu le symbole du marché de dupes et du maquignonnage planétaire. Et cela pas seulement en France où a pris corps, dans le droit fil de la protestation gaullienne — le chef de la France libre, n'ayant pas été invité à la conférence de Crimée, en a immédiatement dénoncé les aspects hégémoniques — le mythe du «partage» de l'Europe et du monde, cyniquement opéré par les trois grandes puissances du moment.

Répétons-le, s'il y a eu «partage» en 1945, il s'agit bel et bien d'un partage de fait, directement issu de la carte de guerre. Churchill

L'EUROPE AU LENDEMAIN DE LA SECONDE GUERRE MONDIALE

ISLANDE

FINLANDE

NORVÈGE

SUÈDE

Mer Baltique

ESTONIE

LETTONIE

Mer du Nord

DANEMARK

Prusse-Orientale

LITUANIE

IRLANDE

ROYAUME-UNI

PAYS-BAS

Berlin

URSS

BELGIQUE

LUX.

ALLEMAGNE

POLOGNE

Océan Atlantique

FRANCE

TCHÉCOSLOVAQUIE

Vienne

Ruthénie

Bessarabie

SUISSE

AUTRICHE

HONGRIE

strie

PORTUGAL

ITALIE

ROUMANIE

ESPAGNE

YOUGOSLAVIE

Dobroudja

BULGARIE

ALBANIE

Mer

GRÈCE

TURQUIE

0   1 000 km

Méditerranée

Dodécanèse

— Frontières en 1947

▪ Territoires annexés

Zones d'occupation française, britanique et américaine

Zone d'occupation soviétique

▪ Villes occupées par les alliés

lui-même, lors de son entrevue avec Staline en octobre 1944, a raisonné en termes de prise de gages et de rapports de forces sur le terrain, non de division durable de l'Europe. Et si Roosevelt l'a laissé faire, il n'a pris pour sa part aucun engagement, désirant avoir les mains libres au moment de la conférence de la paix. Ni avant la rencontre de Crimée, ni pendant la conférence, il ne s'est écarté de cette voie, préférant lier son partenaire de l'Est par de vagues déclarations de principe qu'il pourra toujours opposer à ses actes futurs — ce que fera d'ailleurs son successeur Harry Truman — que négocier au coup par coup une redistribution des cartes s'inscrivant dans le long terme.

Hypocrisie ? La « déclaration sur l'Europe libérée » a été, dira-t-on, un rideau de fumée destiné à convaincre l'opinion mondiale de la moralité des décisions prises à Yalta, alors que se trouvait entériné dans les faits le marchandage churchillien. Confiance excessive du Président qui aurait surestimé le poids futur de l'organisation internationale, joué imprudemment de son charisme et cru surtout naïvement à la bonne volonté des Russes ? Un peu de tout cela peut-être, mais aussi et surtout juste mesure de la situation de l'heure qui jouait, répétons-le, en faveur des Russes. Qu'ont-ils obtenu à Yalta dont ils ne s'étaient pas déjà rendus maîtres par la force des armes ? Qui aurait pu les contraindre, au début de 1945, à se retirer des territoires laissés vacants par la débâcle de l'Axe ? Sans briser une coalition qui n'avait pas encore eu raison de son principal adversaire. Sans risquer un renversement des alliances, une paix séparée, ou pire un nouveau conflit armé dont personne ne voulait entendre parler, à commencer par les Américains. Pas de partage du monde donc, ni de l'Europe, au sens très concret qu'a donné à ce terme, principalement en France, toute une littérature stéréotypée poussée sur le terreau de la Guerre froide. Et pas davantage de « braderie », de « Waterloo diplomatique », voire de « trahison », de la part de Roosevelt et de son équipe, comme tenteront d'en accréditer l'idée après sa mort et pendant les dix années suivantes les ennemis du Président démocrate, cette fois dans son propre pays et pour des raisons qui ne tiennent pas toutes à l'évolution de la situation internationale. Détentrice exclusive de l'arme nucléaire, l'Amérique de Truman ne fera pas reculer d'un pouce le nouveau tsar du Kremlin. Comment celle de Roosevelt, aux prises avec deux ennemis redoutables, dont l'un encore en possession de toutes ses forces, aurait-elle pu enlever à Staline ce qu'il avait arraché par la force des armes ?

Si erreur tragique il y a eu, ce n'est pas à Yalta qu'elle a été commise mais beaucoup plus tôt — et ici c'est la stratégie «périphérique» de Churchill qui est en cause et peut-être son dessein non formulé de laisser les Russes s'épuiser dans la reconquête de leur propre territoire —, dans le retard apporté à l'ouverture d'un second front à l'Ouest. La poussée soudaine des Soviétiques dans les Balkans a été à bien des égards une surprise. À Yalta, les Occidentaux n'ont pu qu'essayer d'en limiter les effets. S'ils n'ont pas réussi dans leur entreprise, c'est moins dans les accords signés par eux qu'il faut en rechercher la cause que dans leur non-application par Staline, dans le contexte probablement inévitable de la division de l'Europe en deux blocs antagonistes.

L'Europe exsangue

● Le théâtre d'une hécatombe

Que reste-t-il d'ailleurs à partager dans l'Europe de 1945, sinon les vestiges de sa grandeur passée ? Bien que les combats aient affecté d'autres continents, en particulier l'Asie où la guerre a duré plus longtemps qu'ailleurs, c'est encore une fois le vieux promontoire européen qui a payé le tribut le plus lourd. D'abord sur le plan humain. Sur les 50 millions de tués et de disparus que comporte le bilan du conflit, 35 millions au moins sont des Européens, soit quatre fois plus qu'en 1914-1918. Aux victimes militaires, s'ajoutent en effet celles des civils tués lors des combats et des bombardements aériens (celui de Dresde en février 1945 a fait plus de 100 000 morts), ou exterminés systématiquement dans les territoires occupés par les SS et dans les «camps de la mort», celles également des victimes de la malnutrition et des maladies qui s'y rattachent. À elle seule, l'Union soviétique a perdu 20 millions des siens, soit 10 % de sa population dont la moitié de civils. Proportion à peu près égale à celle de l'Allemagne (un peu plus de 5 millions de morts, surtout des militaires), mais très inférieure à celle de la Pologne, qui compte 5,8 millions de tués et disparus, soit 15 % de sa population, essentiellement des civils. La Grèce et la Yougoslavie ont également été fortement touchées, la seconde notamment avec 1,5 million de morts dont 80 % de civils. Les pertes sont moins élevées en Europe de l'Ouest : 600 000 en France dont 400 000 civils (déportés, fusillés, victimes des bombardements), 500 000 en Italie, 400 000 au Royaume-Uni (60 000 civils), quelques dizaines de milliers en Belgique, Pays-Bas et Norvège.

Aux effets de cette hécatombe, il faut ajouter les pertes indirectes, liées à la diminution des naissances et à l'augmentation de la mortalité, conséquence elle-même des restrictions alimentaires. Le déficit de la natalité, la diminution de l'espérance de vie (moins 8 ans en France), la disproportion des sexes et des âges ont de fortes répercussions sur la vie économique et sociale de l'Europe. La diminution de la main-d'œuvre disponible freine la production, en pleine période de reconstruction, tandis que la population active doit supporter de lourdes charges pour l'entretien des personnes âgées, des enfants et des invalides.

● Le drame des «personnes déplacées»

La guerre a d'autre part provoqué d'importants déplacements de populations, évalués à une trentaine de millions de personnes. Certains sont de classiques réflexes de peur, face à l'avance des armées ennemies : ce sont les centaines de milliers de civils belges et français fuyant en 1940 devant la *Wehrmacht*, les millions d'Allemands affluant vers l'ouest à l'approche de l'Armée Rouge en 1945. Mais les mouvements les plus amples sont ceux qui résultent de décisions prises pendant la guerre. Ils concernent notamment les *Volksdeutsche,* incorporés au Grand Reich par Hitler et originaires du Sud-Tyrol, de Croatie, de Bulgarie, d'Alsace-Lorraine (sur 520 000 Alsaciens-Lorrains qui avaient cherché refuge en France en 1940, 250 000 ont regagné leur pays occupé après l'armistice et 40 000 ont été réexpulsés l'année suivante), les 3 millions de Polonais et les 700 000 Tchèques des Sudètes chassés par la colonisation allemande, les Allemands de la Volga, les Tatars de Crimée, les centaines de milliers de Polonais et d'habitants des pays baltes déportés par Staline à l'est de l'Oural, etc.

Les «personnes déplacées» forment en 1945 une immense masse démunie de toute ressource et au sein de laquelle règne une énorme mortalité. Plus de 10 millions d'Allemands chassés par l'avance de l'Armée Rouge viennent chercher refuge dans les zones d'occupation anglaise, américaine et française, où ils ne trouvent que ruines et disette. Près d'un million de rescapés des camps, d'émigrés des pays annexés par l'URSS et d'ex-collaborateurs s'entassent dans les camps d'internement, quand ils ne sont pas déportés en URSS. En sens inverse refluent vers leur pays d'origine les millions de prisonniers de guerre et de travailleurs relevant du STO, ainsi que les minces légions de rescapés des camps d'extermination nazis où ont péri près de 6 millions de déportés raciaux (principalement des Juifs mais aussi des Tziganes) et plus de 4 millions de déportés politiques.

● Un continent en ruines

Saignée à blanc, l'Europe est en même temps un continent en ruines. L'URSS a perdu 100 000 kolkhozes et 6 millions de maisons, la Yougoslavie 60 % de son potentiel agricole, la Pologne 80 % de son industrie et de ses moyens de transport, l'Italie 50 % de son réseau ferroviaire, la France la quasi-totalité de son infrastructure portuaire et une partie importante de ses voies ferrées, de son matériel roulant, de ses ponts, de ses canaux. Des villes entières sont sinistrées à plus de 80 % : Berlin, Varsovie, Leningrad, Budapest, Dresde, Hambourg, Cologne, des centaines d'autres, parmi lesquelles des cités comme Caen ou Rouen qui n'avaient pas connu la guerre depuis le Moyen Âge.

Au total, la production industrielle du vieux continent a diminué de 50 % depuis 1939, la production agricole d'un tiers en Europe occidentale, de plus de la moitié en Europe centrale et orientale. À ces ruines matérielles s'ajoutent les effets financiers catastrophiques d'un conflit qui a coûté des centaines de milliards de dollars de dommages et de dépenses militaires. Comme en 1914-1918, mais à un degré plus élevé encore, il a fallu avoir recours à l'emprunt, à l'augmentation des impôts et de plus en plus à l'utilisation de la planche à billets. Il en est résulté une formidable augmentation de la dette publique des belligérants — passée de 7,3 à 22,5 millions de livres pour le Royaume-Uni, de 446 à 1 756 milliards de francs pour la France, de 33 à 345 milliards de marks pour l'Allemagne —, et à une hausse des prix qui atteint 132 % en Angleterre, 165 % en France et 250 % en Italie.

Il résulte de cet effondrement économique et financier un abaissement considérable du niveau de vie des populations, avec toutefois de fortes disparités entre les diverses parties du continent. Le Royaume-Uni a souffert certes des bombardements allemands et de l'intensité d'un effort de guerre qu'il a été seul, parmi les vainqueurs, à poursuivre pendant toute la durée du conflit, mais son industrie a relativement peu souffert, sa flotte marchande demeure puissante malgré les énormes pertes que lui ont infligées la *Kriegsmarine* et la *Luftwaffe,* et il dispose d'une population active dont les effectifs ont augmenté grâce au travail féminin. Les pays occupés de l'Europe occidentale ont subi d'énormes prélèvements et des dommages considérables, mais ils ont été rapidement secourus par les États-Unis. L'Allemagne en revanche subit en 1945 les effets conjugués de l'occupation, des destructions récentes, des prélèvements immédiatement opérés par les Russes, du manque de main-d'œuvre et de matières premières, de l'exode massif des populations venues des anciennes provinces orientales. L'inflation, la disette, le marché noir, le danger d'épidémie y sévissent, de même qu'en Autriche. Un véritable chaos s'installe ainsi au centre du continent européen.

● Le suicide moral et politique de l'Europe

Le bilan moral du conflit est tout aussi désastreux. La Première Guerre mondiale avait appris aux Européens que l'industrie, la technique et la science pouvaient être mises au service de la tuerie de masse. La seconde a poussé ce constat jusqu'aux limites les plus extrêmes de l'horreur et de l'absurde. Au-delà de ses objectifs «tactiques» — la destruction des forces armées et du potentiel industriel de l'adversaire — le bombardement aérien s'est vu attribuer un rôle «stratégique» qui était de briser le moral des populations civiles et de contraindre ainsi l'ennemi à traiter ou à capituler. Sans autre résultat la plupart du temps que de renforcer au contraire sa capacité de résistance par réflexe patriotique, comme ont pu le mesurer les Allemands à l'issue du *Blitz* londonien, puis les Alliés à la suite des bombardements de terreur dirigés contre les grandes villes du Reich en 1944-1945.

Conquêtes et reconquêtes se sont accompagnées de violences inouïes. Les Allemands, dans leur marche vers l'est, ont massacré par millions les Slaves et les Juifs, et ont fait mourir de faim et de froid des centaines de milliers de prisonniers russes. Au moment de leur retraite, ils ont exterminé par représailles contre l'action des maquis la population de villages entiers, comme Oradour-sur-Glane en France et Marzabotto en Italie. En sens inverse, quand l'Armée Rouge pénètre à son tour en Allemagne, elle s'y livre à des pillages et à des viols et, partout, aux brutalités, aux assassinats, aux tortures commis par les auxiliaires des armées de l'Axe répondent, à la Libération, des exécutions sommaires et une «épuration» parfois aveugle.

Le sommet de l'horreur a toutefois été atteint par l'Allemagne hitlérienne où les camps d'extermination, avec leurs chambres à gaz et leurs fours crématoires, les monstrueuses expériences opérées sur des « cobayes » humains par les « médecins de la mort », le rapt par la SS dans les territoires de l'Est européen d'enfants considérés comme « éléments aryens purs » et soumis au dressage barbare de l'Ordre noir, l'utilisation massive et systématique de la torture par la Gestapo, restent les symboles de la dégradation de la conscience humaine et du crime absolu contre l'Homme.

Enfin, amorcé à la veille de 1914, accentué par la « Grande Guerre », le déclin de l'Europe se trouve, peut-on dire, consommé par ce nouveau conflit suicidaire. Ruinée, dévastée, en proie à la violente opposition qui dresse les uns contre les autres communistes et libéraux, les premiers s'appuyant sur des masses qui aspirent à plus de justice sociale, les seconds trouvant parfois un soutien auprès des représentants de la droite réactionnaire (c'est le cas notamment en Grèce), l'Europe de 1945 est hors d'état de jouer un rôle comparable à celui qu'elle tenait encore dans les années 1930. Face aux deux grands vainqueurs de la guerre, subissant dans leurs vastes possessions d'outre-mer les mêmes effets déstabilisateurs qu'en 1914-1918, mais à un degré infiniment plus élevé, incapables d'assurer par leurs propres moyens leur défense et leur subsistance, les États européens deviennent, au lendemain même d'une conflagration qui a failli les engloutir, l'enjeu de la rivalité entre les deux nouveaux pôles de la vie internationale que sont les États-Unis et l'Union soviétique. Symbolique de ce déclin de l'Europe : l'installation du siège de la nouvelle organisation internationale, l'ONU, non plus à Genève mais à New York.

Les débuts de la « Guerre froide »

● La nouvelle carte d'une Europe bipolaire

L'effondrement de l'Axe et l'épuisement des anciennes puissances européennes laissent face à face les deux grandes puissances victorieuses. Pendant quelque temps, on a pu croire que celles-ci allaient s'entendre pour réorganiser le monde. Mais les nécessités de la lutte contre un ennemi commun ayant disparu, la « Grande Alliance » ne tarde pas à se désagréger, libérant des forces qui vont aussitôt s'affronter en divers points de la planète. Il en résulte une longue période de conflit larvé, ponctuée de quelques crises violentes, à laquelle les contemporains ont donné le nom de «Guerre froide». Jusqu'en 1950, l'Europe, bientôt divisée en deux blocs rivaux, se trouve au cœur de cet affrontement indirect.

Certes, les ex-alliés parviennent à maintenir leur accord pour organiser l'occupation de l'Allemagne et assurer la liberté de passage aux avions dans les couloirs aériens reliant les trois zones occidentales à Berlin (novembre 1945), faire passer en jugement comme criminels de guerre un certain nombre de dirigeants nazis — c'est le procès de Nuremberg, qui dure de novembre 1945 à octobre 1946 et aboutit à la condamnation à mort de 12 d'entre eux, dont Goering qui se suicide pour échapper à la pendaison —, pour régler enfin le sort des ex-alliés du Reich, avec lesquels des traités de paix sont signés à Paris en février 1947. L'Italie doit abandonner l'Istrie et une partie de la Vénétie julienne à la Yougoslavie, Trieste devenant une ville libre et la France obtenant de menues rectifications de frontières sur les Alpes (Tende et La Brigue). La Hongrie et la Roumanie sont ramenées à leurs limites de 1938, mais la seconde doit céder la Bessarabie et la Bukovine du Nord à l'URSS. La Bulgarie garde la Dobroudja méridionale, tandis que la Grèce annexe la Thrace méridionale. La Finlande, enfin, perd une partie de la Carélie avec Vyborg, cédée aux Soviétiques, de même que son accès à l'océan Glacial à Petsamo. Tous ces pays doivent en outre payer de lourdes réparations à leurs adversaires les plus éprouvés : l'Italie 360 millions de dollars à la Yougoslavie et à la Grèce, la Roumanie et la Finlande chacune 300 millions de dollars à l'URSS, la Hongrie une somme analogue à la Yougoslavie, à la Tchécoslovaquie et à l'Union soviétique.

Ni l'Allemagne, ni l'Autriche ne voient cependant leur sort réglé par un traité de paix. Elles restent donc juridiquement en guerre avec les ex-alliés et c'est en dehors de tout instrument diplomatique que Staline applique en Europe orientale ses projets de modifications de frontières qui aboutissent à déplacer la Pologne de 200 kilomètres vers l'ouest.

L'Allemagne — dont le sort a été provisoirement réglé à la conférence de Potsdam, en juillet 1945, par Truman, successeur de Roosevelt, Attlee, qui vient de remplacer Churchill battu aux élections et Staline — apparaît comme l'enjeu majeur du différend qui oppose les Soviétiques aux Occidentaux. Dès le début de 1946, les anciens alliés adoptent à son sujet des points de vue radicalement divergents. Tandis que l'URSS, dont le territoire a été ravagé par la guerre et qui redoute que les Américains ne profitent de la suprématie militaire que leur confère la possession exclusive de l'arme atomique pour liquider l'«État prolétarien» — ce à quoi personne ne songe sérieusement outre-Atlantique —, procède à un démontage systématique des usines dans la zone qu'elle contrôle, pour aider à sa propre reconstruction économique et affaiblir durablement son ancienne ennemie, Américains et Britanniques mettent fin rapidement à la politique de démantèlement industriel et de dénazification. Ils pensent pouvoir, de cette manière, empêcher que l'ancien Reich appauvri, privé de cadres et mécontent de son sort, ne bascule dans le communisme.

● Un système communiste en expansion

Staline y voit un renversement de stratégie de la part de ses ex-alliés, désormais désireux de reconstruire une Allemagne forte, alliée de l'«impérialisme» et bientôt réarmée en vue de l'affrontement décisif avec l'URSS. L'âge et la solitude aidant, le maître du Kremlin se complaît dans une atmosphère obsidionale qui l'incline à voir des ennemis partout. Certains gestes des Occidentaux, comme par exemple la décision de Truman de mettre fin au prêt-bail en août 1945, le confortent dans l'idée qu'il se prépare contre l'URSS une nouvelle offensive des États capitalistes. Aussi commence-t-il à préparer dans la zone d'occupation que contrôle l'Armée Rouge l'avènement d'un régime communiste, ce que lui reprochent ses partenaires et ceci avec d'autant plus de raisons qu'il n'a pas attendu la détérioration du climat international pour pousser ses partisans au pouvoir dans certains des pays que ses armées ont «libérés» en 1944.

En dépit des engagements solennels pris à Yalta, il est vite apparu en effet que les dirigeants soviétiques n'avaient pas l'intention de laisser les anciennes classes dirigeantes reprendre les rênes du pouvoir dans des pays où, il est vrai, la démocratie de type occidental n'avait guère eu le temps de prendre racine au lendemain du premier conflit mondial, à l'exception de la Tchécoslovaquie. Que Staline ait eu, dès l'automne 1944, l'intention de les transformer en «démocraties populaires», avec des institutions calquées sur le modèle soviétique, c'est peu probable. En revanche, il souhaitait que les pays dans lesquels stationnait l'Armée Rouge devinssent les pièces constitutives d'une sorte de «cordon sanitaire» à rebours formant à la périphérie de l'URSS un écran protecteur contre d'éventuelles agressions venues de l'Ouest, et le meilleur moyen d'y parvenir était de pousser à la mise en place de coalitions gouvernementales d'où seraient exclus les éléments «fascistes» et «fascisants» et dans lesquelles les communistes occuperaient des postes-clés.

Ainsi, partout où les soldats de l'Axe ont été chassés par l'Armée Rouge — en Roumanie, Bulgarie, Hongrie, Tchécoslovaquie —, les communistes prennent dès la fin de 1944 une place de plus en plus importante dans les gouvernements de «front national», tandis que l'«épuration» est menée avec une extrême vigueur. En Pologne, les quelques ministres issus du gouvernement en exil à Londres qui, comme Mikolajczyk, ont été intégrés, après Yalta, dans l'équipe dirigeante mise en place par les Russes se trouvent isolés face aux partisans de Moscou et devront bientôt chercher refuge en Occident. La Yougoslavie et l'Albanie constituent des cas particuliers. Ici en effet ce ne sont pas les Soviétiques qui ont chassé les Allemands mais les bandes de partisans, et ce sont les chefs de la résistance, Tito et Hodja, qui prennent en main les leviers de commande. Dans un premier temps, Staline est d'ailleurs hostile à cette solution qu'il juge contraire à l'accord passé avec Churchill en octobre 1944 et il pousse les communistes yougoslaves et albanais à s'entendre avec les représentants de la résistance non communiste, ce qu'ils ne feront pas. De même en Grèce, respectant ce qu'il considère comme un partage en «zones d'influence», il freine la résistance communiste en lutte contre les forces monarchistes et leurs soutiens britanniques, jusqu'au moment où, l'affrontement avec l'Ouest étant devenu manifeste, il va au contraire souffler sur le feu en ravitaillant les maquis du général Markos.

À la périphérie du continent européen, Staline essaie également de faire avancer ses pions. En Iran, il pousse les Kurdes à la révolte et tente de se maintenir en Azerbaïdjan, tandis qu'il revendique le partage du contrôle des Détroits avec la Turquie.

Le 5 mars 1946, Winston Churchill, qui a dû quitter le pouvoir l'année précédente mais qui conserve un immense prestige dans le monde occidental, prononce à l'occasion d'une rencontre avec le président Truman un discours qui marque officiellement le coup d'envoi de la Guerre froide. «De Stettin, dans la Baltique, déclare l'ancien Premier ministre britannique, à Trieste dans l'Adriatique, un rideau de fer est descendu à travers le continent.» Et il ajoute ceci : «Je ne crois pas que la Russie désire la guerre. Ce qu'elle désire, ce sont les fruits de la guerre et une expansion illimitée de sa puissance et de sa doctrine. Mais ce que nous devons examiner ici aujourd'hui, alors qu'il est encore temps, c'est le moyen d'empêcher la guerre de façon permanente, et d'établir dans tous les pays, aussi rapidement que possible, les prémices de la liberté et de la démocratie.»

Le ton est donné. Toutefois, jusqu'à la fin de 1946, les Américains ne cherchent pas à dramatiser le conflit. Certes l'Europe occidentale, avec laquelle ils font une partie importante de leur commerce, est désormais considérée comme relevant de leurs intérêts vitaux, mais, forts de leur immense puissance industrielle et de la supériorité stratégique que leur confère le monopole nucléaire, ils sont sûrs de pouvoir faire reculer les Russes s'il advenait que ces derniers voulussent sortir du « glacis » qu'ils s'étaient constitués en Europe de l'Est.

Europe « atlantique » ou Europe « européenne » ?

Affrontée à la double contrainte de sa reconstruction et de sa sécurité, face à une Europe de l'Est en voie de satellisation, l'Europe occidentale va rechercher, au cours des années qui suivent le conflit mondial, à assurer son redressement et sa survie en jouant successivement, ou simultanément, de l'aide américaine et de la volonté d'union manifestée par certains de ses dirigeants.

● L'Europe à la recherche d'un destin commun

Au lendemain de la capitulation allemande, ce sont les projets « paneuropéens » qui paraissent avoir le vent en poupe. Encore faut-il que ceux qui les formulent soient d'accord sur le sens qu'il convient de donner à cette expression. Or les avis diffèrent quant au cadre géographique et institutionnel de la construction européenne. À ceux qui, comme Winston Churchill dans le retentissant discours qu'il prononce à Zurich le 19 septembre 1946, estiment qu'il faut bâtir les « États-Unis d'Europe » autour de l'axe franco-allemand, sans la Grande-Bretagne et dans le respect de la souveraineté de chaque État, s'opposent les « fédéralistes » qui préconisent la création d'une structure forte, avec un gouvernement européen doté de véritables pouvoirs et la réduction de la souveraineté absolue des États membres. De 1945 à 1947 de multiples organisations paneuropéennes vont ainsi se constituer, la plus importante étant l'Union européenne des fédéralistes, dans laquelle figurent des personnalités telles qu'Henri Frenay, Marc Alexandre, Altiero Spinelli, Eugen Kogon et Henry Brugmans, et qui rassemblera jusqu'à 100 000 membres. D'autres se sont fondées sur une base plus étroitement idéologique, comme le Mouvement socialiste pour les États-Unis d'Europe, présidé par André Philip, ou les

Nouvelles équipes internationales, d'inspiration démocrate-chrétienne. De son côté, reprenant l'idée qu'il avait défendue aux côtés de Briand à la fin des années 1920, le comte de Coudenhove-Kalergi rassemble autour de lui une Union parlementaire européenne regroupant un nombre important de représentants du peuple acquis à l'idée fédéraliste dans la plupart des États de l'Europe occidentale.

Dès 1947 en effet, il est devenu clair pour la majorité des «unionistes» et des «fédéralistes» que la construction de l'Europe, quelle que soit la forme qu'on entend lui donner, ne pourra se faire en y incluant les États en voie de satellisation par l'URSS et que par conséquent le projet doit, dans l'attente de jours meilleurs, être ramené aux dimensions de l'Europe de l'Ouest. Pour beaucoup, il constitue même le meilleur rempart contre l'extension du communisme, à condition qu'on lui donne une certaine cohérence et que les divergences de conceptions s'effacent devant l'urgence du moment. C'est dans cette perspective qu'en mai 1948, trois mois après le «coup de Prague», se tient à La Haye un grand «Congrès de l'Europe» réunissant, sous la présidence d'honneur de Churchill, près de 800 personnalités appartenant à la plupart des pays d'Europe occidentale : hommes politiques (200 parlementaires, 12 anciens présidents du Conseil), hommes d'affaires, journalistes, syndicalistes, intellectuels, les plus nombreux étant les Britanniques et les Français. Bien que le clivage entre unionistes (surtout britanniques) et fédéralistes (principalement représentés chez les Français, les Italiens, les Néerlandais et les Belges) s'y soit une nouvelle fois manifesté, le congrès de La Haye se prononce sur la nécessité de mettre en commun une partie des droits souverains des États afin de coordonner et de développer leurs ressources, d'intégrer l'Allemagne dans le nouveau cadre européen et de constituer le plus vite possible une assemblée parlementaire qui, pour certains, comme Paul Reynaud, devrait être élue au suffrage universel. En attendant, on décide de créer un Mouvement européen qui, sans remplacer les organisations existantes, se donne pour mission de coordonner leur action et de les représenter auprès des gouvernements.

La création, le 5 mai 1949 à Londres, du Conseil de l'Europe, marque le point d'aboutissement des efforts entrepris depuis la fin de la guerre par les partisans d'une construction européenne fondée sur la coopération politique. À l'initiative du président du Conseil français, le MRP (démocrate-chrétien) Georges Bidault, ce sont dix pays d'Europe occidentale — France, Royaume-Uni, Irlande, Belgique, Pays-Bas, Luxembourg, Italie, Danemark, Suède et Norvège

— qui décident de se donner des institutions communes, aux attributions d'ailleurs strictement limitées. Celles-ci comprennent d'une part un Comité des ministres, constitué par les ministres des Affaires étrangères ou leurs suppléants, qui siège à huis clos et vote à l'unanimité sur tous les cas importants (ce qui suppose un véritable droit de veto de chaque État membre), et une Assemblée consultative, établie à Strasbourg et formée de délégués désignés par les parlements nationaux. Autrement dit, contrairement aux espérances qu'avaient nourries les dirigeants des mouvements paneuropéens, il ne s'agit ni d'une union, ni d'une fédération, mais plutôt d'une sorte de «club» des nations attachées au pluralisme et à la démocratie. Présidée par le Belge Paul-Henri Spaak, l'assemblée de Strasbourg, où siègent de brillantes personnalités — parmi lesquelles Winston Churchill et Paul Reynaud —, n'est guère qu'un «laboratoire d'idées» dont l'application dépend du bon vouloir des divers gouvernements. Les réticences britanniques à l'extension de ses attributions font que, même élargie par la suite à l'ensemble des États démocratiques du vieux continent, elle devra cantonner ses activités dans les domaines juridique et culturel. Le Conseil de l'Europe adoptera notamment, le 4 novembre 1950, une Convention européenne des droits de l'homme que la France ne ratifiera d'ailleurs dans sa totalité qu'en 1981.

Dans l'intervalle, les problèmes posés par la reconstruction économique de l'Europe et par sa défense ont amené les Américains à s'impliquer directement dans les affaires du vieux continent, et ceci sur un double plan : financier et politique.

● L'Amérique entre en scène : doctrine Truman et Plan Marshall

Le début de 1947 marque à cet égard un tournant de la politique américaine à l'égard de l'Europe. Le 12 mars, le président Truman prononce en effet devant le Congrès un discours dans lequel il définit sa doctrine de l'«endiguement» *(containment),* engageant son pays à apporter une aide financière massive aux pays qui veulent rester libres et «qui résistent à des tentatives d'asservissement, qu'elles soient le fait de minorités armées ou de pressions étrangères». L'ennemi est ainsi clairement désigné et les premiers bénéficiaires de l'aide proposée sont les deux pays que le président américain considère comme directement menacés par la poussée communiste : la Turquie et la Grèce. Dans ce dernier pays notamment, où les maquisards communistes ont repris les armes contre le gouvernement monarchiste soutenu par le Royaume-Uni, les Américains se substituent aux Britanniques, trop absorbés par leurs problèmes intérieurs pour pouvoir continuer à jouer le rôle de gendarmes du «monde libre». Leur intervention va permettre une rapide stabilisation de la situation en Europe du Sud et au Proche-Orient, et en dépit de l'aide désormais généreusement prodiguée par Staline aux communistes grecs, les forces monarchistes auront finalement raison de ces derniers, leur ultime refuge au mont Grammos étant occupé en octobre 1949.

L'extension de la «doctrine Truman» à l'ensemble de l'Europe de l'Ouest est l'œuvre du «Plan Marshall». Certes l'aide apportée par les États-Unis à cette partie du continent n'avait pas cessé depuis la fin de la guerre. Plusieurs pays avaient bénéficié de prêts importants (le Royaume-Uni avec 3,75 milliards de dollars, la France avec 2 milliards de dollars, etc.), mais ce type d'assistance bilatérale, accompagnée de contreparties non négligeables, était insuffisant pour assurer le ravitaillement de l'Europe et son redémarrage industriel. Or, à partir de 1946, dans une conjoncture mondiale devenue difficile, l'effondrement des économies européennes, incapables de se relever parce qu'elles manquaient de dollars pour solder leurs achats, ne pouvait être que catastrophique pour la prospérité américaine. Il risquait de surcroît de faire basculer dans le camp adverse des pays en proie à la misère et où de puissants partis communistes — 800 000 adhérents et plus du quart du corps électoral en France, 1 800 000 inscrits et 30% des électeurs en Italie — pouvaient canaliser les mécontentements.

C'est pour parer à cette double menace que le nouveau secrétaire d'État américain, le général George Marshall, propose dans un discours prononcé à Harvard, le 5 juin 1947, une «aide fraternelle», destinée à vaincre «la faim, la pauvreté, le désespoir et le chaos». Le Plan Marshall n'est tourné, précise-t-il, «contre aucun pays, ni aucune doctrine». Il est offert sur un pied d'égalité à toutes les nations du vieux continent, y compris les pays de l'Europe de l'Est et l'URSS elle-même. En contrepartie, il est vrai, il impose un contrôle au moins indirect de l'économie des bénéficiaires. Aussi les Soviétiques vont-ils refuser la proposition américaine, de même que les États communistes de l'Est européen. La Finlande fait de même avec regret «pour des raisons politiques et géographiques», et la Tchécoslovaquie, qui avait d'abord donné son accord, finit elle aussi par répondre négativement à la suite de fortes pressions soviétiques.

Du côté de l'Europe de l'Ouest en revanche, la réaction est enthousiaste. On se réjouit même sans trop le dire du refus des pays de l'Est, en ce sens qu'il permet de partager la manne entre des bénéficiaires moins nombreux. Pendant la durée de son application (1947-1951), le Plan Marshall va ainsi apporter aux seize pays qui l'ont accepté près de 13 milliards de dollars répartis prioritairement et par nombre décroissant entre le Royaume-Uni, la France, l'Allemagne de l'Ouest (qui vient en fait en première position si l'on fait intervenir dans les calculs l'aide intérimaire, c'est-à-dire les sommes reçues antérieurement) et l'Italie.

En réalité, l'aide fournie par les États-Unis n'est pas accordée à chaque État de manière bilatérale. Les conditions mises par Washington sont en effet, outre l'abaissement des barrières douanières, l'élaboration d'un plan commun de redressement et la mise en place d'institutions communes destinées à répartir et à gérer l'aide et qui sont les premières institutions européennes : l'Organisation européenne de coopération économique (OECE, qui deviendra plus tard l'OCDE) et l'Union européenne des paiements. Il est incontestable que le Plan Marshall a eu pour l'économie de l'Europe et pour sa survie politique des effets extrêmement positifs. Il lui a permis, en mettant fin au *dollar gap*, de financer son effort de reconstruction et d'équipement. Il l'a puissamment empêchée de basculer vers le communisme. Il a frayé la voie d'une coopération plus étroite entre les deux rives de l'Atlantique et surtout il a accéléré le processus de construction européenne. Ceci, pour le plus grand bénéfice également du partenaire d'outre-Atlantique et au prix de réelles entraves mises à l'indépendance des États bénéficiaires, le Département d'État américain ou le président pouvant à leur guise différer le déblocage des fonds, donc exercer des pressions sur les gouvernements concernés. Ils auront d'ailleurs rarement l'occasion d'user de ce moyen d'action, les équipes dirigeantes d'Europe de l'Ouest allant en général au devant de leurs desiderata.

L'Europe coupée en deux

● Formation d'un bloc soviétique en Europe de l'Est et fondation du Kominform

Au coup d'arrêt porté à leur progression en Europe de l'Est par la «doctrine Truman», les Soviétiques répliquent dans le courant de l'année 1947 par la satellisation économique et politique des pays de l'Est européen. Partout où l'Armée Rouge est maîtresse du terrain, la tactique opérée pour liquider les coalitions de «front national» et les remplacer par des équipes entièrement inféodées à l'URSS est la même. Elle consiste tout d'abord à placer des communistes intransigeants à la tête de ministères-clés (Intérieur, Agriculture, Défense nationale) et à noyauter l'administration et les organisations politiques concurrentes (notamment socialistes) : c'est la pratique du «cheval de Troie». Elle vise ensuite — c'est la tactique du «salami» — à diviser les adversaires du PC pour les affaiblir, avant de les éliminer à tour de rôle en commençant par les conservateurs et en finissant par les sociaux-démocrates. Les élections qui se déroulent sur un terrain ainsi préparé consacrent en général la prépondérance des communistes et de ceux des socialistes qui se sont ralliés à eux. Il ne reste plus pour finir qu'à procéder à l'arrestation et à la liquidation physique des leaders récalcitrants. C'est ce qui se produit en 1946 en Bulgarie, où le chef de l'opposition, le résistant non communiste Petkov, est accusé d'avoir conspiré contre la République, condamné à mort et pendu, en Roumanie où, à la fin de 1947, après l'arrestation des dirigeants du Parti national paysan et du Parti libéral, le roi Michel est contraint d'abdiquer pour laisser la place à un gouvernement communiste, en Hongrie également où, battus aux élections d'août 1947, les communistes entreprennent d'éliminer par la force tous les membres des partis qui ne leur sont pas dociles.

Parallèlement à cette mise en tutelle de l'Europe de l'Est, qui s'opère également en Pologne et en Allemagne, dans la zone occupée par les Soviétiques, les dirigeants du Kremlin vont mettre en place à l'automne 1947 une nouvelle organisation internationale, moins rigide que le Komintern — qui avait été dissous en 1943 — mais tout aussi fortement reliée à Moscou. Fondé fin septembre 1947, ce Bureau d'information des partis communistes (ou Kominform), dont le siège est dans un premier temps fixé à Belgrade, a pour objectif réel de renforcer le contrôle de l'URSS sur les formations communistes européennes. C'est à l'occasion de sa création que l'un des principaux collaborateurs de Staline, Jdanov, formule dans un discours retentissant la doctrine officielle du Kremlin en matière de politique internationale. Le monde, estime Jdanov, est désormais divisé en deux «camps» irréconciliables : le camp de la «démocratie» et de la «paix» dont l'URSS est le chef de file, et le «camp impérialiste», «dont les États-Unis sont la principale force dirigeante». Dès lors, précise-t-il,

« une tâche particulière incombe aux partis communistes frères de France, d'Angleterre, d'Italie et des autres pays. Ils doivent prendre en main le drapeau de la défense nationale et de la souveraineté de leurs propres pays ». Autrement dit, s'emparer du pouvoir partout où les conditions internes permettent de le faire.

Il en résulte, dans les pays où existent de forts partis communistes, particulièrement en Italie et en France, une vive offensive dirigée contre les coalitions gouvernementales auxquelles, après la Libération, des ministres communistes avaient été associés. En avril et en mai 1947, donc avant la création du Kominform, les représentants des PC italien et français sont ainsi amenés à quitter les gouvernements de coalition dirigés par Alcide De Gasperi et Paul Ramadier. Désormais rejetés dans l'opposition, les communistes vont, en application des consignes de Jdanov, se lancer dans de puissantes campagnes destinées à ébranler les pouvoirs « bourgeois » : grèves révolutionnaires et manifestations de masse se succèdent jusqu'à l'automne 1948, sans autre effet que d'isoler les PC dans un véritable « ghetto » politique et culturel.

• « Coup de Prague » et blocus de Berlin

Deux événements vont accentuer la tendance à la constitution en Europe de deux blocs antagonistes. Le premier est le « coup de Prague » survenu en février 1948. En Tchécoslovaquie, le seul pays de l'Est européen où la démocratie parlementaire avait fonctionné de façon satisfaisante durant l'entre-deux-guerres, la population avait accueilli les Soviétiques en 1945 comme des libérateurs. Elle conservait d'autre part un assez douloureux souvenir de la façon dont son pays avait été abandonné en 1938 et 1939 aux ambitions du Führer. Un peu pour ces raisons et beaucoup parce que les méthodes de pénétration de l'appareil d'État par les communistes n'avaient pas été très différentes ici de celles employées dans les autres États libérés par l'Armée Rouge, les communistes ont obtenu lors du scrutin de mai 1946, effectué dans des conditions normales, un score tout à fait impressionnant : 38 % des voix, soit le pourcentage le plus haut jamais atteint par un PC lors d'élections libres. Or, de nouvelles élections doivent avoir lieu au printemps 1948 et il est clair pour tous les observateurs qu'elles risquent de se traduire par un net recul du PC. Sans doute est-ce la raison qui explique la décision prise par ce dernier de s'emparer du pouvoir par la force.

Le 24 février, avec la bénédiction des dirigeants du Kremlin, le leader communiste Gottwald fait appel aux syndicats qui déclenchent une grève générale. Des comités d'action se constituent dans tout le pays, appuyés par une «milice des travailleurs», qui empêchent les forces démocratiques de réagir. Le 25, le président Beneš doit accepter la création d'un nouveau gouvernement dominé par le PC. Le 10 mars, le ministre des Affaires étrangères Jan Masaryk, fils du fondateur de la République, tombe d'une fenêtre et se tue. Suicide ? Défenestration opérée par les communistes ou par des agents soviétiques ? Beneš restera en place jusqu'en mai, puis démissionnera plutôt que d'apporter sa caution à la nouvelle constitution communiste. À la fin du printemps 1948, la Tchécoslovaquie est à son tour devenue une «démocratie populaire».

Le second événement, survenu lui aussi au printemps 1948, est le blocus de Berlin. Fortement traumatisés par le «coup de Prague», les Occidentaux ont décidé après celui-ci d'accélérer dans leur zone d'occupation la reconstitution d'un État allemand économiquement et politiquement fort, susceptible dès lors de faire barrage au communisme. La première étape du processus qui conduira, en mai 1949, à la création de la République fédérale d'Allemagne, ayant sa capitale et son gouvernement à Bonn, est la réforme monétaire effectuée par les Anglo-Américains dans leurs secteurs fusionnés (la «bizone»). Ceci entraîne aussitôt le retrait du représentant soviétique du Conseil quadripartite qui, depuis la fin de la guerre, constituait l'autorité suprême pour l'ensemble du territoire allemand. La rupture entre les deux Allemagnes se trouve ainsi consommée dans les faits. Elle le sera en droit lorsque sera proclamée, le 30 mai 1949, la création d'une République démocratique allemande.

Reste en suspens le problème de Berlin, lui aussi découpé en quatre secteurs dont trois, ceux des Occidentaux, forment une enclave au cœur de la zone soviétique. Pour en déloger les Alliés, ou simplement pour tester la détermination américaine, Staline décide en juin 1948 de bloquer tous les accès routiers et ferroviaires en direction de Berlin-Ouest, condamnant la ville à l'asphyxie et la privant d'électricité. Aussitôt les Américains ripostent par la mise en place d'un gigantesque «pont aérien», faisant transiter leurs avions par les trois corridors aériens où ils ont théoriquement libre accès et transportant en un an plus de 2 500 000 tonnes de ravitaillement de toute nature. Ils font en même temps savoir aux Soviétiques qu'ils n'hésiteront pas à faire usage de la force pour faire respecter la liberté de circulation aérienne dans ces voies d'accès à l'ancienne capitale allemande. Au bout de onze mois de blocus, Staline doit céder, reconnaissant implicitement, en levant les entraves à la circulation, sa première grande défaite dans la Guerre froide qui l'oppose au camp occidental.

● La réplique occidentale : le pacte Atlantique

«Coup de Prague» et blocus de Berlin vont avoir pour effet de précipiter la mise en place en Europe de l'Ouest d'une alliance militaire dominée par la superpuissance américaine. L'un et l'autre ont en effet fortement inquiété les gouvernements et les populations des démocraties occidentales, conscients de l'impossibilité dans laquelle ils se trouvent de résister à une éventuelle agression soviétique. Certes, il existait déjà depuis 1947 un pacte d'alliance et d'assistance mutuelle entre le Royaume-Uni et la France : le traité de Dunkerque, en fait plutôt dirigé contre une éventuelle volonté de revanche de l'Allemagne que contre les Russes. Le 17 mars 1948, quelques semaines après les événements de Prague, un traité cette fois clairement destiné à faire barrage à la poussée communiste est signé à Bruxelles entre la France, l'Angleterre, la Belgique, les Pays-Bas et le Luxembourg. Conclu pour cinq ans, il stipule que, dans le cas où l'une des parties serait l'objet d'une agression en Europe, les autres signataires «lui porteraient aide et assistance par tous les moyens en leur pouvoir, militaires et autres». Mais que peuvent faire ces deux puissances moyennes et ces trois petits pays contre le déploiement éventuel de la formidable Armée Rouge ? Le blocus de Berlin achève de convaincre leurs dirigeants que le seul moyen d'établir un barrage efficace à l'expansion du communisme est d'élargir le pacte de Bruxelles aux autres pays de l'Europe occidentale, et surtout d'impliquer l'Amérique dans cette combinaison diplomatique.

L'entreprise n'est pas évidente. Les États-Unis ne sont pas demandeurs. Leur tradition diplomatique veut qu'ils ne s'engagent pas, en temps de paix, dans un système d'alliances pouvant les entraîner à intervenir hors de l'hémisphère occidental. Pour que le Président puisse le faire, il faut un vote du Sénat qui sera acquis à une majorité écrasante le 11 juin 1948 : c'est la «résolution Vandenberg», du nom du sénateur qui l'a proposée. Dès lors, des pourparlers s'engagent avec les Européens en vue d'établir un système unique de défense intégrant celui du traité de Bruxelles. Ils aboutissent le 4 avril 1949 à la signature du traité de l'Atlantique nord par les représentants des deux États d'Amérique du Nord et de dix pays européens : les cinq du pacte de Bruxelles auxquels se sont joints l'Italie, le Portugal, la

Norvège, le Danemark et l'Islande. La Turquie et la Grèce y seront intégrés en 1952, l'Allemagne en 1955.

Au cours des années suivantes seront constitués les organismes intégrés civils et militaires — dont l'ensemble forme l'OTAN. En attendant, il est stipulé que le pacte Atlantique a un caractère essentiellement défensif et il est fait référence aux grands principes sur lesquels doit reposer l'ordre international : la liberté des peuples, le «règne du droit», la «justice», le «bien-être» des populations, le refus de l'emploi de la force dans le règlement des différends internationaux : autrement dit, il se réclame de la communauté de civilisation et d'idéal qui lie les parties contractantes, respectueuses de la démocratie et des «libertés individuelles», ce qui ne sera pas le cas de certains États signataires, tels le Portugal de Salazar et, épisodiquement, la Grèce et la Turquie.

À la fin de 1949, l'Europe se trouve donc partagée en deux blocs économiques, politiques, idéologiques et militaires reliés l'un et l'autre à l'une des deux superpuissances sorties victorieuses de la guerre. Si les Soviétiques ont subi coup sur coup plusieurs échecs avec le début du schisme yougoslave, l'issue négative pour eux de la première crise de Berlin, la liquidation de l'insurrection communiste en Grèce et la conclusion du pacte de l'Atlantique nord, rien n'indique que le coup d'arrêt opposé à leurs entreprises par les Occidentaux ne sera pas suivi d'une nouvelle offensive. En fait, celle-ci va bien avoir lieu l'année suivante, mais ce sera sur le lointain théâtre de l'Extrême-Orient. La crise qui s'y déclenche en juin 1950 n'en aura pas moins d'importantes répercussions sur le vieux continent.

Raidissement des blocs et incertitudes européennes (1950-1954)

● Guerre froide et décolonisation en Asie

La guerre de Corée qui oppose de juin 1950 à juillet 1953 les États-Unis, agissant au nom de l'ONU, et les Coréens du Nord, soutenus diplomatiquement par l'URSS et militairement par la Chine populaire, a pour effet de produire un raidissement des deux blocs. Lorsqu'au début de 1951, craignant de voir les divisions de «volontaires» chinois déferler au sud du 38ᵉ parallèle et rejeter à la mer le corps expéditionnaire américain, le général MacArthur a proposé au président Truman d'employer l'arme atomique pour stopper l'avance communiste, on a même pu penser qu'un *nouveau conflit mondial était imminent*. La Guerre froide connaît donc son apogée pendant ces années d'affrontement indirect en Extrême-Orient et elle se traduit, dans les pays occidentaux, par une psychose anticommuniste qui, aux États-Unis, débouche sur une véritable «chasse aux sorcières» déclenchée par le sénateur MacCarthy, mais qui a également des retombées en Europe de l'Ouest.

Il faut dire que les anciennes puissances coloniales du vieux continent sont elles-mêmes aux prises depuis la fin de la guerre avec de graves difficultés avec leurs empires. Le conflit mondial a partout provoqué, malgré la victoire des alliés, un ébranlement profond du système colonial. Pendant la guerre, les métropoles ont perdu beaucoup de leur prestige. Elles ont été vaincues et occupées par l'Allemagne ou, comme le Royaume-Uni, sortent épuisées du conflit. Comme en 1914-1918 elles ont dû, pour survivre, faire appel à leurs territoires d'outre-mer : les Britanniques ont mobilisé deux millions d'Indiens, la France Libre a établi ses principales bases de repli en Afrique. Il en résulte tout naturellement, de la part des peuples colonisés, une volonté de ne plus être considérés comme de simples sujets, voire d'accéder aussi rapidement que possible à une indépendance qui, pour beaucoup, a été payée au prix du sang. Leurs revendications sont d'autant plus virulentes qu'elles trouvent un écho aux Nations unies, dont la Charte reconnaît le droit de chaque peuple à choisir sa forme de gouvernement, et chez les deux grands vainqueurs, hostiles l'un et l'autre et pour des raisons diverses à la colonisation. Enfin, en Asie, le Japon a appelé les peuples qu'il dominait à s'unir contre les colonisateurs blancs et, à la veille de sa défaite, il a donné l'indépendance à la plupart des colonies. Ce sont donc les peuples de cette zone qui ont été les premiers à réclamer leur liberté au lendemain de la guerre.

Les années de la Guerre froide coïncident par conséquent avec la première vague d'une décolonisation qui bénéficie, dans certaines régions du continent asiatique, du soutien que l'URSS et la Chine — devenue communiste en 1949 — apportent aux mouvements de libération nationale, en partie d'ailleurs constitués par les organisations communistes. En moins de dix ans, c'est la quasi-totalité de l'Asie colonisée (URSS exclue) qui se trouve ainsi émancipée.

En Inde, où les Britanniques connaissaient depuis longtemps des difficultés, l'indépendance est accordée dès 1947. Hindous et musulmans refusant de coexister dans le même État, le pays est partagé en deux, la République indienne et le Pakistan qui, l'un et l'autre, acceptent de conserver des liens avec la Couronne britannique et d'entrer dans le Commonwealth. Après le départ des Japonais, les Indes néerlandaises se sont constituées en «République d'Indonésie», dirigée par Soekarno. En 1947, les Pays-Bas tentent de reconquérir leur colonie, mais ils n'en ont plus guère les moyens et, sous la pression des Américains qui redoutent de voir la région basculer tout entière du côté du communisme, ils doivent finalement lui accorder l'indépendance. De même, la France refuse de reconnaître la souveraineté du Vietnam, réclamée par le Viet-Minh procommuniste. Il s'ensuit une guerre longue et coûteuse en vies humaines et en moyens financiers qui aboutira en 1954, après la défaite de l'armée française à Diên-Biên-Phû, aux accords de Genève qui donnent l'indépendance aux anciennes colonies d'Indochine. En Europe de l'Ouest, ces événements ont pour effet d'accroître les difficultés internes des pays concernés et de renforcer, dans la majorité de la population qu'inquiète l'agitation entretenue par les PC (en France par exemple contre la «sale guerre d'Indochine»), un puissant sentiment anticommuniste. Les gouvernements l'utilisent pour se maintenir en place et pour poursuivre leur engagement «atlantiste», mais certains d'entre eux vont également s'en servir pour relancer la construction européenne.

● L'apogée du totalitarisme stalinien : l'heure du «monolithisme»

Radicalisation également, et d'une toute autre ampleur celle-là, du côté de l'Est où Staline impose à son camp un véritable régime d'état de siège. La méfiance pathologique du «maréchalissime» et l'immense effort de mobilisation qu'implique la reconstruction de l'URSS dévastée, conduisent à la mise en place d'un lourd appareil répressif visant d'abord les nationalités — appelées à oublier leur passé pour glorifier celui du «grand frère» et déportées en partie ou en totalité lorsqu'elles résistent à la russification —, les minorités religieuses, particulièrement les Juifs contre lesquels le «petit père des peuples» détourne classiquement les rancœurs populaires produites par sa politique, les cadres de l'armée, dont il redoute qu'elle ne soit contaminée par les idées et les modes de vie des pays dans lesquelles elle a combattu, enfin tous ceux qui, d'une manière ou d'une autre ne paraissent pas conformes à l'idéal de l'«homme nouveau» imposé par le «chef génial» et par ses principaux commis : le maître de la police, Béria, et le théoricien du régime, Jdanov. En 1953, on évalue la population des camps gérés par le Goulag à au moins 8 à 10 millions de personnes, promises pour beaucoup à la mort, tandis que se multiplient dans le Parti les purges sanglantes et que se renforce le culte de la personnalité du dirigeant charismatique. Hanté par la crainte des complots (en 1953 il invente celui des «blouses blanches» qui lui permet d'éliminer les médecins juifs du Kremlin), retranché dans l'isolement de sa *datcha* où il reçoit de nuit ses collaborateurs tremblant à l'idée d'une possible disgrâce, Staline dirige dans un climat de suspicion croissante l'immense empire qu'il a hérité des tsars et des hasards de la guerre, en jouant de la menace de conflit armé avec l'Occident, qu'il a lui-même contribuée à créer, pour justifier le climat de terreur dans lequel il fait vivre son peuple et ceux de l'Est européen.

Car en même temps le totalitarisme stalinien s'est étendu à la totalité du glacis soviétique. Le point de départ en a été en 1948 le «schisme» yougoslave. Ayant libéré son pays et installé le communisme au pouvoir sans l'aide des Soviétiques, Tito estimait ne pas avoir de comptes à rendre au «grand frère» sur la façon dont il opérait pour établir en Yougoslavie les bases du socialisme. Aussi, entret-il rapidement en conflit avec le maître du Kremlin lorsque celui-ci, soucieux de placer sous son autorité la totalité du «camp socialiste», l'invite à plus de docilité et commence à noyauter l'armée, l'administration et l'appareil du Parti yougoslaves. En mars 1948, la crise éclate lorsque Staline rappelle ses experts de Yougoslavie, puis tente de dresser contre Tito les cadres du PC. Ni l'intervention du Kominform, ni la conspiration militaire ourdie par le Kremlin, ni la formidable campagne lancée dans tout le monde socialiste et dans les PC d'Europe de l'Ouest contre la «clique révisionniste titiste», ni la rupture des relations économiques avec Belgrade ne viendront à bout de la résistance yougoslave. Tito ne rompt pas avec les principes du marxisme-léninisme. Mais, à la grande fureur de Staline, il développe dans son pays une forme d'économie socialiste distincte du modèle ultra-centralisateur en vigueur en URSS (terres distribuées aux petits propriétaires ruraux, usines autogérées), et surtout il engage son pays dans la voie du non-alignement.

Le schisme titiste renforce la méfiance des dirigeants soviétiques envers les états-majors des «partis frères», accusés à leur tour de vouloir développer dans leur pays un communisme national, jaloux de son indépendance à l'égard du «pays guide de la Révolution». Aussi vont-ils, en s'appuyant sur des noyaux de partisans fidèles, procéder dès l'été 1948 à la purge des appareils. En trois ans, celle-ci touche le quart des effectifs communistes des démocraties populaires, frappant comme dans l'URSS de 1936-1938 les cadres de l'armée, du Parti et de l'administration, en commençant par les «vieux bolcheviks» (par exemple les anciens combattants des «brigades internationales»), éliminés au profit d'hommes d'appareil qui doivent tout à Staline. Des «aveux» sont extorqués aux dirigeants et aux militants dont on veut se débarrasser, à la suite de sévices divers et de procès montés de toutes pièces. On encourage la délation et la mise en quarantaine des suspects et l'on fait disparaître par milliers les opposants réels ou fictifs. Sont ainsi physiquement éliminés Kostov en Bulgarie, Anna Pauker en Roumanie, Slánský en Tchécoslovaquie, Rajk en Hongrie, des dizaines d'anciens ministres, présidents et vice-présidents du Conseil, généraux et directeurs d'administration dans tous les pays d'obédience communiste, jugés et exécutés pour crimes de «trotskisme», de «titisme» ou encore de «sionisme». Ce terrorisme généralisé s'accompagne de la soviétisation des PC nationaux, transformés en simples courroies de transmission des consignes du Kremlin, et d'une mise au pas totalitaire qui affecte en premier lieu les Églises et les cadres intellectuels, éventuels propagateurs d'un sentiment national que toute la politique des maîtres étrangers vise à éradiquer de manière définitive.

● L'Europe occidentale sur la voie de l'intégration? De la CECA à la CED

Cette radicalisation du camp stalinien et des formations qui se réclament en Europe de l'Ouest du modèle communiste, a pour effet de développer dans cette partie du continent les tendances à l'intégration économique, politique et militaire dans un ensemble transnational qui ne soit pas un simple prolongement de l'OTAN dans les domaines autres que stratégiques. Tel est l'objectif poursuivi au début de la décennie 1950 par les promoteurs de la Communauté européenne du charbon et de l'acier (CECA).

L'idée initiale en revient à l'homme qui préside, depuis 1946, à la planification française, Jean Monnet, «Européen» de toujours, ancien concepteur en pleine débâcle de 1940 d'un projet d'union perpétuelle franco-britannique, présenté à Paul Reynaud pour tenter d'empêcher la défection française, et promoteur au paroxysme de la Guerre froide d'une Europe du charbon et de l'acier gérée par un organisme supranational. Les adversaires de Monnet ont parfois stigmatisé en lui le « technocrate » géniteur d'une Europe des industriels et des banques, fondée sur les seuls intérêts économiques. Rien n'est plus faux. Jean Monnet a eu, en concevant son projet, le souci de rapprocher les peuples du vieux continent et de jeter les bases des futurs « États-Unis d'Europe ». Mais en même temps il était conscient des immenses difficultés de l'entreprise. « L'Europe, dira-t-il, ne se fera pas d'un coup ni dans une construction d'ensemble : elle se fera par des réalisations concrètes, créant d'abord une solidarité de fait. » Or, que pouvait-il y avoir de plus concret et de plus urgent que de rapprocher la France et l'Allemagne en les associant dans un projet commun offrant à leurs économies réciproques la possibilité de tirer profit de leur complémentarité ? L'Allemagne est riche en coke, la France a besoin de celui-ci pour assurer l'approvisionnement de ses hauts fourneaux et peut en retour fournir des quantités importantes de minerai de fer. Pourquoi ne pas associer ces richesses et ces besoins dans une entreprise que l'on élargirait aussitôt à ceux des pays européens qui le souhaiteraient, première étape d'une communauté plus vaste et moins étroitement spécialisée ?

Telle est l'idée que le commissaire général au Plan va présenter au ministre des Affaires étrangères français, le MRP Robert Schuman, lui aussi Européen convaincu et « homme de frontière », né en Lorraine annexée et partagé entre deux cultures. Ce dernier a tôt fait de faire sien le projet de Monnet et, le 9 mai 1950, il en expose les grandes lignes dans une déclaration proposée à l'ensemble des pays européens. Le succès est immédiat. Pas chez tous les Européens : les sidérurgistes anglais n'ont pas besoin d'échanger des matières premières avec le continent et les travaillistes au pouvoir redoutent que l'« Europe des patrons » ne remette en question les acquis du *Welfare State*. Ils seront suivis par les dirigeants scandinaves. L'URSS et ses satellites, comme d'ailleurs les grands PC occidentaux, dénoncent une politique qu'ils jugent inspirée par les « monopoles américains » et par les « fauteurs de guerre » d'outre-Atlantique. Mais en Allemagne, en Italie et dans les trois pays du Benelux, la réaction est très favorable. Le « plan Schuman » est également bien accueilli par les États-Unis, non pour les raisons mises en avant par les communistes, mais parce que Washington y voit le prologue d'une union européenne qui pourrait ensuite s'atteler au problème de sa défense et diminuer d'autant le « fardeau » qui pèse sur la superpuissance de l'Ouest.

Les partisans d'une Europe intégrée économiquement et si possible politiquement se recrutent principalement dans les rangs de la démocratie chrétienne, du socialisme démocratique, et des diverses formations libérales, c'est-à-dire dans des organisations politiques qui forment pour l'essentiel les coalitions au pouvoir dans les pays de l'Ouest européen. Ces affinités politiques, doublées souvent de relations amicales entre les principaux responsables de ces courants — des hommes comme Robert Schuman, Jean Monnet, Paul Ramadier, André Philip, en France, Paul-Henri Spaak en Belgique, De Gasperi et Spinelli en Italie, Konrad Adenauer en RFA, etc. — expliquent que le projet ait vite abouti. Dès le 18 avril 1951, six pays, la France, la RFA, l'Italie, la Belgique, les Pays-Bas et le Luxembourg, signent le traité de Paris instituant la CECA pour une durée de 50 ans et fixant les attributions de ses institutions : la Haute Autorité, dotée de pouvoirs autonomes et exécutoires, le Conseil des ministres qui exprime l'intérêt des États, l'Assemblée qui contrôle la Haute Autorité, et la Cour de justice qui juge les litiges.

Ces diverses pièces de la machine communautaire seront mises en place dans le courant de l'année 1952 et dès l'année suivante le « marché commun » du charbon et de l'acier commencera à fonctionner à la satisfaction générale. Économiquement, il constitue un incontestable facteur de croissance de la production et des échanges intra-européens. Politiquement, il pousse à la réconciliation franco-allemande, axe de la future Europe politique, et ceci quelques années seulement après l'effondrement du Reich hitlérien. Encore faudrait-il, pour que « l'Europe » existe dans les faits, qu'elle soit en mesure d'assurer seule sa défense, ou du moins de ne pas être à 90 % tributaire du système de protection contrôlé par les Américains. Or, sur ce terrain, la construction européenne va connaître en 1954 un échec cuisant.

Ce sont les Américains qui, affrontés aux problèmes que suscite le conflit coréen et inquiets de la radicalisation d'un bloc de l'Est détenteur depuis 1949 de l'arme atomique, poussent dès le milieu de 1950 au réarmement de la RFA. Pour éviter que celui-ci n'aboutisse à la renaissance du militarisme outre-Rhin, le Conseil de l'Europe vote en août une résolution défendue par Winston Churchill et appelant à la création d'une « armée européenne » dans le cadre du pacte Atlantique. À l'automne, c'est le président du Conseil français René Pleven qui propose son plan prévoyant la constitution d'une armée européenne de 100 000 hommes juxtaposant dans les mêmes corps des bataillons nationaux, parmi lesquels des Allemands, et placée sous un commandement supranational dépendant de l'OTAN.

Ainsi est mis au point, après de longues négociations et avec l'accord des États-Unis, le projet de Communauté européenne de défense (CED). Prêt en mars 1952, signé deux mois plus tard par les six pays membres de la CECA, le traité ne pouvait entrer en application qu'après ratification par les parlements des États signataires. Les pays du Benelux et l'Allemagne le font en février et mars 1954. L'Italie, où une majorité est favorable à la ratification, décide d'attendre le vote des députés français. Tout dépend donc, pour que le « plan Pleven » entre dans les faits de l'attitude de la France. Or, à l'issue d'une terrible bataille médiatique opposant « cédistes » et « anticédistes » (essentiellement les communistes et les gaullistes mais aussi une partie des socialistes et des radicaux), l'Assemblée nationale va rejeter le traité le 30 août 1954 (sans que le gouvernement présidé par Pierre Mendès France se soit engagé dans le débat) par 319 voix contre 264. La CED restera donc lettre morte.

Les débuts du « dégel »

● L'entrée de l'Allemagne dans l'OTAN et la formation du « pacte de Varsovie »

La réaction à la défection française est vive en Europe où nombreux étaient ceux qui avaient misé sur le projet de communauté de défense. Elle ne l'est pas moins aux États-Unis. Le secrétaire d'État Foster Dulles évite même de passer par la France lors d'un voyage qu'il entreprend en Europe en septembre 1954. La CED étant enterrée, le problème qui se pose est de lui trouver une « solution de rechange » permettant d'intégrer l'Allemagne dans le système défensif occidental. Paradoxalement, la France qui vient de rejeter le traité élaboré à partir du « plan Pleven », traité dont elle pouvait en quelque sorte revendiquer la paternité et qui visait à éviter de faire purement et simplement entrer l'Allemagne dans l'OTAN, va accepter quelques semaines plus tard une combinaison qui la ramène à la case départ. Dès le 23 octobre en effet, après un premier accord paraphé à Londres entre les signataires du traité de Bruxelles et leurs partenaires atlantiques, les « accords de Paris » consacrent la souveraineté de la RFA,

l'adhésion de l'Italie et de l'Allemagne fédérale au traité de Bruxelles
— transformé en Union de l'Europe occidentale (UEO) — et par là
même l'entrée de cette dernière puissance dans l'organisation atlantique. Pour ne pas trop heurter les opinions publiques, en France
notamment où l'antigermanisme demeure très virulent, on interdit à
la RFA de fabriquer ou de se procurer des armes ABC (atomiques,
bactériologiques et chimiques). À cette réserve près, la remilitarisation de l'ancienne vaincue est acceptée. Une fois acquise la ratification du Parlement français — obtenue à la suite d'âpres débats —
plus rien ne s'oppose à ce que la RFA, redevenue puissance souveraine, ait sa propre armée dans le cadre du pacte Atlantique. À quoi
les Soviétiques répliqueront, en mai 1955, par la conclusion du pacte
de Varsovie. Celui-ci se substitue aux accords militaires bilatéraux
que l'URSS avait passés avec les Démocraties populaires et intègre
sous un commandement unique, à direction soviétique, les forces de
tous les «États frères», RDA comprise. La Yougoslavie n'en fait pas
partie et l'Albanie s'en retirera en 1968.

● **La mort de Staline
et la naissance de la «coexistence pacifique»**

Points d'aboutissement d'une longue et dangereuse escalade, l'entrée de la RFA dans l'OTAN et la création du pacte de Varsovie interviennent curieusement — c'est le fait de la vitesse acquise — à un
moment où la tension a commencé à retomber entre l'Est et l'Ouest.
La mort de Staline, le 5 mars 1953, marque en effet la première étape
du «dégel» dans les relations entre les deux camps. Tandis que l'un
des nouveaux dirigeants du Kremlin, Malenkov, émet quelques signes
en faveur du rapprochement avec l'Ouest et qu'Eisenhower déclare :
«le monde entier sait qu'une ère a pris fin avec la mort de Staline»
et expose un plan d'utilisation pacifique de l'atome, la paix est provisoirement rétablie en Extrême-Orient, avec l'armistice de Pam Mun
Jon, en Corée, le 27 juillet 1953, et les accords de Genève qui mettent fin, en juillet 1954, à la première guerre d'Indochine.

En URSS, l'avènement de Khrouchtchev, d'abord associé à
Boulganine, puis agissant comme dirigeant suprême, coïncide avec
l'adoption d'une ligne plus souple à l'égard de l'Occident. Le numéro
un soviétique développe, à partir de 1955, sa doctrine de la «coexistence pacifique», dont l'Europe sera le premier champ d'expérimentation. La victoire du «socialisme» demeure certes, à long terme,
l'objectif suprême et la lutte des classes le moteur de l'histoire. Mais

si la compétition avec le camp adverse ne disparaît pas, elle doit se limiter aux terrains de l'économie et de l'idéologie.

Ce changement de cap s'explique à la fois par la prise de conscience des responsabilités qui pèsent sur chacun des deux Grands à l'ère nucléaire, par le sentiment de moindre insécurité que confère à l'URSS la possession des armes de l'Apocalypse (bombe A en 1949, bombe H en 1953) et des « vecteurs » (bombardiers, fusées) capables de frapper des cibles américaines, par la nécessité surtout d'une longue période de paix dont le nouveau maître du Kremlin entend tirer parti pour réaliser ses grandioses projets économiques et pour rattraper, puis dépasser la puissance industrielle et le niveau de vie des États-Unis.

À l'Ouest on se méfie et l'on ne se hâte pas de répondre aux avances de la nouvelle équipe dirigeante soviétique : ce qui explique que les projets élaborés pour intégrer la RFA dans le système défensif européen soient menés à leur terme. La perte du monopole nucléaire par les Américains, puis l'expérimentation par les Russes de puissants engins balistiques intercontinentaux — le lancement du premier « Spoutnik », en octobre 1957, crée un choc très fort aux États-Unis — ont plutôt pour effet de radicaliser la politique de la Maison Blanche. Toutefois, le « new look diplomatique » adopté par l'administration républicaine consistera seulement en un *containment* renforcé, appliqué notamment au Proche-Orient, où les Russes commencent à montrer le bout de l'oreille, et complété par l'adoption d'une nouvelle doctrine stratégique dite des « représailles massives ». Désormais, une attaque communiste contre un pays quelconque entraînerait une riposte nucléaire immédiate, pouvant intervenir en n'importe quel point du camp socialiste. Dans cette perspective, l'Europe se trouve aux avant-postes, « protégée » certes par le « parapluie nucléaire » américain, mais promise en cas de conflit généralisé à la destruction totale.

Néanmoins, au fur et à mesure que les intentions soviétiques se confirment, le climat international s'améliore. En janvier-février 1954, une conférence à Quatre sur l'Allemagne, proposée par Churchill, se réunit à Berlin. Elle aboutit à une impasse, mais elle marque en même temps la reprise du dialogue. En mai 1955, Khrouchtchev et Boulganine se rendent en Yougoslavie et se réconcilient officiellement avec Tito : « Nous regrettons sincèrement ce qui s'est passé, déclare le numéro un soviétique à sa descente d'avion, et nous rejetons résolument ce qui s'est accumulé au cours de cette période. » Le

15 mai de la même année, au lendemain de la conclusion du pacte de Varsovie, l'URSS signe avec les trois autres puissances occupantes et avec l'Autriche le traité qui met fin officiellement à l'état de guerre avec cette dernière. Le gouvernement autrichien doit proclamer la neutralité de son pays — ce qui ne l'empêchera ni de devenir membre de l'ONU, ni d'être admis en 1955 au Conseil de l'Europe — en échange de quoi il se voit restituer par l'URSS les «biens allemands» confisqués, notamment les champs pétrolifères.

En juillet 1955, les chefs de gouvernement des quatre grandes puissances se rencontrent à Genève pour la première fois depuis dix ans. Concrètement, cette conférence au sommet n'aboutit pas à des résultats bien tangibles. On ne parvient pas notamment à trouver un terrain d'entente sur la question de l'éventuelle réunification de l'Allemagne, les Occidentaux réclamant pour celle-ci des élections libres et le droit d'adhérer à l'OTAN, les Soviétiques exigeant de leur côté un pacte de sécurité collective englobant les deux États allemands. Néanmoins le contact n'est pas rompu et, malgré la médiocrité des résultats enregistrés, «l'esprit de Genève» paraît devoir présider à une ère nouvelle dans les relations internationales. Deux conflits relativement secondaires, mais qui avaient toutefois perturbé pendant les années de la Guerre froide les relations intra-européennes, trouvent d'ailleurs une solution au cours de cette période de «dégel» : le conflit sarrois, qui avait fortement troublé les rapports franco-allemands depuis la guerre et qui est réglé, après le référendum d'octobre 1955, par le rattachement de ce territoire à l'Allemagne, finalement accepté par le gouvernement Guy Mollet (en échange de la promesse d'importantes livraisons de charbon et de la canalisation de la Moselle), et le conflit de Trieste, qui avait de son côté fortement dressé l'une contre l'autre l'Italie et la Yougoslavie et auquel met fin le partage entériné par un protocole d'accord en octobre 1954.

Dernier indice de la détente qui s'amorce, en janvier 1956, les deux principaux dirigeants soviétiques, Boulganine et Khrouchtchev, se rendent en visite officielle en Grande-Bretagne où ils déploient «l'offensive du sourire». Après les graves alarmes des derniers temps de l'ère stalinienne, le spectre de la guerre paraît s'éloigner du continent européen.

CHAPITRE 8

L'Europe de l'Ouest à l'heure de la croissance

Des années 1950 au milieu des années 1970

Pendant vingt ans, du milieu des années 1950 au milieu des années 1970, l'Europe de l'Ouest connaît une prodigieuse croissance. Elle la doit à la rapidité d'une reconstruction opérée grâce à l'aide américaine, à la remise en ordre des monnaies réalisée grâce aux accords de Bretton Woods, à une démographie de nouveau dynamique, aux gains de productivité, mais aussi à l'action des gouvernements qui donnent l'impulsion à la croissance économique dans une perspective keynésienne ou la soutiennent par une intervention plus poussée. L'Allemagne, l'Italie, la France dans une moindre mesure, sont les grandes bénéficiaires de cette croissance rapide.

Celle-ci se développe par ailleurs dans un contexte international apaisé. Après les crises qui marquent

les années 1956-1962, la détente s'installe à partir de 1963.
À ce moment, la construction européenne sort de la crise
consécutive à l'échec du projet de Communauté européenne
de défense en 1954. La signature en 1957 du traité donnant
naissance à la Communauté économique européenne
et à l'Euratom remet en marche le processus d'unification.

Toutefois, l'arrivée au pouvoir du général de Gaulle en France,
conséquence de la crise provoquée dans ce pays
par la décolonisation en Algérie, paraît devoir remettre
en question ce processus. Hostile à toute idée de supranationalité
ainsi qu'à tout alignement de l'Europe sur les États-Unis, il préconise
une « Europe des patries », qu'il s'efforce d'imposer à ses partenaires
réticents, et indispose ceux-ci par une politique de « coups
d'épingle » envers les États-Unis et par un net refus de l'entrée
de la Grande-Bretagne dans le Marché Commun.
Ce n'est qu'après son retrait du pouvoir que la CEE est élargie
à la Grande-Bretagne, à l'Irlande et au Danemark.

La crise de 1968 remet en cause la société issue de la croissance.
À la suite des États-Unis et du Japon, des révoltes étudiantes
et ouvrières secouent le Royaume-Uni, l'Allemagne, la France
et l'Italie, unies par la contestation du capitalisme technocratique,
de la société de consommation, et par le refus de l'« aliénation »
de l'individu par le productivisme et la bureaucratie.

Après une période d'incertitude, où alternent à un rythme rapide
les crises (Suez, Berlin, Cuba) et les phases de dégel, le monde
s'installe à partir de 1963 dans une relative détente dont bénéficie
en tout premier lieu le continent européen et qui va durer
une bonne dizaine d'années. Cette amélioration sensible du climat
des relations internationales coïncide avec l'apogée d'une ère
de croissance économique qui a commencé elle-même au lendemain
de la guerre et à laquelle, par référence aux temps de crise
qui suivent le premier choc pétrolier, on donnera plus tard
le nom de « Trente glorieuses ».

Reconstruction et essor économique

● La reconstruction de l'Europe

Sortie des années de guerre et d'occupation sinistrée et exsangue, l'Europe occidentale connaît, à partir de 1950, une prodigieuse croissance. Mesurée par rapport au revenu national des principaux États concernés au cours de la période 1950-1962, celle-ci atteint un taux moyen annuel de 7,3 % pour la RFA, 6 % pour l'Italie, 5 % pour la France, 4,7 % pour les Pays-Bas, 3,2 % pour la Belgique, 2,3 % seulement pour le Royaume-Uni. Au total, le gain annuel dépasse 4 % et augmentera encore d'un point au cours de la décennie suivante.

Les années qui suivent immédiatement le retour à la paix sont consacrées à la reconstruction. Une reconstruction qui s'avère beaucoup plus rapide qu'on ne l'avait prévu, et ceci bien que la saignée humaine et les destructions matérielles aient été incomparablement plus considérables qu'en 1914-1918. La reconversion des industries de guerre est également plus aisée qu'on aurait pu le penser, eu égard à l'intensité de la mobilisation industrielle. Si bien que, dès la fin de 1948, soit moins de quatre ans après la cessation des hostilités, l'Europe de l'Ouest a retrouvé son niveau de production d'avant-guerre.

Ce sont les pertes et l'usure du matériel de transport d'une part, les destructions d'immeubles publics et privés (20 % en Allemagne, de 6 à 9 % en France, Belgique, Pays-Bas et Royaume-Uni, 5 % en Italie) et le manque à construire du fait de la très forte réduction du nombre des chantiers durant la guerre d'autre part, qui ont causé les plus grosses difficultés de la reconstruction. Celle-ci a d'autre part été freinée dans certains pays par l'instabilité des prix et l'inflation qui ne prend fin en France qu'en 1952 — après les dévaluations successives de 1946 et 1949 —, en Italie en 1947 et en Allemagne après la réforme monétaire de 1948.

Elle a en revanche largement bénéficié de l'aide américaine : 12 milliards de dollars fournis à titre de secours d'urgence entre 1945 et 1947, et une somme à peu près équivalente distribuée dans le cadre du Plan Marshall aux seize pays européens qui ont accepté les conditions fixées par Washington pour pouvoir bénéficier de l'ERP (*European Recovery Program*). Si, dans un premier temps, l'Europe occidentale doit utiliser la manne qui lui est ainsi généreusement donnée, ou prêtée à des conditions très avantageuses, pour solder ses achats à l'étranger de produits alimentaires, de matières premières, d'énergie et de biens d'équipement, assez vite la contre-valeur en monnaie nationale des dollars alloués, au lieu d'être stérilisée, est employée au remboursement de la dette publique (Royaume-Uni) ou aux investissements dans les secteurs de base. En France par exemple, près de 20 % des investissements publics prévus par le Plan sont financés par la contre-valeur en francs des crédits Marshall.

En décembre 1951, le bilan que dresse l'OECE de l'aide distribuée en trois ans aux États bénéficiaires de l'ERP témoigne du spectaculaire succès de la reconstruction européenne. La production industrielle a augmenté de 64 % depuis 1947; elle est de 40 % supérieure à celle de l'avant-guerre. La production alimentaire a progressé de 25 %. Les cartes d'alimentation, qui en France sont restées en circulation jusqu'au début de 1949, ont partout disparu. L'économie européenne modernisée peut désormais poursuivre sa croissance sans l'aide des États-Unis.

● **Les facteurs de la croissance :
le dynamisme démographique**

La croissance bénéficie d'un certain nombre de facteurs favorables, internes et externes. L'adoption en 1944 à Bretton Woods d'un système monétaire international dominé par les États-Unis mais géré par un organisme international (le FMI) permet à partir de 1949 une remise en ordre des monnaies dont les effets positifs sur la reprise du commerce international viennent s'ajouter à ceux de l'accord général sur les tarifs douaniers (GATT), signé à Genève en 1947 et auquel adhérent la plupart des pays de l'Europe de l'Ouest. La reprise de la croissance démographique après 1945 et son maintien jusqu'à la fin de la décennie suivante stimulent également l'activité économique. Elles sont dues surtout à la forte natalité de l'après-guerre, le *baby boom,* qui permet de rattraper les naissances différées du fait des hostilités mais se prolonge beaucoup plus longtemps qu'après le premier conflit mondial, conséquence d'un optimisme ambiant qui fait que les enfants sont mieux acceptés, et aussi des politiques d'aide à la famille adoptées dans plusieurs États. Un pays comme la France, dont le taux de natalité était tombé à la veille de la guerre au-dessous de 13 ‰ et qui, dès lors n'assurait plus sa reproduction naturelle, voit cet indicateur passer en 1946-1947 à plus de 18 ‰ et l'effectif annuel des naissances dépasser les 800 000 unités. Si bien que les prévisions faites par les démographes de la SDN en 1943 (rapport Notenstein) se révèlent entièrement dépassées. Ils avaient annoncé pour 1970 un déclin de la population française de près de 3 millions d'habitants ; or, celle-ci s'est accrue de 8 millions d'unités. Ceci, malgré une mortalité qui reste forte dans les anciens pays industrialisés (aux environs de 11 ‰), conséquence du vieillissement de la population et d'une « surmortalité » adulte due aux accidents de la circulation et parfois (c'est le cas en France) de l'alcoolisme.

Il en résulte, dans la plupart des pays européens — il est plus tardif et moins accentué en Allemagne et en Autriche, du fait des pertes énormes subies par ces deux pays et du maintien en captivité de nombreux prisonniers — un net rajeunissement démographique dont les effets vont se faire sentir avec un certain décalage. Il constitue un puissant facteur de croissance dès lors qu'il contraint les États à affecter aux équipements collectifs des ressources importantes, créatrices d'emplois, et il entraîne comme aux États-Unis un nouveau marché qui est celui des enfants et des adolescents. Surtout, le renouvellement des générations fait éclater les structures malthusiennes dans les pays où, avant la guerre, la hantise de la surproduction et du chômage avait poussé à la préservation des acquis. En revanche, il faudra attendre une quinzaine d'années pour que cette population nouvelle fournisse une main-d'œuvre supplémentaire, plus qualifiée (du fait de l'allongement de la scolarité), donc plus efficace. En attendant, on fera appel aux contingents d'actifs dégagés par la nouvelle vague de l'exode rural et aux travailleurs étrangers. Dès 1946, la France renoue ainsi avec les pratiques d'immigration de l'avant-guerre, faisant entrer par centaines de milliers des Italiens, des Espagnols, puis des Portugais et des Maghrébins. Elle est bientôt imitée par les autres nations anciennement industrialisées : le Royaume-Uni où affluent également Méditerranéens et populations originaires du Commonwealth (notamment des Pakistanais), la Suisse, l'Allemagne, la Suède, les pays du Benelux, importateurs de main-d'œuvre italienne, espagnole, yougoslave et turque. Il en résulte, dès la décennie 1950, un formidable brassage de populations, majoritairement originaires de l'Europe continentale et qui — à l'échelle d'une ou deux générations — contribuera, dans le cadre communautaire, à l'éclosion d'un sentiment d'appartenance à l'Europe, dont beaucoup de sondages montrent qu'il est moins artificiel et moins illusoire qu'on ne veut l'admettre dans certains milieux politiques et médiatiques, particulièrement en France.

● Les facteurs de la croissance : progrès techniques et intervention de l'État

Les formidables progrès techniques, souvent simples applications civiles des innovations introduites pendant la guerre dans le domaine militaire, ont permis d'obtenir d'importants gains de productivité, de telle sorte que la production a pu augmenter plus vite que le nombre des actifs. Certes, les États-Unis conservent une avance considérable en matière de recherche appliquée et de brevets mais, au fur et à mesure du redéploiement de leurs investissements en Europe, il s'opère au profit de celle-ci, et par le truchement des filiales de sociétés multinationales, d'importants transferts de technologie. D'autre part, les pays européens effectuent eux-mêmes un effort sans précédent pour faire progresser la recherche (du moins jusqu'au milieu des années 1960, après quoi l'on constate un tassement, sauf en Allemagne) et consacrent désormais une part substantielle de leur revenu national (de l'ordre de 20%) à la création de biens d'équipement et à l'acquisition d'un outillage moderne. La prospérité générale assurant aux entreprises des bénéfices importants, c'est aux trois quarts par la voie de l'autofinancement qu'elles pourvoient à leurs besoins d'investissement.

L'action des gouvernements et l'intervention de l'État dans la vie économique ont joué un rôle moteur pendant la période de la reconstruction et une fonction d'accompagnement de la croissance pendant les « Trente glorieuses ». Jusqu'au début des années 1970, la plupart des politiques économiques s'inspirent de Keynes et visent à réguler le rythme de la croissance. L'État devant à la fois assurer le plein emploi, lutter contre l'inflation et maintenir l'équilibre des paiements extérieurs, et ces trois objectifs étant difficilement conciliables, les pouvoirs publics doivent jouer tantôt sur l'équilibre budgétaire et sur les prélèvements obligatoires, que l'on augmente ou que l'on diminue en fonction des risques de « surchauffe » ou au contraire de récession, tantôt sur l'encadrement du crédit (institution de réserves obligatoires, fixation du taux et de la durée des prêts, etc.). Il en est résulté pendant une trentaine d'années l'absence de « crises » cycliques, comparables à celles du XIXe siècle et de l'entre-deux-guerres. Il y a bien des « récessions » passagères, s'accompagnant ou non d'une diminution du volume de la production (ainsi en Grande-Bretagne en 1952 et 1958, en Allemagne en 1967), mais elles durent peu, n'affectent que faiblement l'activité économique et sont en général déphasées d'un pays à l'autre.

Dans certains pays, la tradition étatiste et l'influence des idées et des organisations socialistes ont fait que l'interventionnisme a été poussé plus loin. En France, on a procédé entre 1944 et 1946 à de nombreuses nationalisations destinées soit à «punir» les entreprises qui avaient collaboré avec l'occupant (Renault) soit simplement à rationaliser le système économique : la Banque de France, les quatre principales banques de dépôt, les charbonnages, le gaz, l'électricité, les transports aériens, une partie des sociétés d'assurances sont passées sous le contrôle de l'État tout en conservant leur autonomie financière et des modes de gestion identiques à ceux des entreprises privées. Il en a été de même en Grande-Bretagne où les travaillistes, victorieux aux élections de 1945, ont nationalisé entre 1946 et 1950 la Banque d'Angleterre, les transports aériens, ferroviaires, routiers et par voie d'eau, le gaz, l'électricité et la sidérurgie. En Italie, le capitalisme d'État n'apparaît pas au lendemain de la guerre : il est l'héritier de la politique économique du fascisme et se structure autour de l'IRI, un gigantesque holding public fondé en 1933 et dont le chiffre d'affaires est deux fois et demie supérieur à celui de Fiat.

L'autre aspect de cette politique coordinatrice de l'État est la planification. Très souple en Italie, où l'on se méfie de tout ce qui peut rappeler le dirigisme fasciste, elle a essentiellement pour fonction de fixer une ligne idéale à laquelle peut être comparée l'évolution réelle de l'économie et vers laquelle celle-ci doit tendre, avec toutefois quelques objectifs précis portant, s'agissant du *Plan Vanoni* adopté en 1955, pour une durée de dix ans, sur l'accroissement annuel du revenu national (de l'ordre de 5 %) et sur la création de 4 millions d'emplois nouveaux. Bien que les résultats en soient dans l'ensemble satisfaisants, les gouvernements de «centre gauche» adopteront à partir de 1965 une formule de «programmation» par plans de 5 ans, visant à une plus grande coordination entre les secteurs, ceci tout en conservant une très grande souplesse d'application.

De tous les pays industrialisés en Europe de l'Ouest, c'est la France qui est allée le plus loin dans ce domaine, avec l'adoption en 1946 du Plan de modernisation et d'équipement mis au point par Jean Monnet, premier commissaire général au Plan. En affectant de manière prioritaire les investissements aux équipements de base, il a fortement contribué à la reconstruction rapide du pays. Par la suite, il jouera essentiellement un rôle «indicateur» et prospectif, sa fonction étant non de se substituer, comme en URSS, aux mécanismes du marché, mais d'éclairer les décisions à long terme en complétant la conduite de la politique économique. C'est, selon l'expression de Pierre Massé, un « anti-hasard ».

● L'État-providence

Au-delà de la simple direction de l'économie, mais dans une perspective nécessairement liée à celle-ci, les gouvernements interviennent de plus en plus directement dans le domaine social, que ce soit dans les rapports entre patrons et salariés, par la fixation de salaires minima et des conditions de travail (durée, congés payés, etc.), par le développement de l'enseignement et des régimes de retraite (ces deux secteurs absorbant une part croissante du revenu national), ou par la mise sur pied — c'est la grande innovation de l'après-guerre — de systèmes de protection sociale visant à assurer à tous un minimum de sécurité. Ainsi s'étend au lendemain immédiat de la guerre le domaine du *Welfare State* (l'État du « bien-être » ou si l'on préfère l'« État-providence ») dont la philosophie consiste à fonder la « sécurité sociale » non plus sur la conception traditionnelle du contrat de travail et de l'assurance, qui garantissait certains éléments de la population contre un nombre limité de risques, mais sur le principe de la solidarité nationale : la communauté de la nation devant assurer à tous le bien-être.

C'est le Royaume-Uni qui donne l'exemple en adoptant entre 1946 et 1956 le programme formulé en pleine guerre par Sir William Beveridge : assurance vieillesse, régime de protection sociale financé par l'impôt, mise en place en 1948 du *National Health Service* qui nationalise les activités de santé et rend à peu près gratuits les soins médicaux, politique d'urbanisme assurant de larges pouvoirs aux collectivités locales pour planifier la construction, faciliter la municipalisation des sols et décongestionner les centres urbains, etc. En Suède est adopté également un système très complet d'assurance vieillesse, d'allocations familiales, d'allocations-logement, de soins médicaux quasi gratuits, le tout reposant sur une fiscalité particulièrement forte et visant explicitement à une redistribution des revenus. Il en est de même en France où, introduite en 1945 et 1946, la Sécurité sociale comporte des régimes variés, avec des « caisses » différentes et des organismes autonomes suivant les diverses catégories sociales, le financement étant assuré pour les salariés par des cotisations versées par les bénéficiaires eux-mêmes et par leurs employeurs.

● La grande croissance : diversité sectorielle et disparités géographiques

Ainsi produite et soutenue par des facteurs multiples, dont la pesanteur varie d'un pays à l'autre, d'une période à l'autre, la croissance des économies européennes est loin d'être uniforme. En termes de répartition par grands secteurs d'activité, il est clair que c'est dans le domaine agricole qu'elle a été le moins fortement ressentie. Certes, les agricultures européennes ont connu après 1945 une période d'intense modernisation. L'amélioration des rendements a compensé la réduction des superficies ensemencées, grâce à l'augmentation d'engrais, à la mécanisation et à la motorisation : on compte par exemple un tracteur pour 20 hectares de terres labourables en Grande-Bretagne et en Suisse, un pour 140 en France, un pour 210 en Italie, et on estime que de 1950 à 1963 leur nombre a quadruplé pour l'ensemble des pays occidentaux. Mais les investissements consacrés à l'agriculture sont très inférieurs à ceux dont bénéficient les autres secteurs et les efforts de rationalisation se trouvent entravés à la fois par l'insuffisance du pouvoir d'achat ouvrier dans certains pays et régions défavorisés, par la tendance des ménages, dans les pays riches, à consacrer une part décroissante de leurs revenus aux dépenses alimentaires, et par les obstacles à la modernisation que constitue l'existence de latifundia pratiquant des formes d'exploitation extensive du sol, ou au contraire de microfundia trop exigus pour être rentables. Il en résulte que l'agriculture n'assure un revenu décent qu'à une minorité d'exploitants. Les autres souffrent soit d'un sous-emploi chronique débouchant parfois sur la misère pure et simple (c'est le cas dans le *Mezzogiorno* italien, en Espagne et au Portugal), soit d'une paupérisation relative du fait de la disparité croissante entre les revenus de l'agriculture et ceux des autres secteurs : ceci, bien que le nombre des ruraux n'ait cessé de diminuer avec la reprise et l'amplification de l'exode rural. Pour la seule période 1954-1960, la France perd ainsi près du tiers de sa population agricole, l'Allemagne plus de 16 %, les Pays-Bas 11,7 %, l'Italie 10 %, la Belgique 5 %.

L'industrie constitue en revanche le secteur de pointe et le véritable moteur de la croissance des pays de l'Ouest européen. Domaine privilégié de l'innovation, elle connaît à partir de 1948 une progression plus rapide qu'aux États-Unis, très forte dans les années 1950, un peu moins rapide au cours de la décennie suivante. Ce sont d'abord les secteurs orientés vers la consommation des ménages — produits agroalimentaires, électroménager et surtout automobile (en Allemagne,

Italie, Grande-Bretagne, France, Suède et Pays-Bas) — qui ont imprimé son rythme à la croissance, entraînant dans leur sillage l'énergie, les industries d'équipement et la sidérurgie. Par rapport à la moyenne des années 1947-1949, la production charbonnière de la CEE passe, entre 1947 et 1959, de l'indice 86 à l'indice 135 ; le raffinage de pétrole brut de l'indice 71 à 851. Dans le même temps, la production d'électricité grimpe de 94 à 238 (toujours en termes d'indice), celle de l'acier brut de 71 à 276. L'industrie chimique, en pleine rénovation, joue un rôle considérable en multipliant les occasions d'investissement et en élargissant à une cadence soutenue la gamme des produits offerts aux consommateurs.

À partir de 1960, les industries de pointe — nucléaire, aérospatiale, électronique —, stimulées par les commandes militaires de l'État (qui finance une part importante de la recherche) et porteuses des techniques de pointe, se montrent les plus dynamiques. Elles constituent le « fer de lance » de la croissance, par leur développement propre et aussi par leurs retombées, c'est-à-dire par les applications qu'elles trouvent dans les autres branches de l'activité industrielle. Mais en même temps, ces nouvelles activités économiques perturbent l'équilibre établi par la seconde révolution industrielle, au détriment des activités anciennes (textiles, sidérurgie, constructions navales) qui éprouvent de grandes difficultés à se moderniser.

Disparités sectorielles donc, mais aussi disparités régionales et nationales. Toute une partie de l'Europe libérale, englobant l'Italie du Sud, la plus grande partie de l'Espagne et de l'Irlande, la quasi-totalité du Portugal et de la Grèce, relèvent d'un sous-développement chronique. Le Royaume-Uni, qui avait été jusqu'au début du XXe siècle la principale puissance économique du monde, puis qui avait traversé de graves difficultés durant l'entre-deux-guerres, connaît après 1945 une expansion moindre que celle de ses concurrentes continentales. De nombreux obstacles entravent la marche de l'économie britannique : la population active stagne, les investissements boudent les entreprises nationalisées et la productivité du travail industriel marque le pas. Surtout, la volonté de défendre à tout prix la livre sterling (au moins jusqu'à la dévaluation de 1967) inspire des politiques contradictoires qui n'autorisent qu'une croissance médiocre, constamment inférieure à 3 %.

En revanche, certains pays connaissent une progression tellement rapide et spectaculaire que l'on a parlé de « miracles » pour qualifier ce bond en avant de leur économie. Outre les Pays-Bas, la Suède et dans une certaine mesure la Suisse, qui accroissent très sensiblement leur capacité industrielle, trois pays relèvent, à des titres divers, de cette catégorie. La République fédérale d'Allemagne tout d'abord qui cumule de nombreux atouts, en plus de ceux que lui confèrent comme à l'Italie l'aide intensive des États-Unis et l'absence de problèmes liés à la décolonisation : un puissant consensus social, une monnaie forte et attractive pour les capitaux étrangers, un réseau bancaire d'une grande efficacité, une rente de situation inégalable dans la CEE grâce à la maîtrise de l'axe rhénan. Une gestion libérale efficace (pratiquée notamment par Ludwig Erhard) lui permet de renouer avec une longue tradition industrielle et de passer entre 1949 et 1958 de l'extrême misère à l'extrême puissance, et ceci sans inflation. Le produit national triple. Les réserves monétaires atteignent 6 milliards de dollars et le plein emploi est plus qu'assuré. En 1960, la RFA assure 10 % des exportations mondiales.

Plus surprenant encore est le «miracle» italien, en ce sens qu'au poids de la défaite se sont ajoutés pour ce pays l'absence à peu près totale de ressources énergétiques et de matières premières, la coupure historique entre le Nord et le Midi, une inflation galopante et un fort déficit de la balance des paiements. Ont joué dans l'autre sens l'abondance de la main-d'œuvre, le dynamisme des chefs d'entreprise et l'impulsion de l'État s'effectuant par le truchement d'un vaste secteur public (IRI, ENI), complètement restructuré après la guerre. Forte de ses atouts, l'Italie va se doter en quelques années d'assises énergétiques et sidérurgiques modernes, puis s'orienter vers des activités exigeant un lourd investissement intellectuel : l'automobile, la mécanique de précision, la pétrochimie, l'électroménager, etc. Les revenus du tourisme et les «remises» des travailleurs émigrés à l'étranger feront le reste, permettant à ce pays d'équilibrer dès 1957 sa balance des paiements.

On parle moins de miracle pour qualifier la croissance française, et pourtant, à partir du second plan, les réalisations excèdent de beaucoup les objectifs fixés. La production nationale s'accroît de 30 % (contre 25 % prévus). L'industrie progresse à partir de 1954 au rythme de 9 à 10 % par an et la productivité s'améliore. Entre 1969 et 1973, c'est la France qui, après le Japon, réalise les plus forts taux de croissance du monde (près de 7 % l'an).

L'environnement international : vers la «détente»

L'envol de la croissance européenne au milieu des années 1950 s'est opéré dans un contexte international en dents de scie, les phases de «dégel» alternant à un rythme rapide avec celles de refroidissement jusqu'au début de 1963. À partir de cette date, les relations Est-Ouest en général et celles qui touchent en particulier à l'Europe entrent dans une période de moindre tension.

● La crise de Suez

L'année 1956 est marquée par une double crise reliant les affaires du Proche-Orient à celles de l'Europe de l'Est. Le 26 juillet 1956, le colonel Nasser, qui a pris le pouvoir en Égypte deux ans plus tôt et souhaite réaliser autour de son pays l'unité du monde arabe, décide de nationaliser la compagnie du canal de Suez, dont les actionnaires sont en majorité français et britanniques. Ce geste, qui est salué par les populations de la région comme un défi aux anciennes puissances coloniales, provoque aussitôt une vive réaction des deux États européens concernés. Le Royaume-Uni pour lequel le canal constitue à la fois un enjeu économique considérable — sur les 15 000 navires qui transitent chaque année par cette voie d'eau, les deux tiers sont des pétroliers et 35 % sont britanniques — et le symbole de son ancienne puissance impériale, redoute de se voir complètement éliminé d'une zone sur laquelle s'exerçait jusqu'à la guerre sa prépondérance. La France voit dans l'Égypte de Nasser (un peu vite assimilé à Hitler par les dirigeants du «Front républicain» et notamment par son leader, le socialiste Guy Mollet, devenu président du Conseil au début de 1956) l'un des obstacles majeurs à la «pacification» en Algérie, le Raïs soutenant le FLN en lui envoyant des armes et en accueillant ses dirigeants et ses combattants. Londres et Paris vont donc préparer de concert une action contre l'Égypte, en plaçant celle-ci sous le couvert d'un droit international bafoué par Nasser et en arguant en même temps des menaces que ce dernier fait peser sur le jeune État d'Israël.

Or, les anciennes puissances tutélaires de la zone comprise entre le Maroc et le golfe Persique ne disposent plus des moyens nécessaires pour y maintenir leur hégémonie et ont commencé à y être relayées par les deux Supergrands. Avant de s'engager dans l'aventure, Nasser a obtenu des Soviétiques une aide militaire importante ainsi que la promesse de financer la construction du barrage d'Assouan, sur le Nil, nécessaire à l'extension des zones irriguées et à la satisfaction des besoins énergétiques de l'Égypte. La diplomatie du Kremlin, qui après la mort de Staline s'est réorientée dans le sens d'un soutien aux «bourgeoisies nationales» en lutte contre l'«impérialisme» — contrepartie de la «coexistence pacifique» qui suppose la réduction des tensions en Europe —, fait ainsi ses premiers pas sur la scène du Proche-Orient. Les États-Unis de leur côté, appliquant la stratégie d'encerclement de l'URSS déployée par le secrétaire d'État Foster Dulles, soutiennent les pays du «Pacte de Bagdad» — Iran, Irak et Turquie — et entendent contenir les ambitions nassériennes, sans pour autant souhaiter l'élimination du Raïs si celle-ci doit servir de prélude au retour en force des Britanniques et des Français.

Dans le courant de l'été, ces derniers ont mené parallèlement des préparatifs d'intervention armée et de laborieuses négociations avec l'Égypte. Celles-ci n'ayant donné aucun résultat tangible, ils se décident à agir, de concert avec Israël, qui se sent menacé par ses voisins et redoute que les armements fournis par les Russes au États arabes de la région ne modifient à ses dépens l'équilibre des forces. Un scénario d'intervention est élaboré par les trois puissances et, le 29 octobre 1956, ce sont les troupes israéliennes qui passent à l'attaque et envahissent le Sinaï. Une semaine plus tard, Français et Britanniques, qui ont concentré 60 000 hommes à Chypre, engagent une opération amphibie et aéroportée dans la zone du canal.

L'intervention paraît devoir aboutir rapidement à un succès des Franco-Anglais. Mais les Soviétiques et les Américains réagissent aussitôt avec une extrême vigueur à une initiative qui peut les empêcher de substituer leur propre influence à celle des anciennes puissances coloniales : les premiers en menaçant Paris et Londres de représailles nucléaires, les seconds en exerçant de fortes pressions politiques et surtout financières sur le cabinet britannique présidé par Anthony Eden. Ce dernier ne tarde pas à céder devant la menace d'effondrement de la livre, obligeant par sa défection le gouvernement de Guy Mollet à accepter le cessez-le-feu ordonné par l'ONU. L'opération «mousquetaire» se solde donc par un échec des Européens dans une affaire qui apparaît comme l'ultime manifestation de la «politique de la canonnière», telle qu'elle avait été pratiquée par eux depuis le XIXe siècle.

La crise de Suez, qui souligne une fois de plus l'incapacité des Européens à régler des questions dans lesquelles leurs intérêts vitaux sont en jeu en dehors du regard des deux Grands, est contemporaine d'une autre crise, survenue celle-ci en Europe de l'Est et qui va également se régler au dépens d'acteurs secondaires — la Pologne et surtout la Hongrie — par le jeu à la fois conflictuel et complice des superpuissances, l'URSS écrasant dans le sang l'insurrection de Budapest sans que les États-Unis fassent quoi que ce soit pour l'en empêcher. Nous reviendrons dans le chapitre suivant sur cette affaire.

● Crise à Berlin (1958-1961)

Ni la crise de Suez, ni les événements de Hongrie ne mettent fin par conséquent au relatif réchauffement qui s'est opéré dans les relations entre l'Est et l'Ouest depuis la mort de Staline. Il faut attendre 1958 pour que le climat change à la suite des nouvelles difficultés qui ont surgi en Extrême-Orient avec le bombardement par les Chinois des îlots nationalistes de Quemoy et Matsu. L'affaire retombe vite, mais l'Union soviétique ne peut sans dommage pour son prestige dans le tiers monde — où elle mène depuis 1955 une action «tous azimuts» — laisser à son «alliée» et rivale asiatique le monopole de la lutte «anti-impérialiste». Aussi s'engage-t-elle, à la fin de 1958, dans de nouvelles épreuves de force.

La première a pour théâtre le continent européen où Khrouchtchev souffle alternativement le chaud et le froid au gré des circonstances et des pressions qui s'exercent sur son pouvoir contesté par une partie des dirigeants communistes. Certes il ne veut pas la guerre, car il en juge les conséquences terrifiantes. Mais il ne souhaite pas davantage une situation internationale figée car elle risquerait de démobiliser son camp. Aussi joue-t-il à la fois sur les deux registres de la «coexistence pacifique» et de la «Guerre froide de mouvement» (selon l'heureuse expression de Raymond Aron). En novembre 1958, c'est pour relancer le jeu diplomatique qu'il décide brusquement de rouvrir le dossier de Berlin, proposant de transformer les trois secteurs occidentaux en une ville libre neutralisée qui aurait son propre gouvernement et gérerait elle-même son économie. En même temps, il précise que la «ville libre» devrait être démilitarisée et s'engager à empêcher «toute activité subversive hostile orientée contre la RDA ou tout autre État». À défaut de quoi, il menace de conclure avec cette dernière puissance un traité de paix lui donnant le droit de couper les communications entre Berlin-Ouest et la RFA. Les troupes soviétiques, lance-t-il en conclusion de la note adressée aux Occidentaux, «ne sont pas en Allemagne pour jouer aux quilles».

Tandis que contrôles et entraves à la circulation se multiplient autour de Berlin, une conférence des ministres des Affaires étrangères des quatre puissances occupantes se réunit à Genève en mai 1959. Elle n'apporte aucune solution au problème allemand. À l'été, elle est relayée par un dialogue direct entre Washington et Moscou, prélude au nouveau «dégel» qui s'amorce dans le courant de l'automne, motivé semble-t-il du côté soviétique par les débuts de conflit ouvert avec la Chine qui fait grief à Khrouchtchev de sa politique «révisionniste». Le numéro un du Kremlin se rend aux États-Unis en septembre et rencontre Eisenhower à Camp David. L'entrevue n'aboutit à rien de concret mais contribue à détendre le climat entre les deux Grands. À son retour en URSS, Khrouchtchev rend un hommage appuyé au président américain : un homme, dit-il, qui «aspire comme nous sincèrement à liquider la Guerre froide».

Or, c'est précisément un retour à la Guerre froide qui s'annonce au printemps 1960. Khrouchtchev, qui doit faire front aux critiques conjuguées des dirigeants chinois et des adversaires que sa politique a dressés contre lui dans son propre pays, prend prétexte d'un incident mineur — le survol du territoire de l'URSS par un avion-espion U2 et les «aveux» de son pilote, abattu par la chasse soviétique — pour faire capoter la conférence au sommet, réunie à Paris en mai 1960 pour tenter de trouver une solution définitive à la question allemande.

En mai 1961, le numéro un soviétique rencontre à Vienne le nouveau président des États-Unis, J. F. Kennedy. Jugeant peut-être un peu jeune et «tendre» son interlocuteur, il n'hésite pas à se montrer menaçant, exigeant une solution sur Berlin avant la fin de l'année et agitant une fois de plus l'épouvantail d'un traité de paix séparé avec la RDA. «Je veux la paix, déclare-t-il à l'hôte de la Maison Blanche, mais si vous voulez la guerre, c'est votre affaire. Notre décision de signer en décembre est irrévocable.» S'il a pensé ainsi intimider son interlocuteur, il a incontestablement fait fausse route. «Ce sera un hiver très froid», réplique Kennedy et, de retour aux États-Unis, il dépêche aussitôt des renforts en RFA et place en état d'alerte permanente son aviation stratégique. Puis il se tourne vers ses alliés qui se déclarent prêts à honorer leurs engagements, à commencer par le général de Gaulle, qui a pourtant commencé à prendre ses distances à l'égard de Washington et de l'OTAN. Au début de l'été, l'Europe paraît revenue aux pires moments de la Guerre froide.

Pourtant, ce n'est pas une décision de blocus ou de coup de force contre les Alliés que vont prendre les dirigeants soviétiques et leurs alliés de RDA comme on a pu le redouter alors en Occident. Dans la nuit du 12 au 13 août 1961, les autorités est-allemandes font édifier le long de la ligne qui sépare la zone soviétique du reste de la ville un réseau de barbelés, puis un mur hérissé de miradors. Officiellement le but est d'arrêter, explique-t-on à Pankow, «l'invasion de l'Allemagne démocratique par les espions et les saboteurs envoyés par l'Allemagne revancharde et par les puissances impérialistes». En fait, s'il y a quelque chose à arrêter entre les deux Allemagnes, c'est l'exode ininterrompu de dizaines de milliers d'Allemands de l'Est, fuyant le totalitarisme et la pénurie pour chercher refuge en RFA. Au-delà du mur de Berlin, c'est d'ailleurs toute la frontière entre les deux États allemands qui se trouve en quelques jours barrée par un rempart de chevaux de frise, de fossés et de tours de guet, avec mission donnée à l'armée et à la milice de tirer à vue sur tout ce qui bouge.

À l'Ouest, la surprise et l'indignation des premières heures ne sont suivies d'aucune tentative pour empêcher l'édification du mur. On se contente d'élever de vives protestations, à la grande déception des Allemands de l'Ouest et plus particulièrement des Berlinois. Ceux-ci se trouvent toutefois un peu rassurés lorsque, le 20 août, le vice-président Lyndon Johnson et le général Clay, le héros du blocus de 1948, rappelé de la retraite pour la circonstance, accueillent au stade olympique une unité de blindés venue de RFA sans en avoir été empêché par les Russes et leurs alliés. Un peu plus tard, la fameuse formule lancée par Kennedy lors de son passage dans l'ancienne capitale du Reich, «*ich bin ein Berliner*» (je suis un Berlinois) les conforteront dans le sentiment qu'en cas de crise grave, ils ne seraient pas abandonnés par l'Occident. Très vite d'ailleurs, la tension va retomber. Dès la fin septembre, Khrouchtchev qui paraît avoir agi sous la pression des «durs» du Parti et qui a désormais repris les choses en main, baisse le ton et se montre moins intransigeant. Officiellement, il n'abandonne pas son projet de règlement de la question allemande; mais il renonce à fixer un délai pour la neutralisation de Berlin.

● **La crise des fusées de Cuba**
  et les débuts de la «Détente»

À la fin de 1961, le danger d'une guerre générale déclenchée à propos des affaires du continent européen paraît s'éloigner. Mais la paix n'est pas pour autant assurée, comme en témoigne la crise grave qui se développe à l'automne de l'année suivante, à la suite de l'installation par les Soviétiques d'engins balistiques de moyenne portée (IRBM) sur l'île de Cuba. L'affaire, on le sait, est réglée avec beaucoup de maîtrise par Kennedy qui fait preuve à la fois d'une grande énergie, en décidant d'interdire aux navires soviétiques de débarquer à Cuba du matériel de guerre, et d'une réelle habileté en prenant soin de laisser à Khrouchtchev la possibilité de reculer sans perdre la face. Fin octobre 1962, le monde est encore une fois passé «au bord du gouffre», et l'Europe en cette affaire s'est trouvée directement concernée. Comme lors de la seconde crise de Berlin, les alliés des États-Unis ont clairement manifesté leur solidarité avec Washington, tant il est clair pour tous, qu'en prenant l'initiative d'une partie de bras de fer avec les Américains dans la zone des Caraïbes, Khrouchtchev poursuit des objectifs stratégiques globaux dans lesquels entrent la question allemande et celle des armes nucléaires de théâtre stationnées en Turquie, et dont il obtiendra d'ailleurs le retrait. De là, la fameuse apostrophe du général de Gaulle à l'ambassadeur d'URSS à Paris venu l'entretenir des risques d'affrontement nucléaire que comportait selon lui l'ultimatum de Kennedy : «Eh bien! monsieur l'ambassadeur, nous mourrons ensemble!»

Plus vite encore qu'après la seconde crise de Berlin, la tension retombe entre les deux camps au lendemain des événements dramatiques d'octobre 1962. La «crise des fusées» a en effet placé les deux grands en face de leurs responsabilités. Sans renoncer pour eux-mêmes à la course aux armements stratégiques, ils vont s'efforcer d'en garder le monopole et d'en maîtriser le déploiement, en négociant le maintien d'un relatif équilibre entre leurs forces de dissuasion et en fermant aux éventuels candidats les portes du «club» très fermé des puissances nucléaires. Deux accords concrétisent dès 1963 cette volonté commune : en juin, un système de liaison par télétype — le fameux «téléphone rouge» — est établi entre Washington et Moscou. Il permet aux principaux décideurs d'entrer en communication rapide en cas de crise grave comportant un risque d'ascension aux extrêmes. Le 5 août, un traité auquel adhéreront de nombreux pays, est signé à Moscou. Il interdit, même à des fins pacifiques, les essais nucléaires autres que souterrains. Ce n'est pas le désarmement, mais déjà, pour les deux superpuissances et pour leurs alliés européens, une nouvelle phase de l'histoire des relations internationales commence. Certes, si la tension s'apaise lentement en Europe, notamment à propos du problème allemand, Américains et Soviétiques continuent de s'affronter dans le tiers monde par alliés ou clients interposés. Néanmoins, là où ont lieu ces épreuves de force, que ce soit au Moyen-Orient ou en Asie du Sud-Est, ils s'abstiennent de souffler trop fort sur le feu et veillent à ce que les conflits «périphériques» ne dégénèrent pas en conflit au «centre» et particulièrement sur le vieux continent.

Naissance et premiers succès de la CEE

● La relance de la construction européenne

Au lendemain de l'échec de la CED, la construction européenne paraît enlisée. Tous les efforts de création d'autorités supranationales ont échoué, à l'exception de la CECA qui, elle-même, n'a pas que des partisans. En France, la poussée nationaliste, qui coïncide avec la première phase de la guerre d'Algérie, est peu propice à la relance de l'idée européenne. En Angleterre, la majorité de la population demeure hostile à la supranationalité. C'est en Italie, en Allemagne et dans les trois pays du Benelux que les partisans d'une Europe dans laquelle chaque partenaire accepterait d'abandonner une part de sa souveraineté sont les plus nombreux et les plus influents. Pas assez toutefois pour surmonter l'indifférence des populations. Pourtant, dès la fin de 1954, donc au lendemain du rejet par les parlementaires français de l'armée européenne, de petits groupes d'Européens convaincus, au premier rang desquels figurent Jean Monnet et ses amis, ainsi que des dirigeants du Benelux, vont effectuer une relance du projet communautaire en fondant leur action sur les problèmes très concrets de l'intégration économique. Or cette relance va s'effectuer avec une rapidité et une ampleur inattendues pour aboutir, en un peu plus de deux ans, à la signature par les Six d'un traité instituant la Communauté économique européenne et la Communauté européenne de l'énergie atomique.

Deux types d'initiatives vont se croiser dans le courant de l'année 1955, visant les unes et les autres à relancer l'idée communautaire. Les premières émanent de milieux restreints de technocrates pour lesquels la meilleure manière de faire avancer les choses est de se placer dans un cadre sectoriel, que ce soit celui de la CECA ou que l'on cherche à étendre les compétences communautaires aux transports et à l'énergie. Parmi les groupes et les personnalités qui agissent en ce sens, on trouve Jean Monnet et son équipe, mais aussi d'autres technocrates de haut vol, tels en France Louis Armand, président de la SNCF, et les dirigeants du Commissariat à l'énergie atomique (CEA). La tendance est alors à un engouement très vif pour l'énergie atomique, et notamment pour son utilisation pacifique, considérée comme le remède-miracle aux difficultés d'approvisionnement énergétique qui paraissent menacer le vieux continent. Faire de l'atome le moteur de la relance européenne, telle est l'idée qui fait rapidement son chemin au lendemain de l'échec de la CED : notamment en France, où la chute du cabinet Mendès France au début de 1955, et son remplacement par un gouvernement présidé par Edgar Faure, semblent favoriser cette évolution des esprits.

Les autres initiatives portent sur l'élaboration d'un projet de Marché commun général. Elles émanent du ministre de l'Économie ouest-allemande, Ludwig Erhard, qui, en bon libéral, souhaite réduire les entraves aux échanges internationaux, des milieux dirigeants néerlandais et du Belge Paul-Henri Spaak, les uns et les autres favorables à une intégration économique globale dans une structure supranationale. Dès le début de 1955, des contacts sont pris entre les représentants de ces deux grandes tendances, Monnet et Spaak consacrant toute leur énergie à rapprocher les points de vue et à lier l'approche globale et l'approche sectorielle. Pendant quelque temps, les réticences les plus fortes vont encore venir de la France, Edgar Faure, qui compte dans son gouvernement un certain nombre de ministres gaullistes, envisageant favorablement une action dans le domaine des transports et de l'énergie, mais pas nécessairement par extension des compétences de la CECA. En revanche le Premier ministre luxembourgeois, Bech, et le ministre des Affaires étrangères des Pays-Bas, Beyen, manifestent un vif enthousiasme pour le projet présenté par Spaak. Adenauer est plus circonspect, mais une fois les accords de Paris entrés en vigueur, il va lui aussi pencher du côté des propositions du ministre belge, de même que l'Italien Martino.

Finalement, on aboutit le 9 mai 1955 au vote unanime de l'Assemblée de la CECA en faveur d'une reprise de la construction européenne incluant à la fois les projets sectoriels et le programme plus ambitieux des représentants du Benelux et de l'Allemagne. Le 3 juin, la conférence de Messine, qui réunit les ministres des Affaires étrangères des Six, adopte une résolution qui affirme la volonté commune des États représentés de «franchir une nouvelle étape». Un comité, présidé par Spaak et composé d'experts et de délégués des gouvernements intéressés, est chargé d'élaborer un rapport esquissant les grandes lignes de ce qui va devenir la Communauté économique européenne et Euratom. Celui-ci est remis aux gouvernements des six États membres de la CECA le 21 avril 1956.

● Naissance du Marché commun et d'Euratom

Entre l'automne 1955 et le début de 1957, plusieurs éléments vont accélérer le cours de la construction communautaire. L'effort déployé tout d'abord par le Comité d'action pour les États-Unis d'Europe, de Jean Monnet, qui rassemble un certain nombre de personnalités européennes appartenant à diverses familles politiques — sociaux-démocrates, démocrates-chrétiens, libéraux — et pouvant servir de relais auprès des gouvernements et des opinions publiques. L'action d'autre part de nombreux mouvements européens, un peu tombés en sommeil au début des années 1950 et qui trouvent un second souffle après la conférence de Messine : Union européenne des fédéralistes, Action européenne fédéraliste, Ligue européenne de coopération économique, et celle de hauts fonctionnaires et d'hommes politiques relevant des mêmes mouvances. Ainsi en France, la victoire du «Front républicain» au début de 1956 et le recul des gaullistes permettent de dégager une nouvelle majorité européenne, socialistes, radicaux, MRP et indépendants, en désaccord sur tous les autres points, se retrouvant sur la nécessité de la construction de l'Europe. Le contexte international enfin, marqué en 1956 par un retour à la Guerre froide. La tension entre l'Est et l'Ouest à la suite du déclenchement de la guerre de Corée avait permis la mise sur pied de la CECA et la conclusion du traité instituant la CED. Au contraire, le dégel consécutif à la mort de Staline avait joué contre la ratification de cet instrument diplomatique. Avec les événements de Hongrie, et surtout avec la crise de Suez, qui fait toucher du doigt aux Européens leur degré de dépendance énergétique, on en revient à l'idée que seule une Europe unie pourra faire entendre sa voix dans l'arène internationale.

Aussi est-ce avec une grande diligence et dans un climat d'intense convivialité que le comité Spaak, réuni pendant plusieurs mois dans le petit château de Val-Duchesse, près de Bruxelles, va élaborer la rédaction des traités, en partant du modèle proposé par le rapport du ministre belge et en tenant compte des différentes positions nationales. Le 25 mars 1957, les deux traités instituant le Marché commun et la Communauté européenne de l'énergie atomique sont signés à Rome, au Capitole, par les représentants des Six. Ils seront ratifiés en juillet par les parlementaires français, allemands et italiens, entre octobre et décembre par ceux des trois pays du Benelux. À la fin de 1957 les deux nouvelles communautés se trouvent donc placées sur orbite et, le 1er janvier 1959, le Marché commun entre en vigueur.

À la différence de la CECA, les deux nouvelles communautés ne fonctionnent pas sur une base supranationale. Le Parlement, formé de délégués des parlements nationaux, n'a qu'un rôle consultatif, la Commission de Bruxelles une fonction d'initiative et d'exécution. Le Conseil des ministres, qui est l'organe décisionnel, obéit à la règle de l'unanimité. La CEE ne dispose ni de recettes budgétaires autonomes, ni d'une politique monétaire commune. Elle n'en constitue pas moins une entreprise ambitieuse. À l'union douanière entre les États membres, qui doit assurer par étapes la libre circulation des individus, des marchandises et des capitaux, et être assortie d'un tarif extérieur commun, s'ajoutent en effet d'autres objectifs : l'élaboration d'une politique commune en matière d'agriculture et de transports, une croissance économique équilibrée et une association avec les pays d'outre-mer. On prévoit d'autre part l'élargissement de la Communauté à d'autres États européens et la mise en place de politiques sectorielles communes aboutissant à l'intégration économique et sociale de la CEE, et débouchant dans un avenir non précisé sur une union politique.

Les premiers pas du Marché commun sont plutôt encourageants. Le traité de Rome avait prévu une période transitoire de douze ans pour l'abolition progressive des barrières douanières entre les États membres et l'adoption du tarif extérieur commun : or cet objectif sera atteint en juillet 1968. Dès 1963, la Communauté conclut avec les anciennes possessions françaises et belges l'accord de Yaoundé qui permet aux États africains et malgache associés (EAMA) de faire entrer leurs marchandises en franchise. Des accords commerciaux sont passés à partir de 1961 avec divers pays méditerranéens. Cette ouverture commerciale s'accompagne d'un essor industriel et d'une croissance rapide qui, certes, sont tributaires d'autres paramètres, mais que l'existence du Marché commun a néanmoins très fortement stimulés.

On aurait pu penser dans ces conditions que les autres pays d'économie de marché de l'Europe industrialisée auraient rejoint les signataires du traité de Rome. C'était compter sans les réticences britanniques, toujours aussi fortes dès lors que l'on paraissait s'acheminer vers une intégration économique, et peut-être politique, dont les dirigeants du Royaume-Uni ne voulaient entendre parler à aucun prix. Invité par la conférence de Messine à se joindre aux travaux du comité Spaak, le cabinet de Londres a eu tôt fait d'en retirer son observateur, et une fois le traité signé, il s'est appliqué à en détruire les fondements en essayant de noyer la « Petite Europe » dans une zone de libre-échange étendue à l'ensemble des pays de l'OECE. Le front commun opposé, dès les premiers contacts entre le général de Gaulle — revenu au pouvoir en France en juin 1958 — et son homologue allemand Adenauer, par ces deux hommes d'État aux tentatives d'étouffement opérées par les Britanniques, il ne reste plus à ces derniers qu'à pousser à la constitution d'une Association européenne de libre-échange à laquelle donne naissance le traité de Stockholm en novembre 1959. L'«Europe des Sept» qui voit ainsi le jour, rassemblant autour du Royaume-Uni les trois États scandinaves, l'Autriche, la Suisse et le Portugal, ne parviendra pas toutefois à faire équilibre à la CEE, moins encore à diluer celle-ci dans un vaste ensemble libre-échangiste, l'AELE étant à la fois moins homogène et moins structurée que sa rivale. Dès lors, l'OECE ne pouvant abriter en son sein des conceptions européennes aussi divergentes que celles qui opposent les représentants de la « Petite Europe » à ceux de l'AELE, elle se transforme en 1960 en Organisation de coopération et de développement économique (OCDE), non plus limitée aux pays du vieux continent mais regroupant l'ensemble des États industrialisés d'économie de marché en une structure souple de concertation.

L'Europe du général de Gaulle

La présence du général de Gaulle à la tête d'une France modernisée et dotée d'institutions solides s'inscrit dans un contexte international qui est à la fois celui de l'apogée des «Trente glorieuses» et, à partir de 1963, celui de la «détente» entre l'Est et l'Ouest : deux conditions éminemment favorables, que le fondateur de la Ve République va mettre à profit pour tenter d'imposer à ses partenaires occidentaux sa propre conception de l'alliance et de la construction de l'Europe. Une fois réglés les problèmes posés par la seconde vague de la décolonisation à ceux des pays européens qui disposaient encore de possessions outre-mer, il va engager la France dans une voie qui, en donnant la priorité à l'affirmation de son indépendance nationale, n'est pas sans effet sur l'évolution du vieux continent.

• La grande vague d'indépendance des colonies européennes

La charnière des années 1950 et 1960 voit s'accomplir à un rythme rapide la décolonisation de la plus grande partie de l'Afrique. Trois États sont concernés : le Royaume-Uni, la Belgique et la France. Le premier parvient à opérer un transfert progressif du pouvoir aux élites indigènes dans les territoires relevant de sa mouvance. Accèdent ainsi à l'indépendance la Gold Coast, devenu Ghana sous la direction du leader nationaliste Nkrumah et dont le processus d'émancipation va servir de modèle à toute l'Afrique anglophone, la Gambie en 1958, le Nigéria en 1960, la Tanzanie (ex-Tanganyika et Zanzibar), la Zambie et le Sierra Leone en 1961, l'Ouganda en 1962, le Kenya en 1963. Les problèmes qui subsistent à cette date sont ceux de l'Afrique australe où les minorités blanches refusent d'abandonner leurs privilèges et, en 1965, le Premier ministre rhodésien, Ian Smith, proclame l'indépendance du pays par voie de sécession. Il ouvre ainsi une crise profonde qui ne sera résolue qu'en 1980. Partout ailleurs, le transfert de souveraineté s'effectue sans heurt majeur.

Il n'en est pas de même au Congo belge dont l'indépendance, proclamée en juin 1960, est suivie de troubles opposant ethnies rivales et courants politiques pro-occidentaux et prosoviétiques. Il en résulte, à la suite de la décision du gouvernement de Bruxelles de rétablir l'ordre à Elisabethville et Léopoldville, puis de la sécession du riche Katanga, une longue crise impliquant les grandes puissances et qui ne prendra fin qu'en 1962 avec l'intervention de 20 000 « casques bleus » envoyés sur place par l'ONU à la demande de son secrétaire général, le Suédois Dag Hammarskjöld.

Mais c'est surtout la France qui a eu à affronter la crise la plus grave dans les pays du Maghreb relevant directement ou indirectement de sa souveraineté. Après une période d'agitation et d'incertitude politique, le Maroc et la Tunisie se voient reconnaître l'indépendance par le gouvernement Guy Mollet, respectivement en mars et juin 1956. En Algérie, c'est à la suite d'une longue et douloureuse guerre de huit ans (1954-1962) que ce pays deviendra à son tour indépendant. Dans l'intervalle, la France aura dû affronter de sérieuses difficultés internationales et une crise de régime qui a provoqué en 1958 la chute de la IVe République et le retour au pouvoir du général de Gaulle. En revanche, l'émancipation de l'Afrique noire francophone résulte d'une démarche progressive et pacifique, dont la phase ultime s'accomplit en 1960 avec l'indépendance donnée par la Ve République à une douzaine d'États situés au sud du Sahara. Aux environs de 1965, la décolonisation du continent africain est pour l'essentiel achevée. L'Europe conserve des liens de toute nature avec ses anciennes colonies, mais elle n'exerce plus sur elles d'influence directe, à l'exception des deux États de la péninsule ibérique, l'Espagne et le Portugal, dont les possessions outre-mer n'accéderont à l'indépendance qu'au milieu de la décennie suivante.

● La politique gaullienne de grandeur : le refus du protectorat américain

Une fois réglées les questions liées à la décolonisation du Maghreb et de l'Afrique noire, la France gaullienne va pouvoir concentrer ses énergies sur ce qui, pour le président de la Ve République, constitue la priorité des priorités : rendre à la France ce qu'il estime devoir être sa place dans le monde, et pour cela lui donner les moyens d'une politique d'indépendance et de grandeur. Il ne s'agit évidemment pas ici d'évoquer tous les aspects de cette politique et d'en faire le pôle exclusif de l'histoire européenne des années 1960. Simplement, pendant quelques années — principalement entre 1962 et 1968 — les initiatives du général de Gaulle font que tout ce qui bouge en Europe occidentale, que ce soit les rapports entre cette partie du monde et les deux Supergrands ou la direction que prend la construction européenne, a son point de départ en France, passe par la France, ou achoppe du fait des résistances qui sont opposées en France aux initiatives d'autres acteurs du jeu international. Cela ne suffit pas à faire de l'Hexagone le centre de l'Europe, comme les Français ont trop souvent eu tendance à le penser, mais il est vrai que le dynamisme gaullien a joué un rôle d'entraînement qui, même s'il a freiné une certaine forme de construction européenne, a concouru d'une certaine manière au réveil de l'Europe.

Le premier volet de la « grande politique » gaullienne concerne les rapports que de Gaulle entend entretenir avec les États-Unis. Pour lui, les engagements que la France a pris en 1949 (et qu'il a à l'époque approuvés) ne correspondent plus à la situation de l'Europe et du monde à la fin des années 1950. La menace communiste s'éloigne et, dès lors, la nécessité de tout subordonner à la protection du « parapluie nucléaire » américain ne s'impose plus. Elle s'impose d'autant moins qu'à une époque où les Russes ont eux-mêmes acquis les moyens stratégiques de riposter aux armes de l'Apocalypse que leurs adversaires potentiels étaient jusqu'alors les seuls à détenir, il est devenu illusoire de croire que les deux superpuissances se frappe-raient directement en cas de conflit. Du coup, l'Europe apparaît comme la cible privilégiée d'un éventuel affrontement Est-Ouest et la moindre des choses serait qu'elle ait son mot à dire dans les déci-sions dont dépendent sa liberté et sa survie. En tout cas, s'agissant de la France, il ne saurait être question de voir plus longtemps son sort relever de décisions prises par le seul président des États-Unis. Ni le réalisme politique, ni l'éthique de l'État-nation qui forme le substrat de la pensée gaullienne, n'autorisent les responsables français à pro-longer une situation héritée de la Guerre froide.

L'application de ces principes va conduire la France à jouer pen-dant une dizaine d'années le rôle du mauvais élève dans la «classe atlantique». L'occasion se présente dès juillet 1958, lorsqu'un accord est signé entre Washington et Londres sur l'échange d'informations confidentielles dans le domaine nucléaire. Devant la perspective d'un directoire anglo-américain, le général de Gaulle adresse en septembre une lettre au général Eisenhower dans laquelle il réclame une direc-tion tripartite de l'OTAN (États-Unis, Angleterre et France) qui impli-querait la définition d'une stratégie politique et militaire commune, le contrôle collectif des armes nucléaires de l'Alliance et la mise en commun des secrets nucléaires. Le président américain refuse net une proposition à laquelle, on s'en doute, ni le Royaume-Uni ni sur-tout les autres partenaires de la France au sein de l'OTAN ne sont favorables. L'Algérie absorbant toute son attention, de Gaulle s'en tient là pendant les quatre années que dure le conflit outre-mer.

Lorsque l'affaire rebondit, en 1962, la France se trouve à la fois débarrassée de l'hypothèque algérienne et dotée d'un embryon de force nucléaire de dissuasion. En effet, si la décision de fabriquer une bombe A a été prise avant son arrivée au pouvoir par des hommes d'État de la IVe République, c'est bien à partir de 1958 que sont mises les bouchées doubles pour donner à la France une «force de frappe» capable, non pas de rivaliser d'égal à égal avec les panoplies nucléaires des Supergrands, mais d'infliger à un ennemi potentiel des destructions telles que la perspective des dommages subis le dissuade d'entre-prendre une agression. La première bombe atomique française explose à Reggane, au Sahara, en février 1960, suivie de trois autres jusqu'en avril 1961. Il faudra néanmoins attendre plusieurs années pour que l'arme de la dissuasion soit dotée des vecteurs nécessaires à son éven-tuel emploi : une soixantaine d'avions Mirage IV et le sous-marin nucléaire *Redoutable,* lancé en 1967, en attendant les missiles balistiques basés au plateau d'Albion et la bombe H, dont la première expérimentation a lieu à Mururoa, dans le Pacifique en août 1968.

La force autonome de dissuasion est donc encore toute récente lorsqu'en juillet 1962 le président Kennedy propose à ses alliés européens le «grand dessein» qui lui a été en partie inspiré par Jean Monnet et qui envisage une redéfinition complète des rapports entre les États-Unis et l'Europe de l'Ouest. Au *leadership* de Washington serait substitué un *partnership* atlantique reposant sur deux «piliers» égaux, sauf sur un point essentiel : les Américains garderaient le monopole de la force nucléaire, à laquelle seraient intégrées celle du Royaume-Uni ainsi que la toute récente «force de frappe» française. Au moment où le Pentagone adoptait la doctrine stratégique dite de la «riposte flexible» (à une attaque de l'adversaire serait opposée une riposte de même nature, puis l'on passerait à un degré supérieur dans l'engagement des forces, jusqu'à l'emploi en fin d'escalade de l'armement stratégique), il ne pouvait y avoir, selon Kennedy et son secrétaire à la Défense, Robert MacNamara, «qu'un seul doigt sur la gâchette».

À la fin de 1962, le «grand dessein» va recevoir une formulation plus concrète avec le projet de «force multilatérale», accepté par le Premier ministre britannique Macmillan lors d'une entrevue avec Kennedy à Nassau (Bahamas). Des navires de guerre dont l'équipage serait binational seraient équipés d'armes nucléaires fournies par les Américains. Il faudrait l'accord des deux pays pour lancer les vecteurs. En même temps, les États-Unis décident unilatéralement de renoncer à la production de fusées *Skybolt* qui devaient servir à propulser les armes atomiques anglaises et proposent de mettre en échange à la disposition des États européens des missiles *Polaris,* à la condition qu'ils soient intégrés à l'OTAN et que leur mise à feu soit subordonnée à la décision du Président. Dans sa conférence de presse du 14 janvier 1963, de Gaulle refuse tout net. De même qu'il va, pour les mêmes raisons, refuser de parapher à l'automne 1963 le traité interdisant les expériences nucléaires dans l'atmosphère.

● La politique gaullienne de grandeur : l'affirmation de l'indépendance nationale

À partir de cette date, et jusqu'à l'automne 1968, la volonté d'indépendance de la France se manifeste à trois niveaux ayant une résonance européenne, dès lors que la dynamique gaullienne bouscule les habitudes et les structures établies à l'époque de la Guerre froide.

Le premier est d'ordre militaire, avec la poursuite du programme d'armement nucléaire et le retrait, en juillet 1966, des organismes intégrés de l'OTAN, dont le général de Gaulle estime qu'elle n'est plus adaptée aux nouvelles conditions de rapports internationaux. La France demeure membre de l'Alliance atlantique («à titre d'ultime précaution», dira de Gaulle dans ses *Mémoires d'espoir),* mais elle refuse de prolonger l'intégration de ses forces dans un ensemble supranational, ainsi que la présence sur son sol de bases et de troupes américaines. Cette décision va poser de nombreux et graves problèmes, non seulement aux États-Unis mais aux alliés européens de la France, en ce sens qu'elle ouvre une brèche dans le dispositif de défense occidental. Aussi la réaction des divers gouvernements sera-t-elle très vive. On arrivera néanmoins à trouver un modus vivendi sur deux questions essentielles : le survol du territoire français par les appareils alliés (l'autorisation sera désormais donnée non plus pour un an mais pour 30 jours) et le stationnement des forces françaises en Allemagne. Mais le caractère unilatéral de la décision française choquera profondément les décideurs et les opinions publiques des pays alliés, à commencer par l'Allemagne dont le Général avait choisi de faire la partenaire privilégiée de la France.

Le second niveau est d'ordre économique et financier, avec l'adoption d'une «filière française» d'enrichissement de l'uranium, la mise en place du «Plan Calcul» pour la production d'ordinateurs après le refus opposé en 1963 par les États-Unis à la vente d'un ordinateur jugé indispensable à la réalisation de la force de frappe, les entraves qui sont apportées à partir de 1963 aux investissements étrangers susceptibles d'aboutir à la prise de contrôle de certains secteurs de l'économie française, et surtout l'offensive menée contre la suprématie du dollar.

Au niveau diplomatique enfin, le général de Gaulle affiche par des gestes spectaculaires sa volonté de voir la France recouvrer sa «vocation mondiale» et refuser la pérennisation de la division de l'Europe en deux blocs qui, estime le président de la Ve République, est le résultat du «partage» auquel les deux Grands se seraient livrés à Yalta. De là l'emploi de formules-choc, comme celle de «l'Europe de l'Atlantique à l'Oural», qui ne correspond sans doute dans son esprit à rien de très précis, mais qui est une manière de refuser le statut qui aurait été imposé en 1945 aux Européens par les deux maîtres du monde. De là les nombreux voyages effectués par le Général dans toutes les parties du monde où il entend faire entendre la voix de la

France : l'Amérique latine en 1964, l'Asie du Sud-Est, avec le fameux discours prononcé à Phnom-Penh en septembre 1966, dans lequel il critique vivement l'intervention américaine au Vietnam, le non moins célèbre voyage au Canada en juillet 1967, au cours duquel il lance un vibrant « vive le Québec libre ! » qui provoque les réactions indignées du gouvernement fédéral canadien, de l'opinion anglophone, et aussi des États-Unis et de la Grande-Bretagne. De là enfin le rapprochement amorcé avec les pays de l'Est et concrétisé par le voyage en URSS durant l'été 1966, ainsi que la reconnaissance par la France de la Chine populaire, et le plaidoyer effectué dans certains cercles militaires proches du pouvoir pour une « défense tous azimuts », c'est-à-dire non plus dirigée exclusivement contre l'éventuel agresseur de l'Est. Rien de tout cela n'indique que le général de Gaulle ait eu en quoi que ce soit le désir de procéder à un renversement des alliances, ni même de faire sortir la France du pacte de l'Atlantique nord. Il a au contraire montré, lors des crises graves dans lesquelles l'Europe pouvait se trouver entraînée, qu'il comptait parmi les appuis les plus sûrs de la diplomatie américaine. Ses initiatives n'en ont pas moins été accueillies avec mauvaise humeur des deux côtés de l'Atlantique, aux États-Unis où les coups d'épingle de la diplomatie gaullienne irritaient d'autant plus les Américains qu'ils se trouvaient confrontés à ce moment, avec la guerre du Vietnam, à l'une des plus graves crises de leur histoire, et en Europe où elle heurtait les susceptibilités de peuples qui comprenaient assez mal que la France voulût accaparer les premiers rôles.

La politique menée par le général de Gaulle à l'égard des États-Unis n'a donc eu, en fin de compte, que des effets limités sur l'Alliance atlantique. En revanche, son attitude à l'égard de la construction européenne a eu, sur l'évolution de la Communauté et sur son avenir, des incidences importantes et qui peuvent être différemment interprétées selon que l'on se place dans le court ou le moyen terme.

● La politique gaullienne de grandeur : le rejet de l'Europe intégrée

À court terme, le bilan peut paraître catastrophique et il est vrai qu'il n'a rien qui puisse autoriser les nostalgiques de l'ère gaullienne à faire, à plus d'un tiers de siècle de distance, l'apologie rétrospective d'une politique qui prenait tout de même le contre-pied systématique de celle des véritables « pères fondateurs » de l'Europe, les Monnet, Schuman, Spaak, etc. L'idée de « l'Europe » que se faisait le fondateur de la

Ve République allait en effet à contre-courant de tout ce qu'avaient pensé et fait les promoteurs de la Communauté à Six, en jetant les bases d'une union qui se construirait progressivement, par le jeu d'institutions supranationales élargissant progressivement leurs attributions, et surtout d'actions et de projets communs nourrissant une solidarité de fait. À l'idée d'une construction supranationale, liée aux États-Unis au sein de l'OTAN et désireuse de s'intégrer le Royaume-Uni, qui était celle des fondateurs de la CEE, il opposait en effet sa propre conception d'une «Europe des patries», totalement indépendante des deux blocs, et au sein de laquelle chaque État-nation conserverait sa souveraineté et son identité. Que serait, déclare-t-il, dans sa conférence de presse du 15 mai 1962, une Europe «intégrée», «dès lors qu'il n'y aurait pas de France, pas d'Europe, qu'il n'y aurait pas une politique, faute qu'on puisse en imposer une à chacun des six États?». Car, précise-t-il, «Dante, Goethe, Chateaubriand […] n'auraient pas beaucoup servi l'Europe s'ils avaient été des apatrides et s'ils avaient pensé, écrit, en quelque "esperanto" ou "volapuk" intégrés».

Pas d'Europe intégrée donc dans un ensemble supranational géré par des «technocrates apatrides», mais une confédération des nations, dans laquelle chacune resterait maîtresse de son propre destin : tel est le projet que le président de la Ve République oppose aux tenants d'une Europe évoluant vers la supranationalité dont l'instrument serait la Commission de Bruxelles, présidée au début des années 1960 par l'Allemand Walter Hallstein, et dont le principe directeur serait la règle de la majorité dans les votes au Conseil de la CEE. Pour battre en brèche cette conception de l'Europe, et pour faire prévaloir sa propre vision de l'avenir, le Général va obtenir de ses partenaires que soit mise sur pied en 1961 une Commission chargée de poser les bases d'une Europe politique et présidée par le Français Christian Fouchet. Présenté en octobre 1961, le «plan Fouchet» propose que soit mise en place une «union des États» ayant une politique étrangère commune, une politique de défense commune en coopération avec les autres nations libres, une politique culturelle commune également, mais dont le Conseil, organe exécutif composé des chefs d'État ou de gouvernement fonctionnerait selon la règle de l'unanimité. Autrement dit, on envisageait de constituer une Confédération dont Pierre Gerbet a raison de dire qu'elle «ne dépassait pas le stade d'une organisation internationale de type classique».

On conçoit que le projet ait rencontré peu d'échos auprès des partisans de l'Europe supranationale. Après d'interminables discussions et des marchandages très serrés, le «Plan Fouchet» paraît néanmoins sur le point d'aboutir, Allemands, Italiens et Luxembourgeois acceptant en fin de compte de se rallier aux propositions françaises, mais l'intransigeance de Paul-Henri Spaak et du Néerlandais Joseph Luns d'une part, le raidissement de la position gaullienne d'autre part aboutissant, en janvier 1962 à la présentation d'un nouveau texte en retrait sur le projet précédent — peut-être relié à l'offensive atlantiste engagée à cette date par J. F. Kennedy — entraînent quelques mois plus tard l'échec de l'union politique, version Charles de Gaulle. Le 15 mai 1962, la conférence de presse dans laquelle ce dernier énonce qu'«il n'y a et ne peut y avoir d'autre Europe possible que celle des États, en dehors, naturellement, des mythes, des fictions, des parades» et couvre de sarcasmes les «apatrides», marque l'enterrement définitif du projet et entraîne aussitôt le retrait des ministres MRP du gouvernement.

Ce raidissement de la position française se trouve confirmé, l'année suivante, avec le refus que le Général oppose à la demande d'adhésion de la Grande-Bretagne au Marché commun. Celle-ci a été présentée par le gouvernement britannique le 2 août 1961, mais, au fur et à mesure que se précise l'accord entre Washington et Londres à propos des armements nucléaires et de la «force multilatérale», le Président français manifeste un scepticisme croissant quant à la conversion européenne des Britanniques. Le Premier ministre Harold Macmillan a beau l'assurer de ses sentiments communautaires lors de l'entrevue de Rambouillet, le 15 décembre 1962, de Gaulle ne se laisse pas fléchir. Pour lui, il est clair que le Royaume-Uni, naturellement tourné vers l'Atlantique et solidaire des États-Unis, ne peut être que le «cheval de Troie» des Américains dans la Communauté et le fossoyeur de l'Europe des Six. Lors de la conférence de presse du 14 janvier 1963, il rend publique sa décision de s'opposer à la candidature anglaise : démarche unilatérale et qui choque profondément les partenaires de la France dans la CEE qui avaient de leur côté émis un avis favorable. Il en sera de même lorsqu'en 1967 le Premier ministre travailliste Harold Wilson, poussé par le secrétaire au Foreign Office, George Brown, reviendra à la charge. Une fois encore, et pour les mêmes raisons, la candidature britannique sera repoussée par un général de Gaulle naviguant à contre-courant de ses partenaires européens, lesquels en concevront une amertume tenace.

Cette crise larvée entre la France gaullienne et ses partenaires de la CEE va se transformer en 1965 en crise ouverte. À l'origine du conflit, il y a d'une part les difficultés qui se font jour dans la Communauté en matière de financement de la politique agricole commune, que la France juge fondamentale mais qui suscite les réticences des autres États membres, et, d'autre part, la nouvelle offensive des partisans de l'intégration. Ceux-ci soutiennent les efforts déployés par Walter Hallstein pour donner un véritable rôle politique à la Commission et pour appliquer intégralement les articles du traité de Rome qui donnent au Conseil des ministres, fonctionnant selon la règle de la majorité, un pouvoir de décision. Face à ce qu'il considère comme une menace directe contre sa propre conception de l'Europe, le général de Gaulle va brusquement dramatiser le débat. Le 1er juillet 1965, le Conseil des ministres français fait le constat de l'échec des négociations en cours et décide de rappeler à Paris son représentant permanent auprès des Communautés. C'est la «politique de la chaise vide». Elle va durer six mois, entraîner un blocage complet de la CEE et menacer celle-ci d'éclatement.

Finalement, le Général aura gain de cause sur toute la ligne. En janvier 1966, la France reprend sa place à la Commission de Bruxelles après avoir obtenu l'essentiel de ce qu'elle demandait, tant en matière de financement de la politique agricole commune que de procédure décisionnelle. Le «compromis de Luxembourg» stipule en effet que la règle du vote à l'unanimité s'impose dès lors qu'un État juge que ses intérêts essentiels sont en jeu. Autrement dit, chaque pays dispose d'un droit de veto qui n'est guère dans l'esprit du texte signé à Rome en 1957. La marche vers la supranationalité est donc cassée pour longtemps. Le lien établi par les fondateurs de l'Europe des Six entre l'intégration économique et la future union politique supranationale est coupé au profit de la vision gaullienne d'une «Europe des patries» dont la direction serait assurée par la France.

Sans doute, et c'est ici qu'intervient le correctif du moyen et du long terme lorsqu'il s'agit de porter un jugement sur la politique «européenne» du général de Gaulle, était-il un peu tôt pour que le grand dessein d'union politique supranationale intégrant le Royaume-Uni, conçu par les Monnet, Schuman, Spaak, Luns, etc. prît corps sans qu'il y eût, comme le redoutait le fondateur de la Ve République, un risque sérieux de dilution de la Communauté dans un vaste ensemble atlantique dominé par les États-Unis. En ce sens, le freinage exercé par le président français, au nom de principes de philosophie politique qui étaient ceux du XIXe siècle, et aussi, il faut le reconnaître, d'une vision réaliste de l'environnement international du moment, a peut-être été un bien, ou un moindre mal. De là à faire du général de Gaulle, comme l'ont fait sans complexe ses thuriféraires posthumes à l'occasion de la commémoration du centenaire de sa naissance, une sorte de visionnaire de l'Europe en avance d'une génération sur ses contemporains, il y a un pas que l'on peut difficilement franchir. On voit mal en effet quel aurait pu être concrètement — à supposer que le plan Fouchet ait été adopté et que l'«union des États» ait vu le jour au début des années 1960 — le destin de la politique extérieure commune de l'Europe des Six à l'heure de la remise en cause radicale du leadership américain et du rejet de l'OTAN par la France. Si certains Européens ont eu alors un quart ou un demi-siècle d'avance sur les hommes de leur génération, c'est sans doute du côté des champions de la supranationalité qu'il faut les chercher, non parmi les chantres de «l'Europe des patries». Et pourtant, aussi négative qu'elle soit en apparence, l'action de ces derniers a eu le mérite de poser des garde-fous et d'établir des principes qui ont empêché une dérive atlantique trop accentuée de l'Europe de l'Ouest, avec le risque majeur de voir se dissoudre non, comme le craignait de Gaulle, la forte identité de chaque État-nation, mais la fragile identité naissante du pôle communautaire. Trente-cinq ans après la disparition du chef de la France libre, dans une Europe économiquement forte, face à deux superpuissances dont le poids respectif a fortement diminué et dans un monde où s'effacent les déchirures de la Guerre froide, l'évolution de l'Europe vers la supranationalité ne présente pas les mêmes dangers qu'au lendemain de la crise de Cuba.

● **La politique gaullienne de grandeur :
l'axe Paris-Bonn**

Il reste un dernier point à évoquer dans ce tableau de l'Europe gaullienne qui est le rapport privilégié que le Général s'est efforcé d'établir avec l'Allemagne, et qu'il a effectivement établi, sans en retirer lui-même de bénéfices immédiats pour la réalisation de ses buts politiques. Là encore c'est en regard du moyen ou du long terme qu'il faut apprécier l'amitié nouée par le Général avec son homologue d'outre-Rhin, Konrad Adenauer, la forte image des deux hommes côte à côte dans la nef de la cathédrale de Reims en juillet 1962, lors du voyage du Chancelier en France, la signature en janvier 1963 du traité franco-allemand instituant des rencontres périodiques entre les chefs d'État et de gouvernement des deux pays, la naissance en juillet de la même année de l'Office franco-allemand de la jeunesse, etc.

De la main tendue à l'Allemagne, de Gaulle attendait que l'axe Paris-Bonn pût servir de clé de voûte à son projet d'Europe des États. Or, dans ce domaine également la situation n'était pas mûre pour que la RFA acceptât de troquer la protection américaine contre une hypothétique défense européenne dans laquelle la France, puissance nucléaire encore balbutiante, aurait sur elle suffisamment de prise pour imposer ses vues et trop peu de poids par rapport à l'URSS pour offrir une garantie véritable.

À quoi il faut ajouter que si le vieux Chancelier — qui va d'ailleurs devoir prendre sa retraite fin 1963 — avait pour son homologue français une incontestable sympathie, il était loin d'en être de même pour l'ensemble de la classe politique ouest-allemande. Adenauer parti, son successeur, Ludwig Erhard, qui s'intéressait peu aux affaires internationales, a laissé la bride sur le cou au ministre des Affaires étrangères Gerhard Schröder, à qui le Général inspirait une vive antipathie et qui allait s'appliquer à prendre le contre-pied des positions françaises dans des domaines aussi divers que le refus d'un accord avec la France sur le procédé de télévision couleur, la force multilatérale et l'attitude adoptée à l'égard de l'intervention américaine au Vietnam.

À l'échelle de son règne, qui s'achève en 1969, mais paraît dès l'automne précédent devoir s'engager — du fait des retombées économiques et financières des événements de 1968 — vers un assouplissement des rapports avec Washington, le général de Gaulle a donc surtout engrangé des déconvenues dans sa politique de rapprochement avec l'Allemagne. Là encore cependant, c'est à l'échelle du temps long que celle-ci doit être jugée. Or, il est incontestable que le rôle qu'il a personnellement joué pour réconcilier les deux anciennes ennemies et pour établir entre elles des procédures régulières de concertation a été capital pour l'avenir de la construction européenne. Probablement était-il également trop tôt pour que — compte tenu de l'intransigeance des deux partenaires sur un certain nombre de points et des séquelles encore tangibles de la Guerre froide — l'axe Paris-Bonn pût effectivement servir de moteur au processus d'intégration. Il faudra pour cela que les mentalités évoluent, notamment en France, et que la Détente offre à leur action concertée un cadre propice. Le mérite de la politique «allemande» du Général — et il est immense — est d'avoir préparé le terrain, et d'avoir conçu, dans une perspective certes toute différente de celle de Schuman et de Monnet, que l'Europe, quelle que soit la façon dont on envisageait de la construire, ne pourrait exister hors de l'amitié franco-allemande.

De l'Europe des Six à l'Europe des Neuf

● De Charles de Gaulle à Georges Pompidou, l'évolution de la politique européenne de la France

Le dégel des relations internationales, amorcé au lendemain de la crise de Cuba, devient manifeste à partir des années 1965-1966 et se transforme à la fin de la décennie en un véritable processus de «détente» qui atteindra son apogée en 1972-1973. Intéressant au premier chef les rapports entre les deux superpuissances, qui ne cessent pas pour autant de s'affronter sur le terrain idéologique et d'entretenir d'interminables conflits «périphériques» (Vietnam, Proche-Orient), la Détente a des incidences directes sur l'évolution de l'Europe et sur le climat qui y règne en cette période qui coïncide avec l'apogée de la croissance. La prospérité, l'appétit fébrile de consommation, l'éloignement du danger de guerre font que les Européens s'efforcent à la fois de donner un cadre élargi à leurs activités — tel est l'enjeu de la négociation qui aboutit à l'entrée de trois nouveaux États dans le Marché commun en 1972 —, de normaliser leurs rapports avec l'Est, comme le fera Willy Brandt entre 1970 et 1972, ou simplement de jouir d'un bien-être qui paraît devoir croître indéfiniment et dont une minorité conteste la légitimité.

L'élargissement du Marché commun à la Grande-Bretagne, à l'Irlande et au Danemark, décidé au sommet de La Haye en décembre 1969, est le résultat d'un processus qui a commencé quelques mois plus tôt à la suite de la démission du général de Gaulle, elle-même consécutive à l'échec du référendum du 27 avril. Élu le 15 juin à la magistrature suprême, Georges Pompidou n'est pas plus que son prédécesseur un partisan de l'Europe supranationale. Mais là où le fondateur de la Ve République voyait dans l'Europe une simple possibilité, et surtout un moyen de la politique française, son ancien Premier ministre croit fermement à la nécessité de la construction européenne et se rend compte que l'approfondissement des liens entre les États membres passe paradoxalement par l'élargissement de la Communauté, et en tout cas par son ouverture à la Grande-Bretagne.

Il se trouve d'ailleurs incliné dans cette voie par les engagements pris lors de la campagne présidentielle, pour ne pas paraître en retrait par rapport à son concurrent, le démocrate-chrétien Alain Poher, ancien collaborateur de Robert Schuman et lui-même «Européen» convaincu. Le choix de Jacques Chaban-Delmas comme Premier ministre et de Maurice Schumann comme ministre des Affaires étrangères, tous deux gaullistes mais favorables à l'élargissement, l'entrée dans le gouvernement de quatre membres du Comité d'action de Jean Monnet (Valéry Giscard d'Estaing, René Pleven, Jacques Duhamel, Joseph Fontanet) ont tôt fait de confirmer la volonté d'ouverture du nouveau président. Dès le 10 juillet 1969, celui-ci déclare dans sa première conférence de presse : «Nous n'avons pas d'objection de principe à l'adhésion éventuelle de la Grande-Bretagne ou de tel autre pays à la Communauté», et il suggère que des réunions de chefs d'État ou de gouvernement discutent des problèmes posés par la demande d'adhésion du Royaume-Uni, de l'Irlande, du Danemark et de la Norvège.

● La formation de l'Europe des Neuf

L'arrivée au pouvoir de Willy Brandt, élu le 21 octobre chancelier de la RFA, à la tête d'un cabinet de coalition socialistes-libéraux, constitue un autre élément favorable à la relance européenne. Absorbé par sa «politique à l'Est», le leader social-démocrate n'en éprouve que davantage la nécessité pour son pays de se renforcer à l'Ouest et donc de faire progresser la construction européenne. Paris et Bonn vont donc fonctionner désormais sur la même longueur d'onde et cette communauté de vues ne peut qu'accélérer le processus d'élargissement aboutissant à la conférence de La Haye en décembre. L'accord s'y fait, sans difficulté majeure, sur les trois principes de *l'achèvement* du Marché commun pour le 1er janvier 1970 (par l'adoption du règlement agricole définitif), de *l'approfondissement* de la Communauté et de son *élargissement* «pour autant que les pays candidats acceptent les traités et leurs finalités politiques». Il est très favorablement accueilli par l'opinion publique dans les six États de la CEE, ainsi que par les pays candidats.

Les négociations engagées dès juillet 1970 avec ces derniers aboutiront aux traités d'adhésion signés à Bruxelles le 22 janvier 1972. Les quatre pays candidats acceptent les traités instituant les Communautés et la législation adoptée en vertu de ces instruments diplomatiques. Une période de transition de cinq ans est prévue, de manière à réaliser les adaptations nécessaires. La ratification est obtenue à une assez large majorité en Grande-Bretagne où elle n'est tributaire que d'un vote des Communes, et donne lieu à une approbation variable dans trois des pays où elle est soumise à référendum :

73 % d'électeurs et 83 % de « oui » en Irlande, 89,4 % de suffrages exprimés et 56,7 % des inscrits ayant émis un vote positif au Danemark, 68 % de « oui » en France mais avec près de 40 % d'abstentions et 7 % de votes blancs ou nuls. Quant à la Norvège, la coalition de l'extrême gauche, d'une partie de la gauche hostile à l'Europe du « grand capital » et des milieux traditionalistes et nationalistes ont fait que, contre toute attente, elle s'est prononcée contre l'entrée dans la CEE (avec près de 54 % de « non »).

La Communauté à Six se transforme donc officiellement en « Europe des Neuf » le 1er janvier 1973. Ce n'est plus la « petite Europe » autrefois brocardée par les tenants d'une vaste zone de libre-échange, mais un ensemble de première grandeur, rassemblant une population plus nombreuse que celle des États-Unis et de l'URSS, assurant le tiers des échanges mondiaux et disposant de la seconde puissance industrielle du monde. Certes, la CEE ne constitue encore, en termes de géopolitique, qu'une puissance virtuelle, riche surtout des possibilités d'action que lui assureraient sur le plan international son unité politique, l'adoption d'une monnaie commune et la maîtrise de sa propre défense. Mais le sommet des Neuf, qui se tient à Paris en octobre 1972, formule à cet égard de grandes ambitions. On fixe à 1980 l'horizon de l'« union économique et monétaire » et l'on envisage, de manière il est vrai très floue, de réaliser l'« union européenne » avant la fin de la décennie. Deux objectifs que le déclenchement de la crise mondiale en 1974 vont repousser à un avenir indéfini.

La « politique à l'Est » du chancelier Willy Brandt

● Nouvelle donne en Allemagne

L'élargissement de la Communauté européenne à trois États de l'Europe du Nord est contemporain d'une série d'accords politiques négociés par le chancelier ouest-allemand Willy Brandt avec divers pays de l'Europe de l'Est. L'*Ostpolitik*, qui est restée attachée au nom de l'ancien maire de Berlin, n'est d'ailleurs pas le résultat d'une conversion soudaine des socialistes allemands à l'idée d'un rapprochement avec la RDA et avec les autres pays socialistes. Depuis 1966, les signes d'un réchauffement se sont multipliés en RFA, le gouvernement de Bonn abandonnant discrètement la « doctrine Hallstein » (qui impliquait la rupture de toute relation diplomatique avec les États qui reconnaissaient la RDA), et le chancelier Erhard lui-même proposant en 1966 aux pays de l'Est européen une sorte de pacte de non-agression. En 1967, des relations sont ainsi rétablies avec la Roumanie et la Yougoslavie. Toutefois, jusqu'en 1969, cette «politique des petits pas» se heurte aux réticences de la CDU et à l'hostilité des dirigeants soviétiques et est-allemands, très préoccupés du risque de contagion idéologique que comporterait à leurs yeux un dégel des relations avec Bonn. La décision de mettre fin par la force au «Printemps de Prague», en août 1968, relève à bien des égards de cette crainte.

L'année 1969 marque un net changement d'attitude dans les deux camps, conséquence du climat de détente qui caractérise les rapports entre les deux grands. Du côté américain, on a conscience certes du risque que l'ouverture à l'Est comporte s'agissant de la cohésion du camp occidental, mais l'on n'est pas mécontent d'alléger un peu le fardeau européen au moment où s'accumulent les difficultés en Asie du Sud-Est. Chez les Russes, la perspective d'un règlement de la question allemande s'inscrit dans une stratégie globale de reconnaissance du fait accompli au lendemain de la guerre, qui aboutira aux accords d'Helsinki en 1975, et qui vaut bien que l'on prenne également le risque de distendre la cohésion du bloc. À Washington comme à Moscou, on va donc donner le feu vert aux dirigeants des deux États allemands. L'arrivée de Willy Brandt à la chancellerie ouest-allemande, la retraite du vieux Walter Ulbricht en RDA, celle du général de Gaulle en France dont on aurait pu craindre qu'il prît assez mal le rapprochement entre Bonn et Pankow, ne peuvent qu'accélérer le mouvement.

C'est Willy Brandt qui donne le signal du réchauffement en qualifiant d'«illusoires» les espoirs de réunification allemande et en proposant d'entreprendre des négociations avec la RDA, alors que pour les dirigeants de la CDU l'Allemagne de l'Est n'avait aucune légitimité internationale. Des conversations s'ouvrent aussitôt entre la RFA d'une part, l'Union soviétique, la Pologne et la RDA d'autre part, le Chancelier ouest-allemand donnant habilement la priorité aux négociations avec l'URSS dont il est clair qu'elle détient la clé du règlement d'ensemble.

● La mise en œuvre de l'Ostpolitik

Un premier traité est ainsi signé à Moscou le 12 août 1970. Il engage les deux signataires — RFA et URSS — à exclure de leurs relations tout recours à la force et à «respecter, sans restriction, l'intégrité territoriale de tous les États en Europe dans leurs frontières d'aujourd'hui», ce qui inclut de manière implicite la ligne Oder-Neisse et la frontière entre les deux Allemagnes. Le second traité, conclu le 7 décembre à Varsovie entre la RFA et la Pologne, reprend les engagements du précédent et prévoit l'autorisation d'émigrer des Polonais d'origine allemande. À l'occasion de sa signature, le chancelier Brandt se rend en Pologne et se recueille, à genoux, devant le monument commémorant le soulèvement du ghetto de Varsovie. Plus difficile sera la négociation engagée avec la Tchécoslovaquie pour régler le contentieux résultant des accords de Munich : la signature d'un accord avec Prague n'interviendra en effet qu'en décembre 1973.

Le 3 septembre 1971 est paraphé, à la suite également d'une longue et difficile négociation, l'accord quadripartite sur Berlin, ultime pomme de discorde entre les deux Allemagnes et principal enjeu de la Guerre froide en Europe depuis la fin du conflit mondial. À la promesse faite par les Soviétiques de ne pas entraver la circulation entre les secteurs occidentaux de la ville et la RFA, répond la reconnaissance par les trois autres puissances du fait que Berlin-Ouest n'est pas un «élément constitutif de la République allemande». Le Bundestag ne pourra plus y siéger comme il l'avait fait précédemment.

Enfin, le 21 décembre 1972, les représentants de la RFA et de la RDA signent le «traité fondamental» par lequel les deux Allemagnes, se reconnaissent mutuellement comme des États égaux et souverains en droit. N'étant pas cependant «étrangers» l'un et l'autre, ils échangent non des ambassadeurs mais des «représentants permanents». Se réclamant de la Charte des Nations unies, le traité stipule que «la RFA et la RDA régleront leurs différends exclusivement par des moyens pacifiques et s'abstiendront de recourir à la menace ou à l'emploi de la force. Elles réaffirment l'inviolabilité pour le présent et dans l'avenir, de la frontière existant entre elles et s'engagent à respecter sans réserve leur intégrité territoriale».

Willy Brandt eut quelque difficulté, à faire accepter ces divers instruments diplomatiques par une partie de l'opinion ouest-allemande. Au Bundestag, la ratification des traités de Moscou et de Varsovie ne fut acquise que d'extrême justesse, si bien que le Chancelier dut, pour assurer une majorité plus confortable au traité fondamental, recourir à des élections anticipées qui donnèrent un net succès à la coalition gouvernementale. Le réalisme l'emportant sur la nostalgie, le peuple allemand donnait ainsi son aval à une politique courageuse, qui paraissait alors à certains faire bon marché des droits légitimes de la

République fédérale et troquer des principes sacrés contre une détente favorable au commerce. Tel était le prix à payer par l'Allemagne pour cesser d'être un « nain politique » et pour jouer enfin sur la scène internationale un rôle politique à sa mesure.

1968 et ses retombées en Europe de l'Ouest

● 1968 : une crise du capitalisme libéral et de la société de consommation

Au moment où la détente internationale et l'emballement de la croissance ouvrent la voie de l'*Ostpolitik* et de l'approfondissement d'une Communauté économique élargie, offrant un nouveau souffle à l'Europe de l'Ouest, celle-ci se trouve affrontée à une crise interne dont le point culminant se situe au printemps 1968, l'épicentre dans la France de l'ère gaullienne finissante, mais dont le champ d'extension est beaucoup plus vaste. Crise sans lendemain dans l'ordre du politique et qui a d'ailleurs peu affecté, sauf en France et pendant une période brève, la vie intérieure des États, mais dont les retombées sont fortes, mesurées en termes de transformation des mœurs, de mentalités et de culture.

L'Europe occidentale n'est que l'un des terrains sur lesquels se développe l'immense mouvement de contestation du capitalisme technocratique et de la « société de consommation » incarnés par le modèle américain, lui-même en proie à une très grave crise de cohésion interne produite par la guerre du Vietnam. Née précisément par réaction contre ce conflit opposant la nation la plus puissante et la plus riche du globe à un peuple pauvre en révolte contre les séquelles de l'« impérialisme », la contestation de l'ordre mondial de l'après-guerre et de ses fondements économiques et idéologiques s'est d'abord étendue à l'Amérique même, passant des universités californiennes à celles de la côte Est et trouvant son principal vecteur dans toute une partie de la jeunesse. Elle a ensuite gagné d'autres parties du monde, longtemps contenue dans le giron de groupuscules révolutionnaires ou de petites communautés marginales avant d'éclater au grand jour aux quatre points cardinaux de la planète. L'année 1968 est celle de cet embrasement qui touche quasi simultanément l'Europe, le Japon et certains États d'Amérique latine, en particulier le Mexique, théâtre de graves incidents à l'occasion de l'ouverture des Jeux olympiques d'été.

Avec les États-Unis, l'Europe de l'Ouest constitue le terrain le plus propice à cette vague contestataire, la prospérité et la liberté dont elle jouit paraissant aller de soi pour une génération qui n'a connu ni les privations de la guerre, ni la pesanteur morale de l'occupation, ni même le climat d'insécurité de la Guerre froide. Une génération dont la soif d'absolu qui caractérise la prime jeunesse se traduit par d'autres formes de mobilisation et d'engagement que celles de ses aînés. Ses ennemis mortels s'appellent capitalisme, impérialisme, technocratie, aliénation produite par la société «unidimensionnelle» que dénoncent ses maîtres à penser — les Marcuse, Adorno, Wilhelm Reich, etc. —, et bien sûr démocratie libérale et régime parlementaire, voués aux gémonies avec la même allégresse que celle qui avait animée la génération des années 1930.

La chronologie du mouvement, ses dimensions, la forme qu'il a prise et le poids de ses retombées diffèrent beaucoup d'un pays à l'autre. En Angleterre, les manifestations étudiantes contre la guerre du Vietnam qui se développent au printemps 1968 (notamment devant l'ambassade américaine à Londres, le 17 mars), puis la campagne antiraciste qui répond dans les milieux d'extrême gauche au discours d'exclusion du député Enoch Powell et aux violences raciales des dockers, des forts des Halles de Smithfield et des premières bandes de *skinheads,* n'est que la partie émergée d'un profond mouvement de remise en question des valeurs établies et du conformisme hérité de l'ère victorienne par toute une fraction de la jeunesse britannique, qui a commencé à se manifester dès les années 1950. La parenté culturelle et linguistique aidant, la contestation a emprunté ici, comme aux États-Unis et plus tôt que sur le continent, des canaux tels que la pop music (en témoigne le succès des Beatles), le rock ou la culture hippy. En revanche, elle subit peu l'influence du marxisme, toujours très marginal en Grande-Bretagne, et elle ne débouche ni sur un véritable mouvement révolutionnaire, ni même sur la moindre collaboration avec les syndicats.

● La crise de 1968 en République fédérale d'Allemagne

En RFA, le mouvement contestataire présente au contraire d'entrée de jeu un caractère fortement politisé. L'antiaméricanisme et la guerre du Vietnam y ont leur part, comme ailleurs, mais ici l'élément déterminant a été, semble-t-il, le rejet du parlementarisme suscité par la constitution, fin 1966, de la «grande coalition» entre chrétiens-démocrates et sociaux-démocrates. Dès cette date a commencé à se développer en Allemagne toute une nébuleuse de mouvements et de groupuscules qui forment l'«opposition extra-parlementaire» (APO) et dont les dirigeants reçoivent le soutien direct ou indirect d'intellectuels tels que le romancier Gunther Grass ou le philosophe Karl Jaspers, auteur d'un ouvrage intitulé *Wohin treibt die Bundesrepublik?* (Où va la République fédérale?), dans lequel il affirme que les bureaucraties partisanes, se constituant en oligarchie, vont imposer à la RFA une nouvelle dictature.

Dans le courant de l'année 1967, le mouvement prend de l'ampleur dans le monde étudiant, s'appuyant sur une organisation gauchiste dissidente du SPD, la Fédération des étudiants socialistes allemands (SDS), qui regroupe un peu moins de 3 000 militants et sur trois pôles universitaires particulièrement actifs : l'université de Francfort, où enseignent quelques-uns des grands noms de la sociologie gauchisante (M. Horkheimer, T. W. Adorno, J. Habermas), celle de Göttingen, et surtout l'université libre de Berlin. En fait, la partie occidentale de l'ancienne capitale allemande est le véritable épicentre de la contestation, conséquence à la fois du statut particulier de la ville, de sa partition soulignée par le mur, d'une opposition de générations plus marquée qu'ailleurs, du fait du vieillissement de la population berlinoise, et de l'afflux d'étudiants allogènes, les uns venus de RFA pour échapper au service militaire, les autres de RDA. Ces derniers représentent au milieu des années 1960 environ 5 % de l'effectif total, mais il s'agit d'étudiants fortement politisés et qui ont éprouvé une double déception : celle du communisme dans leur prime jeunesse et celle du capitalisme à leur arrivée à Berlin-Ouest. Aussi, rejetant tous les conformismes idéologiques, ils sont à la recherche d'un socialisme «humain» et volontiers libertaire qui imprime sa marque à l'ensemble du mouvement étudiant. S'y mêle, dans cette région de forte tradition protestante, une passion de l'absolu qui explique les dérives ultérieures du gauchisme allemand.

L'action du SDS et celle des autres groupuscules gauchistes se développe jusqu'au printemps 1968 dans trois directions. Celle tout d'abord des revendications proprement universitaires : on dénonce pêle-mêle et contradictoirement le malthusianisme de l'institution scolaire (300 000 étudiants seulement en RFA en 1968 pour 60 millions d'habitants contre 450 000 en France pour une population moindre), le manque de crédits, l'insuffisance des installations et de l'encadrement, la mainmise des milieux économiques sur l'enseignement supérieur, la vétusté des méthodes pédagogiques, etc., et l'on multiplie les interventions à l'américaine *(sit in, go in...)*. De la critique universitaire, on passe au second degré qui est celui de la mise en accusation du système social fondé sur le consumérisme et l'autorité. Porteurs des aspirations de toute une génération à laquelle le «miracle économique» ne suffit plus et qui refuse toute entrave à sa liberté, les plus déterminés des contestataires, pour la plupart enfants gâtés de l'*establishment*, classiquement en rupture avec leur milieu et avec sa morale, poussent la provocation bien au-delà des revendications à dominante politique du SDS. Ils vont se regrouper dans ces îlots d'émancipation que veulent être, au sein même de la «société répressive», les communautés marginales qui vont prendre le nom de *Kommune I*, puis de *Kommune II* et dont les principaux animateurs sont Fritz Teufel et Rainer Langhans. Attitude marginale, attitude de rupture, qui conduira certains d'entre eux à l'action directe et au terrorisme (Andreas Baader a fait ses premières armes à *Kommune I)*, mais qui chez beaucoup d'autres se manifestera seulement par une transformation radicale (parfois éphémère) du comportement social : le mouvement «alternatif», la contestation «verte», le féminisme militant, sont nés de ce grand bouillonnement berlinois de la fin des années 1960.

Le troisième niveau est celui de l'action politique militante d'inspiration révolutionnaire. Elle est à la fois dirigée contre l'Amérique «impérialiste», contre les dictatures réactionnaires du tiers monde (au printemps 1967, à la veille de la visite du Chah en RFA, le SDS lance une violente campagne contre le souverain iranien) et contre le pouvoir ouest-allemand, accusé à la fois d'être à la dévotion de Washington et de vouloir établir une dictature qu'annoncent les «lois d'urgence» en discussion devant le Parlement au début de 1968. Pas de projet politique précis derrière le SDS et les groupuscules trotskistes, maoïstes et anarchisants qui le suivent ou le précèdent dans son action, mais une immense volonté de transformation de la société que la presse Springer dénonce comme reliée à la subversion communiste. C'est d'ailleurs par «haine du communisme» que, le 11 avril 1968, J. Bachmann tire à Berlin-Ouest sur Rudi Dutschke, leader du SDS, blessant grièvement le dirigeant étudiant et déclenchant aussitôt dans toute l'Allemagne — et notamment à Düsseldorf, Cologne, Francfort,

Baden-Baden, Heidelberg, Mannheim, Fribourg, Essen et surtout Berlin et Munich de violentes manifestations, énergiquement réprimées par la police (Peter Brandt, fils du ministre des Affaires étrangères et futur chancelier de la *Bundesrepublik,* fait partie des 180 étudiants arrêtés à Berlin). À la suite du vote des lois d'urgence, fin mai 1968, le mouvement retombe rapidement. Le SDS se replie sur les universités, puis se dissout en mars 1970, sans avoir réussi à aucun moment à «mobiliser les masses». Parmi les contestataires du printemps chaud berlinois et ouest-allemand, nombreux sont ceux qui abandonneront toute action politique, ou s'engageront plus tard dans le mouvement alternatif. D'autres feront carrière au SPD. D'autres encore, moins nombreux, rejoindront les groupuscules trotskistes ou maoïstes. Quelques-uns enfin, parmi les plus résolus ou les plus désespérés, deviendront des enfants perdus de la révolution, membres de la «bande à Baader», puis de la «Fraction Armée Rouge».

● La crise française de 1968

En France, où il débouche et de loin sur les événements politiques les plus lourds de conséquences, le mouvement apparaît dans un premier temps comme fortement relié à son homologue allemand. Daniel Cohn-Bendit, l'un des premiers «enragés» nanterrois, devenu pendant les journées de mai-juin 1968 pour l'opinion bien-pensante le symbole même de la «chienlit» gauchiste, arrive tout droit de l'université de Francfort : ce qui ne veut évidemment pas dire qu'il y ait eu en quoi que ce soit un «complot» fomenté outre-Rhin pour déstabiliser la république gaullienne. Simplement, l'antériorité du mouvement allemand joue à fond sur un contexte qui est fait des mêmes aspirations (à une plus grande liberté des mœurs, à plus de justice sociale), des mêmes revendications universitaires (amphithéâtres bondés, professeurs en nombre insuffisant, comportement mandarinal des enseignants, inquiétude sur les débouchés) et d'une identique remise en question de l'ordre social et de l'ordre politique national et international.

La différence majeure entre la France et les autres pays de l'Europe de l'Ouest réside dans l'extension du mouvement au-delà de ses foyers universitaires initiaux. Parti de la toute récente université de Nanterre où il a débuté le 22 mars 1968, celui-ci gagne la Sorbonne début mai, puis la plus grande partie des universités provinciales. Il n'est pas né de rien. Comme en Allemagne et comme en Italie, les «comités Vietnam» ont servi de support, dès la fin de 1966, à une contestation globale de la société capitaliste, distincte de celle que font les tenants d'une orthodoxie communiste tout aussi violemment attaquée. Comme en Allemagne également, il est dirigé contre un État et contre des institutions qui paraissent jouir d'un fort consensus et empêcher par conséquent toute modification structurelle importante. Mais à la différence des autres pays, il intervient en fait à un moment où les effets pervers de la croissance (disparités entre les rythmes d'accroissement des revenus) et l'aspiration des salariés à une modification des rapports humains dans l'entreprise se conjuguent avec une certaine érosion du régime établi dix ans plus tôt par le général de Gaulle.

De là l'explosion sociale qui suit la nuit du 10 au 11 mai, la « nuit des barricades », au cours de laquelle de véritables combats de rues se déroulent au Quartier Latin entre étudiants contestataires et forces de l'ordre. Trois jours plus tard éclate la grève générale la plus suivie de toute l'histoire sociale française. Elle commence à l'usine Sud-Aviation de Nantes, gagne le lendemain les différentes usines de la Régie Renault, puis s'étend de proche en proche à la plupart des branches industrielles et des services, très souvent avec occupation des locaux. Au point culminant du mouvement, elle touche près de dix millions de travailleurs. Les grévistes émettent des revendications multiples, traduisant les aspirations, souvent confuses des participants que les syndicats s'efforcent tant bien que mal de ramener à une formulation concrète, salariale pour la CGT, « qualitative » pour la CFDT. Le 27 mai, patronat et centrales syndicales concluent, sous l'arbitrage du Premier ministre Georges Pompidou, les accords de Grenelle. Ceux-ci prévoient une forte augmentation des salaires, la diminution du temps de travail et une extension des droits syndicaux dans l'entreprise. Mais ils sont rejetés par les grévistes.

Si bien que, du 27 mai au 10 juin, la crise devient politique. L'impuissance du gouvernement à résoudre la crise sociale, le silence du général de Gaulle après sa proposition de référendum sur la participation, la panique des milieux dirigeants, paraissent créer une vacance du pouvoir, dont l'opposition s'efforce de profiter. Le 28 mai, étudiants et syndicalistes réclament au stade Charléty, en présence de Pierre Mendès France, de profondes réformes de structures, tandis que François Mitterrand propose de constituer un gouvernement provisoire. Mais la « disparition » mystérieuse du général de Gaulle — qui s'est en fait rendu à Baden-Baden auprès du général Massu — les 29 et 30 mai, marque le début de la contre-offensive du pouvoir. Le 30, le chef de l'État reprend en main la situation : il annonce la dissolution de l'Assemblée et fait appel à l'action civique des Français. Le soir même, plusieurs centaines de milliers de personnes manifestent en sa faveur aux Champs-Élysées. Tandis que le travail reprend peu à peu dans les entreprises, les partis préparent fébrilement des élections qui ont lieu les 23 et 30 juin et donnent la majorité absolue des sièges au parti gouvernemental, l'UDR. «Mai 68» s'achève donc en triomphe électoral pour la droite, tandis que les étudiants partent en vacances et que les militants gauchistes s'engagent dans des voies assez semblables à celles qu'empruntent au même moment leurs homologues d'outre-Rhin, encore que le courant «vert» sera en France beaucoup moins important et politisé qu'en Allemagne et la dérive terroriste infiniment plus réduite.

● L'Italie de la contestation

Si l'alliance du mouvement étudiant et des «masses» a échoué en Allemagne et en France, elle a en Italie donné lieu à une jonction partielle et temporaire qui donne au mouvement dans son ensemble une épaisseur et une durée qu'il n'a nulle part ailleurs — le «mai rampant» dure au moins jusqu'à l'automne 1969 — et qui favorise en même temps la radicalisation du monde ouvrier dans un sens libertaire.

Ici également la contestation étudiante commence, sous une forme «folklorique» et ultra-minoritaire, bien avant 1968. C'est en effet au début de 1966 qu'ont lieu, à Trente, les premières escarmouches de la contestation gauchiste. Dans le courant de l'année suivante, il tend au contraire à faire tache d'huile et à se radicaliser, gagnant l'université de Pise, puis l'université catholique de Milan et les établissements universitaires turinois et bientôt la plus grande partie de ceux de la péninsule. Ici encore, les revendications corporatistes et la critique radicale de la société capitaliste se conjuguent avec la dénonciation de la guerre du Vietnam, tandis que fleurissent, avec une luxuriance sans pareil, les groupes activistes et les manifestes incendiaires d'inspiration trotskiste, maoïste ou libertaire. Ici enfin, l'année 1968 marque bien, comme dans toute l'Europe de l'Ouest, l'apogée de la vague contestataire, avec ses cortèges, ses assemblées générales tumultueuses, ses manifestations violentes et ses durs affrontements avec la police. Les heurts les plus sérieux ont lieu à Milan en février, à Rome le 1er mars — c'est la «bataille de la Villa Giulia» qui fait plusieurs centaines de blessés dans les deux camps —, à Turin en mars et en novembre, à Pise dont la gare est prise d'assaut par les manifestants en avril. Ceci pour ne parler que des événements circonscrits au monde universitaire.

Or, et ceci constitue un trait spécifique du mouvement contestataire italien, l'agitation étudiante ne s'opère pas en circuit fermé, parallèlement au développement d'un puissant mouvement de revendication ouvrière, mais en osmose partielle avec celui-ci. Dès les premières semaines de 1968, la fraternisation qui échouera en France devant les murs de Billancourt et de Flins se réalise en divers points de la péninsule — à Pise, à Turin, à Milan, etc. — dans un contexte d'agitation ouvrière que le syndicalisme classique a toutes les peines du monde à canaliser. L'explication réside dans les conséquences des évolutions récentes de la société italienne sur les deux milieux intéressés. D'un côté, l'arrivée massive de la génération du *baby boom* sur les bancs de l'université a provoqué en Italie des blocages plus forts encore que dans les pays où la croissance s'est accomplie de manière moins rapide et moins anarchique, provoquant de profondes frustrations dans une population étudiante issue de la classe moyenne. De l'autre, les grandes migrations intérieures des années 1960 ont transplanté dans le Nord industriel toute une population jeune, venue des zones rurales surpeuplées, semblable à bien des égards à celle qui se presse dans les amphithéâtres.

Cette rencontre, qui tient à la spécificité de la croissance italienne autant qu'aux traditions libertaires du mouvement ouvrier transalpin, explique que la contestation née dans le monde universitaire ait occupé ici un espace politique et temporel plus large que dans les autres pays européens. Après le «mai rampant» de 1967-1968, l'Italie connaîtra à la fin de 1969 un «automne chaud», déplaçant les luttes de l'université vers l'usine. Dans l'intervalle cependant, la souplesse d'adaptation et l'ouverture du Parti communiste italien d'une part, les qualités d'esquive de la classe politique d'autre part, auront permis pour l'essentiel de canaliser le mouvement. Il est vrai qu'en Italie les hasards du calendrier ont voulu qu'une consultation d'envergure nationale ait lieu avant que la contestation étudiante ne trouve dans la masse ouvrière une caisse de résonance permettant au mouvement de changer d'échelle. Certes, les législatives du 19 mai 1968 ne marquent guère de changement dans la répartition des votes et des sièges. Mais l'important c'est qu'il y ait eu passage par les urnes et que ce dernier ait servi d'exutoire aux tensions latentes de la société transalpine.

Pourtant, le fait d'avoir évité que la contestation universitaire ne dégénère en conflit social et en crise d'une ampleur comparable à celle que la France a connue ne signifie pas que l'Italie ait été du même coup à l'abri d'une dérive extrémiste, bien au contraire. Le prolongement du processus contestataire jusqu'à la fin de 1969 et son extension à de nombreux secteurs du monde du travail indiquent en effet qu'à la différence de la France l'abcès n'a pas été crevé. Dans la guerre civile larvée qui commence après l'attentat fasciste de la Piazza Fontana à Milan, en décembre 1969, et qui va durer plus de dix ans, l'ouvriérisme dévoyé qui a pris naissance quelques années plus tôt sur les bancs de l'université, à Trente, à Pise ou à Rome, occupe une place considérable, conséquence différée d'un «mai rampant» qui s'est en quelque sorte enlisé dans les molles résistances de l'État italien.

● 1968 dans le reste de l'Europe

En Espagne, où un mouvement étudiant clandestin a commencé à se manifester dès les années 1950, en relation avec l'action souterraine des groupes politiques antifranquistes, la contestation a pris, dès 1966 également, un caractère très virulent. S'opérant ici aussi sur le triple terrain des revendications universitaires, de l'opposition à la guerre du Vietnam et de la lutte déclarée contre le régime, elle donne lieu pendant les premiers mois de 1968 à une flambée de grèves avec occupation des locaux universitaires que la police, la garde civile et la justice franquistes répriment avec une extrême énergie. Elle durera jusqu'au début de l'année suivante et ne prendra fin qu'avec la proclamation de l'état d'urgence par le gouvernement espagnol.

Dans le reste de l'Europe occidentale, le mouvement est dans l'ensemble moins spectaculaire et moins virulent. Aux Pays-Bas, 1968 correspond plutôt à une retombée de la révolte des jeunes, marquée dans ce pays par l'action à bien des égards prémonitoire du mouvement «provo». En Belgique, seule l'université libre de Bruxelles est véritablement touchée par la crise. En Suède enfin, des violences ont lieu mais elles sont peu nombreuses et retombent vite, du fait de l'attitude très conciliante du gouvernement. Le ministre de l'Éducation nationale Olof Palme ne se trouve-t-il pas lui-même en mars 1968 à Stockholm en tête d'une retraite aux flambeaux de protestation contre la guerre du Vietnam? Partout, sauf en Italie et en Espagne, les choses sont à peu près rentrées dans l'ordre à la fin de l'année. Politiquement du moins, car sur beaucoup d'autres plans l'esprit de 68 va continuer de souffler jusqu'au milieu de la décennie suivante.

CHAPITRE 9

L'Europe de l'Est
Du début des années 1950 au milieu des années 1970

De la direction collégiale instaurée en URSS après la mort de Staline émerge Nikita Khrouchtchev qui, lors du XXe congrès du Parti communiste soviétique en 1956, lance la «déstalinisation» en dénonçant les crimes du dictateur défunt. Ce tournant essentiel et la reconnaissance par Khrouchtchev de «voies nationales au socialisme» soulèvent dans une Europe de l'Est exploitée par les Soviétiques l'espoir d'une libération prochaine.

Celle-ci semble se concrétiser en Pologne et en Hongrie en 1956. Dans le premier pays, elle prend la forme du retour au pouvoir de l'ancien dirigeant communiste Gomulka qui saura mener une expérience de libéralisation sans remise en cause des bases du régime, du rôle dominant du PC et de l'appartenance de son pays au pacte de Varsovie. Mais en Hongrie, le Premier ministre Nagy se laisse déborder par la poussée populaire qui réclame le retour au pluralisme politique et le retrait de la Hongrie du pacte de Varsovie. L'intervention des chars soviétiques écrasera la révolution hongroise de 1956.

Désormais, l'heure est à la répression du communisme national, sous la pression des Chinois qui veulent réaffirmer l'unité du camp socialiste. Affirmation démentie dans les faits par le refus de la Yougoslavie d'admettre cette doctrine, par la rupture sino-soviétique suivie de la dissidence albanaise, par l'effort des Roumains pour mener une politique indépendante, voire par la politique habile de développement du niveau de vie de la population et de tolérance politique conduite en Hongrie par Janos Kadar. Mais Brejnev n'est nullement décidé à tolérer une prise de distance trop ostensible par rapport au modèle soviétique. En août 1968, au nom de la doctrine de la «souveraineté limitée», les troupes du pacte de Varsovie mettent fin à l'expérience libérale du «Printemps de Prague».

C'est le temps de la «normalisation», de la reprise en main du mouvement communiste international et des démocraties populaires. Mais dès 1970 la chute de Gomulka, remplacé par Gierek en Pologne à la suite de la grande grève des ports de la Baltique, montre que des craquements continuent à affecter l'Empire soviétique.

Les avatars de la déstalinisation (1953-1956)

La mort de Staline, le 5 mars 1953, inaugure, on l'a vu, une période de dégel dans les relations intra-européennes. Elle est suivie d'autre part d'un timide début de libéralisation du camp socialiste, dont les dirigeants soviétiques ne parviennent pas à maîtriser tous les effets et qui prend fin à l'automne 1956 avec les dramatiques événements de Hongrie. Après cette date, la déstalinisation s'opère de manière très lente et très prudente, sans toutefois que les changements qu'elle produit dans les structures internes de chaque parti et de chaque pays communiste ne modifient en quoi que ce soit leurs rapports avec le «grand frère». À la fin des années 1960 et au début de la décennie suivante, une nouvelle vague de contestation se développe dans les démocraties populaires, culminant en 1968 avec le «Printemps de Prague». Elle est également brisée par la force, mais de plus en plus le jeu des forces centrifuges rend difficile le contrôle par l'URSS du «glacis» établi par Staline au lendemain du second conflit mondial.

● Le rapport Khrouchtchev et les débuts de la déstalinisation

De 1953 à 1955, le Parti communiste d'Union soviétique, et par conséquent l'ensemble du «camp socialiste» est dirigé de manière collégiale par une équipe d'une dizaine de personnes, qui forme le Présidium du comité central et d'où émergent les personnalités de Malenkov et de Khrouchtchev, ce dernier occupant la position-clé de Premier secrétaire du Parti. Après l'élimination politique de Malenkov — invité à faire son autocritique et à prendre la direction d'une usine dans une région éloignée —, il devient le principal inspirateur de la politique soviétique et prend en charge à la fois la politique étrangère, orientée nous l'avons vu vers la «coexistence pacifique», et la direction des affaires intérieures, d'entrée de jeu placées sous le signe de la libéralisation et de la «déstalinisation».

Celle-ci a commencé à se manifester dans les faits, par le rétablissement de la «légalité socialiste», l'accent mis dans la planification sur le secteur des biens de consommation, l'assouplissement des contraintes collectives, un relatif «dégel» dans le domaine intellectuel et artistique, mais surtout elle devient officielle lors du XXe congrès du PCUS, en février 1956. À l'occasion de cette réunion des instances dirigeantes du Parti, la première depuis la mort de Staline, les délégués reçoivent un dossier contenant informations et documents relatifs à l'action de ce dernier et entendent un rapport secret lu par Khrouchtchev dans la nuit du 24 au 25 février en présence des seuls représentants du Parti soviétique.

Ce rapport, jamais publié en URSS jusqu'en 1988, est cependant connu des Occidentaux qui en assurent la diffusion des deux côtés du rideau de fer. Il ouvre devant la communauté socialiste le procès de l'ancien maître du Kremlin, dont il dénonce les erreurs commises depuis 1934 et certains de ses crimes contre «d'honnêtes communistes et des chefs militaires traités en ennemis du peuple». Il dénonce pêle-mêle le «culte de la personnalité, l'emploi systématique de l'arbitraire et de la terreur, l'incapacité du "maréchalissime" dans les préparatifs de guerre, les déportations massives de peuples entiers, son intransigeance dans ses rapports avec les autres États socialistes», et il conclut sur la nécessité de «remettre complètement en vigueur les principes léninistes de la démocratie socialiste». Autrement dit, les erreurs et les crimes de Staline sont présentés comme une déviance, un incident de parcours indépendant de l'infrastructure économique et sociale qui l'a produite, ce qui d'une certaine façon revient à reconnaître l'autonomie du politique. «Le culte de la personnalité, peut-on lire dans la *Pravda* en novembre 1961, est un abcès superficiel sur un organisme parfaitement sain.»

● L'ébranlement du bloc soviétique européen

Aussi limitée qu'elle fût dans ses formes concrètes, la déstalinisation en URSS a eu immédiatement pour effet de libérer en Europe de l'Est des forces centrifuges poussant dans divers États socialistes à la libéralisation interne et au desserrement des liens avec l'Union soviétique. Depuis la mise en place des démocraties populaires, ceux-ci n'avaient cessé d'enfermer les jeunes États socialistes dans un système de dépendance visant implicitement au renforcement de l'URSS. Bien qu'il eût finalement opté pour la «construction du socialisme» dans des pays qui avaient été pendant la guerre des satellites de l'Axe, Staline n'avait pas renoncé à les considérer comme partiellement responsables des malheurs de son propre pays et s'était appliqué à leur en faire payer la note. De là une politique contradictoire visant à la fois à soutenir les équipes au pouvoir et à les priver des moyens de construire les «bases du socialisme» en procédant à des démontages et à des transferts d'usines vers l'Union soviétique (Allemagne de l'Est), ou à des prélèvements sur les récoltes de céréales (Hongrie), les têtes de bétail ou la production de pétrole (Roumanie). Même des pays comme la Tchécoslovaquie et la Pologne, qui ne figuraient pas sur la liste des ex-ennemis, devaient contribuer au relèvement de la «patrie du socialisme» en fournissant à celle-ci des machines et du charbon vendus très au-dessous des cours mondiaux. Le COMECON — ou Conseil d'assistance économique mutuelle (CAEM) — qui a été fondé en janvier 1949 pour servir de réplique à l'OECE, se borne lui-même pendant cette période à donner une couverture juridico-idéologique à cette exploitation des démocraties populaires par le «grand frère» soviétique, en organisant au profit de ce dernier les rapports commerciaux et en coordonnant les politiques de planification.

Conjuguant ses effets avec ceux de la collectivisation forcée, de la privation de liberté et d'indépendance, de la radicalisation terroriste qui a accompagné l'aiguisement des tensions internationales, cette politique de «réparation» a eu pour conséquence de provoquer dans les pays de l'Est une sourde hostilité qui n'était pas seulement le fait des nostalgiques de l'«ancien régime», comme l'affirmeront les dirigeants communistes. Elle était également répandue dans la paysannerie et parmi les ouvriers. Simplement, elle n'avait alors aucun moyen de s'exprimer, toute velléité de contestation étant immédiatement réprimée au nom de la «défense du socialisme», considérée comme un acte de sabotage et punie avec une rigueur extrême.

Le moindre indice de relâchement, dans ce véritable état de siège auquel étaient soumis les États de l'Est européen, ne pouvait dans ces conditions que provoquer des réactions de rejet. Au lendemain de la mort de Staline, c'est en RDA que celles-ci se sont manifestées avec le plus de vigueur, donnant lieu en juin 1953 à de véritables émeutes. Ici, la «socialisation» et la politique de réparation avaient été menées avec une particulière intensité. Aussi, les nouveaux dirigeants soviétiques s'efforcent-ils de convaincre le principal dirigeant du PC est-allemand, Walter Ulbricht, de la nécessité d'accorder quelques concessions aux exigences consommatrices de la population. Ce dernier, stalinien endurci, ayant refusé de souscrire aux objectifs du «nouveau cours», des grèves insurrectionnelles éclatent à Berlin-Est, puis dans d'autres villes de la RDA, notamment à Leipzig, les 16 et 17 juin 1953. Pour les briser, les Soviétiques doivent utiliser les tanks et deux divisions motorisées qui ont tôt fait de rétablir l'ordre, faisant des centaines de victimes parmi les manifestants. À la suite de quoi, Ulbricht qui était au bord de la disgrâce se voit confirmé dans ses fonctions, en même temps qu'invité de manière pressante à freiner le processus de «socialisation».

Quelques jours plus tôt, des émeutes d'une ampleur moindre s'étaient déroulées à Pilsen et à Ostrava, en Tchécoslovaquie. Elles furent également réprimées avec énergie. Mais les Soviétiques ne tirent pas de ce double dérapage l'idée qu'il faut renoncer au «nouveau cours». Ils vont au contraire favoriser, là où cette politique ne se heurte pas à une résistance trop vive de la part d'équipes dirigeantes restées fidèles aux pratiques du stalinisme, l'évolution des démocraties populaires vers une moindre concentration des pouvoirs. En Hongrie par exemple, le stalinien Rakosi doit, tout en conservant son poste de Premier secrétaire du Parti, abandonner au «libéral» Imre Nagy celui de chef du gouvernement, et l'on assiste à des dédoublements semblables en Roumanie (Gheorgiu Dej et Apostol), en Bulgarie (Tchervenkov et Jivkov), et en Pologne, encore que dans ce dernier pays Boleslav Bierut ne souffre guère de partager son pouvoir dictatorial avec qui que ce soit.

Au cours des deux années qui suivent les événements de RDA et de Tchécoslovaquie, la déstalinisation subit les effets contradictoires d'une situation internationale elle-même soumise aux vents contraires de la détente et du regel. En mars 1955, Rakosi profite de l'éviction de Malenkov pour relever Nagy de ses fonctions (il le fera même exclure du Parti en novembre). En mai de la même année, en riposte à l'entrée de la RFA dans l'Organisation du traité de l'Atlantique nord, les Soviétiques transforment les accords militaires bilatéraux qui les reliaient aux démocraties populaires en un «pacte d'amitié, de coopération et d'aide mutuelle» — le pacte de Varsovie — qui fournit en fait une base juridique au maintien de leurs armées sur le territoire des «États frères». Deux semaines plus tard, Khrouchtchev, Boulganine et Mikoyan font le voyage de Belgrade et se réconcilient bruyamment avec Tito, reconnaissant explicitement que les divers membres de la communauté socialiste peuvent choisir «leurs voies propres vers l'édification du socialisme» : ce que paraissent confirmer les thèses exposées par Khrouchtchev au XXe Congrès du PCUS, puis la dissolution du Kominform le 17 avril 1956. L'ère de la désatellisation s'ouvre en Europe de l'Est, du moins est-ce ainsi qu'une partie des populations de cette zone interprète le «nouveau cours» de la politique soviétique.

L'Octobre polonais et la tragédie hongroise

● Les raisons d'un malaise

Si elle éclate au grand jour en 1956, l'opposition dans les démocraties populaires entre les dirigeants staliniens et les partisans d'une libéralisation du régime, recouvre en fait des réalités socio-politiques qui existent à l'état latent depuis plusieurs années. L'industrialisation accélérée de ces pays et le développement de l'enseignement et de la recherche ont créé une nouvelle stratification sociale caractérisée par un formidable accroissement des effectifs ouvriers — en Pologne leur nombre est passé de 800 000 en 1938 à 6 millions — et par l'essor d'une intelligentsia technicienne, composée de savants, d'ingénieurs, de techniciens, d'économistes, etc., qui trouve des alliés auprès des jeunes diplômés et des étudiants et qui, encouragée par l'évolution récente de l'URSS (où se pose un problème identique), ne tarde pas à entrer en conflit avec l'appareil du Parti dont elle souligne l'incompétence et le caractère fossilisé. C'est dans les rangs de cette élite du savoir et de la technique et parmi les intellectuels que se recrutent les groupes qui, en 1956, vont se lancer à l'assaut des positions occupées par la bureaucratie politique stalinienne : cercle *Petöfi* en Hongrie, groupe *Po prostu* en Pologne, etc. Ils développent un programme qui, sans rejeter complètement le socialisme, cherche à le conjuguer avec la démocratie et avec la nation, c'est-à-dire avec des objectifs dont peuvent s'accommoder les représentants du monde ouvrier, lesquels ont tiré du nouveau régime des avantages appréciables (couverture sociale, congés payés, possibilités d'ascension sociale pour eux-mêmes et pour leurs enfants), mais que ne satisfont ni l'inféodation de leur pays à l'Union soviétique, ni les conditions de travail et de salaire qui restent médiocres, ni le monopole exercé sur le pouvoir par la nomenclature partisane. Dans les pays les plus industrialisés, et où la structure sociale est la plus diversifiée, ces mutations et les revendications qui s'y rattachent constituent un mélange explosif qui va prendre feu à l'automne 1956.

● L'Octobre polonais

En Pologne tout d'abord où, à la suite d'une baisse des salaires et d'un relèvement des normes de production à l'usine Zispo, une manifestation ouvrière a tourné à l'émeute, en juin 1956, provoquant une riposte immédiate des blindés et de la milice mais inaugurant en même temps une période d'agitation sociale et politique qui va durer jusqu'en octobre. Dans le courant de l'été, libéraux et staliniens se sont affrontés au sein même du PC, les premiers réussissant au début du mois d'août à faire réintégrer dans le Parti l'ancien secrétaire général Wladyslaw Gomulka, qui avait été emprisonné en 1951 et libéré en mars 1956. Homme d'autorité et homme d'appareil, Gomulka est plus un centriste qu'un ultra-libéral mais, ayant été victime de la terreur stalinienne, il jouit auprès des masses d'une immense popularité. Fort de l'appui d'une partie de l'armée, de la police secrète, des centristes de l'appareil du Parti et de celui de l'intelligentsia, il dispose également du soutien de nombreux ouvriers des grandes entreprises, ce qui va lui permettre de se livrer entre le 19 et le 23 octobre à un véritable coup d'État à l'intérieur de l'organisation communiste.

L'enjeu en est le renouvellement du bureau politique par le comité central. Lorsque celui-ci se réunit, le 19 octobre à Varsovie, les Soviétiques paraissent avoir choisi leur camp — celui des bureaucrates staliniens — et c'est en principe pour appuyer ces derniers que plusieurs des hauts dirigeants du PCUS, dont Khrouchtchev, Molotov et le maréchal Koniev débarquent dans la capitale polonaise dès l'ouverture du congrès. Or, dans la nuit du 19 au 20, au cours de laquelle «personne ne dormit à Varsovie», Gomulka réussit à les convaincre de sa propre capacité à sauver les fondements du régime socialiste pour peu qu'ils acceptent de lui voir prendre la tête d'un bureau politique dominé par les libéraux et dont serait éliminé le maréchal soviétique Rokossovski. Le 20 octobre au matin, les dirigeants du parti frère reprennent le chemin de Moscou, laissant Gomulka maître du jeu et le lendemain, après que ce dernier eut prononcé devant le comité central un vibrant plaidoyer en faveur du «polycentrisme», il est élu Premier secrétaire du Parti.

Acclamé le 23 octobre par des centaines de milliers de Polonais, Gomulka lance immédiatement un train de réformes qui vont de l'abandon de la collectivisation à la libéralisation de la presse et de l'université, en passant par l'élaboration d'un nouveau modèle de planification, l'augmentation des salaires et la libération du cardinal Wyszynski. Mais, redoutant de se couper de Moscou, ne serait-ce que parce que l'alliance de l'URSS garantit à son pays le maintien de la frontière Oder-Neisse, il évite soigneusement de remettre en cause les bases socio-économiques du régime, le rôle directeur du Parti communiste et la présence de la Pologne dans le pacte de Varsovie. Le 18 novembre, il signe avec les Russes un accord qui confirme l'indépendance de son pays et entérine en quelque sorte l'acceptation par le Kremlin de la «voie polonaise» vers le socialisme.

● Le soulèvement hongrois

En Hongrie, Moscou va en revanche s'opposer par la force à une évolution qui, si elle avait pu être menée à son terme, aurait abouti à la rupture de ce pays avec le modèle et avec le camp communistes. Comme en Pologne, les conditions économiques ont joué ici un rôle important, du moins dans la phase initiale du processus révolutionnaire, les revendications ouvrières portant principalement sur le niveau de vie. Très vite cependant, celles-ci ont trouvé un écho dans le monde intellectuel, notamment dans le cercle Petöfi, et ont pris au printemps et à l'été 1956 une tonalité ouvertement politique et patriotique.

C'est d'ailleurs l'interdiction d'une réunion de ce groupe par Rakosi qui donne, en juillet, le coup d'envoi du mouvement. Devant l'opposition conjuguée de l'intelligentsia, de l'aile «libérale» du Parti et d'une fraction importante de la population, les Soviétiques imposent le départ du dirigeant conservateur et son remplacement par Geroe —

ex-stalinien de choc converti aux vertus de la modération –, assisté de Kadar, qui avait été emprisonné pendant plusieurs années et jouissait de ce fait d'une relative popularité. Imre Nagy, qui incarnait le «nouveau cours», ayant été écarté, la pression de l'opinion reste très vive, et c'est pour l'apaiser que les nouveaux dirigeants décident de réhabiliter la mémoire de Rajk et de lui faire des funérailles nationales. Celles-ci ont lieu le 6 octobre à Budapest et sont suivies par 300 000 personnes.

Encouragés par cette démonstration populaire, les étudiants hongrois formulent le 22 octobre un certain nombre de revendications maximalistes, beaucoup plus radicales en tout cas que celles qui sont présentées au même moment dans le programme en dix points du cercle Petöfi. Ils exigent l'évacuation des troupes soviétiques, l'organisation d'élections libres et pluralistes, la révision du système économique «en fonction des conditions propres à la Hongrie», et ils appellent la population de la capitale à manifester le lendemain sa solidarité avec les Polonais. Le 23, tandis que Geroe se refuse à toute concession, des dizaines de milliers de personnes manifestent dans la rue, et dans la nuit du 23 au 24 la manifestation se transforme en lutte armée, une partie des troupes passant du côté des insurgés.

Réuni à la hâte, le comité central du Parti, pris de panique, prend le 24 octobre des mesures contradictoires. Nagy est nommé Premier ministre, mais Geroe est maintenu dans ses fonctions de Premier secrétaire et il est fait appel, pour rétablir l'ordre, aux troupes soviétiques cantonnées autour de Budapest. Puis, sous la pression directe de Mikoyan et de Souslov, qui sont accourus de Moscou, Geroe est destitué et remplacé par Kadar. Nagy, à qui les dirigeants soviétiques font savoir qu'ils sont prêts à de larges concessions, paraît donc avoir gagné la partie, comme Gomulka en Pologne.

Pourtant les combats ne cessent pas. Ils vont durer près d'une semaine, s'étendre à tout le pays et aboutir le 31 octobre à Budapest à un retrait inattendu des troupes soviétiques. Dans l'intervalle, le Kremlin a accepté certaines des revendications des insurgés, notamment le remaniement du gouvernement Nagy, mais le branle est donné et c'est une rupture complète avec le communisme et avec l'URSS qui est exigée par la rue.

● L'écrasement de la Hongrie

Du 1er au 3 novembre, la Hongrie est libre et Budapest vit dans l'euphorie d'une révolution qui paraît victorieuse. Pressé par la fraction la plus radicale des insurgés, Nagy multiplie les déclarations et les actes d'hostilité envers les Russes. Il annonce «le retour au système de gouvernement fondé sur une coopération démocratique des partis de coalition», autrement dit le rétablissement du pluralisme, la création d'un nouveau parti, le Parti des ouvriers socialistes hongrois, la formation d'un nouveau gouvernement dans lequel il n'y a plus que trois ministres communistes sur douze. Il dénonce le pacte de Varsovie et proclame la neutralité de son pays. Bref, il procède en quelques jours à la totale liquidation du régime instauré une dizaine d'années plus tôt.

Pour les dirigeants des autres États communistes, URSS en tête, les bouleversements apportés par Nagy et son équipe ne peuvent être que «contre-révolutionnaires», dictés par les nostalgiques du «fascisme» à la suite d'un complot fomenté par les «impérialistes». Le dogme de l'irréversibilité des «conquêtes du socialisme» interdit toute autre interprétation de l'insurrection hongroise. Aussi, la «défense de la révolution» et la «solidarité prolétarienne» font-elles un devoir aux pays du pacte de Varsovie de barrer la route à l'entreprise «réactionnaire». Arguments idéologiques auxquels s'ajoute, pour les Soviétiques, le souci de faire obstacle au projet de neutralisation d'un pays qui occupe le centre de leur dispositif stratégique.

Poussé par la vieille garde stalinienne, devant laquelle il ne veut pas faire figure de «liquidateur», Khrouchtchev va donc prendre la décision de faire intervenir l'Armée Rouge. Le moment est relativement favorable en ce sens que, si les Hongrois ont largement ouvert leurs frontières aux observateurs étrangers et notamment occidentaux, le camp adverse se trouve à ce moment précis empêtré dans l'affaire de Suez. Encore faut-il, pour ne pas se placer de manière trop flagrante en dehors des règles de la communauté internationale, qu'une couverture juridique soit trouvée à l'opération projetée. C'est Kadar qui va la fournir en annonçant sa rupture avec Nagy et en proclamant la constitution d'un «gouvernement révolutionnaire ouvrier et paysan». À l'aube du 4 novembre, les chars soviétiques pénètrent dans Budapest où de violents combats vont avoir lieu pendant plusieurs jours, faisant plus de 2 000 morts parmi les insurgés. La population riposte par la grève générale et par la création, le 14 novembre, d'un Conseil ouvrier central qui, pendant plusieurs semaines, jouera le rôle d'un second pouvoir. Fin novembre, toute résistance a presque cessé en Hongrie. Réfugiés à l'ambassade de Yougoslavie, Nagy et ses compagnons sont attirés hors de ce lieu protégé par l'immunité diplomatique, arrêtés, et déportés en Roumanie où le président du Conseil déchu sera finalement jugé par un tribunal soviétique et exécuté en 1958. Tandis qu'une répression impitoyable frappe insurgés et opposants (on compte au moins une centaine d'exécutions, des milliers d'arrestations parmi les ouvriers et les étudiants), des dizaines de milliers de Hongrois prennent le chemin de l'exil. Là où Gomulka a réussi, à force d'habileté et de prudence, la tentative d'Imre Nagy a échoué du fait de la fragilité du Parti communiste et de son incapacité à canaliser les aspirations des masses hongroises.

Du «communisme national» à la «souveraineté limitée»

● Retour à la glaciation en Europe de l'Est

Les événements de l'automne 1956 ont donné un vigoureux coup d'arrêt à la recherche des «voies nationales vers le socialisme» et au *polycentrisme* prôné par Tito et par l'Italien Palmiro Togliatti. Pendant plusieurs années, la répression du «socialisme national» devient ainsi la tendance prédominante dans la plupart des pays de l'Est européen. En Tchécoslovaquie, Novotny se félicite d'avoir «vu clair» dès le premier jour dans l'affaire hongroise et d'avoir condamné d'entrée de jeu une «démocratisation douteuse». La mise au pas des intellectuels est menée sans états d'âme par Kopecky, tandis que le groupe dirigeant proclame son souci de voir rétablie et renforcée «l'unité du camp socialiste». Il en est de même en RDA avec Ulbricht, en Bulgarie avec Jivkov, et même en Pologne où Gomulka doit tenir compte des pressions et des critiques formulées par les dirigeants des «États frères», Novotny et Ulbricht s'accordant pour lui demander de «mettre un terme à l'activité de la réaction qui se manifeste en Pologne et qu'il arrête le flot des idées erronées répandues dans l'opinion publique et jusqu'aux rangs du Parti». En Albanie, où l'on n'avait jamais cessé de combattre avec vigueur le «révisionnisme titiste», le refroidissement entre Moscou et Belgrade, survenu au lendemain de l'intervention soviétique en Hongrie, provoque un immense soulagement et s'accompagne d'une répression vigoureuse contre les adversaires de l'orthodoxie. Gheorghiu Dej en Roumanie se montre un peu moins intransigeant que ses collègues et soucieux d'élargir la base populaire de son pouvoir et ses appuis internationaux, notamment en direction de la Chine, mais sans manifester encore de manière ouverte sa volonté d'indépendance envers le Grand frère soviétique.

Ces entraves mises au processus de libéralisation et de recherche des voies nationales sont d'autant plus fortes que les dirigeants chinois, hostiles à la déstalinisation et désireux de faire au moins jeu égal avec les Soviétiques dans la conduite du «camp socialiste», profitent des difficultés que rencontre Khrouchtchev dans son propre pays pour intervenir activement dans l'Est européen où ils soutiennent les gouvernements staliniens et néo-staliniens. Dès les premiers jours de 1957, Zhou Enlai se rend ainsi à Moscou, puis effectue une tournée dans les démocraties populaires, dénonçant la «diversion impérialiste en Hongrie» et exaltant «la solidarité entre les pays socialistes avec l'URSS à leur tête», au grand désappointement de Gomulka. En novembre de la même année, à l'occasion du quarantième anniversaire de la révolution d'Octobre, c'est Mao Zedong lui-même qui intervient, et obtient que soit rédigée une résolution commune élaborée par les représentants de tous les partis au pouvoir — et non par le PCUS seul, comme il était de règle jusqu'alors —, affirmant l'unité du camp socialiste et le «rôle dirigeant de l'URSS», le PC chinois n'étant «pas digne de cette fonction» : ce qui revient à forcer la main de Khrouchtchev, condamné malgré lui à renforcer le centralisme et le caractère monolithique du bloc de l'Est.

● Des voies nationales vers le socialisme : Yougoslavie, Albanie, Roumanie, Hongrie

Le maréchal Tito, contre lequel est principalement dirigée cette déclaration, refuse de la signer et rédige un projet de programme de la «voie yougoslave» où il insiste sur l'égalité, l'indépendance des partis, la non-ingérence des États communistes dans les affaires intérieures des autres démocraties populaires, etc. Son projet condamne le monolithisme et le stalinisme. Il apparaît comme un «manifeste polycentriste» et suscite de la part de ses adversaires l'accusation de «communisme national» et de «révisionnisme».

En dépit du recul enregistré par la déstalinisation des rapports entre les États de l'Europe de l'Est et de la méfiance renouvelée envers l'entreprise titiste, les tendances centrifuges qui se sont manifestées en 1956 ne tardent pas à réapparaître, sous des formes il est vrai très différentes d'un pays à l'autre. Tout d'abord, on assiste à partir de 1958 à une nette détérioration des relations sino-soviétiques, qui aboutit trois ans plus tard à un véritable «schisme» du monde communiste. La première conséquence en Europe de l'Est en est la dissidence albanaise. Particulièrement hostile à ses voisins yougoslaves et craignant de faire les frais de la politique de coexistence pacifique avec l'Ouest, Enver Hodja — véritable souverain absolu d'un État fortement orientalisé et grand ordonnateur du culte de sa propre personnalité — choisit au début des années 1960 Pékin contre Moscou, reprenant en les amplifiant et en les aggravant les attaques de Mao contre le révisionnisme khrouchtchévien, et se plaçant directement sous la protection de la Chine (la part de ce pays dans le commerce extérieur de l'Albanie passant en quatre ans de 4 % à près de 47 %). Dès lors, et pendant une trentaine d'années, le petit État riverain de l'Adriatique va se trouver à peu près coupé du monde extérieur et en tout cas du reste de l'Europe.

Le cas roumain est à la fois très différent dans ses manifestations et motivé par de tout autres considérations. Là où la dissidence albanaise a été en effet provoquée par la volonté d'unification idéologique de l'URSS, elle-même affrontée aux effets déstabilisateurs du schisme chinois, la prudente émancipation roumaine trouve son origine dans le désir qu'ont les Soviétiques de renforcer l'intégration économique des États satellisés. Comptant jusqu'alors parmi les alliés les plus fidèles du Kremlin, la Roumanie de Gheorghiu Dej affirme son indépendance en 1961 en réponse aux projets de Khrouchtchev qui, aiguillonné par les succès du Marché commun, désirait instaurer une spécialisation des tâches au sein du COMECON, transformé en un instrument réel de planification supranationale.

Ce plan aurait maintenu la Roumanie, qui figurait parmi les États les moins industrialisés du camp socialiste, dans un état d'infériorité par rapport aux pays plus développés du bloc de l'Est que constituaient la RDA, la Hongrie ou la Tchécoslovaquie. Aussi Gheorghiu Dej oppose-t-il en juillet 1963, lors de la conférence au sommet des pays du COMECON, un veto formel à ce projet qui, s'il avait été adopté, aurait donné à cette organisation une autorité supranationale, obligeant le numéro un soviétique à battre en retraite et donnant en quelque sorte le signal de la désagrégation de l'hégémonie soviétique en Europe de l'Est. Toutefois, pour éviter une nouvelle crise, et surtout parce que la Roumanie ne s'éloigne guère de la ligne idéologique et politique de Moscou — elle adopte comme le Vietnam une position d'équidistance entre les deux «Mecque» du communisme international, Moscou et Pékin — Khrouchtchev n'insiste pas, se trouvant à cette date aux prises avec des difficultés intérieures et extérieures qui entraîneront sa chute l'année suivante.

Du coup, les Roumains élargissent à petits pas le champ de leur indépendance, en nouant des contacts avec des États en mauvais termes avec l'URSS, en donnant mission à leurs historiens de réécrire l'histoire récente du pays et de mettre en valeur le rôle joué par les troupes roumaines dans la « guerre antinazie », en cessant de rendre obligatoire l'enseignement du russe, en ne s'alignant pas aux Nations Unies sur le vote du « grand frère », en rouvrant enfin discrètement la question de la Bessarabie, annexée par l'URSS en 1940. Sous la houlette de Ceaucescu, qui succède à Dej à la mort de ce dernier, elle poursuit dans cette voie, refusant de participer en août 1968 à l'intervention des forces du pacte de Varsovie en Tchécoslovaquie, recevant avec un lustre certain le général de Gaulle en mai 1968 et le président Nixon en août de l'année suivante. Ceci, au prix d'une radicalisation totalitaire et terroriste du régime, la « voie roumaine vers le socialisme » se trouvant bientôt transformée en une dictature personnelle du *Conducator* et en instrument d'enrichissement et de glorification du clan familial Ceaucescu. Le risque de dérive libérale et pluraliste étant complètement exclu, le Kremlin y trouve son compte et laisse faire.

Après les événements dramatiques de l'automne 1956 et la répression qui suit le rétablissement de l'ordre socialiste, la Hongrie va elle aussi tenter de se constituer en modèle original. Pour cela, Kadar commence par mettre l'accent sur le niveau de vie de la population : grâce à l'aide soviétique et à la réduction du budget militaire, celui-ci effectue un bond de 30 points en quatre ans. Le numéro un du Parti — parti dont les effectifs sont multipliés par cinq entre 1956 et 1962 — s'attache ensuite à opérer une libéralisation prudente. À la recherche d'un consensus aussi large que possible, il lance le slogan « qui n'est pas contre nous est avec nous », et fait adopter des mesures visant à intégrer ou à réintégrer dans le système social et politique diverses catégories de citoyens. Les anciens « koulaks » et paysans aisés sont autorisés à entrer dans les kolkhozes ; la discrimination scolaire à l'égard des enfants issus de l'ancienne classe dirigeante et de l'intelligentsia est abolie ; nombre de non-communistes sont nommés à des postes de responsabilité économique ou administrative, tout ceci en dépit de la forte résistance que les « cadres ouvriers » opposent au sein de l'appareil du Parti à ces initiatives du sommet. L'intelligentsia, dont Kadar cherche à obtenir la collaboration, est la principale bénéficiaire de ce «nouveau cours», lequel vise également à ménager la sensibilité nationale des Hongrois. Le VIII⁰ Congrès du Parti, qui se réunit en novembre 1962, entérine les choix économiques et politiques de Kadar. Six ans après le drame de Budapest ce dernier jouit, semble-t-il, d'une relative popularité, tandis que son pays, qui va se réconcilier l'année suivante avec Tito, commence à toucher les dividendes internationaux de sa politique.

● Craquements en Tchécoslovaquie

Après l'élimination politique de Khrouchtchev, en octobre 1964, et son remplacement à la tête du PCUS par Léonid Brejnev, l'action des forces centrifuges tend à s'accentuer au sein du bloc de l'Est : la révolution de palais qui a jeté bas, au Kremlin, le successeur de Staline, s'accompagne en effet d'un nouvel affaiblissement du prestige de la direction soviétique. Le jugement qu'ils portent sur son dysfonctionnement incline les dirigeants de l'Est à prendre leurs distances à son égard, de même que le réalisme prudent, pour ne pas dire timoré, adopté par Brejnev dans sa façon de traiter les problèmes intérieurs et internationaux de l'URSS. Certes, le souci d'indépendance et la volonté réformiste manifestés par les équipes en charge du pouvoir dans la plupart des démocraties populaires — notamment lors des congrès des PC tchécoslovaque, bulgare et hongrois qui ont lieu respectivement en juin, novembre et décembre 1966 — s'expriment essentiellement sur le terrain de l'économie. Toutefois, les critiques qui s'y développent ont tôt fait de déborder sur celui de la politique et de l'idéologie, opposant à nouveau l'intelligentsia technicienne et les intellectuels au sens classique d'une part, l'*establishment* partisan d'autre part. Avec, coincée entre ces deux forces, une classe ouvrière amorphe et dépolitisée, capable cependant de réveils brusques comme elle va le montrer, coup sur coup, en Tchécoslovaquie en 1968 et deux ans plus tard en Pologne.

En Tchécoslovaquie, où l'ancien stalinien Novotny pratiquait depuis 1963 une politique de semi-libéralisation, tout en maintenant à peu près intactes les prérogatives du Parti communiste, la remise en question du système a pour point de départ le constat que font les experts rassemblés autour de l'économiste Ota Sik des blocages occasionnés par l'excès de centralisation et l'absence de rationalisation de l'économie, responsables à leurs yeux de la stagnation technique et de la baisse du niveau de vie. Ce retard est d'autant plus sensible aux Tchécoslovaques, en particulier parmi les jeunes et les représentants de l'intelligentsia, que la reprise des échanges touristiques et commerciaux avec l'Occident a mis nombre d'entre eux en contact avec des pays alors en pleine euphorie économique. De là la tendance à traduire en un langage politique les critiques adressées au système dirigiste et aux cadres chargés de le faire fonctionner.

La prise en charge de ces revendications originellement économiques par les intellectuels s'opère à l'occasion du congrès des écrivains, réunis à Prague en juin 1967. Se conjuguant avec les critiques portées à l'encontre de la direction du Parti, à laquelle est reproché son alignement sans réserve sur la politique proarabe de l'URSS, elle débouche sur une mise en cause radicale de la politique gouvernementale. Pendant plusieurs mois, Novotny va tenter de briser le mouvement en menant contre lui une guérilla incessante, mais il se heurte, à l'intérieur même du Parti, à l'opposition de plus en plus vive de libéraux groupés autour d'Alexander Dubček, secrétaire du PC slovaque. Mal soutenu par Brejnev et affronté à une fronde qui regroupe, outre les intellectuels, les étudiants et les éléments libéraux du Parti, de nombreux représentants de l'élite technicienne et du monde ouvrier, l'ancien dirigeant stalinien est mis en minorité devant le comité central et doit céder son poste de Premier secrétaire à Dubček le 5 janvier 1968. Le premier acte est joué et il ressemble fort à ce qui s'est passé douze ans plus tôt à Varsovie.

La chute de Novotny, qui restera président de la République jusqu'en mars, libère brusquement des forces jusqu'alors contenues, à commencer par les nationalismes tchèque et slovaque. Dubček, qui est un communiste sincère mais qui voudrait, comme beaucoup de ses compagnons, concilier socialisme et liberté, cherche à canaliser le mouvement sans se laisser entraîner sur la pente qui a conduit Imre Nagy à la rupture et à l'échec dans la Hongrie de 1956. À deux reprises, en janvier et en février 1968, il rencontre Brejnev et tente de freiner le processus contestataire, mais à chaque fois, la tentative conservatrice entraîne par réaction une forte poussée des progressistes que le Premier secrétaire doit accompagner pour conserver la confiance du pays. Autrement dit, la logique qui avait fait douze ans plus tôt de Nagy, communiste modéré et partisan d'une dictature éclairée, un chef national, rejoue en faveur de Dubček et à son corps défendant.

● «Le Printemps de Prague» et la doctrine de la «souveraineté limitée»

À la fin mars, les événements s'emballent donnant naissance au «Printemps de Prague». Novotny se voit successivement obligé de démissionner de la présidence de la République au profit du général Svoboda, un survivant de la génération des Beneš et Masaryk, puis exclu du comité central et bientôt du Parti. Le 6 avril, les instances dirigeantes du PC adoptent un «programme d'action» dans lequel figurent l'acceptation du pluralisme, la réforme de la politique d'information — autrement dit la liberté de la presse —, le droit pour les citoyens tchécoslovaques de voyager à l'étranger, la réhabilitation et l'indemnisation des victimes de l'arbitraire, etc. Le 18 avril, l'Assemblée nationale désigne comme président le plus résolu des champions du renouveau, Josef Smrkovsky. À la différence de ce qui s'est passé en Hongrie en 1956, le mouvement ne se développe pas par conséquent en dehors du Parti communiste, et contre lui, mais à l'intérieur du PC qui en constitue l'un des vecteurs principaux.

Devant ce qu'ils considèrent comme une menace directe dirigée contre la cohésion du camp socialiste, et contre eux-mêmes, les dirigeants conservateurs des PC polonais, est-allemand et bulgare sont saisis d'une véritable panique. Le «Printemps de Prague» en effet paraît contagieux, comme l'est, sans qu'il y ait de lien direct entre ces deux événements le mai parisien. Des manifestations réunissant étudiants, enseignants et intellectuels ont lieu à Varsovie et dans d'autres villes en Pologne, durement réprimées par le régime de Gomulka. En URSS, où la tendance dure incarnée par Brejnev l'emporte de plus en plus sur celle de Kossyguine, la réaction aux événements de Prague est également très forte, surtout après la parution le 27 juin dans *Literarni Listy,* de l'appel à la population tchécoslovaque («2 000 mots») invitant celle-ci au combat (contre les vieilles forces, contre tous ceux qui ont abusé de leur pouvoir, qui ont dégradé le patrimoine collectif).

Le dernier acte se joue dans le courant de l'été. Le 3 juillet, le numéro un soviétique donne une première formulation de ce que l'on appellera la «doctrine Brejnev» ou «doctrine de la souveraineté limitée». «Nous ne pouvons, déclare-t-il, rester indifférents au sort de la construction socialiste dans les autres pays.» Invité à se rendre à la mi-juillet à une réunion du pacte de Varsovie, Dubček refuse et repousse les exigences des «Cinq» (la Roumanie ayant été tenue à l'écart), approuvé par le comité central et soutenu par une population qui salue avec enthousiasme le nouveau cours de la politique du Parti. Le 26, la *Literarni Listy* lance un appel de soutien au Premier secrétaire qui rencontre un écho quasi unanime dans le pays. Unanimité qui, souligne François Fejtö, n'était encore ni anticommuniste, ni même à cette date antisoviétique, comme l'avait été le mouvement hongrois de l'automne 1956. Et pourtant à Moscou, on estime que Dubček et ses amis sont allés trop loin, qu'ils ont déclenché un processus irréversible, que même s'ils parviennent à se maintenir au pouvoir ils ne pourront que pratiquer une politique extérieure distincte de celle du pacte de Varsovie et que, par conséquent, l'URSS risque de perdre dans cette affaire l'une des pièces majeures de son dispositif défensif. Brejnev prend donc la décision d'intervenir, de concert avec ses quatre alliés les plus fidèles, et qui étaient d'ailleurs demandeurs : Pologne, RDA, Hongrie et Bulgarie.

Le 21 août 1968, l'Armée Rouge et ses auxiliaires du pacte de Varsovie envahissent la Tchécoslovaquie et occupent Prague, sans y rencontrer de résistance armée, la population ayant observé les consignes données par le Parti. Le siège du comité central est investi par les Russes qui arrêtent Dubček et ses compagnons. Mais, si l'opération militaire est une réussite, elle se solde rapidement, sur le plan politique et psychologique, par un échec cuisant. Les Soviétiques croyaient en effet qu'ils pourraient rééditer à Prague le scénario qu'ils avaient employé avec succès à Budapest en 1956, en obtenant des néostaliniens du Parti qu'ils fissent appel à l'aide du « grand frère » pour rétablir la « légalité socialiste ». Or, cette fois, le Parti fait corps avec la population. Le président de la République, le général Svoboda, refuse de désigner un nouveau gouvernement. Le comité central écarte les prosoviétiques et se déclare solidaire de Dubček. Tandis que le Congrès du PC, qui devait avoir lieu en septembre, se réunit dès le 22 août dans une usine, sous la protection de la milice ouvrière, la direction communiste en appelle à la résistance légale. Brejnev se voit ainsi contraint de négocier pour éviter l'affrontement général. Il accepte la proposition de Svoboda de se rendre à Moscou, en compagnie de Dubček et de Smrkovsky, pour rechercher un accord qui sera effectivement signé le 26 août. Par ce texte de compromis, les Russes acceptent le maintien au pouvoir de l'équipe Dubček, en échange de quoi celle-ci doit se résoudre à considérablement freiner le processus de libéralisation, ce qui implique notamment le rétablissement de la censure. Le 18 octobre est paraphé un autre traité sur le « stationne-

ment temporaire des troupes soviétiques». Le «Printemps de Prague»
est donc bel et bien terminé et la Tchécoslovaquie placée sous haute
surveillance.

La «normalisation»

● Le camp socialiste ébranlé par la normalisation

Les événements de l'été 1968 ont, à bien des égards, pris à contre-
pied les dirigeants soviétiques et leurs alliés conservateurs et néo-
staliniens des démocraties populaires de l'Est européen. En effet, si
elle a été une fois de plus rétablie in extremis par l'intervention des
blindés, la cohésion du camp socialiste a donné en même temps des
signes inquiétants de relâchement. L'Albanie, depuis longtemps en
délicatesse avec les pays du pacte de Varsovie, a profité de la circonstance pour rompre définitivement avec celui-ci. La Roumanie
n'a pas participé à la mise au pas des promoteurs du Printemps de
Prague et a condamné l'initiative de ses alliées. La Yougoslavie de
Tito, qui n'était jamais rentrée dans le giron de l'URSS, mais avait
rétabli des relations de bon voisinage avec ses voisins de l'Est, a lancé
d'énergiques protestations à la suite de l'invasion de ce pays «ami»
par les troupes du pacte de Varsovie : ce qui a eu pour effet de relancer en URSS, en Pologne et en Bulgarie la campagne anti-titiste.
D'autre part, certains partis communistes extérieurs au camp ont également donné de la voix, avec il est vrai plus ou moins d'intensité. Le
PC italien avec une extrême vigueur, de même que son homologue
espagnol, alors clandestin, le PC français de manière plus feutrée
mais en rupture néanmoins avec son comportement antérieur. Aussi,
une fois passées l'indignation et la consternation des premières
semaines, la direction du PCUS va-t-elle s'efforcer de reprendre les
choses en main.

Sur le plan international tout d'abord, en faisant avaliser par les 78
partis communistes réunis à Moscou en juin 1969 la restauration de
son *leadership* sur le communisme mondial. Des critiques ont été
adressées certes, pendant cette réunion, aux dirigeants du Kremlin, et
la doctrine de la «double» responsabilité des PC au pouvoir, impliquant
la «souveraineté limitée» de ces organisations, n'a pas été universel-
lement approuvée, mais elle n'a pas non plus été désavouée. Par la

suite, le PCI a mis provisoirement une sourdine à sa réprobation et les PC français et autrichien se sont «normalisés» en expulsant les protestataires (Roger Garaudy en France, Ernst Fischer en Autriche).

À l'intérieur des démocraties populaires ensuite, soumises après les événements de Prague à un contrôle renforcé et à la «normalisation». Celle-ci frappe en tout premier lieu la Tchécoslovaquie, où une épuration de grande envergure suit l'élimination de l'équipe Dubček, finalement obtenue par les Russes en avril 1969, à la suite d'une nouvelle vague d'agitation. Son successeur Husák va bien essayer au début d'appliquer une politique «centriste», mais il est vite contraint de s'appuyer sur les «novotnystes» dont il avait pourtant lui-même été la victime. Le Parti, qui avait été «contaminé» à la base, est «reconstruit» par le haut et transformé, sur le conseil de Brejnev, en parti d'élite, soigneusement sélectionné. L'intelligentsia est sévèrement épurée, nombre d'universitaires, de savants, d'écrivains, de journalistes et autres «travailleurs de la culture» devant, dans le meilleur des cas, troquer leur poste pour une activité manuelle (l'ancien champion olympique de course à pied et colonel de l'armée Emil Zatopek sera ainsi employé comme balayeur). La censure est rétablie, la culture de nouveau mise en tutelle, les syndicats et l'Union des étudiants sont purgés de tous leurs éléments contestataires. Dès la fin de 1969, l'ordre brejnévien règne sans partage sur la société tchécoslovaque.

● Retour à la contestation en Pologne

Dans le courant de l'année suivante, le relais de la contestation est pris cependant par la Pologne. Dans ce pays où le vainqueur de 1956, Gomulka, avait peu à peu infléchi la «voie polonaise vers le socialisme» dans le sens d'une restriction croissante des libertés d'expression, sans réussir pour autant à résoudre les immenses problèmes économique, un premier coup de semonce avait été donné au régime en mars 1968. En écho aux premières manifestations de la révolte des jeunes Occidentaux, des troubles graves avaient éclaté dans diverses universités. Les contestataires avaient obtenu le soutien des intellectuels, mais pas celui des ouvriers, et leur action avait été suivie d'une violente répression, teintée d'antisémitisme. Gomulka n'avait pas su tirer la leçon de cet avertissement.

En décembre 1970, c'est à Gdansk (l'ancienne Dantzig) et dans d'autres ports de la Baltique qu'éclate un mouvement de grèves, bientôt suivi de violentes émeutes, dont les acteurs sont cette fois les représentants du monde ouvrier. À l'origine de ce mouvement, qui rappelle beaucoup celui de Poznan en 1956, il y a la décision du gouvernement d'augmenter en même temps les cadences de travail et les prix des principales denrées de consommation, tout en bloquant les salaires. Complètement coupés de tout contact avec le peuple, Gomulka et son équipe pensaient pouvoir compter sur la passivité de la classe ouvrière qui, deux ans et demi plus tôt, avait assisté sans la moindre réaction à la répression contre les intellectuels et les étudiants contestataires. Or, si les ouvriers de Varsovie et des autres villes de l'intérieur ne bougent pas, l'embrasement est général dans les ports où les troubles atteignent une violence extrême.

Informé de la situation, Gomulka l'attribue sans complexe à l'action des «hooligans», manipulés par les éléments contre-révolutionnaires «à la solde de l'étranger». Air connu, mais qui ne fait plus recette après les événements de Prague, et ceci aussi bien auprès des chefs militaires, qui reprochent au Premier secrétaire de les engager dans une répression antiouvrière rendue inévitable par son aveuglement (il y aura environ 300 tués à Gdynia et 150 à Szczecin le 17 décembre), que dans les rangs de la direction du PCUS. Lâché par cette dernière, Gomulka doit donc céder son poste, non pas au partisan d'une dictature renforcée, le général Moczar, mais à son principal rival au sein du *Politburo*, Gierek, qui se voit ainsi confier implicitement par Brejnev la mission de sauver le «socialisme» en Pologne et va recevoir, pour tenter de mener à bien cette tâche, une aide économique importante de l'URSS.

L'un des premiers actes de la nouvelle équipe — une équipe composée en majorité d'hommes jeunes — consiste à annuler l'augmentation des prix qui avait mis le feu aux poudres, après quoi elle entreprend d'engager le dialogue avec toutes les couches de la population et avec l'Église catholique qui constitue, dans ce pays, une formidable structure d'encadrement demeurée à peu près intacte malgré la répression exercée contre ses membres. Il s'ensuit, surgi en plein hiver, un «printemps polonais» impulsé par le sommet de l'appareil, mais qui va tout de même pendant quelques années souffler un vent de réforme sur ce pays. Quant aux dirigeants du Kremlin, s'ils peuvent se réjouir d'avoir une fois encore su éviter le pire, ils n'en doivent pas moins tirer la leçon des événements de décembre. Celle-ci est différente de celles de 1956 et de 1968, en ce sens que la menace n'est pas venue cette fois de l'intelligentsia révisionniste et de ses alliés au sein du PC, mais de la classe ouvrière elle-même, que le

Parti est censé incarner et dont il tire sa légitimité. Pour la première fois dans un pays communiste, un mouvement parti de la base ouvrière a réussi à renverser le gouvernement et à faire annuler des dispositions que le pouvoir avait pensé lui imposer arbitrairement. Certes, il faudra encore deux décennies pour que l'usure du socialisme bureaucratique aboutisse à l'éclatement du bloc de l'Est. Dès cette date cependant, il est clair que les dirigeants soviétiques auront un jour, y compris dans leur propre pays, à compter avec le réveil de la société civile.

CHAPITRE 10

De l'Europe des blocs à l'Europe des libertés
Du milieu des années 1970 à nos jours

Dès la fin des années 1960, l'Europe de l'Ouest connaît
une crise que va aggraver à partir de 1973 la flambée
des cours du pétrole. Soumise à la « stagflation »
et au chômage, elle connaît une chute de la croissance
et oscille entre des politiques de relance génératrices
d'inflation et une rigueur monétaire et budgétaire
qui aggrave le chômage. Face à la crise, l'Europe réagit
en ordre dispersé, ne parvenant ni à adopter une démarche
commune, ni à se faire entendre des États-Unis. En même
temps, elle entre dans une ère de troubles. À partir de
1975, la Détente cède la place à un renouveau de la Guerre
froide marquée par le déploiement des SS 20 soviétiques en
Europe de l'Est et un puissant courant pacifiste,
particulièrement actif en Europe du Nord, contre
l'installation des fusées américaines Pershing II, réplique
à celle des SS 20. À cette tension qui dure jusqu'en 1984
s'ajoute dans les années 1970-1980 la recrudescence des
attentats terroristes provenant des mouvements
nationalistes, des surgeons du gauchisme, des groupuscules
voire des États arabes radicaux.

En dépit de ces difficultés, des blocages qu'il subit du fait de la crise et des réticences du Royaume-Uni à jouer le jeu communautaire, le projet européen progresse néanmoins. L'année 1979 voit la mise en place du Système monétaire européen (SME) et la première élection du Parlement européen au suffrage universel. La CEE s'élargit à la Grèce en 1981, à l'Espagne et au Portugal en 1986, à l'Autriche, à la Suède et à la Finlande en 1995. En 1992, le traité de Maastricht a institué l'Union européenne et en janvier 2002 l'euro est devenu la monnaie unique pour la plupart des pays de l'Europe des Quinze. Mais surtout la période voit la fin du modèle communiste en Europe de l'Est. La chute du communisme va se trouver précipitée par le nouveau cours imprimé à l'URSS à partir de 1985 par Mikhaïl Gorbatchev. L'incapacité soviétique à relever le défi de la «course aux étoiles» lancé par le président Reagan contraint l'URSS à jouer à nouveau la Détente. La crise économique dans des pays de l'Est va faire s'effondrer le système communiste entre 1989 et 1991. Le putsch tenté en août 1991 pour arrêter le processus aboutit à la disparition du communisme et à l'éclatement de l'URSS. Depuis, l'Europe de l'Est a progressé à petits pas vers la démocratie, en dépit des crises graves qui ont secoué l'ex-Yougoslavie. Entre le début de la crise économique mondiale qui a suivi le premier choc pétrolier et la cascade d'événements qui ont abouti à l'éclatement du «camp socialiste» et au retour à la démocratie dans les États de l'Est européen, les deux moitiés du vieux continent ont traversé, sur fond de dépression et de réveil des tensions internationales, une période agitée et dangereuse. Beaucoup ont cru même, à la charnière des années 1970 et 1980, que celle-ci risquait de s'achever par un affrontement général dont l'Europe aurait constitué l'épicentre, dès lors qu'avec les technologies militaires sophistiquées la guerre redevenait possible, non plus sous la forme récurrente des conflits «périphériques» mineurs, mais bel et bien au «centre» du système international : avec, comme issue probable, une hécatombe sans précédent dont les Européens de l'Ouest et de l'Est auraient été les principales victimes.

Ces vues apocalyptiques — mais qui ont alimenté pendant plusieurs années un certain système éditorial et médiatique que les grandes peurs font vivre — se sont heureusement révélées appartenir aux scénarios de la politique fiction. Faisant le constat de son incapacité à suivre les États-Unis sur le terrain de la technologie de pointe et de la course aux armements, l'URSS a pris avec Mikhaïl Gorbatchev le parti de la «restructuration» globale du système dans lequel elle avait vécu pendant soixante-dix ans, et elle a choisi pour mener à bien cette entreprise la coopération avec l'Ouest et l'abandon définitif de ses visées révolutionnaires à long terme. Du coup, la Guerre froide engagée par les deux Grands au lendemain du second conflit mondial, et que les effets conjugués de la crise et du repli américain avaient fait rebondir à partir de 1974-1975, a pris fin et le bloc de l'Est, dont elle avait entretenu la cohésion pendant quarante ans, a volé en éclats. Il en est résulté dans cette partie de l'Europe, un retour à la situation géopolitique du XIXe siècle, à savoir une «balkanisation» s'accompagnant d'une résurgence des nationalismes et de sanglants conflits interethniques.

Pendant ce temps, les États membres de la CEE ont poursuivi leur entreprise d'intégration et se sont transformés en 1992 en Union européenne, laquelle comprend aujourd'hui vingt-cinq États et a adopté en 2002 une monnaie commune : l'euro. Il lui reste à se doter d'un exécutif renforcé, mis en place selon des procédures démocratiques, tel que l'avait proposé le projet de Constitution pour l'Europe, rejeté par la France et les Pays-Bas en mai 2005.

L'Europe de l'Ouest dans la crise mondiale

● Le choc pétrolier, détonateur de la crise mondiale

Pas plus que pour les États-Unis et pour les autres pays du monde industrialisé, la guerre israélo-arabe d'octobre 1973 et le quadruplement en quelques mois du prix du pétrole, qui en est la conséquence directe, ne mettent fin brutalement aux «Trente glorieuses» pour plonger le continent européen dans une récession profonde et prolongée. La crise mondiale n'a pas attendu en effet le premier choc pétrolier pour commencer à se manifester. Dès la fin des années 1960, des signes de dérèglement sont apparus, conséquence à la fois des limites de rentabilité atteintes par la «seconde révolution industrielle» dans les pays développés, de la saturation des marchés, de la crise du dollar (dévalué à deux reprises en août 1971 et en février 1973) et de ses effets sur l'ébranlement du système de Bretton Woods.

En 1972-1973, c'est paradoxalement l'emballement de l'économie mondiale qui a transformé ces difficultés latentes en une conjoncture de crise. La croissance accélérée et généralisée a en effet conduit les pays industrialisés à augmenter leurs achats de matières premières, donc à en faire brusquement monter les cours, au moment même où la sécheresse du Sahel et les achats massifs de céréales par l'Union soviétique provoquaient une hausse sensible des prix agricoles. Pour freiner la «surchauffe», les gouvernements ont adopté des politiques déflationnistes qui ont contribué au renversement de la conjoncture.

Le choc pétrolier de 1973-1974, va jouer dans ce contexte un rôle de détonateur. Certes, l'amorce d'une politique de relèvement des prix par les pays de l'OPEP avait, elle aussi, commencé à porter ses fruits depuis 1970. Mais, en dramatisant le débat et en offrant aux pays arabes exportateurs de pétrole l'occasion d'exercer une pression sur le marché, par le jeu du boycott et de la réduction concertée de la production d'or noir, la «guerre du Kippour» déclenche un processus de revalorisation brutale : le prix du baril de brut, qui était passé de 2 à 3 dollars entre 1970 et octobre 1973, s'envole à partir de cette date pour atteindre 12 dollars en janvier 1974.

Cette flambée des cours de l'or noir produit un double effet sur les économies occidentales : elle aggrave brusquement les tensions inflationnistes et elle opère un prélèvement important sur les richesses des pays importateurs, obligés d'acquitter une «facture pétrolière» devenue très lourde. Elle constitue donc un puissant agent d'accélération de la crise.

Celle-ci frappe l'Europe de l'Ouest plus gravement que les États-Unis, eux-mêmes gros producteurs de pétrole et détenteurs d'immenses réserves, tant en hydrocarbures qu'en sources énergétiques de substitution (hydroélectricité, schistes bitumineux, etc.). Elle se traduit à première vue comme une récession, classique, qui met fin à la croissance spectaculaire des «Trente glorieuses». Le PNB des divers acteurs du jeu économique européen fléchit légèrement en 1975. Leur production industrielle recule très sensiblement, notamment dans les secteurs traditionnels — textile, construction navale, sidérurgie —, qui souffrent de ne pas s'être modernisés et restructurés à temps et sont frappés de plein fouet par la concurrence du Japon et des «nouveaux pays industriels» d'Asie. Le commerce international se rétracte. Les faillites se multiplient et nombre d'entreprises sont obligées de procéder, y compris dans des branches qui demeurent porteuses comme l'automobile et l'aéronautique, à des licenciements massifs.

● Chômage et stagflation

Le chômage est la manifestation «classique» la plus tangible de la crise, et la plus dangereuse pour l'équilibre des sociétés européennes. Entre 1973 et 1983, 15 millions d'emplois sont créés aux États-Unis, 4 millions au Japon (en balances nettes) et aucun en Europe de l'Ouest. Cette dernière comptera en 1984, une fois absorbés les effets du «second choc pétrolier», 19 millions de sans-emploi, dont 13 pour la CEE. Le taux de chômage atteint alors 12% de la population active pour l'ensemble de la Communauté et l'on enregistre de fortes disparités entre les divers États membres de l'OCDE : 21,5% pour l'Espagne, plus de 13% pour la Belgique, le Portugal et le Royaume-Uni, 10,5% pour l'Italie, 10,1% pour la France, 9,3% pour le Danemark, 8,6% pour la RFA, 3,6% pour l'Autriche, 2,8% pour la Suède, 2,5% pour la Norvège et 1% seulement pour la Suisse : ce qui ne plaide guère, auprès de l'opinion publique de ces quatre derniers pays, en faveur de leur entrée dans la CEE.

Ce qui fait toutefois la spécificité de la crise des années 1970, c'est qu'elle combine de manière inédite le chômage et la baisse de la croissance — tombée à 2,5% par an soit moins de la moitié du taux de la période précédente — avec une inflation forte, dépassant 10% en moyenne pour les pays de l'OCDE (avec là aussi de fortes distorsions : 6% en RFA, plus de 20% en Italie). D'où le nom de *stagflation* donné à ce phénomène qu'explique essentiellement l'accroissement des coûts de production, lui-même provoqué par le renchérissement du prix de l'énergie et des matières premières, la hausse persistante des salaires et l'alourdissement des charges imposées aux entreprises par l'indemnisation du chômage. Là encore, les pays européens sont plus exposés que les États-Unis et le Japon où la couverture sociale est moins importante.

Affrontées à des situations de «surchauffe» de l'économie, ou au contraire de récession génératrice de chômage, les politiques économiques classiques pouvaient alternativement jouer de l'arme de la déflation ou de celle de la relance. Le problème que pose aux gouvernements le nouveau profil de l'économie mondiale est de devoir faire face simultanément à deux défis contradictoires. Il en résulte, avec des degrés et des calendriers très variables d'un pays à l'autre, des politiques économiques totalement opposées, les unes d'inspiration libérale et monétariste comme celles qu'adoptent Margaret Thatcher au Royaume-Uni à partir de 1979, Raymond Barre en France de 1976 à 1981, Helmut Schmidt puis Helmut Kohl (à partir de 1982) en Allemagne fédérale, les autres se référant explicitement ou implicitement au modèle keynésien, comme celle que conduit le socialiste Pierre Mauroy en France entre 1981 et 1983. À partir de cette date, alors que s'estompent les effets perturbateurs du «second choc pétrolier» — un nouveau doublement du prix de l'or noir lié à la révolution iranienne de 1978-1979, puis à la guerre Iran-Irak — et que s'amorce lentement la reprise, c'est l'ensemble des pays de l'OCDE qui adoptent une politique de rigueur monétaire et budgétaire. Grâce à elle, et aussi à la chute des prix des matières premières, à la baisse du dollar, aux gains de productivité que permettent les nouvelles techniques dérivées de l'électronique et de l'informatique, l'inflation est ramenée à peu près partout à un niveau raisonnable, de l'ordre de 3 % en moyenne, ce qui permet de relancer les investissements et la croissance à un rythme qui est loin toutefois, pour les pays européens, d'être celui des «Trente glorieuses».

«Parler d'une seule voix?»

● L'Europe en ordre dispersé

Dans cette guerre menée contre la récession, l'emballement des prix et le chômage, les États de l'Europe de l'Ouest ont combattu en ordre dispersé. Dès le déclenchement du premier choc pétrolier, chacun a adopté face à l'embargo imposé par l'OPAEP (les pays arabes exportateurs de pétrole) une politique conforme à ses intérêts particuliers. Les Pays-Bas, bénéficiaires il est vrai des possibilités d'approvisionnement offertes par le marché libre de Rotterdam, ont fait cause commune avec les États-Unis et ont été pénalisés par un boycott total qui a duré jusqu'en juillet 1974. La France et la Grande-Bretagne, considérées par les Arabes comme «pays amis», ont été ravitaillées au niveau de leurs importations antérieures. Les autres se sont vus appliquer une diminution de 5 % par mois sur leurs livraisons de brut. Après quoi, plutôt que de rechercher un compromis général avec l'OPAEP, comme le gouvernement néerlandais le suggérait à ses homologues de la CEE, chacun va s'efforcer d'obtenir des avantages unilatéraux en traitant directement avec tel ou tel pays exportateur du Golfe. Autrement dit, les pays européens n'adoptent aucune politique commune en matière énergétique. Après la crise de Suez, en 1956, la menace de pénurie avait fortement contribué à la relance européenne et à la constitution l'année suivante d'Euratom. En 1973, alors que le danger est devenu beaucoup plus pressant et que, de partout, s'élèvent des voix annonciatrices de la « fermeture du robinet pétrolier » pour le début de la décennie suivante, c'est la loi du sauve-qui-peut qui l'emporte.

Le Royaume-Uni et la France sont pour beaucoup dans ce choix du combat solitaire, le premier parce qu'il se sent fort de ses réserves pétrolières en mer du Nord, la seconde parce qu'elle fait de la question énergétique un enjeu de sa propre indépendance à l'égard des États-Unis. À la mi-décembre 1973, de passage à Londres au lendemain de la réunion du Conseil atlantique, Kissinger a proposé aux pays d'Europe occidentale et au Japon de constituer un groupe d'action de l'énergie avec les États-Unis. Il se heurte à l'opposition du ministre français des Affaires étrangères, Michel Jobert, qui préconise pour sa part une conférence Europe-Pays arabes et, lorsque se constitue en février 1974 à Washington un organisme de coordination dont naîtra en novembre l'Agence internationale de l'énergie, la France refuse d'en faire partie, faisant voler en éclats l'unité de la Communauté européenne.

La déception des partenaires européens de la France est d'autant plus grande que le refus manifesté par celle-ci de promouvoir avec ses alliés une politique énergétique commune est formulé au lendemain même de la conférence des chefs d'État et de gouvernement qui s'est tenue à Copenhague, les 14 et 15 décembre 1973. Or, à l'issue de cette réunion, les représentants des neuf États membres de la Communauté ont publié un communiqué dans lequel était affirmée « leur commune volonté de voir l'Europe parler d'une même voix dans les grandes affaires du monde », ainsi qu'une « déclaration sur l'identité européenne ». Vœu pieux dès lors que la France pompidolienne navigue à contre-courant, faisant rejouer les réflexes gaulliens et se démarquant de ses huit partenaires.

● Une crise des relations transatlantiques

Il est vrai que l'attitude des États-Unis n'incline pas les héritiers du champion de «l'Europe des patries» à se départir de leur méfiance envers tout ce qui pourrait ramener l'Europe occidentale dans la mouvance directe de Washington. La guerre du Kippour et l'embargo pétrolier sont en effet intervenus à un moment où, croyant avoir stabilisé pour quelque temps leurs rapports avec l'URSS dans le cadre de la «Détente», les dirigeants américains jugeaient le moment venu de mettre fin aux «malentendus transatlantiques» qui les opposaient à leurs alliés du vieux continent. Dès l'été 1971, annonçant à la télévision américaine les mesures prises pour redresser la situation économique et monétaire de son pays, Nixon avait lancé un avertissement solennel «aux nations industrielles d'Europe et d'Asie». Elles étaient «saccagées à la fin de la Seconde Guerre mondiale». Aujourd'hui, en grande partie grâce à l'aide des États-Unis, elles sont économiquement puissantes. Aussi le moment est-il venu pour elles de porter «leur part équitable du fardeau pour la défense de la liberté et du monde».

C'était la réplique américaine aux reproches que les alliés des États-Unis adressaient à ces derniers depuis des années. À savoir qu'ils leur faisaient payer les frais de leur train de vie excessif en organisant le désordre monétaire international et en réglant leur dette extérieure en monnaie de singe. À cela les Américains opposaient, par la voix de leur président, que si l'Europe et le Japon, qui étaient sortis épuisés de la guerre, avaient pu relever leurs ruines et devenir de grandes puissances économiques rivales des États-Unis, c'était grâce à l'aide que ceux-ci leur avait fournie et à la protection peu coûteuse dont ils avaient bénéficié avec le déploiement au-dessus de leurs têtes du parapluie nucléaire américain. À ces anciens assistés devenus des concurrents heureux, il était temps de dire que l'Amérique ne pouvait plus accepter de financer indirectement les bénéficiaires de ses propres difficultés et qu'il convenait à la fois de limiter les effets de la compétition en consentant aux produits *made in USA* des avantages tarifaires — ce devait être l'objet du «Nixon Round» — et de redéfinir les termes et les charges respectives de l'alliance.

Dans cette perspective, Henry Kissinger a exposé, le 23 avril 1973, les grandes lignes d'un projet de nouvelle «charte atlantique» devant régir les rapports des États-Unis avec leurs alliés européens, compte tenu des changements intervenus depuis un quart de siècle dans la situation respective des membres de l'Alliance. Déclarant que son pays allait «continuer à soutenir l'unité européenne» et était prêt à «envisager des concessions réciproques», le secrétaire d'État de Richard Nixon énonçait à son tour que le moment était venu pour l'Europe de fournir «une part équitable de l'effort commun pour la défense commune». «Tout comme l'économie de l'Europe, ajouta-t-il, n'est pas une fin en soi, la Communauté atlantique ne peut pas être un club exclusif : le Japon doit être un partenaire primordial dans notre entreprise commune.»

Il s'agissait donc de redistribuer les rôles, en demandant aux Européens davantage d'efforts pour leur propre défense, ce qui aurait pu se concevoir, de leur point de vue, si la mise en demeure avait été assortie de la proposition de partager, tout aussi équitablement, les responsabilités et le pouvoir de décision. Or, sur ce point, Kissinger était ferme : les États-Unis avaient des «responsabilités mondiales», l'Europe des «intérêts régionaux», ce qui signifiait qu'elle n'avait à se préoccuper que d'accroître ses armements conventionnels en laissant à la superpuissance détentrice du *leadership* la force nucléaire et l'exclusivité du choix décisionnel suprême.

On conçoit que cette «régionalisation» de l'Europe, réduite à jouer les utilités au moment où elle se trouvait menacée de dénucléarisation (en ce sens qu'à l'heure de la parité stratégique et de la «réponse flexible», l'éventualité d'une riposte massive des États-Unis en cas d'attaque soviétique devenait hautement hypothétique), n'avait rien qui pût enthousiasmer les partenaires occidentaux de la République impériale et que le projet kissingérien ait été fraîchement accueilli. À l'exception du Néerlandais Joseph Luns, secrétaire général de l'OTAN, aucun gouvernement allié n'approuva le discours du 23 avril et le ministre britannique des Affaires étrangères, Douglas Home, le critiqua même publiquement.

Ceci explique et la position de la France, toujours en pointe dès lors qu'il s'agissait de battre en brèche les tentatives américaines pour reprendre en main les alliés occidentaux, et celle de ces derniers lors de la «guerre d'Octobre». Considérant qu'ils se trouvaient en face d'un conflit régional ne les concernant pas directement, les pays membres de l'OTAN commencèrent par refuser aux Américains d'utiliser les bases dont ils disposaient en Europe pour livrer du matériel militaire à Israël. Seul le gouvernement portugais (c'était avant la «révolution des œillets») les autorisa à faire transiter le «pont aérien» par les Açores, tandis que la Turquie accordait le droit de survol de son territoire, que Bonn s'opposait à l'utilisation des stocks déposés en RFA et que le gouvernement de Londres, en imposant l'embargo sur les armes, empêchait les chars israéliens de fabrication britannique de recevoir des pièces de rechange et des munitions. Washington en fut ulcérée et le fit savoir (Kissinger parla d'«écœurement»), mais les Européens de leur côté ne manquèrent pas d'exprimer leurs récriminations. Ils firent connaître leur dépit de ne pas avoir été consultés, préalablement à la mise en état d'alerte de la force stratégique américaine, le 25 octobre 1973, et publièrent le 6 novembre une déclaration commune plutôt favorable aux positions arabes. Le 12 novembre, au lendemain de l'«accord du kilomètre 101», critiquant devant l'Assemblée nationale le «système de concertation né de l'accord Brejnev-Nixon», Michel Jobert s'indignera que l'Europe ait été «traitée comme une non-personne» et «humiliée dans son inexistence».

Cette crise des relations transatlantiques, attisée par un événement qui révélait aux Européens l'ampleur de leur dépendance énergétique, devait s'apaiser au printemps 1974. D'abord avec le compromis élaboré le 21 avril à Gymnich, en RFA, à l'occasion d'une réunion informelle des ministres des Affaires étrangères des Neuf, ces derniers s'engageant à décider cas par cas de l'opportunité de consulter les États-Unis et ce, sur la base d'une position commune arrêtée à l'unanimité. Ensuite avec l'adoption, en juin, par le Conseil des ministres de l'OTAN réuni à Ottawa, d'une déclaration en quatorze points qui, si elle stipulait que les alliés étaient «fermement résolus à se tenir pleinement informés et à renforcer la pratique de consultations franches», laissait les Neuf libres de définir des positions communes s'ils le désiraient. L'élection en France de Valéry Giscard d'Estaing, successeur de Georges Pompidou mort avant la fin de son mandat présidentiel, devait favoriser ce rapprochement des points de vue américain et «européen», sans que, pour autant, la politique française soit ramenée sur des positions atlantistes.

● Une timide coopération européenne

L'Europe des Neuf allait-elle dans ces conditions se mettre à «parler d'une même voix», comme elle s'était engagée à le faire lors du sommet de Copenhague, en décembre 1973, comme déjà les deux rapports Davignon (octobre 1970 et juillet 1973) l'inclinaient à le faire? Il est clair que, dans l'état d'inachèvement dans lequel se trouvait la Communauté, qui avait déjà bien du mal à régler ses problèmes monétaires, budgétaires et agricoles, l'idée qu'elle pût développer une politique étrangère commune relevait de la pure utopie. Tout au plus pouvait-on espérer qu'à propos de certains problèmes dont les implications étaient trop générales, ou trop lointaines, pour que les intérêts spécifiques majeurs de chaque État membre ne fussent pas mis en péril par l'adoption d'une attitude commune, il y eût entente et choix d'un langage consensuel.

Il en sera ainsi, par exemple, à l'occasion de la Conférence sur la sécurité et la coopération en Europe (CSCE), qui, réunie à Helsinki de 1973 à 1975, ne donnera pas lieu à des résultats bouleversants, mais au cours de laquelle les Européens parviendront à adopter une démarche propre, relativement unitaire, et à s'imposer comme une force de médiation entre les deux Grands. De même, la Communauté va-t-elle élaborer, à propos du conflit israélo-arabe et sous l'impulsion de la France, des suggestions de règlement d'ensemble, fondées selon les termes de la déclaration adoptée à Venise, le 13 juin 1980, par le Conseil européen — sur le «droit à l'existence et à la sécurité de tous les États de la région, y compris Israël, et la justice pour tous les peuples, ce qui implique la reconnaissance des droits légitimes du peuple palestinien».

Certes, avec l'élection à la présidence de la République de François Mitterrand (en mai 1981), la France, qui pourtant était à l'origine du texte, fera savoir qu'elle ne se sent plus liée par l'approche de Venise, mais, dans l'ensemble, il apparaît qu'à partir du début de la décennie 1980, les Neuf adoptent de plus en plus des positions communes en matière de politique internationale. Ils multiplient les déclarations de principe, par exemple sur le Liban (2 décembre 1980, 29 juin 1982, 22 mars 1983), sur l'Afghanistan (28 avril et 13 juin 1980, 24 mars et 30 juin 1981, 27 décembre 1984), sur la guerre Iran-Irak. Plusieurs pays de la Communauté participent, avec l'approbation des autres États membres, aux forces d'observation au Sinaï en 1981 (France, Royaume-Uni, Italie, Pays-Bas) et à la force multinationale envoyée au Liban l'année suivante (France, Royaume-Uni, Italie). Dans diverses questions épineuses des quinze dernières années — Chypre, le Liban, l'Afrique du Sud, l'Afghanistan, la guerre des Malouines —, la médiation et l'action de la CEE se sont souvent exercées dans un sens favorable au règlement des problèmes. Enfin à l'ONU, où la Communauté bénéficie depuis 1974 d'un statut d'observateur, les votes des neuf, puis des douze États membres, vont en général dans le même sens.

Cela n'empêche évidemment pas chacun d'entre eux, dès lors que des impératifs jugés vitaux par ses dirigeants le lui ordonnent, de mener solitairement sa barque au milieu des orages et des embellies diplomatiques. L'Angleterre de Margaret Thatcher s'est peu préoccupée de l'avis de ses partenaires pour s'empoigner avec l'Argentine lors du conflit des Malouines en 1982. La France s'est engagée seule dans diverses interventions en Afrique (Tchad, Zaïre) et a mené, au début de l'ère socialiste, sa propre politique en Amérique centrale. La Grèce du PASOK a pratiqué une «politique à l'Est» qui l'a conduite parfois à jouer les francs-tireurs au sein d'une Communauté qu'elle venait tout juste de rejoindre. Toutefois, en dépit de ces inévitables sorties de jeu, motivées par des intérêts propres et par des engagements antérieurs à l'entreprise communautaire, la coopération européenne a cessé d'être une simple vue de l'esprit.

Retour à la Guerre froide

● Le tournant stratégique de l'Union soviétique (1973-1975)

Il est toujours très difficile de repérer avec précision les tournants de l'Histoire. S'agissant du passage de la «Détente» à une période que les médias occidentaux ont à l'époque qualifiée de «paix tiède», tout en agitant l'épouvantail d'un «troisième conflit mondial», quelques dates paraissent jalonner un parcours qui, en deux ans fait passer le monde de l'apogée de la Détente, à quelque chose qui ressemble déjà singulièrement aux affrontements larvés des années 1950.

Juin 1973 : Brejnev et Nixon signent à Washington le traité «sur la prévention de la guerre nucléaire».

Octobre 1973 : les deux superpuissances s'affrontent au Proche-Orient par Syro-Égyptiens et Israéliens interposés, mais le «condominium» tient bon et permet de digérer la crise.

Fin 1975 : Russes et Cubains surgissent sur la scène africaine pour assurer en Angola le succès du MPLA prosoviétique.

En deux ans s'est effectué un renversement de conjoncture dont les principales manifestations se situent hors d'Europe. En Europe, seul le Portugal, qui s'est débarrassé de sa dictature postsalazarienne en avril 1974, offrira au Kremlin, en 1975, la tentation vite réfrénée de poser un pied au milieu du camp adverse.

Les mobiles du tournant stratégique opéré par les Soviétiques et par leurs alliés ne sont pas simples. L'URSS, tout d'abord, a mal supporté la demi-reculade effectuée lors de la guerre d'Octobre, puis les manœuvres entreprises par les Américains au lendemain de ce conflit pour la refouler du Moyen-Orient. Si elle n'a pas réagi aussitôt, c'est parce qu'elle n'a pas perçu d'entrée de jeu l'ampleur du premier choc pétrolier. Et surtout parce qu'elle est engagée, depuis 1973, dans la négociation qui lui tient probablement le plus à cœur, dès l'instant où elle doit lui assurer la reconnaissance de ses acquis territoriaux et de son emprise sur l'Europe de l'Est. Une fois ces avantages obtenus grâce aux accords d'Helsinki, signés en août 1975, elle n'a plus à faire preuve de la même modération.

Au moment où s'achève la CSCE, la dépression des économies capitalistes — celle notamment des États de l'Europe de l'Ouest que leur dépendance énergétique rend particulièrement vulnérables — est devenue évidente. Avec elle, ce sont de vieux réflexes qui jouent, les interprétations catastrophiques des années 1920 et 1930 trouvant, quoique atténué, un écho parmi les dirigeants du PCUS. On avait cru le capitalisme pour longtemps revigoré, capable de s'adapter à toutes les mutations, et l'on s'était résigné à attendre, pendant encore quelques décennies, le dépérissement ou la chute finale du système adverse. On avait même choisi de puiser dans sa force tout ce qu'elle pouvait donner pour assurer la modernisation et les avancées de la communauté socialiste. Et puis voilà que la machine, dont on avait peut-être surestimé la capacité d'adaptation, montrait des signes de dérèglement. Le moment n'était-il pas venu sinon d'assister au naufrage du capitalisme, du moins de profiter des voies d'eau qui obligeaient le navire à changer de cap et à ralentir son allure ?

La chance, toute circonstancielle et temporaire qu'elle fût, qui s'est offerte aux dirigeants soviétiques, entre 1975 et les derniers mois de la présidence Carter, est qu'à ces difficultés — vite réinterprétées comme surmontables — des économies occidentales sont venus s'ajouter les effets, paralysants pour les États-Unis, du syndrome vietnamien et du Watergate. De la retraite forcée de Nixon (juin 1974) au réveil un peu agité de Carter après le «coup de Kaboul» (décembre 1979), les Russes ont eu cinq ans pour faire avancer leurs pions sur un échiquier international d'où le principal occupant paraissait étonnamment absent.

En fait, les initiatives du Kremlin s'inscrivent également dans une autre perspective : défensive celle-ci. Tout d'abord, la crise du capitalisme n'est pas censée avoir que des conséquences positives pour la communauté socialiste. En d'autres temps, elle a engendré le fascisme et la guerre et il n'est pas exclu, dans la vision marxiste des choses, que les mêmes causes produisent les mêmes effets. À plusieurs reprises, à l'époque de Truman et d'Eisenhower, puis sous la présidence de Johnson, le durcissement américain a été interprété comme l'amorce d'un processus de fascisation. Pourquoi n'en serait-il pas de même à un moment où la crise monétaire, le renchérissement du coût de l'énergie, la montée générale du chômage et les rivalités interimpérialistes renaissantes font éclater les contradictions du système, contraignant les «monopoles» à envisager des solutions musclées, tant sur le plan intérieur que dans le domaine des relations internationales. Après tout, si Weimar a enfanté Hitler, pourquoi l'Amérique de Gerald Ford et de Jimmy Carter ne serait-elle pas grosse d'une tentation autoritaire et conquérante? Ne dispose-t-elle pas déjà sur le continent européen, avec l'Allemagne «revancharde» du social-démocrate Helmut Schmidt, d'un bastion avancé lui aussi tout prêt de basculer dans l'aventure autoritaire?

● Une logique de Guerre froide

De part et d'autre, on en revient donc à une logique de Guerre froide, chacun des deux camps rejetant sur l'autre la responsabilité du premier coup porté à la Détente. Du côté des Européens de l'Ouest, l'opinion qui prévaut dans de nombreux cercles dirigeants partisans d'une ligne dure à l'égard de l'URSS, est que les considérations offensives l'emportent chez les maîtres du Kremlin sur le complexe de la citadelle assiégée. Les initiatives et les interventions de Brejnev et de son équipe relèveraient à leurs yeux d'un plan concerté et articulé, visant à compenser les échecs subis au Moyen-Orient par un vaste mouvement d'encerclement du Golfe et de contrôle du poumon pétrolier de l'Europe. Ceci explique l'émotion qui a suivi l'invasion de l'Afghanistan par l'Armée Rouge à la fin de 1979, encore qu'elle n'ait pas été assez forte pour incliner tous les États de l'Europe de l'Ouest à suivre sur tous les terrains l'action punitive du président Carter, comme en témoigne le refus de la plupart d'entre eux, à commencer par la France, de boycotter les Jeux Olympiques de Moscou, en juillet-août 1980.

À partir de 1978, le climat international se caractérise donc par un retour progressif à la glaciation. Certes, celle-ci est moins intense que pendant les quinze années qui ont suivi la grande déchirure de

1946-1947, et surtout l'Europe reste pour le moment à l'écart des grandes turbulences internationales. Mais qui peut dire, à une époque où la survie des États industriels du vieux continent dépend à 80% de leurs approvisionnements pétroliers, ce qu'il adviendrait si les Russes décidaient brusquement de leur couper l'accès aux richesses du golfe Persique? Que les Américains entrent alors en lice, pour protéger leurs propres intérêts vitaux en même temps que ceux de leurs alliés, personne n'en doute. Mais comment? En envoyant une force d'intervention — qui existe, et qui est entraînée depuis 1973 à la «guerre du désert» —, ou en usant contre l'URSS de l'arme de la dissuasion? Et, dans ce cas, jusqu'où les dirigeants de Washington sont-ils résolus à aller?

C'est tout le problème de l'efficacité du parapluie nucléaire américain sur l'Europe qui se trouve ainsi posé. À l'époque de la Guerre froide, celui-ci a joué son rôle dissuasif sans la moindre faille, rejetant à la périphérie les turbulences causées par le conflit larvé entre l'Est et l'Ouest. À cette date et jusqu'au milieu des années 1960, la formidable supériorité américaine en matière d'armements stratégiques a fait que, conformément à la doctrine des «représailles massives» (qui n'est abandonnée par l'OTAN qu'en 1966), toute action offensive lancée par les Soviétiques en un point quelconque du dispositif couvert par l'alliance peut avoir pour effet de déclencher contre eux le feu nucléaire. Or, dix ans plus tard, les choses ont radicalement changé. L'Union soviétique dispose, outre son énorme supériorité en matière d'effectifs et d'armements conventionnels sur le théâtre européen, d'une panoplie de charges nucléaires et d'engins porteurs qui, tout en restant un peu en deçà de celle des États-Unis, fait que l'on peut néanmoins parler en ce domaine de «parité» entre les deux Grands. Cela veut dire que dans le cas d'un conflit qui surviendrait en Europe, et qui donnerait lieu dans un premier temps à une offensive «classique» contre les forces de l'OTAN, Washington n'aurait d'autres choix que d'abandonner ses alliés, d'employer une partie de ses forces stratégiques pour arrêter les Russes sur l'Elbe ou sur le Rhin, ou encore de lancer une frappe nucléaire sur le territoire soviétique, avec pour conséquence inévitable une riposte de même nature entraînant la vitrification de l'hémisphère Nord.

En Europe de l'Ouest, nombreux sont ceux qui pensent que dans l'éventualité d'une guerre générale, les États-Unis ne prendraient pas le risque de leur destruction assurée. Ils sont d'ailleurs confortés dans cette opinion par certaines déclarations d'experts et de personnalités ayant joué dans le passé un rôle important dans le processus décisionnel en matière internationale. Aussi parle-t-on de plus en plus, en Europe de l'Ouest, de « découplage » entre les deux façades du monde atlantique.

Le débat se trouve brusquement projeté à l'avant-scène, fin 1977, lorsque les Soviétiques commencent à déployer sur leur territoire leurs nouveaux missiles « de théâtre », les SS 20 : un engin balistique mobile « mirvé » (il peut emporter trois ogives nucléaires), d'une portée d'environ 3 500 kilomètres et d'une précision, à cette distance, inférieure à 300 mètres. En juin 1979, il y en a déjà une centaine, pointés en direction de l'Europe de l'Ouest et l'on évalue à 1 200 le nombre de ceux qui seront déployés au cours des années suivantes, ce qui veut dire que les Russes, lorsque leur mise en place sera complètement achevée, pourront théoriquement atteindre 3 600 objectifs sélectionnés. Il s'agit donc d'une arme extrêmement souple, dont la production n'est pas plafonnée par les accords SALT — ces derniers ne portent que sur les vecteurs de portée intercontinentale — et dont la fonction est double. Les SS 20 peuvent en effet servir d'instrument de première frappe et d'élimination des moyens de riposte nucléaire de l'OTAN en Europe par une attaque surprise qui préluderait à l'offensive des forces conventionnelles. Ils peuvent également être utilisés à l'issue d'une attaque classique : après que l'on eut fait savoir aux Occidentaux que, s'ils répondaient à cette offensive par le feu nucléaire anti-forces, c'est l'ensemble des SS 20 qui serait lancé contre eux, avec tous les dommages, y compris les dommages « collatéraux » — c'est-à-dire le massacre des populations civiles — que cela suppose. Ceci, sans que le moindre vecteur intercontinental ait été lancé contre le « sanctuaire » américain, c'est-à-dire avec une force de seconde ou de troisième frappe intacte.

Pour l'URSS, le déploiement de ces « euromissiles » — du moins est-ce ainsi que les dirigeants du Kremlin présentaient les choses — ne constituait qu'une opération de modernisation des engins déjà existants et devenus obsolètes (SS 4 et SS 5). Pour les Européens de l'Ouest, il témoignait au contraire de leur volonté d'acquérir dans le secteur « centre-Europe » qui était au cœur du dispositif défensif de l'OTAN une supériorité absolue, avec la possibilité pour les Russes de prendre les populations ouest-européennes en otage et d'obtenir, par le chantage à la destruction nucléaire, la « finlandisation » (c'est le mot que l'on employait, à tort, comme le faisaient observer les Finlandais !), autrement dit la neutralisation de l'Europe occidentale.

Pour parer à cette menace, dénoncée par le chancelier allemand Helmut Schmidt, dès le 28 octobre 1977, devant l'Institut des études stratégiques de Londres, les principales puissances européennes vont faire pression sur les États-Unis (notamment lors du sommet à quatre — Carter, Callaghan, Schmidt, Giscard d'Estaing — à la Guadeloupe en janvier 1979) pour qu'il soit mis fin au déséquilibre stratégique en Europe et au découplage nucléaire. On aboutira ainsi, malgré les réticences manifestées par la Belgique, les Pays-Bas et le Danemark, à la «double décision» de l'OTAN du 12 décembre 1979 : à savoir d'une part l'adoption d'un plan de dix ans prévoyant l'installation de 108 Pershing II (d'une portée de 1 800 kilomètres) en Allemagne fédérale et de 464 missiles de croisière d'une portée de 2 500 kilomètres en Grande-Bretagne, Belgique, Pays-Bas, RFA et Italie, d'autre part l'ouverture parallèle de négociations sur les euromissiles avec l'URSS.

Des pourparlers, d'ailleurs difficiles, s'engagent bientôt en effet avec les Soviétiques. Le président Reagan, qui a remplacé Carter à la Maison Blanche au début de 1981 propose *l'option zéro*, c'est-à-dire l'élimination des SS 20 et le non-déploiement des Pershing et des missiles de croisière. Youri Andropov, devenu le numéro un en URSS après la mort de Brejnev, rejette cette proposition et offre comme solution de rechange que l'URSS ne conserve en Europe que le même nombre de missiles que le Royaume-Uni et la France. Après de longues tractations en vue de la recherche d'un compromis, les négociations de Genève sont interrompues en novembre 1983 à l'initiative des Soviétiques. À cette date en effet, les premiers Pershing et missiles de croisière arrivent en Europe, conformément au calendrier arrêté par le Conseil atlantique en 1979. Les rapports Est-Ouest se trouvent dans l'impasse et les Européens doivent se résigner à voir s'installer sur leur sol les vecteurs de l'Apocalypse.

● «Plutôt rouges que morts» : le Mouvement de paix des années 1980

Tous en fait ne s'y résignent pas. Les premières années de la décennie 1980 voient en effet se développer dans de nombreux pays d'Europe occidentale un puissant «Mouvement de paix» (c'est l'expression la plus couramment employée dans la littérature stratégique, traduction du *Peace Movement* anglo-saxon et du *Friedensbewegung* allemand) motivé par le refus du déploiement des euromissiles et débouchant chez certains sur un neutralisme radical, voire sur l'acceptation explicite de la perte de leur liberté («plutôt rouges que morts!»).

Dans un premier temps, cette vague pacifiste a paru se circonscrire dans la zone où elle était née, c'est-à-dire en Europe du Nord. On a même parlé à l'époque d'une ligne de partage allant de la Manche à Trieste, au nord de laquelle s'étendait le domaine du pacifisme de masse. Et l'on en a cherché l'explication dans la spécificité politique et religieuse de cette partie de l'Europe majoritairement protestante, dotée de puissants partis sociaux-démocrates perméables aux idéaux du pacifisme et du neutralisme, et où au contraire le courant communiste est faiblement représenté.

De fait, le «Mouvement de paix» a pris ici une particulière vigueur. Qu'il s'agisse des Pays-Bas, où la campagne menée par l'IKV (le Conseil interconfessionnel pour la paix) a rencontré de forts échos dans l'opinion, en particulier chez les socialistes — provoquant, en réaction à ce que certains ont baptisé «hollandite», de vives critiques émanant en particulier du secrétaire général de l'OTAN, Joseph Luns —, des pays scandinaves et surtout de la Grande-Bretagne et de la République fédérale.

Au Royaume-Uni, le principal mouvement pacifiste, la CND *(Campaign for Nuclear Disarmement),* qui ne comptait pas plus de 3 000 adhérents et parvenait tout juste à rassembler sept ou huit mille manifestants lors de son rassemblement annuel, a vu son effectif militant s'élever à 250 000 membres à l'automne 1981. De là, le mouvement pour le désarmement nucléaire a gagné le *Trade Union Congress* et le Parti travailliste, lequel, sous l'impulsion de Michael Foot, a renoué avec son attitude des années 1950, le Parti libéral et les Églises adoptant une position analogue.

C'est toutefois en Allemagne que le courant pacifiste a pris l'allure d'une véritable vague de fond. Au départ, dans la foulée de la campagne menée contre la bombe à neutrons, l'impulsion a été donnée par une petite organisation proche du Parti communiste, la DFU — Union allemande pour la paix — où militait également des «Verts» et des luthériens, et qui a pris l'initiative de faire signer l'«appel de Krefeld» : un texte en faveur du désarmement, lancé en novembre 1980. Mais le véritable coup d'envoi du mouvement fut donné en juin 1981, lors du congrès de l'Église évangélique. Il s'est ensuite, par le truchement des comités de la paix, étendu à de nombreux secteurs de l'opinion, relayé par les écologistes, les «alternatifs» — héritiers de la contestation gauchiste des années 1970 —, les

Églises protestantes et bientôt la majorité du SPD dont le leader, Helmut Schmidt, avait été le premier à réclamer une parade au déploiement des SS 20 soviétiques.

Au-delà de ces prises de position politiques et religieuses, le Mouvement de paix a donné lieu à des manifestations de masse dans les principales villes de la RFA, rassemblant à chaque fois des centaines de milliers de personnes, à des initiatives diverses (grèves scolaires, chaînes humaines, etc.), et il a abouti, plus que partout ailleurs, à une véritable mobilisation de la population. À l'automne 1983, les sondages donnaient une énorme majorité — 72 % des personnes interrogées — aux adversaires des missiles, 77 % d'entre elles déclarant avoir en outre une image positive du Mouvement de paix.

Toutefois, si l'Europe du Nord est restée le domaine privilégié d'une contestation nucléaire qui s'est rapidement teintée d'antiaméricanisme, celle-ci a bientôt débordé de cette aire initiale, l'Europe du Sud se trouvant à son tour gagnée par la vague protestataire, comme en témoignent les manifestations de masse organisées à Madrid (400 000 personnes), à Rome (300 000 manifestants le 24 octobre 1981), à Athènes et à Paris (250 000 personnes lors de la «marche pour la paix» en juin 1982). Il a même eu tendance à mordre sur certains pays de l'Europe de l'Est, en particulier la RDA, où il a trouvé un écho non négligeable parmi les jeunes — le véhicule de la musique rock a été ici déterminant, comme 15 ou 20 ans plus tôt en Occident celui de la pop music — et dans certains milieux de l'Église évangélique. Phénomène marginal certes, mais qui n'a pas manqué cependant d'inquiéter les autorités et qui constituait un peu l'effet boomerang de l'offensive de séduction développée par les Soviétiques auprès des mouvements pacifistes occidentaux. Curieusement d'ailleurs, ces derniers vont commencer à perdre de leur influx et de leur impact auprès des populations ouest-européennes au moment où seront déployés, début 1984, les premiers Pershing II et missiles de croisière. En 1985, au moment où Mikhaïl Gorbatchev prend en main la direction des affaires en URSS et où reprend le dialogue américano-soviétique, la décrue du Mouvement de paix est devenue manifeste.

L'euroterrorisme

● La vague terroriste en Europe occidentale

Depuis la fin des années 1960, le phénomène terroriste a à la fois changé d'échelle, diversifié ses méthodes, donné à ses actions un écho médiatique sans précédent et pris une place grandissante dans les rapports internationaux. L'Europe, et plus précisément l'Europe de l'Ouest, n'en a pas l'exclusivité, mais, si l'on excepte le Moyen-Orient, elle est de toutes les parties du monde celle qui a connu l'action terroriste la plus intense, la plus continue et aussi la plus coûteuse en vies humaines.

L'amplitude de la vague, mesurée à l'échelle de la planète, tient en quelques chiffres. Selon la CIA, le nombre d'attentats terroristes internationaux serait passé d'une dizaine par an en 1965-1967 à 34 en 1968, 110 en 1970, 157 en 1972, 344 en 1974, 415 en 1976, 738 en 1979 et 810 en 1985. Soit environ 2 600 pour la décennie 1968-1977 et probablement le double pour les dix années suivantes. D'après les évaluations du Département d'État, ces actions de natures extrêmement diverses auraient provoqué la mort d'environ 3 000 personnes entre 1968 et 1984. À quoi il faut ajouter celles qui ne sont pas comptabilisées au titre du terrorisme international et qui ont pour origine des problèmes strictement intérieurs aux États, encore que la distinction soit bien souvent difficile à faire, compte tenu des ramifications transnationales de plus en plus nombreuses et de plus en plus fortes entre les groupes concernés et entre ces derniers et quelques États dont il est évident (et parfois démontré) qu'ils jouent en ce domaine un rôle de commanditaires.

On peut gloser sur l'importance relative de ce bilan qui ne représente que le quart des victimes annuelles des accidents de la route en France. Il n'en reste pas moins impressionnant, comparé à celui des périodes antérieures. Il l'est d'autant plus pour les habitants du vieux continent que, parmi les hécatombes les plus terrifiantes dues au terrorisme, si l'on excepte le Liban (où 380 soldats américains et français ont été tués dans les attaques de camions-suicide en 1983), presque toutes ont eu un pays de l'Europe de l'Ouest pour cible, qu'il s'agisse d'attentats aériens contre des appareils ayant ce pays comme destination ou comme point de départ, ou d'actions d'envergure visant directement son territoire. Certains, comme l'Italie, ont à cet égard payé un tribut particulièrement lourd : l'attentat de Fiumicino en 1983 a fait 22 morts, celui de la gare de Bologne, en août 1980, 80 victimes. Mais la RFA, la France et le Royaume-Uni ont été également fortement touchés.

L'impression d'une Europe de l'Ouest plongée dans l'insécurité provoquée par les actes terroristes a été d'autant plus forte que ces derniers bénéficient, dans notre civilisation du verbe et de l'image, du relais des médias. «Une action violente est dénommée terroriste, écrivait Raymond Aron, lorsque ses effets psychologiques sont hors de proportion avec ses résultats purement physiques.» Dans nos sociétés démocratiques d'Europe de l'Ouest, l'apparition sur le petit écran d'images presque contemporaines de l'événement qu'elles mettent en scène, la dramatisation voulue par ceux qui font profession de sensationnalisme, ou la simple logique de la concurrence, tendent à transformer les grands moyens d'information modernes en caisses de résonance pour des actes qui trouvent ainsi un écho totalement disproportionné aux moyens mis en œuvre et à la pesanteur politique de leurs auteurs. Cela est si vrai que, dans les États totalitaires de l'Est européen, c'est moins la peur de la répression qui explique la rareté des actes de terrorisme, que la certitude, pour ceux qui auraient l'intention de les commettre, de voir leur geste ignoré du public.

● Terrorisme en Europe : des mouvements de «libération nationale» au gauchisme radical

Au cours des quarante dernières années, l'Europe est donc devenue l'un des enjeux et des champs d'affrontement majeurs d'une action terroriste qui a pris, dans cette partie du monde, quatre formes principales et, répétons-le, souvent étroitement reliées l'une à l'autre. La première est celle des groupes qui, surgis à la périphérie de vieux États unitaires comme le Royaume-Uni, la France ou l'Espagne, se réclament de mouvements dits de «libération nationale» et qui attendent de l'action directe qu'elle contraigne les gouvernements de ces pays — en déclenchant le cycle bien connu : provocation/répression/élargissement du mouvement aux «masses» jusqu'alors amorphes — à accorder aux provinces «opprimées» autonomie ou indépendance. L'IRA en Irlande du Nord, le FLNC en Corse, l'ETA militaire dans les provinces basques sont ainsi à l'origine d'actions terroristes de toutes natures, opérées sur des cibles qui ne sont limitées ni aux régions ni à l'État concerné, et qui peuvent déborder les frontières de ce dernier. L'ETA militaire et son adversaire d'extrême droite, le GAL, ont ainsi porté le combat terroriste en France, soit pour y procéder entre eux à des règlements de comptes, soit pour sanctionner par des attentats l'attitude du gouvernement français.

La seconde forme de l'action directe concerne les organisations qui sont issues des retombées et de la radicalisation du mouvement contestataire de la fin des années 1960. L'échec de l'élargissement de ce mouvement aux «masses laborieuses», patent au milieu de la décennie 1970 — même si, dans un pays comme l'Italie, le «mai rampant» a eu en milieu ouvrier des prolongements plus importants qu'ailleurs — a rejeté une partie des militants les plus déterminés et les plus assoiffés d'absolu dans une entreprise désespérée de guerre civile larvée. Celle-ci a poursuivi un double objectif. D'une part, se réclamant d'une idéologie anticapitaliste et anti-impérialiste à vocation internationale, elle a pris pour cible les intérêts américains et leurs représentants en Europe, civils ou militaires. D'autre part, elle s'est appliquée à déstabiliser par la terreur les régimes de démocratie libérale considérés comme agents du «grand capital» et «relais de l'impérialisme US». De tous les pays de l'Europe de l'Ouest, le plus fortement affecté par cette montée de l'action directe a été l'Italie, soumise durant les «années de plomb» (du milieu des années 1970 au milieu des années 1980) à l'offensive omniprésente des «Brigades rouges» et autres groupuscules armés de l'ultragauche *(Prima Linea,* Noyaux armés prolétaires, etc.) ou de l'extrême droite (Noyaux armés révolutionnaires). Les événements les plus dramatiques en ont été l'attentat de la gare de Bologne en 1980, imputés à la droite néofasciste, et la longue séquestration par les Brigades rouges de l'ancien président du Conseil démocrate-chrétien Aldo Moro, incarnation du «compromis historique», c'est-à-dire de la tentative d'alliance entre la Démocratie chrétienne et le Parti communiste, puis son assassinat en mai 1978.

La République fédérale d'Allemagne avec la «Bande à Baader», puis avec la «Fraction Armée Rouge», a également connu, et connaît épisodiquement, une action terroriste dirigée contre des représentants du monde des affaires (le banquier Jurgen Ponto, le «patron des patrons» Hans Martin Schleyer), des juges et des militaires de haut rang de l'OTAN, ainsi que la France où le groupe «Action directe» s'est livré, pendant des années, à une activité du même genre quoique de moindre envergure (assassinats du PDG de Renault, Georges Besse, de René Audran, directeur des affaires internationales au ministère de la Défense, plasticage du siège mondial d'Interpol à Saint-Cloud, etc.). Dans tous les cas, les policiers et les juges constatent des ramifications entre ces groupes « nationaux » et leurs homologues des autres pays, ainsi qu'avec des organisations belges, espagnoles, portugaises, grecques, et bien sûr avec l'immense essaim des organisations proche-orientales.

● Terrorisme en Europe : le champ de bataille des conflits du tiers-monde

Une troisième catégorie d'actions terroristes opérées sur le territoire des États de l'Ouest européen concerne celles qui, conçues dans d'autres parties du monde, trouvent ici leur terrain d'exécution sans que leurs responsables aient cherché à exercer une pression directe sur le gouvernement et sur la population de l'État concerné. Il y a celles tout d'abord qui relèvent du pur et simple règlement de comptes entre organisations rivales et entre services secrets — elles sont nombreuses et restent souvent inconnues du public —, ou celles qui visent à éliminer tel ou tel adversaire des régimes commanditaires réfugié en Europe de l'Ouest (la tentative d'assassinat de l'ancien Premier ministre iranien Chapour Bakhtiar par Anis Naccache en juillet 1980 puis son assassinat effectif en août 1991 en sont de bons exemples). Viennent ensuite les actions qui visent principalement à « exprimer » une revendication en polarisant sur l'événement (détournement d'avion, attentat à la bombe) l'attention de la communauté internationale, à « punir » l'adversaire désigné, et en même temps à tenter d'obtenir de lui que satisfaction soit donnée à des revendications ponctuelles, en général la libération de « combattants » emprisonnés. Les plus nombreuses et souvent les plus sanglantes sont celles qui ont eu pour protagonistes divers groupes extrémistes palestiniens. Le prototype en est l'enlèvement lors des Jeux Olympiques de Munich, en septembre 1972, de neuf athlètes israéliens pris en otages avant d'être massacrés par un commando du Fatah. Encore y avait-il dans ce cas une revendication précise — la libération de militants palestiniens — à laquelle le gouvernement israélien a refusé de céder. Bien souvent, l'objectif « publicitaire » et la vengeance aveugle, exercée au demeurant contre des communautés largement étrangères au conflit (les Juifs en général) l'ont emporté sur toute autre considération, comme dans le cas de l'attentat contre la synagogue de la rue Copernic, en octobre 1980, ou dans celui de la fusillade de la rue des Rosiers en 1982, pour s'en tenir à ces deux exemples parisiens.

La dernière catégorie rassemble enfin des actes ayant pour but affiché de modifier, dans un sens favorable aux intérêts du mouvement ou de la puissance commanditaire, la politique étrangère des États européens visés. À ce niveau, qui s'inscrit dans le jeu de la politique internationale, on peut parler d'un véritable terrorisme étatique. Parmi les pays qui l'ont utilisé et qui l'utilisent encore à l'heure actuelle à l'encontre des États de l'Ouest européen, il y a notamment la Libye, la Syrie et l'Iran. Les liens de Téhéran avec le Jihad islamique, lui-même relié à des organisations extrémistes ouest-européennes, ceux que la Syrie entretient avec diverses organisations chiites libanaises et avec les «maronites marxistes» du FARL — les Fractions armées libanaises, dont le chef présumé est Georges Ibrahim Abdallah — et du CSPPA, le Comité de solidarité avec les prisonniers politiques arabes, à qui l'on doit probablement les sanglantes opérations parisiennes de septembre 1986 (notamment l'attentat de la rue de Rennes), font désormais partie des données explicites des relations entre le Moyen-Orient et les pays de l'Europe occidentale.

Il en est de même pour la Libye. D'abord limité à des objectifs directement liés au conflit israélo-arabe, puis à la liquidation physique de certains opposants exilés à l'étranger, le terrorisme inspiré par le colonel Kadhafi a lui aussi pris comme cible les États de l'Europe de l'Ouest. Il s'est efforcé tantôt de «punir» par des attentats aveugles, exécutés par des «contractuels» auxquels Tripoli fournit finances et logistique (Abou Nidal par exemple et l'aile extrémiste du Fatah, auteurs présumés du double attentat contre les aéroports de Vienne et de Rome en décembre 1985), tantôt — c'est le cas le plus fréquent — de les déstabiliser en utilisant les innombrables relais que constituent les organisations extrémistes de tous bords et les petites cohortes de nihilistes façonnées par nos sociétés en crise.

● **Les limites de l'action terroriste**

Il existe donc bel et bien un terrorisme international dont l'Europe de l'Ouest constitue l'une des cibles privilégiées. Peut-on parler pour autant d'une «Internationale» de l'action directe, coordonnant ses efforts dans un but clairement défini et obéissant à la baguette d'un chef d'orchestre clandestin? Jusqu'aux bouleversements intervenus en URSS et en Europe de l'Est, nombre de faits ont incliné certains à penser que le régisseur de ce théâtre d'ombres avait son siège au Kremlin : les arsenaux polonais ou tchèques, les camps d'entraînement en RDA, l'aide logistique de la STASI est-allemande à des organisations telles que la RAF ou les Brigades rouges, le passage de quelques «ténors» de l'action directe (comme le Vénézuélien

Carlos) dans les séminaires idéologiques moscovites, l'existence d'une «piste bulgare» (au demeurant fort embrouillée) en amont de l'attentat d'Ali Agça contre le pape Jean-Paul II, le 13 mai 1981 à Rome, le fait que l'Occident — particulièrement l'Europe de l'Ouest— était la cible de prédilection des stratèges de la terreur, tandis que les pays socialistes échappaient à peu près complètement à leurs coups, etc. Rien ne permet pourtant d'être catégorique. À l'heure actuelle, les spécialistes de la question ont plutôt tendance à mettre l'accent sur l'autonomie relative des acteurs régionaux et sur l'extrême complexité de réseaux qui ont fini par avoir leur dynamique propre et par échapper, au moins partiellement, à ceux qui avaient favorisé leur mise en place.

Quels ont été, prudemment mesurés avec le faible recul temporel dont nous disposons, les effets sur les pays de l'Ouest européen de ces différentes formes d'action directe ? Tactiquement et dans le court terme, leur efficacité paraît avoir été assez faible. Dès 1972 et les Jeux de Munich, les Israéliens ont donné l'exemple du refus de céder au chantage. Depuis cette date, la règle de la fermeté s'est peu à peu imposée aux autres États, quel que soit le prix à payer lors des affrontements avec les preneurs d'otages. Il est vrai que, dans le même temps, les entreprises rançonnées (en Italie, en RFA, en Belgique, etc.) se sont montrées moins intransigeantes pour récupérer leurs dirigeants séquestrés, fournissant aux organisations terroristes un fabuleux trésor de guerre. Ceci compense cela.

Quant à la pression exercée sur les opinions publiques nationales à des fins de déstabilisation, elle s'est continûment soldée par des fiascos. Vaccinée contre la tentation totalitaire par l'expérience du fascisme, l'Italie a su résister aux assauts des Brigades rouges malgré les carences de ses structures étatiques. Avec un pouvoir central moins évanescent et une expérience historique encore plus traumatisante, la RFA ne s'est à aucun moment écartée des normes démocratiques dans sa lutte contre les enragés de l'action directe. Les bombes et les pistolets-mitrailleurs de l'ETA n'ont pas fait basculer l'Espagne de Juan Carlos dans le néofranquisme. En France, les sondages ont montré que Jacques Chirac n'avait jamais eu une image aussi positive dans l'opinion de ses compatriotes qu'au lendemain des attentats de 1986 et 1995.

Quels peuvent être, dans ces conditions, les effets et la stratégie indirecte employée par certains États devenus les sponsors attitrés du terrorisme international ? Là encore, le résultat est rarement tranché.

Affrontés au problème des otages et aux menaces dirigées contre leur territoire et contre leur population, les pays victimes du terrorisme interétatique ont eu tendance à adopter un profil bas — c'est le cas de l'Italie après le détournement de l'*Achille Lauro* — ou à rééquilibrer par petites touches, comme la France, leur politique générale dans la zone concernée. La normalisation au coup par coup des rapports entre Paris et Téhéran, dans un contexte où interfèrent constamment politique intérieure et politique étrangère, trouve ici une explication évidente, sans que pour autant les grands principes et les intérêts majeurs soient oubliés.

L'usage indirect de la terreur peut d'ailleurs se retourner contre le commanditaire maladroit ou négligent des limites à ne pas franchir. Croyant faire un cadeau à Jacques Chirac, jugé moins défavorable à leur cause que le président en exercice, les sponsors du Jihad islamique sont intervenus auprès de leurs protégés pour que le journaliste Jean-Paul Kaufmann et ses compagnons, séquestrés au Liban, soient libérés à la veille du second tour des présidentielles de 1988. Résultat : beaucoup de Français y ont vu une manœuvre électoraliste et François Mitterrand a été réélu. Autrement dit, la politique étrangère de la France n'a pas — ou peu — changé, et les manipulateurs extérieurs en ont été pour leurs frais.

Il reste que, fortement secouées par les turbulences de la crise et en proie à l'inquiétude croissante qui s'était installée dans les esprits avec le retour à la Guerre froide, la multiplication des conflits périphériques, le déploiement des euromissiles soviétiques, les populations de l'Europe de l'Ouest ont pu avoir le sentiment pendant quelques années que la prolifération des prises d'otages, des assassinats et des attentats à la bombe constituaient la phase préparatoire d'un troisième conflit mondial.

La CEE : de neuf à douze

● Les difficultés de l'Europe des Neuf : la crise et les exigences britanniques

Avec ses 252 millions d'habitants, l'Europe des Neuf apparaît en 1973 comme la seconde puissance du monde après les États-Unis. L'union douanière, déjà réalisée entre les six anciens États membres, s'étend progressivement aux trois nouveaux adhérents pour s'achever le 1ᵉʳ janvier 1978. Cependant, dès 1974, la Communauté connaît de sérieuses difficultés.

Tout d'abord, l'élargissement du Marché commun, qui avait été conçu dans une phase de haute conjoncture dont on ne supposait pas qu'elle pût prendre fin de sitôt, entre en application à un moment où les économies de l'Europe occidentale se trouvent aux prises avec les graves problèmes de la stagnation et de la montée du chômage. Or la crise, nous l'avons vu, ne touche pas tous les pays avec la même intensité. La dépendance énergétique de chacun est plus ou moins prononcée : elle est faible pour le Royaume-Uni qui dispose d'immenses réserves pétrolières en mer du Nord, très forte pour un pays comme l'Italie qui peut moins que l'Allemagne ou que la France compenser en partie son déficit commercial avec ses exportations de produits industriels ou ses ventes d'armes. Les différentiels d'inflation s'accentuent. Si bien que, de plus en plus, les choix de politique économique effectués par les gouvernements des pays de la CEE divergent, et ceci d'autant plus que les fluctuations monétaires divisent la Communauté en deux sous-ensembles dont les intérêts paraissent s'éloigner : celui des monnaies fortes, comme le deutschemark, qui ne cesse de se valoriser, et celui des monnaies faibles comme la lire italienne, le franc français et la livre sterling qui flottent à la baisse. Pour faire face à cette situation, certains pays comme la France entre 1981 et 1984 tentent d'administrer à leur économie le vieux remède keynésien de la relance par l'accroissement de la demande, en jouant sur l'augmentation du pouvoir d'achat, sans autre résultat tangible que d'accroître les achats à l'extérieur et de déséquilibrer gravement la balance commerciale. D'autres, les plus nombreux et avec un peu plus de succès, font retour aux principes du libéralisme et adoptent des politiques d'austérité qui freinent le processus inflationniste mais n'incitent guère à court terme à la reprise des affaires. Dans cette atmosphère de morosité générale et d'incertitude, la construction européenne ne peut guère progresser.

Seconde difficulté majeure, d'ailleurs reliée à la précédente, l'attitude du Royaume-Uni qui, à la suite de la victoire des travaillistes aux élections législatives de février 1974, exige une renégociation des clauses du traité le liant à la CEE. Le Premier ministre Harold Wilson estime en effet que son prédécesseur est allé beaucoup trop loin dans la voie des concessions et que la contribution de son pays au budget des Communautés n'est pas supportable pour sa balance des paiements. Aussi revendique-t-il une réduction de cette contribution, ainsi qu'une réforme de la politique agricole commune (la PAC), «une meilleure sauvegarde des intérêts du Commonwealth» et la création d'un Fonds régional européen dont le gouvernement britannique pense qu'il lui permettra de compenser la charge de la politique agricole.

Georges Pompidou était très hostile à la renégociation du traité d'adhésion de la Grande-Bretagne, mais son successeur, Valéry Giscard d'Estaing, se montra plus conciliant, non sans manifester toutefois quelque agacement devant les multiples exigences britanniques. Néanmoins, à l'issue de longues négociations celles-ci furent dans l'ensemble satisfaites. Le Fonds régional fut créé en 1975. Le premier accord de Lomé étendit aux pays du Commonwealth les avantages consentis aux États ACP (Afrique-Caraïbes-Pacifique) bénéficiaires de cet acte. Le point le plus délicat était celui du règlement financier. Il fut résolu lors du sommet de Dublin des 10 et 11 mars 1975 par un compromis qui introduisait dans le système un «mécanisme correcteur» permettant à la Grande-Bretagne — et éventuellement à d'autres États membres se trouvant à leur tour dans une «situation inacceptable» — d'obtenir pendant sept ans le remboursement partiel de leur contribution au budget de la Communauté. Le mécanisme financier ayant été adopté par le Conseil européen, Harold Wilson put présenter les concessions obtenues comme une victoire du gouvernement travailliste et faire ratifier par référendum, le 5 juin 1975, le maintien de son pays dans la Communauté européenne.

Affrontée à ces divers problèmes, la CEE a dû abandonner au milieu des années 1970 son projet d'union économique et monétaire, envisagé au début de la décennie, pour sauvegarder l'essentiel des acquis communautaires, en particulier l'union douanière, achevée nous l'avons vu pour les Neuf au début de 1978, et la politique agricole commune. Cette dernière dut cependant faire face à de nombreuses crises, dues en particulier aux problèmes posés par les excédents agricoles et aux aléas des fluctuations monétaires entre les pays membres.

● Naissance du Système monétaire européen et élection du Parlement au suffrage universel

Un pas important dans la construction de l'Europe communautaire va néanmoins être accompli avec la décision prise par le Conseil européen le 8 avril 1978 de mettre en place un Système monétaire européen (SME). Déjà, à partir de 1972, il avait été établi un instrument de stabilisation des monnaies nationales, le «serpent monétaire», qui établissait à 2,25 % la marge maximale de fluctuation de change pour les monnaies européennes lesquelles flottaient de façon concertée par rapport au dollar. Toutefois, les accords de la Jamaïque ayant entériné la pratique des changes flottants au sein du FMI, l'incertitude planait sur l'avenir du système monétaire international. Il apparaissait donc que les Neuf ne devaient compter que sur eux pour rétablir une stabilité monétaire indispensable aux échanges intérieurs de la Communauté. D'où la proposition faite le 27 octobre 1977 par le président de la Commission, le Britannique Roy Jenkins, de relancer l'union économique et monétaire. La balle fut reprise au bond par Valéry Giscard d'Estaing et Helmut Schmidt et aboutit à la décision d'avril 1978.

Le 13 mars 1979, le Système monétaire européen entrait en vigueur, sans la Grande-Bretagne, qui entendait maintenir le flottement de la livre, l'Italie et l'Irlande ayant obtenu de leur côté un accroissement des aides communautaires à leurs régions, et la France le démantèlement progressif des montants compensatoires monétaires. L'Europe des Neuf se voyait dotée non d'une monnaie proprement dite, mais d'une unité de compte, l'Écu *(European Currency Unit)* dont la valeur était calculée chaque jour sur la base d'un «panier» de monnaies européennes dont la composition reflétait la part de chaque pays membre dans la production et les échanges intracommunautaires. Des cours-pivots par rapport à l'Écu étaient fixés pour les monnaies participant au SME et les fluctuations entre deux monnaies étaient limitées à un écart maximum de 2,25 % (6 % pour la lire italienne et plus tard pour la peseta) par rapport à ce cours-pivot. Chaque fois que la marge risquait d'être dépassée, les banques centrales des États participants étaient tenues d'intervenir sur les marchés des changes de façon à maintenir le cours de leur monnaie dans les limites autorisées. Des mécanismes de crédit étaient mis en place, financés par un Fonds européen de coopération monétaire (FECOM). Dans l'ensemble, en dépit de l'abstention britannique, et plus tard de celles du Portugal et de la Grèce, le SME a bien fonctionné et a assuré aux pays de la CEE une plus grande stabilité monétaire. Le rôle de l'Écu sur le plan international s'est affirmé, notamment depuis la décision prise en avril 1985 à Palerme par le Conseil des ministres des Finances d'autoriser les banques centrales européennes à échanger des Écus contre des dollars par l'intermédiaire du FECOM.

Une autre avancée de l'Europe des Neuf a été la série de décisions qui ont été prises en 1975 et 1976 (vote du Parlement le 14 janvier 1975, Conseil européen du 15 juillet 1976, acte de Bruxelles du 20 septembre 1976) pour que soit enfin mise en œuvre l'élection des députés européens au suffrage universel. L'acte de Bruxelles fut approuvé dans la plupart des États membres à l'unanimité ou à une très forte majorité, mais en France il y eut des résistances opposées par les gaullistes et les communistes, adversaires depuis toujours d'une supranationalité qui paraissait devoir résulter de l'extension des pouvoirs du Parlement. Par ailleurs, le Royaume-Uni se refusa à adopter pour la désignation de ses propres représentants le système de la représentation proportionnelle et fit une nouvelle fois cavalier seul en restant fidèle au scrutin majoritaire. Les élections de juin 1979, quoique fortement influencées par les problèmes de politique intérieure, n'en furent pas moins un succès, dès lors que pour l'ensemble des neuf pays de la CEE le taux moyen de participation atteignait 60 % (91 %, en Belgique où le vote, il est vrai, est obligatoire, 86 % en Italie, 66 % en RFA, 61 % en France, 48 % au Danemark et seulement 33 % en Grande-Bretagne). Pour la première élection au suffrage universel, les électeurs européens avaient envoyé à Strasbourg 410 députés, en majorité représentants du centre droit, alors que l'assemblée sortante était plutôt de centre gauche. Cela ne changeait pas grand chose à l'orientation proeuropéenne du Parlement.

Bon an mal an, la Communauté européenne avait donc survécu aux effets conjugués du raidissement des blocs et des deux chocs pétroliers. Dans deux domaines au moins, celui de la monnaie et celui de la représentation des peuples, elle avait même répondu au souci d'approfondissement qui avait animé les promoteurs de l'Europe des Neuf. Ce n'était certainement pas la marche forcée vers les États-Unis d'Europe qu'auraient souhaitée les partisans de l'intégration dans un cadre transnational. Mais ce n'était pas non plus le Waterloo européen que ne cessaient d'annoncer les Cassandre de tout poil, généralement issus du camp adverse. Dès lors, on pouvait envisager avec un certain réalisme l'opportunité d'un nouvel élargissement de la CEE.

● L'élargissement à douze et l'adoption de l'Acte unique

Élargissement, mais dans quelle direction ? Les trois neutres du continent — Suisse, Autriche et Suède — n'avaient pour l'instant nulle envie de renoncer à une situation dont la modification pouvait avoir des incidences sur leur statut. De surcroît, ils figuraient parmi les États ayant le plus bas taux de chômage et ne voyaient pas l'intérêt qu'il y aurait eu pour eux à entrer dans le club des pays frappés par cette calamité. En revanche, plusieurs pays de l'Europe du Sud étaient demandeurs : la Grèce, qui était associée à la Communauté depuis 1961, la Turquie, qui relevait du même statut depuis 1963, l'Espagne et le Portugal. Leur adhésion à la CEE comportait un aspect tout à fait positif qui était de rééquilibrer vers le sud un ensemble économique et géopolitique que le précédent élargissement avait fortement déporté vers le nord. Mais deux raisons fondamentales militaient en sens inverse. D'une part et à l'exclusion de l'Irlande, le relatif retard de leur économie par rapport à celle des Neuf : l'argument étant surtout déterminant pour la Turquie dont les velléités de candidature ont vite été découragées. D'autre part et surtout, le fait que les trois autres pays étaient soumis à des régimes de dictature peu compatibles avec l'esprit et avec les institutions de la Communauté. Or ce verrou allait sauter en moins de dix-huit mois avec la «révolution des œillets» au Portugal (avril 1974), la chute du régime des colonels en Grèce (juillet 1974) et la mort de Franco en Espagne (20 novembre 1975), ces événements étant suivis dans les trois pays par l'établissement de régimes démocratiques beaucoup moins fragiles qu'on ne l'avait imaginé.

Dès lors les candidatures présentées par les gouvernements d'Athènes dès juin 1975, de Lisbonne en mars 1977 et de Madrid en juillet de la même année, purent être examinées par les Neuf. Celle de la Grèce fut acceptée assez vite, permettant à ce pays de signer le traité d'adhésion en mai 1979 et d'entrer effectivement dans la CEE le 1er janvier 1981. Celles des deux pays ibériques donnèrent lieu à des négociations plus longues, compte tenu des problèmes posés à certains États membres (la France et l'Italie en particulier) par l'inévitable concurrence des futurs adhérents dans des secteurs tels que les fruits, les légumes, le vin et les textiles. Finalement, les traités d'adhésion de l'Espagne et du Portugal furent signés le 12 juin 1985 et devinrent effectifs le 1er janvier de l'année suivante transformant la Communauté à Neuf en Europe des Douze.

Le second élargissement de la CEE n'a pas été sans poser de sérieux problèmes. Il a aggravé les disparités entre les niveaux de développement au sein de la Communauté. Il a rendu plus nécessaire encore d'harmoniser des politiques économiques de nature différente, de réduire les inégalités entre les régions, d'harmoniser les politiques

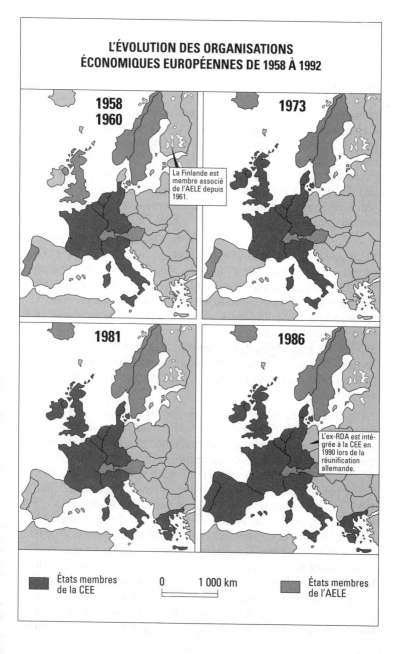

L'ÉVOLUTION DES ORGANISATIONS ÉCONOMIQUES EUROPÉENNES DE 1958 À 1992

1958 1960

La Finlande est membre associé de l'AELE depuis 1961.

1973

1981

1986

L'ex-RDA est intégrée à la CEE en 1990 lors de la réunification allemande.

États membres de la CEE

0   1 000 km

États membres de l'AELE

d'immigration : autant de questions auxquelles il était déjà fort difficile de trouver des solutions dans la CEE réduite à neuf membres. Mais en même temps, il présente des aspects extrêmement positifs. Sur le plan économique d'abord, en créant un immense marché de 320 millions d'habitants reliés par les accords de Lomé III (signés en décembre 1984) à 66 pays ACP et où les capitaux ont commencé à circuler librement. Sur le plan politique ensuite en faisant de la Communauté un ensemble rééquilibré vers la Méditerranée et l'Amérique latine, disposant d'un poids international accru et exerçant une attraction de plus en plus forte sur des pays tels que l'Autriche, la Norvège, la Turquie et, depuis peu, sur certains États de l'Europe de l'Est que l'éclatement du bloc socialiste a rendu disponibles à moyen terme pour une entreprise commune avec leurs homologues de l'Ouest.

Avant même que ne soient paraphés les traités d'adhésion de l'Espagne et du Portugal, un nouveau coup d'accélérateur a été donné à l'intégration européenne à l'instigation de Jacques Delors. Président de la Commission depuis janvier 1985, celui-ci a proposé aux douze pays membres de la Communauté une «grande ambition collective» destinée à promouvoir «la résurgence des valeurs de solidarité inhérentes à ce qu'il y a de mieux dans la civilisation européenne». À la manière de Jean Monnet, il s'agissait de définir un objectif mobilisateur — à savoir la réalisation d'un «grand marché unique» — et de fixer un calendrier pour l'atteindre, l'horizon proposé étant la fin de 1992.

Présenté et discuté aux Conseils européens de Bruxelles et de Milan en mars et juin 1985, le projet de grand marché donna lieu à la rédaction d'un texte, préparé par une conférence intergouvernementale et qui fut adopté par le Conseil européen réuni à Luxembourg en décembre 1985. Cet *Acte unique* européen, qui sera ratifié sans difficulté par les parlements nationaux et entrera en vigueur le 1er juillet 1987, institutionnalise le Conseil européen, devenu depuis 1973 le véritable organe de gouvernement de la Communauté, généralise en son sein le vote à la majorité qualifiée (l'unanimité restant la règle pour les questions de sécurité, d'emploi, de santé et pour tout nouvel élargissement de la CEE) et accroît les pouvoirs du Parlement. Il étend le champ d'application du traité de Rome aux domaines de la technologie et de l'environnement et fixe au 1er janvier 1993 la mise en place effective d'un grand marché unifié dans lequel circuleront sans entraves les personnes, les marchandises, les services et les capitaux.

Les États signataires s'engagent à réunir régulièrement leurs ministres des Affaires étrangères, à rechercher un consensus en matière de politique extérieure et à éviter toute action ou prise de position pouvant nuire à la Communauté en tant que force cohérente dans les relations internationales.

De la CEE à l'Union européenne

● Le traité de Maastricht

Une nouvelle étape a été franchie en février 1992 avec la signature du traité de Maastricht, du nom de la petite ville néerlandaise où il a été signé. À l'origine de ce document, il y a d'une part les négociations engagées depuis plusieurs années par les États membres de la CEE en vue de la réalisation de l'Union monétaire européenne, d'autre part l'initiative prise par le chancelier allemand Helmut Kohl et par le président français François Mitterrand, lors du sommet de Dublin en avril 1990, donc au lendemain des événements qui ont abouti à l'éclatement du bloc de l'Est, de relancer l'Europe politique. En mettant l'accent sur cette question, en octobre 1990, les chefs d'État et de gouvernement des Douze ont tenu à manifester leur volonté de transformer progressivement la Communauté en une Union européenne en développant sa dimension politique.

Considérée comme le moteur de l'intégration, l'Union économique et monétaire devra s'effectuer en trois étapes : création, dès 1994, d'un Institut monétaire européen qui devra veiller à la convergence des politiques économiques des pays de l'Union, puis établissement en 1996 par les ministres des Finances de la liste des États répondant à certains critères de convergence (inflation contenue, déficits publics limités, etc.), enfin, si sept au moins des États membres répondent à ces critères, mise en place d'une Banque centrale européenne indépendante des gouvernements, et mise en circulation d'une monnaie unique.

S'agissant de l'union politique, le traité de Maastricht envisage d'instaurer une procédure visant à l'adoption d'une politique étrangère et d'une politique de défense communes. Il institue une « citoyenneté européenne » impliquant, entre autres droits, la possibilité d'être électeur et éligible aux élections municipales dans le pays de résidence. Il confère au Parlement européen un véritable pouvoir de veto dans certains domaines comme les réseaux européens de transport, les télécommunications, l'énergie, la culture, l'éducation, la protection des consommateurs, etc. Il élargit le champ de décisions du Conseil pour lesquelles s'appliquera non la règle de l'unanimité mais celle de la majorité qualifiée. Il dote la Commission de Bruxelles d'un droit d'initiative et il institue une «coopération renforcée» touchant des domaines tels que le droit d'asile, l'immigration, la police et la justice.

On s'est mis d'accord enfin (à l'exception du Royaume-Uni) sur un chapitre de «politique sociale», voulu par la France depuis le début des années 1980 et longtemps jugé inutile et dangereux par ses partenaires. Certaines décisions relatives aux conditions de travail, à l'égalité professionnelle entre les sexes ou à l'information des salariés pourront désormais être prises à la majorité qualifiée.

La ratification du traité de Maastricht a donné lieu, dans les différents pays concernés, à d'âpres débats et à des scrutins incertains. Appelés les premiers à se prononcer en juin 1992, les Danois ont rejeté le traité avec 50,7% de non. Pour qu'il soit finalement adopté avec 56,8% de oui, il faudra un second référendum, en mai 1993, portant sur un texte assorti de dérogations en matière de défense et de monnaie communes, de citoyenneté et de coopération policière.

En France, le oui a été arraché d'une courte tête (51,05%) à l'issue d'une campagne très rude opposant ceux qui déclaraient défendre la souveraineté et l'identité de la France contre l'Europe des «technocrates» et des «marchands» (extrême gauche, communistes, gaullistes «historiques», une poignée de socialistes rassemblés autour de Jean-Pierre Chevènement, Front national), et ceux qui, avec François Mitterrand et les principaux leaders des partis de gouvernement (PS, RPR, UDF) expliquaient que la création de l'Union européenne représentait la meilleure protection possible contre la guerre et les effets de la mondialisation. Comme au Danemark, et comme dans la plupart des autres États concernés, les «pro-Maastricht» étaient majoritaires parmi les catégories aisées et instruites de la population, principalement dans les villes, les «anti-Maastricht» dans les couches populaires, dans les régions rurales et dans les zones sinistrées par les restructurations industrielles.

Ratifié par référendum en Irlande et par la voie parlementaire dans les autres États de l'Union, le traité de Maastricht n'est devenu effectif qu'après le vote du Parlement britannique, finalement acquis en juillet 1993, après que la Chambre des Lords eut rejeté la proposition de Margaret Thatcher de soumettre la ratification à référendum.

• L'élargissement de 1995

En dépit des problèmes qu'elle a rencontrés, l'Union européenne a accueilli en son sein, le 1er janvier 1995, trois nouveaux États : l'Autriche, la Suède et la Finlande, les Norvégiens ayant, comme en 1972 et pour des raisons identiques (identitaires et économiques), rejeté avec 52 % de non le traité d'adhésion négocié et signé par le gouvernement d'Oslo. Au contraire, l'entrée dans l'Union élargie à quinze États a été approuvée à une forte majorité par les Autrichiens en juin 1994 (66,4 % de oui) et par les Finlandais en octobre de la même année (57 % en faveur de l'adhésion). Les Suédois se sont montrés un peu plus réservés, tout en approuvant le traité avec 52 % de votes favorables. Dans les quatre pays, le clivage des oui et des non a reproduit, avec quelques nuances, celui des pro et des anti-Maastricht, là où le traité a été soumis à la procédure référendaire. Il en a été de même en Suisse lorsque ce pays, qui avait déposé en mai 1992 une demande d'adhésion à la CEE, a refusé en décembre de la même année par «votation» populaire sa participation à l'espace économique européen (EEE), par lequel les États de l'Association européenne de libre-échange bénéficient des quatre libertés de circulation : biens, services, capitaux et travailleurs.

Les nouveaux venus sont de petits États (9 millions d'habitants pour la Suède, 8 pour l'Autriche, 5 pour la Finlande) et des États prospères, ayant un PIB par habitant élevé et ne comportant pas, comme les adhérents méditerranéens des années 1980, des espaces périphériques sous-développés. Leur adhésion à l'UE, intervenant à un moment où leur système «social-démocrate» traverse une crise profonde, n'en pose pas moins un certain nombre de problèmes révélateurs des incertitudes qui pèsent à la fin du XXe siècle sur l'avenir de la construction communautaire.

Le premier problème portait sur la politique étrangère. Les trois nouveaux membres étaient, jusqu'à leur adhésion à l'Union européenne, qualifiés de «neutres». En adhérant à l'Union, ils ont dû renoncer au moins implicitement à leur neutralité, le traité de Maastricht stipulant que la politique étrangère et de sécurité commune (PESC) impliquait «la définition d'une politique de défense commune qui pourrait conduire, le moment venu, à une défense commune».

Plus concrètement, les conditions dans lesquelles ont été négociées les nouvelles adhésions marquaient clairement le changement de philosophie qui présidait désormais au processus d'élargissement de l'Union. Sans que l'on sut très bien, 40 ans après le traité de Rome, quelles étaient les finalités politiques de la construction européenne : fédération impliquant d'importants abandons de souveraineté et la création d'un exécutif européen autre que symbolique ? Confédération d'États souverains sur le modèle gaullien de « l'Europe des patries » ? Ou autre structure institutionnelle à définir, avec ou sans modèle de référence ? Ce qui apparaissait clairement, c'est que l'on n'entrait plus dans l'Europe en 1995 dans le même esprit et en obéissant aux mêmes règles qu'en 1970 ou en 1980, c'est-à-dire en acceptant d'entrée de jeu l'*acquis communautaire*. Chacun des nouveaux candidats à l'adhésion se présentait avec un catalogue de demandes visant à obtenir des dérogations ou le maintien d'avantages sectoriels non conformes aux règles établies par les prédécesseurs. La Suède s'est ainsi battue pour le maintien de ses aides à l'agriculture arctique, l'Autriche pour la limitation du nombre de poids lourds autorisés à transiter par son territoire, la Norvège (avant le rejet du traité d'adhésion) pour la protection de ses zones de pêche, et toutes pour l'obtention d'une réduction transitoire de leur contribution au budget communautaire.

L'élargissement de 1995 a enfin posé un problème majeur, qui ne pouvait que rebondir lors de l'adhésion de nouveaux États, et qui concernait la « minorité de blocage ». Dans la Communauté à Douze, lors des votes à la majorité qualifiée, les États membres disposaient au sein du conseil des ministres — instance de décision de l'UE — d'un nombre de voix pondéré en fonction de leur population : 10 pour la France, l'Allemagne, le Royaume-Uni et l'Italie, 8 pour l'Espagne, etc. Les nouveaux venus se sont vus attribuer respectivement 3 ou 4 voix, ce qui a évidemment modifié le nombre de voix constituant le « tiers bloquant ». L'Espagne, parce qu'elle redoutait un nouveau déséquilibrage en faveur de l'Europe du Nord, le Royaume-Uni par opposition de principe à tout ce qui pouvait aller dans le sens de la « supranationalité » ont refusé le relèvement mécanique de la minorité de blocage à 27 voix et exigé son maintien à 23, plafond plus facile à atteindre. Il a fallu, pour que l'on sorte de l'impasse, que les représentants des Douze conçoivent en mars 1994 un compromis alambiqué, rappelant un peu le compromis de Luxembourg de 1966. Mais l'adhésion de dix nouveaux membres, programmée pour 2004, ne pouvait que relancer le débat et souligner les difficultés croissantes du processus de décision. Le traité de Nice, signé par les Quinze à la fin de 2001, ne constitue qu'un compromis provisoire.

Europe de l'Est :
les derniers feux du totalitarisme

● Les fondements du statu quo : «doctrine Brejnev» et Acte d'Helsinki

De l'autre côté de ce qui est resté jusqu'en 1989 le «rideau de fer», la crise mondiale s'est traduite, comme en Europe de l'Ouest, mais de façon beaucoup plus accentuée et avec des incidences sur la vie des populations sans commune mesure avec celles de leurs homologues occidentales, par une tentative de resserrement des liens avec la superpuissance tutélaire à laquelle a répondu une résistance croissante des forces centrifuges.

Jusqu'aux premiers signes du dégel polonais, c'est-à-dire pendant la décennie qui a suivi l'échec du «Printemps de Prague», les dirigeants du Kremlin ont donné l'impression de pouvoir maîtriser la situation dans le glacis en misant sur l'aspiration des bureaucraties nationales à perpétuer leur domination, face à la volonté de libéralisation et d'indépendance des peuples. Cet effort de reprise en main de la «communauté socialiste» s'est appuyé sur deux instruments politico-juridiques continûment évoqués par les Soviétiques : la «doctrine Brejnev» et l'Acte final de la CSCE, signé à Helsinki en août 1975.

La première, baptisée «doctrine de la souveraineté limitée» par le maréchal Tito, n'a jamais été formulée en tant que telle, on s'en doute, par les dirigeants du Kremlin. Elle ne constitue que la synthèse des déclarations émanant de la direction soviétique et portant sur la «double responsabilité» des PC frères, la plus explicite étant celle qui a été publiée dans la *Pravda* en septembre 1968, quelques semaines après l'invasion de la Tchécoslovaquie. «Les peuples des pays socialistes, y était-il affirmé, les partis communistes ont la liberté totale de déterminer les voies de développement de leur pays. Cependant, aucune décision de leur part ne doit causer de tort soit au socialisme dans leur pays, soit aux intérêts fondamentaux des autres pays socialistes [...]. Cela signifie que tout parti communiste est responsable devant son peuple mais aussi devant tous les pays socialistes.»

De cette proposition, appliquant à l'ensemble du système la procédure de légitimation à laquelle le pouvoir soviétique avait constamment eu recours depuis Lénine, il résulte un droit d'intervention institutionnalisé de la puissance dominante et de ses associés du pacte de Varsovie. Elle découle de la logique même de l'organisation politico-idéologique du bloc. Elle ne saurait être automatique, ni se limiter à une action unilatérale de l'URSS, comme cela avait été le cas en Hongrie. La «doctrine Brejnev» associe au contraire dans le débat préalable les autres membres de la communauté socialiste et elle fixe — en termes il est vrai peu explicites — un seuil à leur action, énonçant que celle-ci devient légitime chaque fois que les «limites de l'acceptable» sont franchies par un peuple ou par le gouvernement d'un État socialiste. Ce qui laisse aux oligarchies régnantes toute latitude pour juger ce qui est bon pour le socialisme et ce qui ne l'est pas, ce qui est ou non conforme aux intérêts du «prolétariat mondial». Couverture idéologique commode au refus de tout changement structurel d'envergure.

L'autre instrument permettant en principe de geler indéfiniment le statu quo a été adopté à la suite de la longue et difficile négociation sur la sécurité et la coopération en Europe. L'Acte final d'Helsinki — qui a plus une valeur morale et politique que strictement juridique, dans la mesure où il s'agit d'un procès-verbal d'accord — énonçait en effet dans sa première «corbeille» un certain nombre de principes parmi lesquels figuraient ceux d'intégrité territoriale et d'inviolabilité des frontières. Au prix de concessions mineures concernant les droits de l'homme (troisième corbeille), les Soviétiques obtenaient ainsi que soit reconnue la pérennité des situations issues de la guerre. Autrement dit, leur présence militaire en Europe de l'Est se trouvait légitimée et avec elle, indirectement, toute initiative visant à la perpétuer.

Forts de cette double légitimation, les dirigeants de l'URSS et leurs alliés ont maintenu pendant dix ans dans le glacis une assez remarquable stabilité, contrastant avec le climat d'agitation des années précédentes. La «normalisation» en Tchécoslovaquie, l'alignement tous azimuts de la RDA, celui plus nuancé mais tout aussi efficace du Hongrois Kadar et des dirigeants bulgares ont constitué autant de pôles de stabilisation dont l'URSS s'est servie pour faire progresser l'intégration militaire et économique du bloc, la crise pétrolière l'ayant fortement aidée par ailleurs à renforcer ses positions face à des États dont les approvisionnements en hydrocarbures dépendent à peu près totalement du géant soviétique.

● **La quête d'autonomie
des démocraties populaires**

Et pourtant, derrière la façade de la stabilité et de l'unification, s'est poursuivi sans grandes vagues le processus d'éloignement par rapport au modèle soviétique, les années 1970 servant ainsi de toile de fond à une évolution contradictoire. D'un côté, le resserrement apparent du bloc au nom d'un «internationalisme prolétarien» servant de couverture à l'hégémonie des groupes dirigeants. De l'autre, la recherche par les mêmes groupes dirigeants de formules politico-économiques nouvelles, distinctes du modèle dominant et susceptibles de rétablir le consensus autour d'elles.

Il n'est plus possible en effet dans les pays industrialisés de l'Europe de l'Est, après trente ans de planification autoritaire et de dictature bureaucratique, mais aussi de progrès économique et social incontestable, alors que l'aspiration générale va dans le sens du mieux-être et du relâchement des contraintes, de mobiliser les peuples sur des mots d'ordre «révolutionnaires». Le voudraient-ils que les dirigeants communistes ne disposent plus de l'instrument idéologique adapté à une telle entreprise, tant s'est affaiblie la capacité mobilisatrice du marxisme-léninisme. Dans ces conditions, les équipes dirigeantes doivent trouver d'autres bases au consensus et expérimenter d'autres modèles que celui qui leur avait été imposé au début des années 1950 par la puissance hégémonique. Chaque membre de la «communauté socialiste» se trouve ainsi, à contre-courant des efforts d'intégration opérés par le centre, soumis à une lente dérive qui peut, à long terme, ôter beaucoup de sa cohérence au bloc.

Dans leur quête d'autonomie, les pays de l'Est ont eu le choix, depuis 1968, entre deux modèles de légitimation, distincts du schéma «léniniste» traditionnel. Le premier s'applique essentiellement aux États les plus développés — RDA, Tchécoslovaquie, Hongrie — et fonde la pérennité des acquis majeurs du socialisme sur un compromis entre l'État et la société, l'accent étant mis sur l'amélioration des conditions de vie et sur l'assouplissement des rouages de l'économie. Encore que cette seconde proposition ne soit pas applicable à la RDA d'Erich Honecker, où l'élévation du niveau de vie matériel et culturel de la population — qui est incontestable depuis 1971 et n'a été ralentie que par la crise — s'accompagne au contraire d'une recentralisation de l'appareil économique, doublée depuis 1975 d'un regel politique et idéologique.

Le cas de la Hongrie de Janós Kadar est tout autre. Porté au pouvoir par les Russes dans les conditions tragiques que l'on sait, cet ancien ouvrier métallurgiste d'origine paysanne promu chef d'État par la grâce des tanks étrangers a inauguré en 1962 une expérience originale dont le succès a fait de la Hongrie l'État le plus «libéral» du camp socialiste. Soucieux de faire oublier les conditions dans lesquelles il était arrivé au pouvoir et sincèrement décidé à promouvoir une «voie hongroise» vers le communisme, Kadar n'a pas cherché, comme le fera Dubček, à s'opposer par le verbe aux Soviétiques. Il a compris en effet que ces derniers pouvaient accepter d'autres voies que celles qui avait prévalu en URSS, à la double condition d'en observer les «leçons», c'est-à-dire de ne pas remettre en question les «acquis essentiels de la Révolution» (collectivisation, rôle dirigeant du PC, contrôle de la société civile), et de s'abstenir de toute critique à son égard. Le «modèle» hongrois s'inscrit au contraire dans un contexte de relations privilégiées avec l'URSS, envers laquelle Kadar s'est toujours comporté en allié exemplaire. Il se garde bien d'autre part de toucher aux structures politiques qui règlent les rapports entre le Parti et l'État. Mais en même temps se desserre l'emprise de l'appareil sur la société civile, le PC abandonnant une partie de ses prérogatives au profit de l'élite technicienne et reconnaissant aux intellectuels une certaine liberté de création.

Surtout, Kadar a inauguré en 1968 une réforme économique audacieuse, en partie inspirée du «socialisme de marché» en vigueur en Yougoslavie. Une large autonomie a été concédée aux entreprises industrielles, en même temps qu'étaient rétablis l'intéressement au profit et la liberté de mouvement de la main-d'œuvre. Ces mesures, ainsi que les dispositions prises pour stimuler la production agricole ont fait accomplir des progrès très sensibles à l'économie hongroise et ont permis à Kadar et à son équipe d'assurer de meilleures conditions de vie, de travail, de logement à la population, voire d'offrir à nombre d'ouvriers les premiers signes de la prospérité de masse (appareils électroménagers et automobiles particulières).

L'oligarchie du Parti n'a pas pour autant été dépossédée de ses pouvoirs. C'est elle qui continue de prendre les décisions essentielles. Mais elle a, tout en améliorant ses rapports avec l'ensemble du corps social, fait sa place à l'intelligentsia technicienne et partagé avec elle une partie des privilèges qui sont attachés, dans les pays de l'Est, à l'exercice des fonctions d'encadrement. Elle a donc réussi, avec l'accord au moins tacite des Soviétiques, à dégripper partiellement les rouages de la machine sans en modifier l'organisation d'ensemble.

Le «modèle» roumain a évolué au cours de la même période dans une direction toute différente, et même à peu près diamétralement opposée à celle que Kadar a donnée à sa politique. Située dans une zone moins vitale pour la défense du bloc, la Roumanie a pu orienter sa politique étrangère dans une voie plus autonome sans encourir les foudres de Moscou. D'autre part, la moindre sophistication de son économie, conséquence d'une industrialisation encore lacunaire, la rapprochait davantage du modèle de développement qui avait prévalu en URSS. La légitimation par la diffusion du bien-être matériel (tout relatif) n'a pas les mêmes chances qu'en Hongrie ou en RDA de se substituer à l'héritage stalinien. D'où le recours à une autre forme de légitimation, dont la Roumanie n'a certes pas l'exclusivité mais qui fonctionne ici avec une intensité d'autant plus forte qu'elle se nourrit de la russophobie viscérale de sa population : celle du sentiment national, capté par l'élite bureaucratique et transformé par elle en un nationalisme exacerbé.

De ces deux contraintes, Nicolae Ceaucescu a tiré la substance du « modèle roumain », lequel a été caractérisé jusqu'aux événements de la Noël 1989 par une politique étrangère de relative indépendance, voire proche du neutralisme, la contrepartie de cette autonomie, acceptée par les Soviétiques ou du moins tolérée par eux dans certaines limites, étant le maintien d'une orthodoxie et d'un totalitarisme sans faille. Encore que l'on est en droit de se demander si l'on peut encore parler d'« orthodoxie » pour qualifier un système politique fondé sur le despotisme sans limites d'un dirigeant mégalomane et sur l'installation des membres de son « clan » familial à tous les postes-clés de l'État roumain. Pour satisfaire sa folie des grandeurs, Ceaucescu n'ira-t-il pas jusqu'à faire détruire les vieux quartiers historiques de sa capitale pour construire à leur place un palais somptueux et un centre administratif architectural colossal, plongeant les Roumains dans la misère, le rationnement alimentaire et les coupures d'électricité ? Sans parler de la terreur politique, maintenue ici à un degré infiniment plus élevé que dans les autres démocraties populaires.

● Vers une contestation ouverte du modèle soviétique et de la domination de l'URSS

L'adoption par les équipes en charge du pouvoir dans les pays de l'Est européen de nouvelles procédures de légitimation n'a pas empêché que se manifestent à partir de 1975 de nouvelles formes de contestation dirigées à la fois contre la tutelle du « grand frère » et contre la rigidité bureaucratique et répressive du système. Depuis cette date en effet, l'allergie au modèle et à la présence soviétiques, le rejet du greffon stalinien et la volonté de changement ne donnent plus lieu seulement à des accès de fièvre sporadiques, isolés dans le temps et dans l'espace. Entre ces temps forts, l'opposition est devenue permanente dans certains pays, et surtout elle se distingue de l'agitation antérieure par son extension sinon à l'ensemble des démocraties populaires, du moins à des secteurs entiers de la communauté socialiste.

Aux raisons structurelles du processus contestataire — inadaptation du modèle stalinien aux mutations récentes, permanence du fait national, attrait exercé sur certaines couches de la population par les démocraties occidentales — sont venues s'ajouter depuis le milieu des années 1970 des raisons conjoncturelles.

Tout d'abord, les difficultés économiques qui, contredisant les certitudes marxistes, prolongent à l'intérieur du camp socialiste les effets de la crise mondiale, révélant les blocages et les carences du système. En second lieu, l'émergence dans plusieurs pays d'une dissidence que les accords d'Helsinki ont stimulée et ont dotée d'une base juridique. Confortés dans leur domination par la légitimation implicite du statu quo, les Soviétiques n'ont pas vu jusqu'où pouvaient les conduire les résolutions formulées dans l'acte final de la CSCE au chapitre des droits de l'homme et des libertés fondamentales. Or, c'est au nom des principes énoncés dans la «troisième corbeille» d'Helsinki que les contestataires de l'Est ont engagé la lutte contre les bureaucraties en place. Non pas à l'intérieur des PC, comme cela s'était toujours produit jusqu'en 1968, afin d'en assurer la reconquête face aux éléments conservateurs de la «nouvelle classe dirigeante», mais hors de ceux-ci, à la crête d'un corps social tout prêt à se laisser ébranler par leurs revendications.

Et ce ne sont plus seulement les atteintes à la liberté d'expression qui sont dénoncées par les défenseurs des droits de l'homme, mais toutes les entorses aux principes mêmes du socialisme dont se sont rendus responsables les détenteurs du pouvoir : les déplacements de personnes, les licenciements autoritaires, les discriminations culturelles et religieuses, les barrages élevés à l'entrée des universités, etc. L'exemple des dissidents soviétiques et les échos de leur protestation dans l'opinion mondiale ont également été déterminants, tout comme l'intérêt nouveau — quoique sujet à éclipses — manifesté par les partis «eurocommunistes» (italien, espagnol et à un degré moindre français).

De même qu'en URSS, mais avec une force amplifiée par la composante nationale, voire nationaliste, il s'est établi ainsi une corrélation entre la contestation, jusqu'alors marginale, des intellectuels et l'aspiration des masses à exprimer leurs revendications hors des circuits imposés par le pouvoir. Des actions minoritaires faisant référence aux droits de l'homme, comme la «Charte 77», publiée à Prague par quelques centaines d'opposants (en janvier 1977), ou l'Appel à la population et aux autorités de la Pologne lancé par le Comité de défense des ouvriers (KOR) victimes de la réaction qui a suivi les événements de juin 1976, ou encore la pétition adressée, à l'initiative de l'écrivain roumain Paul Goma, aux délégués présents à la conférence de Belgrade (également en janvier 1977) ont trouvé — malgré la répression et le silence officiel — une large audience dans la population des pays de l'Est européen et ont favorisé un peu partout la prise de conscience des masses, le réveil après une longue léthargie de la «société civile».

À l'exception peut-être de la très orthodoxe et très russophile Bulgarie, aucun pays n'a été complètement épargné par l'ébranlement. Pas même la Hongrie de Janós Kadar, ni même la RDA ultra-stalinienne, où la volonté de changement ne s'est longtemps exprimée que par des gestes isolés — la protestation par exemple de quelques dizaines d'intellectuels, parmi lesquels le physicien Havemann, contre l'expulsion du très populaire chanteur Wolf Biermann —, mais aussi les cent mille demandes d'émigration à l'Ouest.

● La Pologne de Solidarité, État pionnier de la contestation

C'est toutefois en Pologne que s'est opérée le plus tôt et de la façon la plus radicale la fusion entre les initiatives dissidentes et la rébellion organisée du corps social. Dans ce pays où l'identité nationale a su résister deux siècles durant à tous les partages, à toutes les interventions et occupations militaires, à toutes les tentatives de déculturation que lui ont fait subir ses puissants voisins, s'était instauré en 1970, après la vague d'agitation ouvrière qui avait entraîné l'intervention de l'armée mais aussi la chute de Gomulka, un compromis un peu semblable à celui établi en Hongrie par Kadar. Au «libéralisme» politique sur lequel Gomulka avait fondé sa politique, son successeur Edward Gierek a substitué un «modèle» alliant la fermeté politique à un réformisme économique visant à moderniser le pays et à améliorer le niveau de vie des masses. Aussi, le sentiment national et l'appui de l'Église aidant, un relatif consensus a-t-il caractérisé les premières années de l'ère Gierek, offrant aux dirigeants du Kremlin l'illusion de la stabilité retrouvée.

C'est ce consensus apparent qui a volé en éclats au cours de l'été 1976, sous les coups conjugués de l'intelligentsia et de l'opposition ouvrière. La première intervenant dès 1975 contre les projets de révision constitutionnelle du pouvoir (ils visaient à donner une forme légale au contrôle du PC sur la société et à proclamer l'irréversibilité des liens avec l'URSS) et obligeant celui-ci à faire des concessions. La seconde réagissant avec une extrême vigueur à la hausse autoritaire des prix alimentaires décrétée le 24 juin 1976. Mouvement spontané, comme en 1970, et, comme celui-ci, provoqué par la situation économique, mais qui va trouver cette fois un relais politique avec la création du KOR, le Comité de défense des ouvriers, fondé par des intellectuels pour répondre à la répression contre les manifestants de Radom et d'Ursus, épicentres de l'agitation ouvrière.

Les événements de 1976 marquent donc le début d'un processus d'unification de la société en conflit ouvert avec le Parti, le KOR parvenant à mobiliser l'opinion en Pologne et à l'étranger, et finalement à faire amnistier les victimes de la répression, tandis que l'épiscopat apporte son appui aux campagnes de solidarité.

Face à l'équipe Gierek et à un PC qui demeurera figé, jusqu'au coup de force de 1981, dans un immobilisme complet, l'opposition s'organise. Des clubs se constituent, rassemblant des intellectuels catholiques ou mêlant communistes et «sans parti», tel le groupe «Expérience et Avenir». Tous s'interrogent sur les chances qu'a la Pologne de sortir de l'impasse économique et politique dans laquelle elle se trouve et beaucoup font des propositions concrètes. Un «Comité pour la défense des droits de l'homme» ouvre des bureaux à Varsovie et à Lodz. Une cinquantaine de journaux et revues contestataires publiés sans l'autorisation de la censure circulent dans tous les milieux. Enfin des embryons de syndicats indépendants s'organisent ici et là, bien entendu en toute illégalité.

Toutes ces initiatives, qualifiées pêle-mêle de «dissidentes», ne sont pas réprimées avec la même vigueur par le pouvoir. Initiateur du mouvement, le KOR jouit même d'une relative tolérance qu'expliquent à la fois le caractère légal de ses activités et le souci de ne pas heurter l'opinion étrangère (notamment avant le voyage du président américain Carter) à un moment où la Pologne a besoin de l'aide financière de l'Occident. Il est vrai que, tirant la leçon des événements de 1956 et de 1968, les intellectuels ont renoncé à appliquer une stratégie frontale contre le PC, misant sur la pression des forces sociales organisées pour obtenir des concessions dans le domaine syndical et en matière d'information et de culture.

Cette stratégie croisée ne devait pas résister à la pression ouvrière de l'été 1980, motivée une fois de plus par les difficultés économiques et par la décision unilatérale des autorités d'augmenter le prix des denrées alimentaires. Parti de Lublin dans la troisième semaine de juillet, le mouvement gagne de proche en proche d'autres villes, pour aboutir à la mi-août à Gdansk, à la grève des chantiers Lénine, premier acte d'une offensive qui marque bien l'émergence de la classe ouvrière au premier plan de la scène.

Pendant dix-huit mois va fonctionner en Pologne un nouveau type de compromis, absolument sans précédent dans l'histoire des démocraties populaires. D'un côté un Parti communiste qui survit tant bien que mal à la tourmente, grâce au sang-froid des « modérés ». De l'autre, les millions d'ouvriers, prudemment mais fermement soutenus par l'Église catholique, groupés dans le syndicat *Solidarnòsc,* dont l'existence légale a été reconnue les 30 et 31 août 1980. L'un et l'autre ont leurs extrémistes et leurs modérateurs : Stanislaw Kania pour le PC, qui a remplacé Gierek, malade et déconsidéré, en septembre 1980, et qui devra à son tour céder la place un an plus tard au général Jaruzelski ; Lech Walesa, l'intellectuel organique sorti des rangs de la classe ouvrière polonaise pour Solidarité, dont il est devenu, après les journées de Gdansk, le leader charismatique. Comme son prédécesseur, Kania veut éviter l'affrontement direct souhaité par les durs du Parti et pense qu'il pourra désamorcer le mouvement ou le laisser pourrir. Ce faisant, il mésestime gravement le potentiel révolutionnaire et la capacité d'organisation des masses, ainsi que les liens qui les unissent aux intellectuels « dissidents » et à l'Église : l'élection d'un cardinal polonais au trône de saint Pierre, Jean-Paul II, et sa visite en Pologne jouant ici un rôle catalyseur essentiel. Walesa, de son côté, tient difficilement le cap, cherchant lui aussi à éviter le pire tout en conservant les acquis d'août 1980, face à une base impatiente et à la jeune garde jusqu'au-boutiste. L'un et l'autre tablent sur deux données essentielles : le sens aigu qu'ont les Polonais de la réalité géopolitique, ce qui incline la majorité d'entre eux à la pondération, et la menace permanente que les Soviétiques font peser depuis le début sur le précaire compromis polonais.

Or, dans le contexte intérieur et international du moment, l'évolution de la Pologne vers un pluralisme dont la légalisation de Solidarité — force autonome et reconnue comme telle, contestant au Parti son monopole sur la société — ne pouvait être que la première étape, dépassait de beaucoup le « seuil du tolérable » pour les hommes du Kremlin. Trop fort eut été le risque de contagion pour les autres membres de la communauté socialiste et pour l'URSS elle-même. Dans les dernières semaines de 1981, il paraissait donc évident que Moscou allait intervenir à un moment ou à un autre pour mettre fin à la «dérive» polonaise. C'est à la fois pour briser Solidarité et pour rétablir le Parti dans sa position hégémonique, mais aussi pour éviter à son pays le bain de sang et l'occupation étrangère que le général Jaruzelski a décidé de crever l'abcès, en utilisant les forces armées pour rétablir l'«ordre socialiste» et en décrétant l'«état de guerre» en Pologne : ceci avec l'accord formel des Soviétiques et sous le contrôle direct du maréchal Koulikov, commandant en chef des troupes du pacte de Varsovie. L'affaire fut réglée en quelques heures dans la nuit du 12 au 13 décembre 1981 et au cours de la journée suivante, avec la création d'un Conseil militaire de salut national, l'arrestation des dirigeants de Solidarité (Walesa fut interné dans une villa près de Varsovie) et l'annonce de mesures sociales et politiques rigoureuses : suspension du droit de grève, couvre-feu de 22 heures à 6 heures du matin, militarisation des entreprises-clés, retour à la semaine de travail de six jours et réduction de moitié de la durée des congés annuels.

Unanimement condamnée par les pays occidentaux, la proclamation de l'état de guerre par le général Jaruzelski fut au contraire bien accueillie par les pouvoirs en place en Europe de l'Est, particulièrement en Tchécoslovaquie et en RDA. Pourtant, la «normalisation» imposée par Moscou et appliquée par les dirigeants polonais s'avéra vite incapable d'extirper l'immense volonté d'indépendance et de liberté qui animait la majeure partie d'une population que les rigueurs de la répression ne parvenaient pas à couper des militants de Solidarité et du KOR et qui trouvait de plus en plus dans la puissante Église catholique, véritable État dans l'État soutenu par Jean-Paul II, une structure d'encadrement difficile à briser. Aussi, l'équipe dirigeante dut-elle vite transiger, suspendant l'état de guerre en décembre 1982, libérant à cette date toutes les personnes arrêtées un an plus tôt, faisant condamner à de lourdes peines de prison, en 1985, les policiers qui avaient assassiné en octobre 1984 le père Popielusko et acceptant finalement de négocier avec Lech Walesa, auquel l'attribution du Prix Nobel de la Paix avait conféré un immense prestige international.

Apparemment sortis vainqueurs de cette ultime épreuve de force avec les opposants des pays de l'Est, les dirigeants soviétiques et leurs alliés avaient en fait peu de raisons de se réjouir. La forme qu'avait prise et que conservait, après la suspension de l'état de guerre, la contestation polonaise montrait que ce n'était plus seulement des minorités agissantes, mais la société civile tout entière qui, pour peu qu'elle trouvât des structures d'accueil pour s'exprimer, était capable de se mobiliser pour obtenir un changement.

Ainsi, à la veille du bouleversement qui va s'opérer en URSS avec l'avènement de Mikhaïl Gorbatchev, il apparaît aux observateurs les plus clairvoyants que l'usure du modèle instauré par la révolution d'Octobre est telle qu'on voit mal comment les équipes en place dans les pays de l'Europe de l'Est pourraient imposer longtemps leur hégémonie en jouant seulement sur l'immobilité du système, face à la conjugaison et à la vigueur croissantes des nouvelles forces sociales — l'intelligentsia «dissidente», une élite technicienne toute prête à troquer contre une participation effective aux décisions centrales les quelques privilèges qu'elle peut tirer de son alliance avec la bureaucratie, une jeunesse de plus en plus rebelle au moule du conformisme officiel — et d'une classe ouvrière bel et bien sortie de sa léthargie. N'est-ce pas, en dépit de l'apparente stabilité du bloc, l'agonie du totalitarisme qui a commencé?

Détente internationale et effondrement du communisme

L'Europe — celle de l'Est en tout premier lieu, mais aussi la nôtre par les effets d'une réaction en chaîne dont il est encore impossible de mesurer toutes les conséquences — est entrée au cours des deux dernières décennies dans une nouvelle phase de son histoire. À l'origine de cette mutation, il y a deux faits connexes qui relèvent davantage de l'évolution et des initiatives des superpuissances que de l'action des Européens eux-mêmes, même si leurs retombées concernent directement les États et les populations du vieux continent.

● Une nouvelle donne internationale : le défi de Ronald Reagan et la stratégie de Mikhaïl Gorbatchev

Le premier a pour point de départ la véritable partie de bras de fer que Ronald Reagan a imposée à ses partenaires de l'Est sur le terrain de la haute technologie et des armements nucléaires. En 1983, tandis que commençait à s'opérer le déploiement des premiers Pershing et missiles de croisière destinés à contrer les SS 20 soviétiques, le président des États-Unis présentait son Initiative de défense stratégique (IDS), baptisée «guerre des étoiles» par les médias : un projet visant à développer à long terme un système de protection antimissiles extrêmement coûteux et jugé de ce fait inaccessible aux Soviétiques. Nombreux sont ceux qui, à l'Ouest, l'ont jugé irréaliste et inutilement ruineux. Arme de dissuasion économique et technologique, il visait surtout à faire ressentir aux décideurs du Kremlin que, sur le terrain de la course aux armements hautement sophistiqués du XXIe siècle, leur pays n'avait ni les moyens financiers, ni sans doute les ressources en matière d'innovation technique, lui permettant de relever ce défi.

L'autre événement majeur a eu précisément pour théâtre l'Union soviétique où, le 11 mars 1985, Mikhaïl Gorbatchev devenait Premier secrétaire du PCUS, mettant fin à la période incertaine au cours de laquelle s'étaient succédés après la mort de Brejnev (en novembre 1982) Andropov et Tchernenko. Très vite, il est apparu que ce «jeune» apparatchik de 54 ans (l'âge moyen des membres du Politburo dépassait 70 ans) voulait, comme avait tenté de le faire Khrouchtchev à la fin des années 1950, donner à son pays le temps et les moyens de dégripper les rouages d'une économie paralysée par les rigidités du système. Cela impliquait au départ, non pas la liquidation du «socialisme réel» mais bel et bien son renforcement par la voie du recouplage entre le Parti et la société et de la libéralisation contrôlée. Tels étaient les objectifs initiaux fixés à la *Perestroïka* («restructuration») et à la *Glasnost* (littéralement «transparence», en fait information donnée à la société pour la mobiliser) par le successeur de Tchernenko, en même temps que celui-ci prenait conscience des pesanteurs que représentaient pour l'URSS la course aux armements et les responsabilités d'une action extérieure aux dimensions de la planète, voulue par Leonid Brejnev mais que le «Deuxième Grand» n'avait pas les moyens de poursuivre. De là, le choix opéré par le Kremlin de modérer sa conduite internationale et de faire pression sur ses alliés et clients pour qu'ils modifient la leur dans le même sens.

L'Europe devait être le premier enjeu de cette nouvelle stratégie. Non que le numéro un soviétique ait songé d'entrée de jeu à restituer leur autonomie aux États du glacis et à laisser se développer à l'ouest du continent un nouveau pôle de puissance capable d'assurer sa défense par ses propres moyens. Il est clair que lorsqu'il parle de «Maison commune» dans les premiers temps de son règne, il songe davantage à une neutralisation feutrée de cette partie du monde qu'à l'avènement futur des États-Unis d'Europe. Mais en attendant, il accepte de reprendre les pourparlers de Genève sur les missiles nucléaires intermédiaires — qui visaient, on s'en souvient, des cibles exclusivement européennes — et finalement d'accepter l'«option zéro» qui avait été proposée quelques années plus tôt par le président Reagan et impliquait l'élimination parallèle des SS 20 et de leurs répliques occidentales (Pershing et missiles de croisière). Ce sera chose faite avec la signature, en décembre 1987 à Washington, du traité FNI, première étape d'une réduction des armements nucléaires stratégiques (START) et tactiques, et aussi des forces conventionnelles qui va se poursuivre au cours des années suivantes. Elle marque un retour à la détente internationale dont les effets en Europe de l'Est ne vont pas tarder à se faire sentir.

Il est clair que les deux événements qui viennent d'être évoqués, le renversement de la conjoncture politique internationale et les choix de politique intérieure opérés par Gorbatchev, ont été essentiels dans le déclenchement du processus qui a abouti aux bouleversements dans les pays de l'Est européen. Les mutations rapides et inattendues (y compris pour ceux qui en ont donné le branle) en Union soviétique même ont largement pesé sur l'évolution des démocraties populaires, qu'il s'agisse de la libéralisation de l'information, de la démocratisation encore incomplète, certes, mais réelle des institutions et de la vie politique, du réveil des nationalités dans le Caucase (Arméniens, Azéris) et dans les pays baltes, aboutissant bientôt à de véritables déclarations d'indépendance des Républiques constitutives de l'Union, ceci sans que l'Armée Rouge n'intervienne, ou encore, s'agissant de la politique étrangère, du retrait des troupes soviétiques d'Afghanistan et de l'abandon par la nouvelle équipe dirigeante de la «doctrine Brejnev». Tout ceci a nourri la Détente et a favorisé l'établissement de nouvelles relations non seulement entre l'Est et l'Ouest mais également à l'intérieur du camp des démocraties populaires. C'est la Guerre froide qui avait, quarante ans plus tôt, transformé celui-ci en un bloc monolithique complètement inféodé à l'URSS. C'est le désarmement stratégique et diplomatique voulu par l'URSS pour les raisons que nous avons évoquées qui va, pour une bonne part, précipiter sa dissolution.

Il faut ajouter à ces raisons le poids d'une crise économique devenue quasi structurelle dans les pays de l'Europe de l'Est et qui est d'autant plus mal supportée par les populations de ces États que l'ouverture sur le monde occidental (presse, télévision, voyages) leur permet de confronter les carences de leur économie et la médiocrité de leur niveau de vie avec la relative prospérité qui règne à l'Ouest en cette période de reprise. L'ampleur de la crise est certes inégale d'un pays à l'autre, mais les manifestations en sont identiques : ralentissement plus ou moins marqué de la croissance, faible productivité, déficits agricoles chroniques (sauf en Hongrie et en Bulgarie) et pénurie de produits alimentaires débouchant dans certains pays sur un rationnement qui, en Roumanie va prendre un caractère dramatique, inflation elle aussi très variable selon les pays (de 15 à 20 % en Bulgarie, Hongrie, RDA et Tchécoslovaquie, mais 300 % en Pologne en 1982) et énorme endettement extérieur : 40 milliards de dollars pour la Pologne, 20 milliards pour la RDA, 17,6 milliards pour la Hongrie, 8 milliards pour la Bulgarie. Seule la Roumanie (si l'on excepte l'Albanie depuis longtemps hors du bloc) a réussi, semble-t-il, à rembourser sa dette extérieure, qui était de 18 milliards de dollars en 1980, mais à quel prix !

Un dernier élément enfin mérite d'être souligné dans le faisceau de motivations qui a conduit les peuples de l'Est européen à secouer leurs chaînes en cette année 1989 qui est celle de la célébration du bicentenaire de la Révolution française. La portée de l'événement certes ne doit pas être exagérée, mais il est clair que venant couronner une décennie au cours de laquelle le discours sur les droits de l'homme avait fini par devenir le thème dominant du débat de pensée, en même temps qu'une arme de pénétration du camp adverse, la commémoration dans toute l'Europe — URSS comprise — du geste fondateur des constituants avait de quoi nourrir la thématique de la nouvelle contestation dans les démocraties populaires.

Toutes les remarques qui ont pu être faites dans ce livre sur les grandes fièvres révolutionnaires récurrentes de l'Europe depuis deux siècles — relation étroite mais non automatique entre l'économique et le politique, existence d'un environnement qui facilite la propagation de la crise et de forces transnationales qui servent de vecteur à celle-ci, inconsistance de l'explication mythique par le complot de forces obscures manipulées de l'extérieur, rôle moteur joué par tel ou tel pays dans le déclenchement du processus, etc. — sont applicables aux événements de 1989-1990 en Europe de l'Est.

● Pologne et Hongrie : le communisme au rencart

Deux États ont joué un rôle essentiel dans le déclenchement du mouvement, et ceci dès 1988 : la Pologne et la Hongrie. La première n'avait pas cessé nous l'avons vu, depuis les événements de 1980-1981, d'offrir aux autres démocraties populaires l'exemple d'un pays où, malgré la «normalisation», la société civile tout entière se trouvait impliquée dans un processus de résistance larvée, obligeant le pouvoir à négocier avec les deux principales structures d'encadrement que constituaient l'Église catholique et le syndicat Solidarité. Après avoir tenté d'étouffer ce dernier, les dirigeants polonais ont dû se résoudre en avril 1989, après une succession de grèves et l'ouverture d'une « table ronde » avec les représentants de *Solidarnòsc*, à signer avec ce dernier un accord qui marquait un tournant décisif non seulement pour la Pologne, mais pour l'ensemble du camp socialiste. Ce texte prévoyait en effet le rétablissement du pluralisme syndical — donc la légalisation de Solidarité — et la mise en place de nouvelles institutions politiques. La Pologne serait désormais gouvernée par un président de la République, élu pour six ans par le Parlement et doté de pouvoirs étendus. Le législatif serait partagé entre deux Chambres élues au suffrage universel : une Diète dans laquelle l'opposition devrait se contenter de 35 % des sièges, le reste allant au POUP (le PC polonais) et à ses alliés, et un Sénat disposant du pouvoir de rejeter les projets de lois votés par la Diète. C'était donc, introduite à dose homéopathique, la pratique de la démocratie pluraliste qui entrait dans le système politique d'une démocratie populaire.

Les élections de juin 1989 furent un succès pour l'opposition groupée autour de Solidarité. Au Sénat, où le *numerus clausus* ne jouait pas, les opposants obtinrent 99 sièges sur les 100 soumis au vote. À la Diète, où les « indépendants » avaient 161 députés, les communistes ne disposaient pas de la majorité et avaient besoin de l'appui des petites formations satellites qui les avaient soutenus jusqu'alors. En juillet, on vota pour désigner le premier chef de l'État. Le général Jaruzelski, qui avait longtemps hésité avant de faire acte de candidature, ne fut élu que d'extrême justesse. Il fallut ensuite constituer un gouvernement auquel devait incomber la lourde tâche de faire face à la situation économique catastrophique que traversait la Pologne. Le 24 août, la Diète donna son investiture à l'un des dirigeants les plus modérés de Solidarité, Tadeusz Mazowiecki, qui forma une équipe dans laquelle le POUP n'avait que 4 portefeuilles sur 24, ses alliés 7 et Solidarité 13. Pour la première fois dans l'histoire des démocraties populaires, un non-communiste accédait à la tête du gouvernement.

Depuis ce tournant historique, la Pologne a accentué son évolution vers la démocratie, la Diète rétablissant en décembre 1989 le nom de « République de Pologne », sans référence comme dans le passé au caractère « socialiste » et « populaire » de l'État. En janvier 1990, le PC polonais, le POUP, s'est dissous et transformé en une nouvelle organisation baptisée « Sociale-Démocratie de la République de Pologne », tandis qu'une minorité faisait scission pour donner naissance à l'«Union sociale-démocrate». Tout ceci sur fond de retour à l'économie de marché, de privatisations et aussi de difficultés économiques et sociales persistantes. Sous la pression de Lech Walesa, le général Jaruzelski finit par démissionner de son poste de chef d'État et des élections présidentielles au suffrage universel portent à la magistrature suprême l'ancien leader de *Solidarnòsc*, qui, entre temps, a rompu avec l'aile gauche de son mouvement. Il ne reste pour mettre fin aux derniers vestiges du pouvoir communiste qu'à organiser de nouvelles élections législatives : c'est chose faite à l'automne 1991. Mais du scrutin proportionnel ne sort aucune majorité, ce qui ne peut qu'affaiblir le pouvoir polonais dans la délicate phase économique où il est engagé.

En Hongrie, le changement de régime s'est opéré plus rapidement encore, et sans le moindre heurt, sous la houlette du gouvernement formé de communistes réformateurs et présidé par Miklos Németh. Ici, dès l'été 1988, on a assisté à la génération spontanée d'innombrables groupes, associations et formations politiques et culturelles de toute nature, auxquels le Parlement a reconnu une existence légale en supprimant, en janvier 1989, tous les obstacles qui entravaient la liberté d'association et de manifestation. Tandis que la presse et l'édition se libéraient également spontanément de la censure, les Hongrois ont, avec l'accord des autorités, manifesté à diverses reprises leur volonté de se réconcilier avec leur passé. Les anciennes armoiries surmontées de la couronne de Saint-Étienne ont fait leur réapparition sur le drapeau national. L'archiduc Otto de Habsbourg a assisté en avril 1989, en présence du chef du gouvernement, à une cérémonie officielle en l'honneur de l'impératrice Zita, récemment décédée. Le 20 août 1989, une procession des reliques du saint patron de la Hongrie a eu lieu à Budapest en présence d'une foule considérable. En juin de la même année, des centaines de milliers de personnes avaient assisté aux funérailles officielles d'Imre Nagy et de quatre de ses compagnons, réhabilités par le régime.

Quant aux institutions, elles ont comme en Pologne subi un «lifting» complet. La Hongrie a cessé d'être une République populaire pour devenir simplement «République de Hongrie» : un État de droit qui reconnaît «à la fois les valeurs de la démocratie bourgeoise et celles du socialisme démocratique», adopte le pluralisme politique et syndical et se dote d'un régime semi-présidentiel.

Le Parti communiste s'est lui aussi sabordé en octobre 1989 pour donner naissance au Parti socialiste hongrois, ce qui ne l'empêchera pas d'être battu à plate couture (10% des suffrages exprimés) lors des élections législatives de mars 1990, remportées par les formations modérées : Forum démocratique hongrois (MDF) et Alliance des démocrates libres (SZDSZ). Une coalition de centre droit dirigée par Josef Antall prend alors le pouvoir.

Enfin, en matière de politique étrangère, la Hongrie a été la première à prendre nettement ses distances vis-à-vis du pacte de Varsovie, sans d'ailleurs poser de problèmes majeurs aux Soviétiques qui ont commencé, dès avril 1989, à retirer leurs troupes de ce pays et ne se sont pas opposés au démantèlement du «rideau de fer» qui le séparait de l'Autriche voisine, avec laquelle les liens ne cessent de se resserrer. De tous les pays de l'ex-bloc socialiste, la Hongrie est celui qui se tourne le plus résolument vers l'Occident (elle a fait un triomphe au président Bush en juillet 1989) et en particulier vers l'Europe des Douze.

● L'effondrement de la RDA et la réunification allemande

Très différent de cette pacifique révolution par le haut a été le processus de transition vers la démocratie en RDA, en Tchécoslovaquie et en Bulgarie, trois pays qui n'ont pas connu comme la Roumanie de troubles graves mais où la pression de la rue a été nécessaire pour que les détenteurs du pouvoir veuillent bien finalement céder la place et laisser s'accomplir la mutation démocratique.

De tous les pays de l'Europe de l'Est, la RDA est celui dont on attendait le moins qu'il pût accéder sans effusion de sang à la démocratie. Et pourtant, ni l'action préventive de l'appareil répressif, ni la raideur d'Erich Honecker et de son équipe n'ont pu résister bien longtemps à un mouvement qui a d'abord pris ici l'aspect d'une hémorragie humaine, transitant par la Hongrie et la Tchécoslovaquie. Il faut dire que Mikhaïl Gorbatchev, de passage à Berlin à l'occasion des cérémonies du 40ᵉ anniversaire de la RDA et accueilli aux cris de «Gorby! Liberté», n'a pas mâché ses mots pour signifier à son homologue est-allemand qu'il n'y avait pas à compter sur l'URSS pour rétablir, le cas échéant, la «légalité socialiste». «Il faut tenir compte, déclare-t-il, du processus général de modernisation et de renouvellement qui a lieu actuellement dans tout le camp socialiste».

Pour faire reculer Honecker, il fallut toutefois que les masses se mettent en mouvement. Les immenses manifestations qui se déroulèrent dans les principales villes de RDA, notamment à Berlin-Est et à Leipzig, en octobre 1989, eurent raison de sa résistance. Le 18 octobre, il abandonnait toutes ses fonctions à la tête du Parti, de l'État et de l'armée, cédant la place à un autre conservateur, Egon Krentz qui, après une entrevue avec Gorbatchev, dut à son tour battre en retraite devant la rue, rouvrant la frontière avec la RFA et laissant s'accomplir, le 9 novembre, le geste-symbole le plus inimaginable quelques semaines plus tôt dans ce pays resté profondément stalinien : l'ouverture de brèches dans le mur de Berlin par où s'engouffrèrent les jours suivants jusqu'à 3 millions de « visiteurs » impatients de retrouver ou de découvrir pour la première fois les chemins de la liberté.

La révolution pacifique de novembre n'a pas emporté d'un coup le Parti communiste (SED) qui, privé de l'appui du Kremlin, pouvait encore compter sur l'appui de ses vieux militants en brandissant la menace du fascisme (des slogans nationalistes étaient apparus dans certaines manifestations), et sur le contrôle de l'appareil d'État. Néanmoins, le 11 novembre, le Comité central du SED se prononça pour le vote « secret, libre, démocratique et pluraliste ». Mais déjà, à la revendication de la démocratie et du pluralisme, les manifestants qui continuaient d'exercer leur pression sur le pouvoir en place (le gouvernement Modrow, toujours dominé par les communistes) ajoutaient celle de la réunification, d'abord accueillie avec fraîcheur par les Soviétiques, avec un enthousiasme mitigé à l'Ouest, mais dont il allait devenir évident que rien ne pourrait l'empêcher. À partir du moment où, le carcan communiste volant en éclats, les populations de l'Est européen se trouvaient ramenées quarante ans en arrière, il n'y avait guère d'autre structure que celle de la nation pour exprimer leur volonté de changement, et en RDA cette nation s'appelait l'Allemagne.

Tel est le point de départ d'une évolution qui, en moins d'un an, devait voir se succéder la décision du Parlement est-allemand d'admettre le multipartisme et de supprimer le rôle dirigeant du SED (décembre 1989), la prise d'assaut à Berlin-Est du siège central de la police politique, la STASI (15 janvier 1990), l'annonce de poursuites contre Erich Honecker et contre d'autres ex-dirigeants staliniens, la victoire écrasante des chrétiens-démocrates aux élections législatives du 18 mars 1990 et la marginalisation de l'ancienne formation communiste (devenue PDS), la constitution d'un gouvernement de coalition présidé par le chrétien-démocrate Lothar de Maizière et l'établissement, en juillet 1990, de l'union économique et monétaire avec la RFA. Première étape d'une réunification désormais acceptée par tous et qui constitue l'événement le plus important de l'histoire politique de l'Europe depuis la fin de la guerre. Le 3 octobre

1990, l'Allemagne est officiellement réunifiée, cette réunification prenant la forme d'une absorption par la République fédérale de l'ex-RDA. En décembre 1990 les premières élections libres au Bundestag concernant les seize Länder du nouvel ensemble se traduisent par la victoire de la coalition CDU-CSU-Libéraux, rassemblée autour du chancelier Kohl, principal artisan de l'unité retrouvée.

● La transition démocratique en Tchécoslovaquie, Bulgarie, Roumanie

La «théorie des dominos», conçue dans les années les plus sombres de la Guerre froide par les stratèges de Washington, ne s'est jamais aussi bien vérifiée qu'à propos des pays de l'Est à l'automne 1989. L'ouverture, par la Hongrie, de sa frontière avec l'Autriche n'a pas seulement provoqué en effet un exode brusque des Allemands de l'Est vers la RFA : elle a fait de Prague une étape incontournable sur la route de la liberté, et elle a du coup impliqué la Tchécoslovaquie dans le processus de libéralisation. En fait, le feu couvait ici depuis longtemps, entretenu par une dissidence que la répression policière n'avait pas réussi à étouffer et qui avait commencé à se manifester au grand jour au début de 1989, avec la commémoration du souvenir de Jan Palach, cet étudiant qui, vingt ans plus tôt, s'était immolé par le feu pour protester contre l'invasion de son pays. Dans le courant de l'été 1989, manifestations et pétitions s'étaient multipliées, entraînant en retour répression et arrestations : en particulier celle du dramaturge Václav Havel, emprisonné en février, libéré en mai, puis arrêté à nouveau en octobre et hospitalisé de force.

Les événements de Berlin, en novembre, eurent pour effet de déclencher une vague de manifestations qui, à l'initiative du Forum civique — qui rassemblait toutes les composantes de l'opposition — prirent bientôt un caractère de masse. Affronté à cette révolution paisible, le Parlement prit l'initiative, fin novembre, d'engager le processus de libéralisation en décrétant l'abolition du rôle dirigeant du PC et en reconnaissant le multipartisme. Le gouvernement Husák dut démissionner et fut remplacé, le 10 décembre, par un cabinet d'«entente nationale», formé en majorité de non-communistes et qui décida aussitôt la dissolution de la police politique et l'ouverture de la frontière avec l'Autriche. Le 28 décembre, l'ancien promoteur du Printemps de Prague, Alexander Dubček, fut élu président du Parlement et, le lendemain, ce dernier désigna à l'unanimité Václav Havel comme président de la République. Le peuple tchécoslovaque avait gagné la partie et l'opposition démocratique était maîtresse du jeu. Les élections de juin 1990 donnèrent au Forum civique la majorité absolue des sièges au Parlement fédéral avec 46,6% des voix, contre 13,6% au PC, 12% à l'Union chrétienne-démocrate et 10% environ aux mouvements représentatifs des minorités (moraves, slovaques, etc.).

En Bulgarie, c'est également à la suite de manifestations d'une grande ampleur à Sofia et dans d'autres villes du pays, que le Comité central du PC a décidé, en novembre 1989, de céder aux exigences de la rue, en excluant Todor Jivkov, écarté quelques jours plus tôt de la direction du Parti et de l'État et remplacé par Petar Mladenov, puis en annonçant des élections libres et en se transformant lui-même en Parti socialiste, après avoir abandonné le «centralisme démocratique» et la référence au léninisme. La victoire du PC bulgare, devenu Parti socialiste bulgare aux élections de juin 1990 ne met pas fin au mouvement. La pression populaire contraint en août Mladenov à démissionner laissant le poste de chef de l'État au principal dirigeant de l'opposition Jelev, puis en décembre 1990 c'est le tour du Premier ministre, remplacé par un technicien sans étiquette politique, Popov.

En Roumanie en revanche, la transition vers une démocratie qui, dans ce pays, est loin d'être encore complètement assise, s'est opérée dans la violence et dans la douleur. Ici en effet, la légitimation du pouvoir communiste ne reposait plus depuis longtemps sur un compromis, de quelque nature qu'il soit, entre le peuple et les dirigeants, ou plutôt *le* dirigeant suprême, mais sur la seule infaillibilité, proclamée comme un dogme, du *conducator* Nicolae Ceaucescu. Ce dernier avait développé à un point jamais égalé dans les pays de l'Est (y compris l'Albanie et la Corée du Nord) le culte de sa propre personnalité et des membres de son clan familial, placés aux postes de commande du Parti et de l'État, et couverts d'honneurs, de privilèges et de richesses. Il avait d'autre part instauré un régime de terreur policière dont l'instrument, la terrible *Securitate,* constituait à la fois un État dans l'État et une véritable garde prétorienne, fanatiquement dévouée à l'homme et au régime qui lui assurait une position privilégiée.

La marée contestataire en Europe de l'Est, qui avait commencé à se manifester dans le courant de l'été 1989 pour atteindre son plus haut niveau en octobre-novembre, submergea la Roumanie avec quelque retard. La dissidence n'était pas complètement absente de ce pays où les rares opposants déclarés ne devaient leur salut qu'à l'attention que leur portaient les médias occidentaux. Au sein même du PC, un certain nombre d'anciens dirigeants avaient commencé à prendre leurs distances vis-à-vis du pouvoir tyrannique de Ceaucescu et de sa politique catastrophique pour le peuple roumain, soumis à un rationnement drastique, aux violations répétées des droits de l'homme et à la destruction de villages entiers. Mais, à l'issue du congrès du Parti, fin novembre, le Conducator fut réélu triomphalement au poste de secrétaire général, l'événement étant salué par une manifestation «spontanée» de la population de la capitale.

Trois semaines plus tard, la révolution éclatait, d'abord en Transylvanie où les minorités hongroise et allemande subissaient de plein fouet la répression menée par la *Securitate,* puis dans le reste du pays. À la suite de l'agression d'un pasteur hongrois par les hommes de main de la police politique à Timisoara, la population de cette ville s'insurgea le 17 décembre 1989, provoquant en retour une répression sanglante qui devait faire plusieurs centaines de morts. Tandis que Ceaucescu, rentré précipitamment d'Iran, dénonçait les groupes de *hooligans* et de «fascistes» qui menaçaient le «socialisme» et la «nation roumaine», des manifestations avaient lieu dans plusieurs villes du pays, réprimées partout avec une extrême brutalité par la troupe.

L'acte décisif devait se jouer finalement à Bucarest, le 21 décembre, lors d'une manifestation de soutien à sa personne organisée par le Conducator, et au cours de laquelle les centaines de milliers de personnes rassemblées sur la place de la République se mirent à scander : «À bas Ceaucescu! Timisoara! Liberté!» Le même jour, l'insurrection s'étendait à toute la capitale et aux grandes villes de l'Est : Iassy et Constantza, marquant le début d'une semaine révolutionnaire qui allait voir le peuple roumain et son armée, passée du côté des insurgés, affronter les desperados fanatisés et surarmés de la *Securitate* et l'emporter sur eux, non sans de lourdes pertes. Dans l'intervalle, Ceaucescu et son épouse ont été arrêtés, jugés de manière expéditive et exécutés le 27 décembre, tandis qu'était constitué un Conseil du Front de salut national. Composé en partie d'hommes qui, comme son président Ion Iliescu, avaient fait carrière et parfois avec zèle sous la houlette du Conducator, cet organisme va, après la démission du gouvernement, exercer le pouvoir de fait jusqu'à la désignation, le 26 décembre, d'une nouvelle équipe gouvernementale présidée par l'universitaire Petre Roman. Celle-ci a pris aussitôt diverses mesures destinées à satisfaire les insurgés : abrogation du plan de «systématisation du territoire», respect des droits des minorités, élections libres, abolition de la peine de mort, instauration de la semaine de cinq jours, suppression des restrictions sur le chauffage et l'éclairage, etc.

Sans réussir à faire disparaître chez ceux qui avaient combattu pour l'établissement de la démocratie (on ne peut guère parler de «rétablissement» dans un pays qui ne l'avait pratiquement jamais connue) le soupçon d'avoir été utilisés et manipulés par les adversaires communistes de Ceaucescu, aussi bien en Roumanie qu'au Kremlin.

Quoi qu'il en soit, c'est un véritable triomphe qu'obtiendront en mai 1990, au scrutin couplé pour l'élection du président, de l'Assemblée nationale et du Sénat, Ion Iliescu et le Front de salut national, les partis d'opposition — Parti national paysan et Parti libéral — réalisant pour leur part des scores très médiocres. Que des irrégularités aient été commises à l'occasion de ce vote et qu'il se soit déroulé dans un climat de paranoïa généralisée, cela ne fait guère de doute, mais cela ne suffit pas à expliquer le raz-de-marée dont ont bénéficié les hommes du Front. Certes, ces derniers n'ont pas encore donné à la Roumanie la démocratie véritable que réclamaient les foules qui ont déclenché, à la mi-décembre 1989, le processus révolutionnaire. En témoigne notamment la façon dont le pouvoir a brisé, en juin 1990, les violentes manifestations de jeunes qui se sont déroulées à Bucarest et ont amené le gouvernement à lancer contre eux des commandos d'ouvriers mineurs qui ont fait au moins cinq morts et des centaines de blessés. Mais l'on ne rompt pas du jour au lendemain — et ceci est aussi vrai pour les dirigeants du Front que pour une partie des opposants et pour le peuple roumain en général — avec des décennies de stalinisme renforcé, de terreur policière et de privations, surtout lorsque l'on vit dans un pays qui est passé à peu près sans transition de la dictature fascisante au communisme totalitaire.

● La fin de l'URSS et du «socialisme réel» en Europe

Hors du bloc lié à l'URSS, la Yougoslavie et l'Albanie paraissent à leur tour devoir abandonner ce qui faisait leur identité communiste. Dans le premier pays, le multipartisme et les élections libres aboutissent à la perte du pouvoir par les partis communistes, sauf en Serbie et au Monténégro. Il n'est pas jusqu'à l'Albanie, citadelle du stalinisme, qui ne subisse le contre-coup de l'effondrement du modèle communiste. Un mouvement de fuite de la population vers l'Occident et de vigoureuses manifestations populaires contraignent Ramiz Alia, successeur d'Enver Hodja, à lâcher du lest : des visas sont accordés aux candidats à l'immigration, le multipartisme est instauré en décembre 1990 et des élections libres organisées au printemps 1991, cependant qu'une nouvelle constitution prévoit le droit de grève, la liberté religieuse et autorise les associations politiques, économiques et culturelles. Grâce au vote des campagnes, le Parti du travail albanais (communiste) remporte les élections, mais la pression populaire le contraint à libéraliser le régime.

C'est en URSS où il est né que se joue en 1991 le dernier acte de l'histoire du communisme européen. Mikhaïl Gorbatchev y oscille entre l'alliance avec les conservateurs du Politburo et celle avec les libéraux conduits par le président de la Fédération de Russie, Boris Ieltsine, tout en s'efforçant d'introduire par étapes l'économie de marché avec l'aide de l'Occident et de préserver l'URSS face au désir d'indépendance des diverses Républiques. Son subtil jeu de balance va se trouver compromis par un coup de force de l'appareil du PC. Le 19 août 1991, le Président est mis en résidence surveillée en Crimée et un putsch donne le pouvoir à une poignée de dirigeants conservateurs appuyés par la direction de l'armée, du KGB, de la police et la présidence du Soviet Suprême. Le putsch échoue en 48 heures face au désaveu des grandes puissances, à la résistance de la population et à l'énergie du Président russe, Boris Ieltsine, autour duquel se rassemblent les opposants au coup de force. L'aboutissement de l'épisode est la liquidation du communisme et l'éclatement de l'URSS. Dans toutes les républiques, les activités du Parti communiste sont suspendues. Gorbatchev démissionne du secrétariat général et invite le PCUS à se dissoudre. Complices du putsch, ses principaux dirigeants sont d'ailleurs incarcérés. Cette disparition du Parti qui servait de ciment à l'union depuis 1917 débouche sur une liquidation de celle-ci. Les unes après les autres, les républiques proclament leur indépendance ou leur souveraineté. Le destin de l'ex-URSS est scellé. Le 8 décembre 1991 à Minsk, les présidents des trois républiques slaves (Russie, Ukraine, Biélorussie) prennent acte de la disparition de l'URSS et décident de créer une «Communauté d'États Indépendants» (CEI) à laquelle adhèrent bientôt huit autres républiques de l'ex-URSS. Le 25 décembre, Boris Ieltsine contraint à la démission Mikhaïl Gorbatchev, président d'un État qui n'existe plus. L'URSS est bien morte. Et déjà se dessinent les conflits qui opposent entre eux les États successeurs du défunt Empire soviétique.

Partout en Europe les fondements mêmes du totalitarisme communiste ont disparu : le parti unique et le monopole qu'il exerçait sur la vie politique et sur la société civile, le contrôle omniprésent de l'appareil partisan et de la machine policière, l'arbitraire généralisé, l'emploi de la terreur, les privilèges de la Nomenklatura, l'interdiction faite aux individus de s'exprimer librement et de se grouper dans des organisations distinctes de celles que le Parti dominait ou tolérait. Tout cela a été balayé par le vent de l'histoire entre le printemps 1989 et l'été 1991, et avec le communisme, c'est la structure bipolaire de l'Europe telle qu'elle s'était mise en place au cours de la dernière guerre qui a volé en éclats.

L'après-communisme en Europe centrale et orientale

● Une démocratisation à petits pas

L'instauration de procédures démocratiques s'est heurtée, dans nombre d'anciens pays communistes, à l'absence de traditions et de forces politiques organisées. Partout, le recours à des élections libres avec pluralité de candidatures a été considéré comme le moyen par excellence d'instaurer la démocratie. Le système a correctement fonctionné dans l'ancienne RDA, où les partis de la République fédérale ont étendu leurs activités, ou dans des pays comme la Hongrie et la Pologne, où d'anciennes formations avaient conservé une existence formelle et où de nouvelles forces politiques d'opposition étaient nées récemment (*Solidarnòsc* en Pologne ou la Charte 77 en Tchécoslovaquie). Mais il n'en a pas été de même en Russie (qui n'avait jamais connu d'élections libres), en Roumanie, en Bulgarie, en Serbie ou dans les anciennes républiques soviétiques (Ukraine, Biélorussie), où le poids des anciens partis communistes était exclusif. Dans ces pays, ce sont généralement les anciens cadres communistes qui, ayant rompu plus ou moins explicitement avec le passé, ont pris (ou conservé) le pouvoir.

Ce sont ainsi d'anciens responsables des partis communistes qui ont accédé aux fonctions présidentielles dans les républiques héritières de l'URSS : Boris Ieltsine en Russie, Leonid Kravtchouk en Ukraine, Édouard Chevardnadze (ex-ministre des Affaires étrangères de l'Union soviétique) en Géorgie, etc. En Roumanie, le Front du Salut national qui a exercé le pouvoir pendant plusieurs années sous la houlette de Ion Iliescu, était formé d'anciens du PC, disgraciés par Ceaucescu. En Bulgarie, la direction du pays est passée à des technocrates qui avaient exercé des responsabilités importantes sous le régime communiste. En

Serbie, c'est l'un des principaux cadres de la Ligue des communistes, Slobodan Milosevic, qui, après avoir rebaptisé celle-ci Parti socialiste serbe, a été élu en 1991 à la présidence du nouvel État yougoslave : charge qu'il assumera pendant une dizaine d'années de manière quasi dictatoriale. Partout, la démocratie a eu d'autant plus de difficultés à s'imposer qu'elle se trouvait en même temps contestée par des organisations ultra-nationalistes et par des leaders populistes dont le poids électoral est loin aujourd'hui encore d'être négligeable. En Croatie, c'est un ancien général communiste converti aux idées d'extrême droite, Franjo Tudjman, qui a présidé jusqu'à sa mort, en décembre 1999, aux destinées de cet État issu de l'ex-Yougoslavie.

Dans tous ces pays, la démocratie manque encore de racines, de traditions, de cadres. De surcroît, les difficultés économiques liées à l'introduction de l'économie de marché, ainsi que la demande de protection sociale de populations que cette brusque mutation a frappées de plein fouet, inclinent nombre d'électeurs à voter pour des partis qui, sous d'autres dénominations et avec des programmes actualisés, revendiquent l'héritage social du communisme. En Pologne, Hongrie, Bulgarie, Lituanie, le balancier politique est ainsi revenu dès 1993-1994 vers une gauche ex-communiste affichant un programme réformateur, et dont le poids est resté également important dans la partie orientale de l'Allemagne réunifiée. Le symbole de ce retournement fut la défaite à l'élection présidentielle de novembre 1995 du légendaire Lech Walesa, principal artisan de la sortie du communisme, remplacé par l'ancien communiste Alexandre Kwasniewski.

La situation tend néanmoins à se normaliser peu à peu dans cette partie du vieux continent. La démocratisation de la vie politique a notamment progressé dans les États ayant adhéré à l'Union européenne, de même qu'en Russie, depuis le remplacement de Boris Ieltsine par Vladimir Poutine, ancien cadre du KGB élu dès le premier tour à la présidence de la République en décembre 1999 avec 52 % des suffrages, contre 30 % à son rival, le communiste Ziouganov.

● Affrontements interethniques dans l'ex-URSS et dans les anciennes démocraties populaires

Du grand dégel qui a suivi l'élimination des pouvoirs communistes dans les pays de l'ex-bloc de l'Est, est sorti quelque chose qui ressemble davantage à l'Europe de 1914 qu'à celle de 1945. Pendant près d'un demi-siècle en effet, la chape de plomb qui avait recouvert

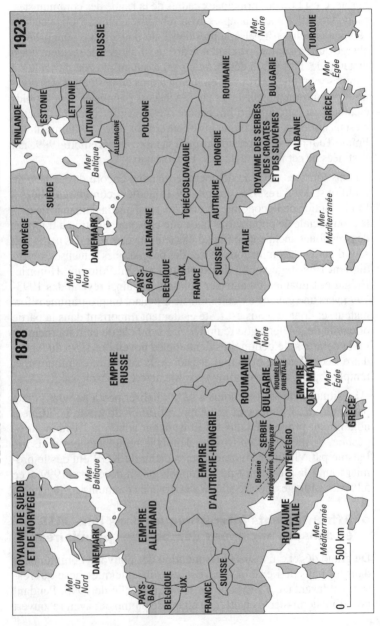

L'ÉVOLUTION DES FRONTIÈRES DE L'EUROPE CENTRALE

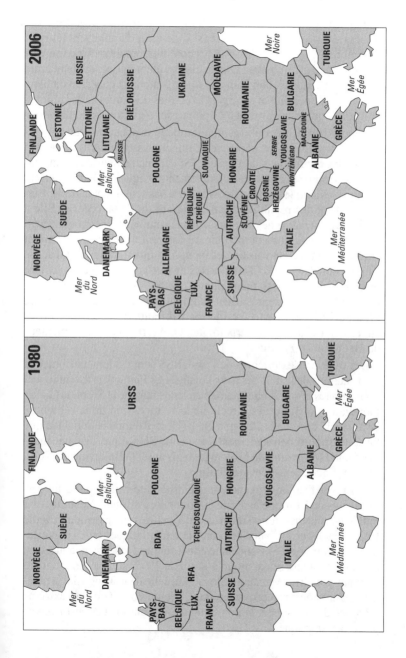

cette partie du monde avait eu au moins le mérite — payé très cher il est vrai par les peuples concernés — de geler durablement les rivalités ethniques pluriséculaires et les conflits frontaliers. Une fois disparus le gendarme soviétique et le ciment idéologique, au demeurant très friable, qui avait tant bien que mal maintenu la cohésion du bloc, ces causes de conflit ont resurgi et avec elles des forces et des réflexes politiques qui nous ramène à l'époque des « guerres balkaniques ».

Depuis 1990, des conflits interethniques se sont ainsi développés dans les territoires des anciennes démocraties populaires et au sein même des républiques de l'ex-URSS, débouchant sur des contestations de frontières et sur des affrontements sanglants. Dans ce qui fut l'Union soviétique, la décomposition n'a pas seulement entraîné l'indépendance des républiques constitutives de l'État fédéral. Elle a atteint le tissu même de ces États, chaque communauté ethnique réclamant une plus grande autonomie ou aspirant à la sécession pure et simple, comme en Russie les peuples musulmans du Caucase (Ingouches, Kabardes, Tcherkesses et surtout Tchétchènes, contre lesquels l'armée russe mène depuis 1995 d'épuisantes opérations, accompagnées de représailles sanglantes), ou de Russie centrale (Tatars, Bachkirs), en Ukraine les habitants de la Crimée et les Hongrois d'Ukraine subcarpathique, en Azerbaïdjan les Arméniens du Haut-Karabakh, etc.

Les frontières extérieures de l'ex-URSS sont également l'objet de contestations de la part des pays voisins. Les Finlandais revendiquent les territoires de la Carélie annexés au lendemain de la Seconde Guerre mondiale. La Biélorussie réclame la rétrocession de la région de Byalistock, cédée à la Pologne en 1945, la Roumanie demande que lui soit attribuée non seulement l'ancienne Bessarabie, devenue indépendante sous le nom de Moldavie, mais aussi la Bukovine du Nord, l'une et l'autre annexées par Staline.

Ces revendications engendrent une instabilité chronique. Dans certains pays de l'Europe centrale et orientale, l'effondrement du communisme et la dissolution du pacte de Varsovie ont également réveillé les nationalismes tribaux, les conflits interethniques et les contestations de frontières. Si l'ancienne confédération tchécoslovaque s'est dissoute de manière pacifique à la fin de 1992, suite à l'élection du national-populiste Meciar en Slovaquie, celle de la Yougoslavie post-titiste a au contraire provoqué une série de conflits d'une extrême violence dans lesquels la communauté internationale s'est trouvée peu à peu impliquée.

● La tragédie yougoslave

Lié à l'enchevêtrement de peuples qui diffèrent par leur langue, leur religion, leur histoire et leur situation économique, le drame yougoslave est né de la volonté d'indépendance de certains d'entre eux et de la résistance opposée par les Serbes à la désintégration d'une fédération au sein de laquelle ils constituaient le groupe le plus nombreux et le plus influent.

Les proclamations d'indépendance de la Croatie et de la Slovénie, en juin 1991, ont donné le signal de l'affrontement. L'armée fédérale yougoslave est intervenue dans ces deux pays. Repoussée par les Slovènes, elle s'est au contraire implantée dans le sud de la Croatie, se posant en protectrice de la minorité serbe et appliquant dans les territoires «libérés» un plan de «purification ethnique» impliquant l'installation de Serbes dans des régions vidées de leurs habitants, que ceux-ci aient été chassés, regroupés dans des camps ou massacrés.

Les tentatives effectuées sous l'égide des Nations unies, aussi bien que de l'Union européenne, pour résoudre les problèmes de l'ex-Yougoslavie, ou simplement pour imposer l'arrêt des combats, ont longtemps échoué. Les casques bleus déployés en Croatie, dans les zones tenues par les Serbes, et en Bosnie-Herzégovine, n'ont pu qu'aider à l'acheminement de l'aide humanitaire et assurer la sécurité de l'aéroport de Sarajevo, capitale de cette république. Cette dernière à elle aussi proclamé son indépendance, tout comme la Macédoine, en septembre 1991. Or les Serbes, qui forment une très forte minorité (40 % de la population), se sont organisés en milices fortement armées et animées d'un nationalisme farouche pour lutter, aux côtés de l'armée fédérale, contre les Croates et les musulmans, appliquant une politique de «nettoyage ethnique» particulièrement féroce : villages incendiés, viols collectifs programmés, populations déportées et internées dans de véritables camps d'extermination, ou massacrées comme à Srebenica en juillet 1995.

Après avoir tout d'abord exprimé son attachement au maintien de l'intégrité yougoslave, l'Union européenne a fini par reconnaître les États nés de l'ancienne fédération et par condamner la «République fédérale de Yougoslavie» (réduite à la Serbie et au Monténégro) et son chef, l'ancien dirigeant communiste Slobodan Milosevic, devenu le promoteur intraitable du nationalisme grand-serbe. En mai 1992, tandis que le Conseil de sécurité de l'ONU adoptait toute une série de sanctions contre cet État, allant de l'embargo pétrolier au boycott olympique, le secrétaire d'État américain agitait pour la première fois la menace d'une intervention militaire. Il faudra toutefois attendre le début de 1994 pour que, à la suite d'un bombardement au canon qui a fait plusieurs dizaines de morts à Sarajevo, l'OTAN se décide à envoyer un ultimatum aux dirigeants serbes de Bosnie, exigeant le retrait de leur armement lourd des hauteurs de Sarajevo, et l'automne 1995 pour que les Occidentaux obtiennent satisfaction sur ce point, non sans avoir dû au préalable mener une campagne de bombardements aériens contre les positions serbes.

Les négociations engagées à cette date devaient aboutir à la conclusion d'un cessez-le-feu, puis à un accord de paix, signé le 21 novembre 1995 à Dayton, aux États-Unis, sous l'égide du président américain Bill Clinton. Le texte de cet accord maintient l'unité de la Bosnie-Herzégovine, désormais composée de deux entités confédérées : croato-musulmane (51 % du territoire) et serbe (49 %), avec Sarajevo unifiée comme capitale et une présidence collégiale. Composé de deux assemblées, le Parlement a été élu pour la première fois en 1996, sous la surveillance d'une force internationale de plus de 60 000 hommes, chargée d'assurer la régularité et la sécurité du scrutin, ainsi que le respect du cessez-le-feu.

Dix ans après la signature des accords de Dayton, leur application sur le terrain demeure partielle et problématique. Le haut-représentant de l'ONU a toutefois réussi à maintenir pour l'essentiel la paix entre les ethnies rivales, à créer une police des frontières commune aux deux entités constitutives de la Bosnie-Herzégovine et à engager la répression contre certains criminels de guerre, quelques-uns ayant déjà été traduits devant le Tribunal international pour l'ex-Yougoslavie, installé à La Haye.

C'est un conflit de même nature qui a opposé en 1998-1999 au Kosovo, région dont le gouvernement yougoslave avait reconnu l'autonomie, la population albanophone majoritaire aux milices serbes, manipulées par Belgrade. La décision prise en 1989 par Slobodan Milosevic de mettre fin au statu quo d'autonomie du Kosovo s'est heurtée à une résistance d'abord passive, puis de plus en plus violente de la part des opposants au projet de «Grande Serbie» des dirigeants de Belgrade. Cette résistance s'est transformée en 1998 en une guerre ouverte, réprimée par les Serbes avec la même férocité que celle déployée quelques années plus tôt en Bosnie. Suite aux atrocités commises et à l'exode massif des populations kosovares, l'OTAN a décidé en mars 1999 d'intervenir militairement pour obliger l'armée serbe à évacuer la région. Pendant près de trois mois, les forces aériennes alliées (en fait essentiellement américaines) ont bombardé Belgrade et de nombreux autres sites, afin d'obliger le gouvernement yougoslave à céder. Formellement maintenu au sein de la République fédérale de Yougoslavie, le Kosovo est provisoirement administré par l'ONU et maintenu sous un régime d'occupation par une force armée internationale : la KFOR.

Conséquence de ces événements et des difficultés économiques qu'ils n'ont pas manqué de susciter en Serbie — où la population avait d'abord soutenu l'équipe dirigeante — le renversement du régime à la fin de 2000 a été suivi en mars de l'année suivante de l'arrestation de Milosevic et de son transfert aux Pays-Bas où il a été traduit devant le Tribunal international pour l'ex-Yougoslavie. Milosevic est décédé en 2006 avant la fin de son procès.

Quelle avenir pour l'Union européenne ?

Les questions qui s'étaient posées aux gouvernements des Quinze au moment de l'élargissement de 1995 ont resurgi, avec la même intensité, lors de l'adhésion en 2004 de dix nouveaux États : Chypre, Estonie, Hongrie, Lettonie, Lituanie, Malte, Pologne, République tchèque, Slovaquie et Slovénie. S'agissant des pays d'Europe centrale et orientale (PECO) qui formaient le noyau dur de cette nouvelle fournée d'adhérents – il faut y ajouter la Roumanie et la Bulgarie dont l'adhésion est prévue pour 2007 – le processus d'intégration à l'UE a commencé à se mettre en route en adoptant un rythme différent selon les États ou les groupes d'États concernés. Avec la Hongrie, la Tchécoslovaquie (encore existante à cette date) et la Pologne, premiers pays de l'ancien bloc de l'Est à s'être dotés d'institutions pluralistes et à avoir engagé de profondes réformes économiques, la CEE a conclu dès la fin de 1991 des «accords européens» combinant le libre-échange des produits industriels, le traitement préférentiel pour les échanges de produits agricoles, une coopération financière très large et un dialogue politique. Entre février 1993 et juin 1995, des accords semblables ont été signés avec la Roumanie et la Bulgarie, puis avec les républiques tchèque et slovaque (désormais séparées) et avec les trois pays baltes, enfin avec la Slovénie : le but étant de préparer l'adhésion de ces États à l'horizon de 2004-2007.

La décomposition de l'Empire soviétique a donc bouleversé les données géopolitiques européennes. Ce qui a disparu entre 1989 et 1991, c'est l'Europe figée en deux blocs : une configuration qui lui avait été imposée par deux puissances extérieures, les États-Unis et l'URSS, dans un contexte induit par les événements de 1944-1945. Cette Europe-là est morte et ne renaîtra pas de ses cendres. D'une part parce que personne n'en veut plus, d'autre part parce que les «supergrands» d'hier n'ont plus les moyens d'en assumer la charge.

Quelles sont, dans ces conditions, les possibilités qui, au début du troisième millénaire, s'offrent au vieux continent? La construction européenne s'est amorcée dans un contexte bien précis qui était celui de la Guerre froide et de la menace communiste. L'une et l'autre ont aujourd'hui disparu. Pour les États qui ont «fait l'Europe», le danger serait de relâcher leur effort d'intégration et de laisser se détendre des liens de solidarité forgés à un moment de forte tension internationale. Au lieu du pôle d'attraction démocratique et pacifique que constitue l'Union européenne, il y aurait des chances sérieuses pour que se reconstitue une configuration multipolaire et conflictuelle. Tel est l'enjeu qui a motivé les gouvernements de l'Europe des Quinze dans leur souci de donner à l'UE un cadre institutionnel suffisamment élaboré pour éviter que celle-ci se réduise en une pure et simple zone de libre-échange. Mais ils doivent tenir compte à la fois des très fortes réticences britanniques à toute avancée de la supranationalité, du désir plus ou moins explicitement formulé par de nouveaux arrivants de voir se développer une Europe «à la carte», peu respectueuse des acquis communautaires, et bien sûr des immenses problèmes qui résultent des effets de la mondialisation sur les sociétés du vieux continent et des contraintes imposées par le traité de l'Union européenne.

La création d'une monnaie unique – l'euro – a probablement été l'avancée la plus tangible du processus d'unification européenne, mais elle n'est pas sans poser de sérieux problèmes aux États qui ont adhéré à l'Union monétaire (onze sur les quinze membres de l'UE dans sa configuration de 1995-2004). Le traité de Maastricht imposait en effet aux pays désireux de renoncer à leur monnaie nationale et d'entrer dans la zone euro un certain nombre de critères de convergence impliquant de leur part une grande rigueur monétaire et budgétaire : taux d'inflation ne devant pas dépasser de plus de 1,5 % celui des trois pays de l'Union ayant l'inflation la plus faible, déficit public inférieur ou égal à 3 % du PIB, taux d'intérêt moyen à long terme supérieur de 2 % à la moyenne de ceux des trois pays ayant l'inflation la plus faible, ratio de la dette publique inférieur ou égal à 60 % du PIB. L'union monétaire a ainsi vu le jour le 1er janvier 1999. Dotée d'une large autonomie, une Banque centrale européenne (BCE) a été créée pour gérer la monnaie commune en collaboration avec les banques centrales des États membres de l'Union. L'euro est devenu une réalité et il a été décidé que les citoyens de ces États devraient l'utiliser au quotidien à dater du 1er janvier 2002, une fois disparues leurs monnaies nationales.

La mise en place d'une monnaie unique entre des pays qui se sont déchirés durant des siècles et dont les luttes fratricides expliquent pour une bonne part le déclin de l'Europe constitue un tournant historique indéniable. Mais le changement ne s'est pas fait sans difficulté et il est clair qu'il pose aux États membres de l'UE des problèmes considérables. Le respect des critères fixés par les traités de Maastricht (1992) et d'Amsterdam (1997) ont imposé en effet aux gouvernements concernés des pratiques draconiennes de rigueur qui, venant se superposer aux effets déjà hautement déstabilisateurs de la globalisation, risquent de déboucher sur une véritable explosion sociale. Pris en tenaille entre la nécessité d'accélérer le processus d'intégration européenne pour répondre aux défis de l'économie-monde et la résistance des catégories menacées et des nombreux bénéficiaires de l'État-providence, les gouvernements en charge des affaires n'ont guère d'autre choix que de tenir le cap en corrigeant, au coup par coup, les effets les plus explosifs des réformes, et en essayant de convaincre leurs électorats que celles-ci sont l'inévitable rançon d'un changement d'histoire et non l'habillage idéologique d'un libéralisme sauvage privilégiant, au nom des «lois du marché», la finance et la «rationalité économique» aux dépens de la cohésion sociale. En dépit de déclarations incantatoires sur «l'Europe sociale», la coordination des politiques économiques demeure pour l'instant la priorité des équipes dirigeantes.

L'élargissement de l'Union aux pays de l'Est européen n'a pas simplifié les choses. En matière de politique étrangère, l'Europe commence tout juste à affirmer une démarche commune dont la dramatique question yougoslave a toutefois souligné les carences. Dans le conflit du Kosovo en effet, si les Européens sont parvenus à suivre une ligne commune, au demeurant alignée sur celle des États-Unis dans le cadre de l'OTAN, c'est encore une fois à la République impériale qu'ont échu les responsabilités majeures en matière de définition et d'exécution d'une stratégie fondée sur les frappes aériennes.

Plus grave a été la division des États européens face à la détermination en 2003 du président George W. Bush d'entrer en guerre contre l'Irak. Tandis que la France et l'Allemagne refusaient de se joindre à la coalition rassemblée autour des États-Unis, le Royaume-Uni, l'Italie, l'Espagne et d'autres États membres de l'UE acceptaient d'envoyer un contingent militaire plus ou moins important en Irak.

Il en sera ainsi tant qu'une politique de défense commune n'aura pas été mise en œuvre à l'échelle de l'Union, autrement dit tant que celle-ci n'aura pas réussi à se doter de véritables institutions communautaires. C'est dans cette perspective que les chefs d'État et de gouvernement des Quinze ont décidé de créer, lors du sommet de Laeken (Belgique), en décembre 2001, une Convention sur l'avenir de l'Europe chargée d'élaborer un projet de Constitution en vue de l'élargissement de l'Union. Présidée par l'ancien président de la République française Valéry Giscard d'Estaing, cette Convention a été mise en place en février 2002. Après 15 mois de laborieuses négociations, le projet de Constitution pour l'Europe élargie a été adopté en juin 2003 par la Convention, mais rejeté par le Conseil européen, suite à l'opposition de l'Espagne et de la Pologne sur la définition de la nouvelle majorité qualifiée. L'Europe des Vingt-cinq a officiellement vu le jour le 1er mai 2004, les dix nouveaux membres participant aux élections européennes des 10-13 juin. Marquées par une abstention record, celles-ci ont souligné le décalage existant entre les dirigeants politiques et l'électorat, largement indifférent à l'idée européenne. Grâce notamment à un changement de majorité en Espagne, la Constitution européenne a finalement été adoptée à l'unanimité quelques jours plus tard par le Conseil européen et signée solennellement à Rome le 2 octobre 2004.

Aboutissement d'une longue évolution depuis l'Acte unique de 1986, le renforcement du rôle du Parlement de Strasbourg, organe le plus démocratique de l'Union, s'est manifesté en octobre 2004, obligeant le président de la Commission de Bruxelles, le Portugais Manuel Barroso, à modifier les attributions de ses vingt-cinq commissaires. Une certaine unité est apparue en matière de défense commune avec la mise en place, en novembre 2004, d'une Agence européenne d'armement et la création d'une force militaire d'intervention rapide. Mais, au printemps 2005, la marche en avant de cette nouvelle Union à vingt-cinq a été brusquement stoppée par le rejet de la Constitution en France et aux Pays-Bas, et par l'échec du sommet de Bruxelles sur le budget communautaire pour la période 2007-2013. Depuis, l'Union européenne est entrée dans une crise profonde pour laquelle elle va devoir trouver des solutions adaptées à la nouvelle donne du système international.

L'une des questions qu'elle aura à résoudre au cours de la prochaine décennie concerne l'adhésion éventuelle de la Turquie. Déjà associée à la CEE depuis 1963, ce pays a conclu en mars 1995 avec l'Europe des Quinze un accord d'union douanière entré en vigueur le 1er janvier 1966. Sa candidature à l'entrée dans l'espace communautaire ne date donc pas d'hier. Elle pose néanmoins des problèmes délicats et soulève des oppositions que n'ont pas connues les pays récemment admis dans l'UE. Il s'agit en effet d'un État fortement peuplé (plus de 70 millions d'habitants), où la démocratie est encore fragile, où les droits de l'homme ne sont pas toujours respectés, et dont le PIB par habitant est presque trois fois moins élevé que celui du Portugal. À quoi s'ajoutent la position périphérique de la Turquie – dont la plus grande partie du territoire se situe en Asie –, son enracinement dans l'ensemble géopolitique du Proche-Orient, son appartenance à l'aire «arabo-islamique» et la menace qui pèse aujourd'hui sur son avenir du fait de la montée en puissance du fondamentalisme musulman : tous ces phénomènes étant plus ou moins explicitement évoqués (la classe politique est relativement discrète sur la pesanteur du fait islamique) par les adversaires de l'adhésion. Au contraire, les partisans du oui à la Turquie mettent en relief son appartenance à l'OTAN et le rôle de «bastion de l'Occident» qu'elle a joué pendant toute la durée de la Guerre froide, ainsi que le risque qu'il y aurait, en maintenant fermée la porte de l'Union, à voir ce pays dériver vers un islamisme pur et dur, en rupture avec ce qu'il subsiste de l'héritage kémaliste. On s'est donc contenté pour l'instant d'une prudente solution de compromis en reportant à une dizaine d'années l'entrée de la Turquie dans l'Union, à la condition que tous les États soient d'accord et que le gouvernement d'Ankara ait d'une part donné la preuve du respect de la démocratie et des droits de l'homme, et d'autre part trouvé une solution acceptable au problème kurde et reconnu l'existence de l'État chypriote.

CHAPITRE 11

La civilisation européenne du second XXᵉ siècle

Au cours du second XXᵉ siècle, le rapprochement des modes de vie et des pratiques sociales et culturelles des populations européennes apparaît comme l'élément fondateur de la construction d'une identité transnationale dans le vieux continent.

Pratiquement tous les pays européens ont connu la poussée démographique de l'après-guerre, puis son tassement, conduisant à un vieillissement des populations et à une croissance de l'immigration. Les sociétés ont subi de fortes mutations dominées par la chute du nombre des patrons et des paysans et la croissance de la classe moyenne salariée. Sous l'effet de l'urbanisation se sont développées des sociétés de consommation au niveau de vie en hausse, tendues vers l'exaltation de l'individu et le droit au bonheur, cependant que retraités et jeunes y constituaient d'importants groupes de consommateurs, aux valeurs autonomes. Enfin, l'uniformisation apparente du cadre de vie et des pratiques sociales (en dépit du maintien de fortes inégalités) ne peut dissimuler les crises nées d'un bouleversement rapide et mal contrôlé des conditions d'existence. L'insuffisance

des équipements urbains et la dégradation de l'habitat dans
des quartiers défavorisés constitués en ghettos, la pollution,
le chômage, la montée de la violence et de la délinquance sur fond
de nouvelle pauvreté, sont des phénomènes d'autant plus
insupportables qu'ils s'inscrivent dans une société vouée
à la consommation des biens matériels.

La société de consommation a sa culture propre : la culture de masse
fondée sur les médias. Elle diffuse des modèles homogènes
et stéréotypés venus d'Outre-Atlantique et s'impose commercialement.
Globalement, la culture de masse accentue le conformisme social.

Sans doute la culture de l'élite n'a-t-elle pas disparu, élargissant
même son public du fait de la diffusion de l'instruction. Marquée
par l'époque, elle donne lieu à de grandes œuvres, pas toujours
accessibles au plus grand nombre. Le lien entre la culture de l'élite
et la masse de la population s'opère par l'intermédiaire
de quelques trop rares émissions de télévision et surtout
par le cinéma.

Limitée à l'Europe occidentale ou élargie à l'ensemble du continent,
la construction européenne n'est plus seulement un mythe,
mobilisateur pour les uns, répulsif pour les autres et de toute manière
vécu par la majorité des intéressés comme relevant
de la fiction futuriste.

Déjà se manifeste chez de nombreux Européens un sentiment
d'appartenance à une communauté qui, tout en respectant
les identités nationales, transcende celles-ci et n'est déjà plus
une étiquette commode recouvrant de simples solidarités matérielles
imposées par les lois de la concentration et de l'intégration
économiques à l'échelle planétaire. Or, dans la genèse
de cette conscience européenne, si les pesanteurs d'une histoire
plusieurs fois millénaire sont vraisemblablement d'une importance
majeure, celles des dernières décennies jouent également un rôle
capital en ce sens qu'elles coïncident avec une forte tendance
au rapprochement entre les modes de vie et les pratiques sociales
et culturelles des populations européennes.

Flux et reflux démographiques

Nous avons vu que le second conflit mondial avait été suivi, dans un certain nombre de pays européens, par un *baby boom* qui s'était traduit pour ces États — la France en tout premier lieu, mais aussi le Royaume-Uni, les Pays-Bas, la Belgique, le Danemark, l'Irlande — par un redressement de leur situation démographique. Cette inversion de tendance des courbes de la natalité n'a pas duré plus de quelques années. Dès 1950, pour la plupart des pays d'Europe occidentale, le nombre des naissances s'est résolument orienté à la baisse et n'a cessé depuis de fléchir, faisant chuter les taux de 20,5 ‰ en 1950 à 13,9 ‰ en 1990 pour la France, de 18 ‰ à 11,8 ‰ pour la Belgique, de 20 ‰ à 11 ‰ pour le Danemark, de 20 ‰ à 11,3 ‰ pour la Grèce, de 19,9 ‰ à 10 ‰ pour l'Italie, de 23 ‰ à 12,5 ‰ pour les Pays-Bas, de 24,5 ‰ à 12,5 ‰ pour le Portugal, etc. La République fédérale d'Allemagne, qui n'avait pas connu de *baby boom* au lendemain de la guerre du fait de l'énorme ponction qu'avait subie sa population adulte masculine, a vu son taux de natalité croître très légèrement jusqu'au milieu des années 1960 (16,2 ‰ en 1950, 17,4 ‰ en 1965), puis fléchir très rapidement pour se stabiliser autour de 10‰. Son taux de mortalité se situant aux alentours de 11,5 ‰, elle est le seul pays de l'Europe des Douze dont l'excédent naturel se soit en fait transformé en déficit.

Jusqu'à la fin des années 1960, la croissance de la population des pays de l'Europe occidentale s'est principalement effectuée par le jeu de l'excédent des naissances sur les décès, en recul constant pendant cette période, du fait de l'amélioration du niveau de vie et des progrès enregistrés en matière d'hygiène, de soins médicaux et d'alimentation. Après cette date, la réduction de l'écart entre les taux de natalité et de mortalité ont fortement réduit l'excédent naturel et si les populations ont continué à croître, c'est largement en raison de l'ouverture des frontières aux travailleurs étrangers : en majorité européens jusqu'en 1970 puis, en proportion croissante, originaires des pays du Maghreb, de Turquie, d'Afrique de l'Ouest et depuis une quinzaine d'années des anciens États communistes d'Europe centrale et orientale.

C'est un mouvement de populations sans précédent que celui qu'a connu depuis 1945 le continent européen, et plus précisément les pays industrialisés de l'Europe de l'Ouest et du Nord. On évalue à l'heure actuelle à vingt-quatre millions le nombre d'étrangers résidant dans les vingt-cinq États de l'Union européenne. Leur proportion varie beaucoup d'un pays à un autre. : 4,9 % au Danemark (2,5 % en 1992), 4,6 % au Royaume-Uni, 5,4 % en France, 8,9 % en Allemagne, 4,4 % aux Pays-Bas (3,8 % en 1992), 8,2 % en Belgique, 8,8 % en Autriche et plus de 32 % au Luxembourg. Des pays comme l'Italie (2,5 % de la population), le Portugal (3,9 %), l'Espagne et surtout la Grèce (6,9 % de la population), qui avaient été jusqu'à la fin de la décennie 1970 fortement exportateurs de main-d'œuvre, ont vu leur solde migratoire (nombre des retours par rapport à celui des départs) devenir positif, et surtout sont devenus des pays d'immigration. En Suisse et en Norvège, pays qui ne font pas partie de l'Union européenne, l'effectif des étrangers représente respectivement 19 % et 3,7 % de la population. Cette forte croissance des flux migratoires n'a pas été sans poser des problèmes d'intégration aux États concernés, et a suscité des réactions de rejet qui nourrissent l'argumentaire démagogique et xénophobe des partis d'extrême droite : Front national en France, FPÖ de Jörg Haider en Autriche, Vlaams Blok en Belgique flamande, etc.

Excédent naturel et apport des migrants ont conjugué leurs effets pour orienter à la hausse — une hausse très modérée et très variable d'un pays à l'autre — les effectifs de la population européenne. Entre 1950 et 1990, ceux de la Belgique sont passés, en chiffres arrondis, de 8,6 à 10 millions d'habitants, ceux de l'Espagne de 28 à 40 millions, ceux de la France de 42 à 56,5 millions, ceux de l'Italie de 47,5 à 58 millions. Dans le même temps, la RFA a vu sa population passer de 50 à 61 millions, le Royaume-Uni de 50 à 57,3 millions, la Grèce de 7,6 à 10,2 millions, le Portugal de 8,4 à 10,5 millions, les Pays-Bas de 10 à 15 millions (croissance record pour la CEE).

Aujourd'hui, le ralentissement de la croissance démographique est devenu un phénomène général, y compris dans la plupart des États de l'Europe de l'Est. Elle résulte d'un faisceau de raisons liées dans tous les pays aux changements de mentalité, au développement des pratiques contraceptives, au recul de la nuptialité, aux modifications des rôles à l'intérieur du couple, etc. À quoi s'ajoutent dans certains pays, au premier rang desquels figure le nôtre, les effets d'une « surmortalité » — principalement masculine — produite par les accidents de la route et par les ravages persistants de l'alcoolisme et du tabagisme. À moyen terme, le rétrécissement à la base de la pyramide des âges (visible pour tous les États de l'Union européenne à l'exception de l'Irlande) et l'allongement de l'espérance de vie préfigurent — s'il n'intervient pas ou un nouveau *baby boom* (l'éventualité en est hautement hypothétique), ou un nouvel apport de sang neuf en provenance des régions périphériques de l'Europe (et l'opinion n'y paraît guère favorable) — une Europe vieillie, donc dotée d'un moindre dynamisme d'ici dix ou quinze ans. Sans parler des immenses problèmes que poseront aux actifs le financement d'une formation de plus en plus poussée et celui des retraites pour des générations dont l'espérance de vie ne cesse de s'allonger.

Les mutations sociales des « Trente glorieuses »

● Les modifications structurelles des sociétés européennes

De 1945 au milieu des années 1970, la croissance et les progrès technologiques qui ont accompagné celle-ci ont profondément modifié la nature du travail et la répartition des actifs. On a assisté tout d'abord, dans le prolongement des décennies de l'entre-deux-guerres, à une augmentation régulière du nombre des salariés par rapport à l'ensemble de la population active. À la fin de la période, il atteint 94 % en Grande-Bretagne, près de 80 % en RFA et en Suède, 75 % en France, 70 % en Italie. Cela ne signifie pas qu'il y ait eu pour autant une extension de la condition « prolétarienne », au sens que ce terme pouvait avoir au XIXᵉ siècle. Bien au contraire. La notion de salariat recouvre des statuts sociaux infiniment variés allant de celui du PDG de grande société et du haut fonctionnaire à l'employé communal occupé à des tâches de voirie, en passant par toute la gamme des emplois de l'industrie, du commerce, de l'agriculture et des administrations. Si bien que son extension n'est pas synonyme d'homogénéisation du corps social.

Il est vrai que, dans tous les pays d'économie de marché du vieux continent, la part des revenus salariaux n'a cessé de se gonfler aux dépens de ceux du capital — elle est passée en Allemagne de 55 à 65 % entre 1950 et 1965, en Grande-Bretagne de 60 à 70 %, en France, entre 1952 et 1967, de 52 à 64 %. Il est tout aussi avéré qu'à l'intérieur du monde des salariés, les écarts peuvent être considérables entre le sommet et la base, et que dans certains pays, ils ont même eu tendance à se creuser avec l'accélération de la croissance.

La classe ouvrière a elle-même perdu beaucoup de son unité. Les changements technologiques et l'évolution des emplois qui leur est liée, et qui associe une formation plus poussée à une initiative plus large, ont fait que le nombre des techniciens et des ouvriers en blouse blanche a fortement augmenté, tandis que reculait celui des «métallos», des «hommes du fer» et des «gueules noires». Là encore cependant, il ne faut pas se méprendre sur la signification de ce changement. D'abord parce que les travaux durs, salissants et dangereux n'ont pas disparu de l'univers industriel. Simplement, ils tendent de plus en plus à être monopolisés par un sous-prolétariat immigré dont les représentants viennent occuper, d'une décennie à l'autre, les postes de travail laissés vacants par ceux qui, appartenant à la vague précédente, ont commencé à gravir les premiers degrés de l'échelle sociale. Ensuite, parce que l'élimination progressive des travaux manuels exigeant plus de force physique et de résistance que de qualification n'a pas fait disparaître de l'atelier ou de l'usine l'aliénation produite par le travail parcellaire. Enfin, parce que, même là où l'automation a progressé, il y a moins eu homogénéisation de la condition ouvrière que déplacement et redéfinition des différences.

Quoi qu'il en soit, il n'est pas niable qu'il y ait eu globalement une diminution en pourcentage des travailleurs manuels et une augmentation symétrique de la proportion des techniciens et des cadres moyens. Il en est résulté, en termes d'attitudes politiques et syndicales, une progression des choix réformistes aux dépens des traditions et du discours révolutionnaires, dont les partis communistes et les organisations syndicales qui s'y rattachent ont commencé à faire les frais en fin de période, aussi bien en termes de militantisme que de comportement électoral. En revanche, nous avons pu le constater à propos de l'Italie à la charnière des années 1960 et 1970, l'existence dans certains pays de forts contingents de migrants de l'intérieur, récemment arrachés à leur milieu rural d'origine et occupant des emplois non qualifiés, a eu souvent pour effet de fournir aux organisations de l'ultra-gauche une base ouvrière qui, ailleurs — et notamment en Europe du Nord — leur a fait complètement défaut.

Deux groupes ont vu leurs effectifs décroître très rapidement depuis 1945 dans les pays industrialisés de l'Europe de l'Ouest. La part du patronat industriel et commercial a diminué d'environ 40 % en moyenne entre 1954 et 1975, conséquence à la fois de la disparition d'entreprises moyennes et petites, mal adaptées au marché et de la forte concentration qui a accompagné la modernisation de l'économie ouest-européenne. La prise de contrôle de nombreuses entreprises par les groupes financiers a porté au pouvoir, à l'intérieur des grandes firmes, une nouvelle catégorie de dirigeants salariés, les «managers», véritables techniciens de la gestion formés à l'université (Allemagne, pays scandinaves), dans des business schools inspirées du modèle en vigueur outre-Atlantique ou dans les «grandes écoles» (en France, Polytechnique, l'ENA, HEC ou «Sciences Po», en Grande-Bretagne la «London School», en Italie l'Université Bocconi de Milan, etc.).

Réduite en nombre et ainsi transformée, la grande bourgeoisie d'affaires et la technocratie apparaissent plus puissantes que jamais. Proclamant l'identité de la croissance et du progrès social, à cheval sur les secteurs public et privé, en prise avec le monde politique et avec celui de la culture, elles constituent la véritable classe dirigeante, tandis que diminue l'importance de la classe moyenne indépendante et que les élites traditionnelles, liées à la grande propriété foncière, ne maintiennent partiellement leurs positions que dans des zones peu étendues, le *Mezzogiorno* italien, le centre et le sud de l'Espagne, le Portugal intérieur et méridional, une partie de la Grande-Bretagne et de l'Allemagne du Nord.

La paysannerie, de son côté, ne représente plus qu'une fraction très minoritaire de la population active en Europe de l'Ouest : pas plus de 8 % aujourd'hui contre 35 % environ au lendemain de la guerre, avec des disparités qui demeurent fortes (3,5 % en France contre 30 % en 1945, 4,2 % en Italie au lieu de 40 %, 1,3 % au Royaume-Uni, 2,4 % en Allemagne, mais encore plus de 5,3 % en Espagne et près de 12 % en Grèce). Ici, la diversité des situations l'emporte encore de beaucoup sur la tendance à l'uniformisation, les différences de statut, de revenus, de mode de vie, etc., étant considérables entre le propriétaire ou le fermier exploitant un domaine de plus de 50 hectares dans le Bassin parisien, l'Angleterre du Sud-Est ou la plaine du Pô, le détenteur d'une exploitation familiale modeste pratiquant l'élevage associé à la polyculture, souvent affronté à de graves difficultés de survie, et le salarié agricole occupé une partie de l'année seulement sur les grands espaces latifundiaires du *Mezzogiorno,* de la Meseta espagnole ou du Portugal méridional. Globalement, malgré les progrès enregistrés depuis cinquante ans en matière de techniques de production et de distribution, de formation, d'équipements collectifs et ménagers, de communication, ce secteur conserve de nombreuses poches d'archaïsmes et les catégories sociales qui le composent connaissent, comparées à l'ensemble du corps social, un indéniable déclin.

● Une Europe des classes moyennes aux fortes disparités sociales et géographiques

Partout, y compris dans les pays de l'Est, la classe moyenne salariée a au contraire connu un développement considérable. Formée de catégories socioprofessionnelles aux activités et aux niveaux de revenu très divers — ingénieurs, employés, cadres moyens ou supérieurs des secteurs privé ou public, etc. — celle-ci rassemble à l'heure actuelle entre 50 et 60 % des actifs selon les pays. En Europe de l'Ouest, son originalité et son homogénéité tiennent moins à la position de ses membres par rapport à la propriété des moyens de production et d'échange — critère retenu par les marxistes pour définir une «classe sociale» — qu'à la conscience qu'ils ont d'appartenir à des catégories moyennes, à un mode de vie qui les fait participer fortement à la société de consommation et aspirer à une promotion rapide, aux craintes enfin de voir leur emploi et leur niveau de vie menacés par les difficultés économiques ou par une politique sociale visant à réduire les écarts entre les salaires. Fortement structurés et hiérarchisés, les groupes qui constituent ces catégories intermédiaires et qui sont en général très attachés à la stabilité de l'ordre social, se caractérisent par leur conformisme et leur individualisme. Positionnés au centre de la technostructure dans les sociétés occidentales et constituant le vivier d'où sort la nouvelle classe dirigeante, ils ont peu à peu constitué un modèle (en termes de propension à consommer, mais aussi d'adhésion à un même système de valeurs) pour les groupes homologues des pays de l'Est européen.

L'augmentation globale des revenus pendant les années de forte croissance qui ont précédé la «crise» n'a pas profité à tous de façon égale. Il y a d'abord eu de fortes disparités géographiques, entre les pays et à l'intérieur de ces pays.

Ainsi, à la fin des années 1950, si l'on prend comme indice de référence 100 le niveau des salaires français, la Suède se situe à l'indice 200 (États-Unis = 475), le Royaume-Uni à 143, la Suisse à 141, les Pays-Bas à 93, l'Italie à 71. Mais les différences peuvent être considérables entre le Nord et le Sud de l'Italie, la Cornouaille et les Midlands, la Bretagne intérieure et le Bassin parisien, et la hiérarchie des États est alors complètement bouleversée. Un ouvrier qualifié de la Fiat gagnait autant en 1990 que certains professeurs d'université britanniques !

Surtout, les différences peuvent être considérables entre les catégories socioprofessionnelles, et ceci d'autant plus que la prospérité, loin de réduire l'écart entre les revenus, a eu tendance à les accroître. D'abord parce que l'exode rural et la croissance urbaine qui ont servi de toile de fond aux «Trente glorieuses» ont favorisé la concentration des patrimoines. En France, en 1980, 10 %, des ménages les plus fortunés détenaient 53 % du patrimoine (terres, immeubles, actions, or, objets d'art), alors que les 10 % les moins fortunés n'en possédaient que 0,03 % et que 5 millions de personnes environ percevaient des sommes inférieures ou égales au SMIC. Ensuite, parce que l'éventail des rémunérations s'est assez largement ouvert, du moins jusqu'au début des années 1970, les conditions économiques tirant vers le haut les salaires les plus élevés, tandis que le salaire minimum était difficilement réajusté, et avec retard. À cette date, selon les statistiques fournies par les Nations unies, le rapport du revenu moyen des 10 % les plus riches à celui des 10 % les plus pauvres serait de 1 à 15 au Royaume-Uni, de 1 à 20 au Danemark et en RFA, de 1 à 33 aux Pays-Bas et de 1 à 76 en France.

Pour tenter de corriger ces inégalités, la plupart des États ont pratiqué une politique de redistribution partielle des revenus, prélevant des sommes importantes au titre de l'impôt ou des cotisations sociales et les redistribuant sous des formes diverses : équipements collectifs, couverture sociale, allocations familiales, retraite vieillesse, bourses, etc. Bien que les catégories les plus défavorisées soient les principales bénéficiaires de cette intervention de l'«État-providence», elle ne corrige que très partiellement et très inégalement selon les pays (le correctif fiscal et les prestations du *Welfare State* sont beaucoup plus élevés en Suède, au Danemark, en Grande-Bretagne jusqu'à l'arrivée au pouvoir de Margaret Thatcher, ou en France que dans les pays méditerranéens) des inégalités dont les effets dans la vie quotidienne se manifestent moins désormais au niveau de la consommation alimentaire et de l'équipement des ménages que dans les domaines de la culture et des loisirs.

Vie quotidienne et pratiques sociales

● Urbanisation et société de consommation

Au cours des cinq ou six dernières décennies, les Européens ont vu leur cadre de vie radicalement transformé. L'Europe s'est tout d'abord très fortement urbanisée. Tandis que les communes rurales se vidaient d'une partie de leurs habitants (en France, en 1968, les trois-quarts d'entre elles en avaient moins de 500), cessant fréquemment avec le départ de l'instituteur, du curé ou du pasteur (du fait des regroupements scolaires et de la baisse de la fréquentation religieuse dans de nombreux pays) d'être de véritables centres de sociabilité, le taux de la population urbaine a fortement augmenté. En France, il est passé de 53 % en 1946 à 72 % en 1974 et à 76,3 % en 2003. Il est à l'heure actuelle de 88,1 % en Allemagne, de 89,1 % au Royaume-Uni, de 97,2 % en Belgique, de 76,5 % en Espagne, de 67,4 % en Italie, de 74,3 % en République tchèque, de 61,9 % en Pologne, de 60,8 % en Grèce. Seule l'archaïque Albanie a, à l'heure actuelle, encore un peu plus de ruraux que de citadins.

Il en est résulté, d'une part, une fièvre de construction immobilière telle que le vieux continent n'en avait pas connue depuis la seconde moitié du XIXᵉ siècle (le Second Empire en France, les débuts de l'ère victorienne en Angleterre, les années 1875-1890 en Allemagne et en Italie), et, d'autre part, favorisés par le développement des moyens de communication, l'extension du modèle et des comportements incarnés par la ville.

Ces modèles sont ceux de la société de consommation. Conjuguant ses effets avec ceux des grandes percées technologiques qui ont permis de produire en série, et à des prix relativement bas, les objets industriels qui faisaient jusqu'alors le confort des plus aisés, la très forte augmentation du pouvoir d'achat moyen des Européens de l'Ouest (il a plus que doublé en France et triplé en Italie entre 1954 et 1975) a complètement bouleversé les structures de la consommation des ménages. La part de l'alimentation, qui s'est pourtant améliorée en quantité et en qualité, et celle de l'habillement ont diminué au profit du logement, des transports, des dépenses de loisirs et de santé. Entre 1965 et 1968, plus de la moitié des ménages français se trouvent ainsi en possession des quatre produits symboles de l'ère nouvelle : le réfrigérateur, la télévision, la machine à laver le linge et l'automobile, cette dernière constituant à la fois la locomotive de la croissance et un objet de reconnaissance érigé en mythe social.

Les loisirs et l'éducation sont devenus des besoins prioritaires. Jadis réservés aux plus fortunés, les loisirs ont partout tendance à se démocratiser. Si tous les Européens, y compris dans les États les plus riches — RFA, France, pays de l'Europe du Nord, Suisse — ne partent pas encore en week-end ou en vacances, ces pratiques se sont de plus en plus répandues et ont apporté des modifications importantes aux rythmes de la vie collective (les déplacements liés aux congés et aux migrations de fin de semaine posent des problèmes considérables aux pouvoirs publics et aux usagers) et à la géographie humaine des lieux de villégiature (résidences secondaires, *marinas,* terrains de camping et de caravaning, villages de vacances, etc.). Certaines activités qui étaient autrefois le privilège des catégories aisées — le ski, la voile, voire l'équitation et le golf — sont aujourd'hui pratiquées par une fraction relativement importante de la population.

Toutefois, de fortes inégalités subsistent — pas toujours et en tout cas pas seulement pour des raisons pécuniaires — dans l'accès aux activités culturelles. Même dans les pays économiquement les plus évolués, seule une élite cultivée fréquente le théâtre, les concerts de musique classique, les expositions de peinture, alors que tout le monde, ou à peu près, peut accéder par la «petite lucarne» de la télévision, devenue le principal instrument d'information et de récréation des Européens, à une culture de masse dont les produits sont en général et de plus en plus d'une grande médiocrité. Il y a des exceptions sur *Channel Four* en Angleterre, sur les chaînes publiques en France, sur la RAI en Italie, etc., mais elles se raréfient et ont beaucoup de mal à résister à la dictature de l'audimat, aux menaces de privatisation et à la concurrence du câble, du satellite ou d'Internet.

● Les mutations culturelles et l'évolution des comportements sociaux

La diffusion de l'enseignement, à tous les niveaux, est une autre caractéristique des quarante dernières années. Liée à la fois, pour les pays qui l'ont connue, à la poussée démographique de l'après-guerre, en Europe de l'Ouest à une demande sociale motivée par l'aspiration des catégories moyennes ou modestes à la promotion et à l'«égalité des chances», et dans les démocraties populaires aux orientations égalitaires fixées par les pouvoirs communistes, elle s'est partout traduite par un gonflement sans précédent des effectifs du secondaire et par une arrivée massive des jeunes à l'université, où la multiplication par 10, 20 ou 30 en trente ans, selon les pays, du nombre des étudiants, a posé et pose encore d'énormes problèmes de locaux, d'encadrement, de méthodes et de finalité de l'enseignement, ou encore de débouchés.

La société ouest-européenne a évolué depuis la guerre dans le sens d'une affirmation croissante de l'individu qui a commencé à toucher également, depuis quelques années, les pays de l'Europe de l'Est. Au terme d'une évolution séculaire, qui ne s'est pas effectuée au même rythme dans tous les pays et dans toutes les régions de l'Europe, et qui est loin d'être partout parvenue au même point, les contraintes sociales, liées aux croyances religieuses, aux règles morales véhiculées par la famille, par l'école, par divers groupes d'appartenance (la «classe», le parti, etc.) se sont relâchées en même temps que se transformaient les institutions qui les avaient produites. Le recul de la pratique religieuse dans tous les pays occidentaux, la crise des idéologies globalisantes, l'éclatement de la famille traditionnelle ont eu à la fois pour cause et pour effet de privilégier l'individu par rapport aux formes collectives de la vie sociale et d'ériger la liberté en valeur absolue.

L'affirmation du droit au bonheur et à l'épanouissement personnel s'est traduite, sur le plan des mœurs, par une révolution complète avec laquelle le législateur a dû compter. On continue de vivre en couple mais on se marie moins et on divorce plus. Surtout, on choisit d'avoir ou non des enfants, la diffusion de la contraception et son officialisation ayant été relayées dans la plupart des pays de l'Europe de l'Ouest par une législation autorisant l'interruption volontaire de grossesse (loi Veil en France en 1974). La sexualité a cessé d'être un tabou, l'homosexualité d'être considérée comme un délit, même si la tolérance à son égard varie beaucoup d'un pays à l'autre. Le culte du corps est devenu, sous des formes diverses (jogging, aérobic, diététique, «soins de beauté» désormais recherchés par les deux sexes, culte de la minceur et du bronzage à peine entamé par les cris d'alarme du corps médical), l'une des grandes préoccupations de nos contemporains.

Les rapports entre les générations et entre les sexes ont également changé en Europe de l'Ouest, comme d'ailleurs dans les autres sociétés industrielles ou postindustrielles. L'une des grandes nouveautés des trente dernières années a été la constitution de classes d'âge en groupes plus ou moins autonomes, avec leur manière de consommer, leurs modes de vie, leurs mentalités et leurs choix culturels spécifiques. La vieillesse a reculé, dégageant un espace au «troisième âge», celui des retraités récents, gros consommateurs de loisirs et de voyages organisés, de lecture, de spectacles, voire de recyclage universitaire. Les relations entre parents d'une part, enfants et adolescents d'autre part, reposent moins sur l'autorité que par le passé et, avec toutes les difficultés que cela comporte, l'éducation tend à devenir l'apprentissage de la liberté.

Plus nombreuses qu'autrefois et ayant grandi dans le climat euphorique de la croissance, les générations du *baby boom* ont beaucoup contribué au changement global de la société. Elles ont en partie imposé leurs modes, leur culture, leur refus des hiérarchies fixées une fois pour toutes. Avec tous ses excès, l'esprit de 1968, dont on a souligné le caractère transnational, a été à bien des égards, dans cette perspective, un ajustement des valeurs : celles de la modernité, incarnées souvent maladroitement par les jeunes, et celles de la tradition, parfois dégénérées en conformisme.

Plus importante encore a été l'importance des femmes en tant que catégorie aspirant à jouer un rôle actif dans la société et pas seulement celui d'épouse et de mère dans lequel elles avaient été cantonnées jusqu'alors, notamment dans les pays de l'Europe méditerranéenne. Enfin dotées du droit de vote dans les pays où elles en étaient encore privées (la France par exemple jusqu'en 1944), elles ont bénéficié dans leur conquête de l'égalité de fait avec les hommes de plusieurs conditions favorables : outre l'évolution générale des mœurs et les progrès du confort de la maison, qui les a «libérées» de certaines tâches ménagères, la mixité scolaire et le «contrôle des naissances» introduits d'abord dans les pays de l'Europe du Nord et en Suisse, puis dans les années 1960 en France et en Italie, enfin dans la péninsule ibérique et en Grèce, ainsi que la généralisation du travail féminin à laquelle ont fortement concouru les effectifs longtemps insuffisants de la population active. L'action militante des mouvements féministes, parfois excessive dans les modes d'expression choisis, souvent tournée en dérision mais sans doute nécessaire à un certain moment pour secouer certaines habitudes sociales et mentales, a fait le reste, ainsi que la prise de conscience d'une majorité de femmes, et de nombreux hommes, des retards à combler en matière de droit et de pratiques égalitaires. Aujourd'hui, malgré la crise, le nombre des femmes de plus de 15 ans occupant un emploi oscille, selon les pays, entre 35 et plus de 50 %. Si elles sont davantage touchées par le chômage que les hommes et exercent en moyenne des activités moins valorisantes et moins bien rémunérées, il n'est plus guère de secteur (armée, police, direction d'entreprise, grands corps de l'État, etc.) où elles ne soient présentes.

● L'uniformisation des niveaux et des modes de vie et ses limites

L'uniformisation des niveaux de vie et des modes de consommation a progressé au cours des trente dernières années dans la partie occidentale de l'Europe. Entre les pays les plus riches et les pays les plus pauvres les écarts se sont resserrés. En 2004, le produit intérieur brut par habitant s'élevait à 31 690 dollars en Suisse, 28 889 dollars en Allemagne, 27 913 dollars en France, 28 172 dollars en Italie, 28 968 dollars au Royaume-Uni, 23 627 en Espagne. Certes, tous les pays européens, membres ou non de l'UE, ne se situent pas au même niveau, si l'on se réfère à ce seul indicateur : le PIB/hab. Ceux du Portugal et de la Grèce sont respectivement de 19 038 et 20 362 dollars (ils n'en ont pas moins quadruplé en dix ans), tandis que ceux des pays de l'Est se situent dans une fourchette comprise entre 4 937 (Albanie) et 20 306 dollars (Slovénie).

Mais les disparités liées à la production et au revenu global des États ne se traduisent pas nécessairement par des différences aussi fortes dans tous les secteurs de la consommation des ménages. Pour ne prendre qu'un exemple, s'il y a aujourd'hui à peu près autant de postes de télévision pour 1 000 habitants aux États-Unis qu'au Royaume-Uni, ce pays arrive en ce domaine largement avant l'Allemagne (675 contre 525 en 1990) et la France (632). Quant à l'espérance de vie, elle est de plus de 78 ans au Royaume-Uni, de même qu'en France et en Italie (79,4 et 80 ans), 76,6 ans en Allemagne, 76,5 en Espagne, contre 72,6 ans en Hongrie et 71,3 en Roumanie.

Les progrès de la technologie et l'enrichissement de l'Occident industrialisé, ralenti par la crise mais non réellement stoppé, ont eu pour effet d'introduire à peu près partout en Europe de l'Ouest des modèles de consommation qui avaient fait leurs preuves, au cours des décennies précédentes, aux États-Unis, puis dans les pays les plus avancés du vieux continent (Royaume-Uni, RFA, France).

Il en est résulté une uniformisation croissante du cadre de l'existence quotidienne. Celle-ci a été favorisée par l'essor des moyens de communication et d'information modernes, la publicité, les impératifs de la production en série et par le fort pouvoir de contagion des modèles culturels d'outre-Atlantique. Dans une Europe de plus en plus urbanisée, les populations — à l'exception des catégories aisées

— tendent à vivre au même rythme, à fréquenter des lieux d'habitat (grands ensembles, «résidences» pour catégories intermédiaires, zones pavillonnaires), de consommation («super-marchés», «hyper-marchés», «centres commerciaux», «fast-food»), de loisirs, à peu près identiques. Elles consomment les mêmes produits alimentaires conditionnés et standardisés. Elles utilisent des «biens durables», des appareils électroménagers, du matériel audiovisuel de même nature, sinon de même prix car le souci de «distinction» permet de jouer sur la «qualité» et sur les «options» (à partir d'un même modèle de base, le prix d'une Renault Laguna ou d'une Mercédès peut pratiquement varier du simple au double en fonction de la motorisation et des améliorations choisies). Elles évoluent dans un décor intérieur où les différences, là aussi, se mesurent souvent à l'aune du *standing*.

Enfin, en dépit des résistances qui peuvent être fortes et qui tiennent aux héritages culturels, au poids de l'environnement géographique ou socioprofessionnel, elles adoptent des pratiques sociales peu éloignées les unes des autres. On constate ainsi, sauf dans des zones rurales très isolées (comme le nord de la Scandinavie, le Portugal intérieur ou certaines régions d'Irlande), un recul général du nombre des mariages et des naissances, de la pratique religieuse, de la vie associative, au profit des loisirs individuels, des départs en vacances ou en week-end, de tout ce qui est censé concourir au bonheur de chacun. Ceci, dans un cadre — vécu ou souhaité — qui demeure majoritairement celui du couple ayant un ou deux enfants.

Des sociétés en crise

● Une urbanisation mal maîtrisée

Certains effets pervers de l'urbanisation «sauvage» qui a accompagné la croissance n'ont pas cessé de se manifester avec la crise. Les immenses problèmes d'équipement posés par l'explosion démographique de l'après-guerre, par la concentration des populations dans les villes et dans les zones périurbaines, par les besoins en établissements scolaires et universitaires, en locaux pour les activités de service, en moyens de transport, etc., ont partout contraint les pouvoirs publics à faire vite lors de la poussée de croissance des «Trente glorieuses».

Les impératifs de coût et la fièvre spéculative aidant, on a construit à la hâte, souvent de manière anarchique, des «cités-dortoirs» dotées d'équipements sociaux précaires et mal reliés aux lieux de travail et aux centres urbains. Certes, là encore le tableau n'est pas uniforme. Des pays comme l'Allemagne, la Suède, les Pays-Bas ou le Royaume-Uni ont eu des politiques d'aménagement urbain plus rigoureuses et plus cohérentes que celle de la France, alors que l'Italie a été la proie, pendant des décennies, de pratiques politico-financières détestables (*cf.* le film de Francesco Rosi, *Main basse sur la ville*).

Néanmoins, il y a, c'est l'une des rançons de la modernité, un phénomène général de dégradation de certains quartiers et de certaines banlieues, habités par les catégories les plus défavorisées de la population — ce sont souvent des migrants — et qui tendent avec le temps à se transformer en *ghettos* : lieux de désœuvrement, de désespoir et de délinquance que l'on retrouve dans la plupart des grandes agglomérations ouest-européennes, des banlieues de Paris, Marseille et Lyon, à Manchester et à Liverpool, en passant par Rotterdam, par les cités industrielles rhénanes, par la périphérie de Milan, de Naples ou de Madrid.

● La menace des pollutions

Autre problème majeur posé, en Europe comme ailleurs, par la société industrielle à son zénith, celui de la pollution, et des atteintes, parfois irréversibles, portées à l'environnement naturel. Toutes ne sont pas comme les «marées noires», les «boues rouges», les surcharges de l'atmosphère en oxyde de carbone, les errances de certains produits toxiques, liées directement aux impératifs industriels (l'irresponsabilité du consommateur est loin d'être négligeable), mais toutes ont pour effet de modifier gravement et durablement le cadre de vie des habitants du vieux continent, particulièrement vulnérable (comme le Japon) du fait de la très forte concentration des populations et des implantations industrielles. Par exemple, la teneur en plomb des carburants utilisés par les véhicules à moteur est responsable des dommages subis par la forêt (Vosges, Forêt Noire). La pollution des voies d'eau, conséquence à la fois de la surcharge des terres en engrais chimiques et des déversements de produits industriels toxiques, aboutit à la disparition, parfois spectaculaire, de la faune aquatique. Il en est de même dans les espaces maritimes encaissés, comme la Méditerranée, la Manche, la mer du Nord, la Baltique, où sévissent également les effets de la pollution par les hydrocarbures, à la suite du naufrage de pétroliers géants (le *Torrey-Canyon* en 1967, l'*Amoco-Cadiz* en 1978), de navires-épaves naviguant sous un pavillon de complaisance (le pétrolier *Erika* sur la côte atlantique en décembre 1999), des «dégazages» effectués à proximité des côtes par des bâtiments de ce type, ou encore des accidents survenus sur les plates-formes de forage en mer.

Il en résulte, outre les conséquences néfastes que ces désordres écologiques peuvent avoir pour l'équilibre du milieu et la santé des populations, une dégradation inquiétante à long terme de l'espace où se déroulent leurs principales activités : travail, transports, habitat, loisir.

Depuis une trentaine d'années, les effets de la «globalisation» et des restructurations économiques ont aggravé ces difficultés et en ont suscité de nouvelles. Dans un contexte de relatif tassement de la croissance urbaine, le centre des grandes agglomérations européennes a continué de perdre une partie de ses habitants au profit des zones périphériques, moins fortement touchées par la spéculation immobilière et par la hausse du coût du logement (devenu quasi prohibitif pour une large partie des classes moyennes dans des villes comme Paris, Londres, Rome, Milan ou Barcelone). La dégradation matérielle des surfaces bâties, conséquence d'une politique d'urbanisation faite pour parer au plus pressé, a conjugué ses effets avec ceux de l'arrivée à l'âge adulte des générations du *baby boom* et des «regroupements familiaux» qui ont suivi l'arrêt officiel de l'immigration (hors CEE) en 1974, pour donner un caractère aigu aux problèmes qui avaient commencé à se manifester à la fin des années 1960.

● Désindustrialisation, chômage et violence : les plaies de la société postindustrielle

Ceci est d'autant plus grave que, dans la plupart des pays occidentaux, ce sont les régions d'industrialisation et d'urbanisation anciennes qui sont le plus durement frappées par la crise, et que, dans ces zones économiquement et socialement sinistrées, ce sont les jeunes et les catégories les moins qualifiées de la population active qui subissent de plein fouet la pénurie des emplois.

Il en est résulté une montée de la violence et de la délinquance qui, sous des formes très diverses, affecte en priorité les quartiers et les banlieues les plus déshérités (quartiers nord de Marseille, cités ouvrières de la périphérie parisienne ou lyonnaise, îlots insalubres poussés sur les ruines de l'Angleterre «noire», etc.), mais qui peut aussi s'étendre sporadiquement à l'ensemble du tissu urbain, voire à certaines zones de contact entre la ville et la campagne. Il faut toutefois relativiser ce trait et faire la part d'une obsession sécuritaire qui est devenue un enjeu politique en même temps qu'un inépuisable sujet pour les grands médias d'information et pour les réalisateurs de films et de «téléfilms» de série B.

Ainsi, s'il est vrai que le nombre des homicides volontaires a, dans un pays comme la France, sensiblement augmenté depuis le milieu de la décennie 1970, un regard porté sur la longue durée nous montre qu'il est aujourd'hui — proportionnellement à la population de l'Hexagone — deux fois moins élevé qu'au lendemain de la guerre et trois fois plus faible que dans la société hautement structurée et répressive de 1820. Simplement, comparé au creux des années 1960, le regain de violence et de criminalité qui accompagne la crise frappe davantage les esprits que d'autres formes d'insécurité : les accidents de la route par exemple, qui font en moyenne en France plus de 8 000 morts par an, dont une bonne partie imputables à des fautes pénales, alors que le nombre des homicides volontaires oscille entre 600 et 800.

Plus généralement, on peut dire des sociétés européennes contemporaines que l'amélioration sensible des conditions d'existence de chacun a fait reculer le seuil de tolérance à des tares sociales que l'on croyait promises à la disparition, ou du moins à la marginalisation : en ce sens que plus un phénomène perd de son intensité, plus ce qu'il en reste devient insupportable. Ceci est vrai de la violence, comme de la pauvreté, définie aujourd'hui par des critères qui situent les «nouveaux pauvres» à un niveau de consommation très supérieur à celui des chômeurs anglais, français et surtout allemands des années 1930. Cela ne signifie pas que le phénomène soit moralement et humainement tolérable dans des sociétés qui s'enorgueillissent de leur niveau de vie élevé, mais simplement que les avancées accomplies en ce domaine depuis un demi-siècle ne sauraient être masquées par les retombées, vraisemblablement conjoncturelles, de la «mondialisation».

Culture de masse ou culture pour les masses?

● Les vecteurs d'une culture de masse

La distinction qui a été faite dans d'autres chapitres de ce livre entre une «culture de masse» s'exprimant essentiellement à travers les grands vecteurs modernes de la communication et la culture, au sens traditionnel du terme, tend à la fois à se renforcer et à se brouiller au cours des décennies qui nous séparent du second conflit mondial.

Les moyens de production et de diffusion des objets *culturels,* au sens anthropologique du terme, ont en effet connu depuis bientôt un demi-siècle un développement et un renouvellement sans précédent. Dans le domaine du son, la grande mutation a été, au milieu des années cinquante, le passage du phonographe et de la radio classique au «microsillon» et au «transistor», ce dernier permettant la construction en série et à très bon marché de récepteurs de petites dimensions, alimentés par piles et dotés de ce fait d'une autonomie totale. Grâce à lui, la radio est devenue pour beaucoup un élément essentiel de la vie quotidienne, toile de fond sonore véhiculant une sous-culture industrialisée et uniformisée, mais aussi source d'informations de toute nature dont certaines peuvent avoir une influence directe sur l'événement. En 1961, lors du «putsch» d'Alger, son rôle a sans doute été déterminant dans la résistance passive opposée par les soldats du contingent aux initiatives des chefs de la rébellion.

La triade radio-disque-cinéma, qui domine l'univers de l'audio-visuel jusqu'à la fin des années 1950, se trouve relayée à partir de cette date par la formidable percée de la télévision. Non que celle-ci soit exclusive d'autres avancées — mise au point de la stéréo-phonie, diffusion des chaînes «haute fidélité», des magnétophones à bandes et à cassettes, de la cinématographie en couleur, etc. — mais elle tend à devenir, dès le milieu des années 1960, soit une bonne dizaine d'années après les États-Unis, l'instrument privilégié d'information et de divertissement des populations de l'Ouest euro-péen. Entre 1960 et 1970, le nombre des récepteurs a été multiplié par 7 ou 8 et il a au moins quadruplé ces quarante dernières années, ce qui fait qu'aujourd'hui rares sont les foyers qui n'en possèdent pas au moins un.

Une troisième étape, non encore achevée, a commencé il y a une trentaine d'années, ponctuée d'innovations dont l'application et la diffusion s'effectuent de plus en plus rapidement, qu'il s'agisse du son, avec l'apparition du «baladeur» (*walkman*) et du disque «compact» (CD), ou de l'image avec les deux événements majeurs que constituent l'essor du magnétoscope et celui de la télévision par câble ou par satellite. Celle-ci a fortement contribué à modifier le comportement du téléspectateur par rapport à des événements qu'il est amené à vivre «en direct», ainsi que la relation entre les pouvoirs publics et un système d'information audiovisuelle qu'il est devenu de plus en plus difficile de contrôler. Enfin, les quinze dernières années ont été marquées par l'explosion de l'informatique individuelle, de la téléphonie mobile, de l'industrie des jeux vidéo et de l'image numérique.

● Une sous-culture standardisée?

Le phénomène est mondial et ses conséquences ne se limitent pas, et se limiteront de moins en moins, aux frontières étroites de notre continent. Pour celui-ci, elle n'en a pas moins concouru à une homogénéisation culturelle qui ne présente pas que des aspects négatifs. Au passif, il faut inscrire une certaine uniformisation des mentalités, et ceci conformément à un modèle qui a été, et qui est encore à bien des égards, celui de la superpuissance nord-américaine. La multiplication et le succès de «séries» qui ont été programmées par la plupart des télévisions du monde («Dallas», «Santa Barbara», «Urgences», «Derrick», etc.), l'omniprésence sur les ondes d'une musique d'importation ou d'imitation servant de support à la pénétration de l'anglais, le rôle prépondérant joué par les États-Unis dans le contrôle des flux mondiaux d'information (par le canal des grandes agences internationales), tout cela relève d'un processus d'«américanisation» dont il ne faut pas exagérer les pesanteurs — parler comme certains l'ont fait de «génocide culturel» pour qualifier l'«invasion» des ondes et des canaux télévisuels par les produits *made in USA* n'est pas très sérieux —, mais qui n'est pas non plus un pur fantasme.

Autre élément négatif, mais qui mérite lui aussi d'être relativisé, le fait que, concurrencé par la télévision et tributaire de contraintes financières de plus en plus lourdes, le cinéma traverse depuis la fin des années 1980 une crise grave. Il est indéniable que, devenu le principal instrument de la communication de masse, le «petit écran» a transformé en spectacle quotidien, diffusé à hautes doses et souvent coupé de spots publicitaires, le rite familial hebdomadaire du «cinéma de quartier», réduisant la consommation filmique en salle aux cercles plus restreints d'un public composé en majorité de jeunes et de représentants des catégories aisées de la population. On compte aujourd'hui environ trois fois moins d'entrées annuelles dans les salles qu'au milieu des années 1950 et nombreuses sont celles qui ont dû fermer (c'est le thème de deux productions, l'une et l'autre dues à un réalisateur italien : *Cinema Paradiso* de G. Tornatore et *Splendor* de E. Scola). Cela dit, l'évolution récente de l'industrie cinématographique, tant aux États-Unis qu'en Europe, montre que la baisse régulière de fréquentation n'est ni une règle universelle ni un mouvement irréversible. Après tout, on a dit à la fin des années 1920 du «parlant» qu'il allait faire disparaître le cinéma en tant que «7ᵉ art» et il n'en a rien été. Il reste que, soumise elle-même aux lois de la concurrence et au verdict du «taux d'écoute», mesuré par des moyens de plus en plus sophistiqués, la télévision concourt puissamment à la diffusion d'une culture uniformisée, nourrie de l'univers aseptisé des «feuilletons», des «télé-jeux» et des émissions de variété, ou amplifiant les échos de la violence ambiante. Dernier avatar de cette mutation : la «télé-vérité» (*Loft Story, Big Brother,* etc.), qui met en scène des personnages issus de l'anonymat pour en faire les vedettes d'un jour ou d'une saison, à la grande satisfaction d'un public qui croit se reconnaître dans chacun de ces héros improvisés.

À l'actif du petit écran, il y a toutefois l'instantanéité et l'internationalisation des informations dont il est le support. S'agissant de l'Europe, il est clair que l'information immédiate, étendue à toutes les parties du continent, rendue sensible et concrète par le pouvoir de l'image constitue un instrument de connaissance dont ne disposait pas la génération de l'avant-guerre, ou même celle des années de la Guerre froide. Vécus «en direct», ou avec quelques heures seulement de décalage, nombreux sont les événements qui voient ainsi leur charge émotionnelle accrue. Cela ne peut que rendre chaque individu plus solidaire de ce qui se passe, à tout moment, dans d'autres parties de l'Europe, comme on a pu le constater lors de la destruction du mur de Berlin en novembre 1989, ou immédiatement après la chute de Ceaucescu, en décembre de la même année : deux moments de forte intensité qui ont, semble-t-il, été vécus par les téléspectateurs européens comme concernant directement les affaires de leur «maison commune».

Pas plus que l'audiovisuel, l'écrit n'échappe, dans les sociétés européennes contemporaines, à une évolution qui en fait le vecteur d'une «sous-culture» standardisée. La presse tout d'abord qui, après avoir été jusqu'au milieu des années 1950 le véhicule privilégié de l'information, connaît depuis cette date un déclin régulier, conséquence à la fois de l'engouement croissant du public pour la radio et la télévision, de la disparition ou de la raréfaction des lieux de sociabilité (le café, le cercle, etc.) où la lecture commentée du journal constituait un moment important de la vie publique, du recul de l'intérêt pour l'écrit, voire dans certains pays et dans certains milieux de l'analphabétisme, et aussi de contraintes économiques nouvelles. En effet, la révolution technique des procédés de fabrication (photocomposition, recours à l'informatique, *offset,* progrès des télécommunications par ondes pour la transmission des nouvelles) ne s'est pas accompagnée, comme dans d'autres domaines, d'une réduction des coûts, car il s'agit de procédés onéreux, vite dépassés et exigeant des investissements considérables. D'autre part, l'organisation très forte des métiers de l'imprimerie et leur traditionnelle combativité ont empêché les entreprises de presse de comprimer autant qu'elles l'auraient souhaité leurs effectifs.

Il en est résulté dans tous les pays un déficit croissant des budgets de fonctionnement des journaux, de plus en plus difficilement comblé par l'augmentation du prix de vente et le recours à la publicité, et une forte concentration. Toutefois cette crise de la presse, qui touche principalement des pays comme l'Italie, la France et l'Espagne, n'affecte pas avec la même intensité tous les secteurs de cette activité. Les quotidiens régionaux, dans lesquels l'information locale retient en priorité l'attention du public, résistent mieux, encore que la prolifération des «radios libres» leur ait sur ce point porté ombrage. Il en est de même des hebdomadaires politico-culturels (*L'Express, Le Nouvel Observateur, Der Spiegel, L'Espresso,* etc.) et des quotidiens de qualité (*Le Monde, La Repubblica*) qui offrent à un public plus trié un commentaire élaboré et détaillé de l'information.

Les feuilles à grand tirage ont beaucoup plus de mal à retenir leur public. Pour garder leur clientèle, elles sont amenées — c'est le cas de la presse populaire britannique (*Sun* et *Daily Mirror* : respectivement 4,2 et 3,5 millions d'exemplaires vendus chaque jour) et allemande (*Bildzeitung,* 5,5 millions) — à accentuer le caractère «sensationnel» de leur contenu et de leur forme : recours à l'image choc, titres «racoleurs», recherche du scandale et du «coup», etc. Cela n'est pas sans concourir à la diffusion d'une sous-culture bas de gamme, doublée d'un message politique primaire nourri de l'angoisse et des frustrations d'une partie du corps social. Violence et «autodéfense», xénophobie et racisme, dépolitisation et radicalisation de type poujado-lepéniste, trouvent ici un aliment privilégié. Cette dérive dangereuse pour la démocratie n'affecte toutefois qu'une fraction minoritaire de la presse et n'empêche pas le «quatrième pouvoir» de s'exercer fréquemment pour dénoncer les abus et les atteintes aux règles du jeu démocratique.

● Le livre-marchandise

Soumise aux mêmes contraintes que la presse, l'édition a perdu le caractère semi-artisanal qu'elle avait conservé au lendemain du second conflit mondial. Elle connaît à l'heure actuelle une forte concentration qui, comme dans l'automobile, maintient en vie un certain nombre de noms prestigieux (Grasset, Fayard, Einaudi) mais sans que cette illusion du pluralisme change quoi que ce soit à la réalité : à savoir que le marché du livre se trouve dominé de manière croissante par quelques groupes géants : Hachette (Lagardère) et Vivendi Universal Publishing (jusqu'en 2003) en France, Rizzoli et Mondadori en Italie, Bertelsmann en Allemagne, eux-mêmes reliés aux banques, à d'autres branches industrielles et à d'autres vecteurs culturels de masse.

Il en résulte que la production éditoriale s'aligne de plus en plus fortement sur les impératifs et sur les critères de rentabilité qui se sont imposés dans les autres secteurs de l'économie capitaliste. Jusqu'au milieu des années 1970 elle a fortement accru son chiffre d'affaires et ses tirages, passés en un quart de siècle de 10 000 à 15 000 en moyenne, ainsi que le nombre de titres lancés chaque année sur le marché (entre 20 000 et 30 000 en France, en Grande-Bretagne, en Italie et en Allemagne), sans trop bouleverser les règles de la profession. En revanche, la logique de la concentration et du marché font que les grandes maisons d'édition cherchent de plus en plus à réaliser des «coups» financièrement rentables — soutenus par d'importants budgets publicitaires — aux dépens de la production de qualité.

La course au *best-seller,* qui permet de rentabiliser l'ensemble d'une production, passe, dans le meilleur des cas, par la bataille autour des grands prix littéraires, dans le pire par la manipulation des médias et le recours aux formes les plus tapageuses de la publicité. Surtout, s'agissant de la production courante, les gros tirages sont réalisés dans des genres considérés comme mineurs — romans «roses» et «noirs», littérature d'espionnage ou de fiction — avec des œuvres d'un intérêt inégal, mais qui constituent aujourd'hui l'un des lieux de création des représentations et des mythes dont se nourrit une culture de masse, également très influencée dans ce secteur par les modèles d'outre-Atlantique, et porteuse très souvent d'une idéologie ultra-conservatrice, teintée de xénophobie.

L'iconographie publicitaire contribue également à la mise en place d'un conformisme social qui constitue l'un des moteurs de l'économie de marché. L'image-choc, la légende qui s'y rattache (la lessive X « lave plus blanc », « mettez un tigre dans votre moteur »), ou les personnages qu'elle met en scène (la « mère Denis », la réplique de Fernandel-Don Camillo utilisée par une grande marque de pâtes alimentaires, etc.) entrent de cette manière dans l'univers mental de l'Européen du second XXᵉ siècle et font désormais partie de son système de références, au même titre que l'imagerie d'Épinal et les quelques citations « classiques » glanées tout au long de son cursus scolaire.

● Une démocratisation de la culture

En apparence, le clivage entre les « cultures de masse », telles qu'elles viennent d'être évoquées, et la « grande culture », entendons le secteur noble des « arts et lettres », a donc plutôt eu tendance à se renforcer depuis quarante ans. En fait, les choses ne sont pas tout à fait aussi simples. D'abord parce que, s'agissant des contenus, les frontières ne sont pas toujours aussi tranchées que le prétendent les défenseurs d'une conception restrictive et élitiste de la « culture ». Ensuite, parce que la consommation d'objets culturels, au sens tout à fait traditionnel du terme, a connu une démocratisation qui n'est pas sans limites, mais qui tranche néanmoins avec l'avant-guerre.

L'élargissement du « public cultivé » procède, dans les pays industrialisés de l'Europe de l'Ouest, de causes identiques. Tout d'abord, outre l'élévation du niveau de vie et la réduction du temps de travail, l'accès à l'enseignement secondaire, puis universitaire, pour une fraction croissante de la population. Que le niveau général des connaissances dispensées par ces institutions ait souffert du gonflement des effectifs ne fait guère de doute, mais ce qui a été perdu par l'« élite » — qui conserve au demeurant le monopole de certaines formations — s'est trouvé compensé par une plus forte sensibilisation des couches moyennes aux activités de l'esprit et à l'environnement esthétique.

Celles-ci ont bénéficié d'autre part des efforts déployés par les pouvoirs publics et par les collectivités locales pour le développement des lieux de conservation et de mise en valeur du patrimoine culturel (musées, bibliothèques), ainsi que des avancées technologiques (chaînes hi-fi, magnétoscopes, platines laser, DVD, etc.) qui ont permis de familiariser un public assez large avec les grandes œuvres du passé. Les lois du marché ont fait le reste et tout n'est certainement pas idéal dans cette évolution. Il est clair cependant que lorsque de grands réalisateurs comme J. Losey (*Don Giovanni*) et M. Forman (*Amadeus*) portent Mozart à l'écran, c'est toute une fraction du corps social, et pas seulement l'élite restreinte des «mélomanes» et des abonnés du concert ou de l'Opéra, qui fait la rencontre du maître de Salzbourg. Et la rencontre est encore plus large lorsque ces mêmes œuvres, ou d'autres (*La Traviata* de Zeffirelli, la *Carmen* de F. Rosi), voire d'authentiques retransmissions d'ouvrages lyriques, sont diffusées sur les réseaux de télévision européens. On pourrait en dire autant du «format de poche» (qui a fait son apparition en 1955) pour la littérature et des reproductions d'œuvres picturales célèbres qui ornent les salles de séjour de la *middle class* citadine.

Il reste que, pour ce public élargi mais qui ne se confond pas avec la masse de la population, ce sont surtout les œuvres consacrées par le temps dont la fréquentation est recherchée. De longues files d'attente se forment au Musée des Offices à Florence, au Musée d'Orsay et au Louvre à Paris, ou à de prestigieuses expositions (Vienne, Paris/Berlin, Van Gogh, etc.). On se presse aux grands festivals musicaux ou scéniques (Salzbourg, Avignon, Vérone, Aix-en-Provence) et l'on passe la nuit à la belle étoile pour obtenir une place à la Scala de Milan. Mais la culture et l'art des «avant-gardes» restent généralement le domaine réservé d'une cohorte d'initiés qui fréquentent les salles de concert, les galeries à la mode et autres lieux de rencontre de l'intelligentsia «branchée».

Quant au «grand public éclairé», dont il a été question plus haut, il ne représente qu'une fraction très minoritaire de la population. En France par exemple, si plus de 80% des habitants de l'hexagone regardent régulièrement la télévision, un sur deux ne lit pas de journal quotidien, près d'un sur trois ne lit jamais un livre, et un sur dix seulement se rend épisodiquement au théâtre ou au concert.

Grandes tendances
de la production intellectuelle et artistique

La floraison d'écoles, d'individualités, d'œuvres littéraires et artistiques au cours de la période qui va de la fin de la Seconde Guerre mondiale à nos jours est telle qu'il ne saurait être question de répertorier ici ne serait-ce que les productions les plus significatives. Nous devons nous contenter d'un survol des principaux courants, en particulier de ceux ayant eu un caractère transnational plus ou moins affirmé.

● Les intellectuels, de l'engagement politique au spectacle médiatique

Une première série de remarques concerne le rôle joué par les intellectuels dans les sociétés ouest-européennes depuis la guerre. Il s'est fortement modifié au gré des circonstances internationales et des changements que les impératifs médiatiques ont fait subir au statut des gens de plume et de verbe.

Au lendemain immédiat du conflit, l'engagement dans le combat politique, inscrit dans la continuité d'une tradition qui remonte aux dernières décennies du XIXᵉ siècle et qui s'est affermie dans les combats de l'«antifascisme» et de la Résistance, s'est imposé à beaucoup d'écrivains et d'artistes, prolongeant dans le champ culturel les tensions de la Guerre froide. Certains, comme les Français Aragon, Paul Éluard, Roger Vailland ou Picasso, les Italiens Vittorini, Lombardo Radice, Guttuso et Calvino, ont adhéré au Parti communiste, souvent par haine du fascisme et par souci de justice sociale, plutôt que par un choix idéologique délibéré. D'autres, se réclamant ou non du marxisme, se sont refusés à entrer dans une organisation dont ils ne partageaient pas toutes les idées mais qui leur paraissait porteuse d'avenir, parce que «sur les positions de la classe ouvrière». Ce sont les «compagnons de route» : «progressistes», socialistes déçus par le réformisme prudent de la social-démocratie, catholiques de gauche rassemblés en France autour de la revue *Esprit,* philosophes et écrivains à la recherche d'une «troisième voie» comme Albert Camus et Jean-Paul Sartre, pour qui «l'écrivain est dans le coup, quoi qu'il fasse».

Les clivages politiques de la Guerre froide vont avoir pour effet, à partir de 1947, d'enfermer les intellectuels communistes — bientôt alignés sur les positions de l'URSS — dans un ghetto. Tandis que de nombreux compagnons de route prennent leurs distances à l'égard du PC, les uns pour se rapprocher des «neutralistes» et tenter de donner naissance à une «nouvelle gauche», les autres pour devenir rapidement des adversaires déclarés du «socialisme réel», il se développe un courant engagé à droite qui, en France où il est fortement représenté, réunit autour d'un noyau gaulliste issu de la résistance (Malraux et la revue *Liberté de l'Esprit*), des écrivains se rattachant à une droite plus traditionnelle. Au même filon — mais dans une perspective plus européenne et transnationale — appartiennent les Congrès pour la liberté de la culture (le premier s'est tenu à Berlin-Ouest en juin 1950) et la revue *Preuves,* dont les principaux représentants sont, à côté de l'ancien trotskiste américain James Burnham, le Suisse Denis de Rougemont, le Britannique (d'origine hongroise) Arthur Koestler, l'Italien Ignazio Silone, le compositeur russe Nicolas Nabokov (citoyen du monde, à l'instar de son frère Vladimir, auteur de *Lolita*), les Français Thierry Maulnier et Raymond Aron. Enfin, de plus en plus nombreux sont les hommes de lettres qui se réclament du non-engagement politique, les uns à la suite d'un choix explicite en fait orienté dans un sens conservateur — c'est le cas en France du petit groupe des «hussards», avec Roger Nimier, Antoine Blondin, Michel Déon, Jacques Laurent —, les autres parce que, comme André Gide, ils se tiennent depuis longtemps en dehors de la mêlée. D'autres enfin parce que, demeurés comme l'Anglais Orwell (qui publiera en 1945 et en 1949 ses deux chefs-d'œuvre : *La Ferme des animaux* et *1984*) des hommes de gauche, ils estiment «qu'un écrivain ne peut rester honnête qu'en demeurant à l'écart des partis et des étiquettes».

C'est à bien des égards à cette dernière catégorie, qui caractérise en fait une autre forme d'engagement, plus marginale, plus tournée vers la société civile, que se rattache en Allemagne l'entreprise du «groupe 47», libre réunion d'écrivains ne se réclamant d'aucune ligne imposée de l'extérieur, qu'elle soit politique ou littéraire, mais qui joignent leurs voix pour répudier à la fois le passé nazi et le conformisme de la société allemande née du «miracle économique». Les débats qu'il organise rassemblent autour d'un public passionné des hommes comme Gunther Grass, Ingeborg Bachmann, Heinrich Böll, Hans Werner Richter, Uwe Johnson, etc.

Les guerres coloniales, notamment en France la guerre d'Algérie, puis les conflits opposant dans le tiers-monde les États-Unis et les mouvements de libération nationale (Vietnam, Cuba) prolongent cette guérilla idéologique jusqu'au milieu des années 1970. Regroupant des individus dont les racines idéologiques peuvent être fort différentes — anarchistes, socialistes révolutionnaires, marxistes, etc. — les mouvements et les écrits qui la structurent alimentent un fort courant de contestation du modèle productiviste et de mise en cause de la société capitaliste, cette dénonciation radicale débouchant, comme dans les années 1930, sur un anti-américanisme virulent.

Les sources idéologiques de cette contestation globale de la société libérale qui donnera naissance, nous l'avons vu, au flux soixante-huitard et post-soixante-huitard, ne sont pas seulement américaines, ou du moins si filiation il y a, elle s'opère largement par des relais qui sont bel et bien européens : le structuralisme dont l'implantation initiale est principalement française, les relectures de Marx effectuées par Althusser et par son école, surtout les tentatives faites par l'école sociologique allemande de Francfort (Adorno, Habermas, Horkheimer, etc.) pour relier le marxisme au freudisme. Dans l'immense bouillonnement d'idées et d'actions qui suit l'explosion de 1968, nombre d'intellectuels européens vont s'engager à des degrés divers, les uns en participant de manière militante au combat des groupuscules gauchistes, d'autres en utilisant la quasi-impunité que leur confère leur célébrité pour soutenir les premiers et pour mener, au bénéfice des révolutions du tiers-monde, une inépuisable activité pétitionnaire (c'est le cas en France de Jean-Paul Sartre, bien sûr, mais aussi de Maurice Clavel et de Jean Genet), d'autres encore pour se livrer, comme Michel Foucault à un formidable travail de sape des fondements de l'idéologie dominante.

Une rupture profonde va s'opérer au milieu des années 1970, conséquence à la fois d'un renversement de conjoncture, qui rend moins crédible la critique du modèle productiviste et de la crise du marxisme. Les énormes difficultés traversées par les pays de l'Est européen, l'écho en Europe occidentale des événements de Prague et de Gdansk, le véritable traumatisme provoqué dans la gauche européenne par la publication en 1974 de l'*Archipel du Goulag* de Soljenitsyne, enfin la révélation des crimes commis au nom du « socialisme » en Chine, au Cambodge ou en Afghanistan, font que de nombreux intellectuels qui étaient restés jusqu'alors sourds aux avertissements de ceux qui — venus du marxisme et parfois ex-militants et intellectuels communistes prestigieux — en dénonçaient depuis toujours la dérive totalitaire, ont eu la brusque révélation de la « barbarie à visage humain ».

Dès lors, tandis qu'un petit nombre d'irréductibles s'engageait dans le combat désespéré que continuaient de livrer aux sociétés libérales les groupes terroristes, et qu'il se constituait à l'autre extrémité du spectre idéologique une «nouvelle droite» rassemblant de jeunes intellectuels (et de moins jeunes) sur des thèmes anti-égalitaires éculés remis au goût du jour, nombre d'intellectuels de gauche se sont repliés soit dans la «tour d'ivoire» de la pure création, soit — ce sont les plus nombreux — dans la défense des droits de l'homme et dans la dénonciation de tous les totalitarismes, soit enfin, mais cette attitude n'est pas exclusive des deux autres, dans un vedettariat orchestré par les médias. Le temps du prophétisme est passé. «Officiellement, écrit Raymond Boudon parlant des philosophes du temps présent, leur objectif reste de chercher à dire le vrai. Officieusement, il est de plaire.»

● Éclat et déclin de la littérature européenne

Dans ce contexte fortement structuré par l'activité et par le discours des «intellocrates», la littérature européenne a brillé, depuis la guerre, d'un éclat inégal. Au cours des années qui suivent le conflit, c'est la France, semble-t-il, qui exerce l'influence la plus forte. Par son œuvre romanesque, théâtrale, philosophique, critique, par l'audience qu'ont rencontrée pendant une dizaine d'années auprès de la jeunesse les thèses et l'atmosphère intellectuelle de l'existentialisme, Sartre domine cette première période, qu'illustrent aussi l'œuvre d'Albert Camus (*L'Étranger, La Peste,* etc.) — peintre de l'absurde et d'une révolte tempérée par l'humanisme —, celle de Montherlant, romancier et surtout auteur dramatique (*La Reine morte, Port-Royal*), ainsi que la permanence d'une tradition classique incarnée par de grands écrivains en fin de carrière comme Paul Valéry, Paul Claudel, André Gide (prix Nobel de littérature en 1947) et François Mauriac. Quant à André Malraux, s'il a quitté l'avant-scène littéraire, c'est pour se consacrer à l'étude et à la conservation des richesses artistiques du monde, ainsi qu'à la mise en œuvre d'une politique culturelle à laquelle il a comme ministre de la Culture du général de Gaulle donné une forte impulsion.

Si, en France, l'accent est mis pendant cette première période sur l'angoisse de la condition humaine et sur les problèmes existentiels qui se posent à l'homme du XXe siècle à l'issue d'un conflit qui a plus encore que le précédent souligné les limites de la raison, c'est plutôt une littérature sociale qui triomphe en Italie, reliant dans un même rejet du fascisme et du capitalisme sauvage le marxisme et la fraction progressiste de la démocratie chrétienne. De Carlo Levi à Elio Vittorini, d'Ignazio Silone à Vasco Pratolini, de Silvio Micheli à Carlo Cassola, de Pier Paolo Pasolini à Italo Calvino, la plupart des écrivains italiens de l'après-guerre s'attachent en effet à décrire la réalité de leur temps et à en dénoncer les misères et les injustices. Ce qui n'exclut pas, mais toujours avec de fortes résonances sociales, incarnée notamment par Alberto Moravia et par Cesare Pavese, une renaissance du roman psychologique, les deux genres se rejoignant pour donner en 1958 un des grands chefs-d'œuvre de la littérature italienne : *Le Guépard* (*Il Gattopardo*) de Giuseppe Tomasi di Lampedusa.

En Allemagne, l'engagement des écrivains de l'après-guerre prend la forme de la «littérature des ruines», témoignages souvent imprégnés de désespérance sur la guerre et sur le vide qui a suivi celle-ci. Y participent de jeunes écrivains, mais aussi quelques-uns des grands noms de la génération précédente : Erich Maria Remarque (*L'Île d'espérance*), Erich Noth (*Le Passé nu*), Heinrich Böll (*Le Train était à l'heure*), Ernst Wiechert (*Les Enfants Jéromine*), Ernst von Salomon (*Le Questionnaire*) et Ernst Jünger. En Grande-Bretagne, si l'on excepte le romanesque au demeurant assez traditionnel de Graham Greene, les ouvrages prophétiques de George Orwell et surtout les innovations apportées à l'art dramatique par T.S. Eliot et au roman par Lawrence Durrell, il faut attendre le milieu des années 1950 pour voir le classicisme et le conformisme littéraires secoués par les *angry young men,* dont les outrances sont contemporaines de celles de la *beat generation* d'outre-Atlantique.

À cette date, l'épicentre de l'innovation littéraire s'est à nouveau déplacé vers la France où le relais de la vague «existentialiste» a été pris par de jeunes littérateurs dont le succès provient de leur aptitude à exprimer les nouvelles valeurs libérées des vieilles contraintes — *Bonjour tristesse* de Françoise Sagan paraît en 1954 — et surtout par l'école du «nouveau roman» (Alain Robbe-Grillet, Nathalie Sarraute, Michel Butor, Marguerite Duras, Claude Simon, notamment), pour laquelle l'œuvre romanesque devient à la fois un jeu de langage et une recomposition du réel, un peu à la manière des peintres cubistes, et dont se rapprochent dans le domaine théâtral des auteurs comme Jean Genet, Eugène Ionesco et Samuel Beckett.

Les dernières décennies du siècle ont été à la fois marquées par les effets pervers de la commercialisation et de la médiatisation à outrance, et moins fertiles en œuvres majeures. Les grands noms, comme ceux de Marguerite Yourcenar, première femme (d'origine belge) à entrer à l'Académie française, du Suisse Albert Cohen, de l'Italienne Elsa Morante, de l'Espagnol José Bergamín, du Soviétique Mikhaïl Alexandrovitch Cholokhov, appartiennent à la génération précédente. Depuis l'ère du «nouveau roman», il n'y a pas non plus d'écoles ni de véritables tendances dominantes. Il émerge certes, dans les différents pays du vieux continent, à l'Ouest comme à l'Est, des personnalités de valeur, notamment en Europe méditerranéenne, mais la «grande» littérature paraît bien avoir, à l'heure présente, élu domicile sous d'autres cieux : ceux en particulier de l'Amérique latine.

● L'art dans la cité

Dans le domaine des arts, il est certain que les progrès des sciences et des techniques d'une part, les contraintes de l'économie d'autre part, ont également exercé une forte influence sur la création. L'architecture a été ainsi à la fois bénéficiaire des avancées opérées depuis la guerre dans l'usage des matériaux (béton, métaux, verre, matière plastique) et des méthodes de construction modernes, et tributaire de pesanteurs diverses, les unes d'ordre économique (problèmes budgétaires, coût du terrain, des matériaux, de la main-d'œuvre), les autres relevant de choix politiques : opérations de prestige conçues par le pouvoir, telles qu'elles ont été menées en France depuis vingt ans, collusion entre les autorités municipales et certains intérêts industriels et financiers, comme cela a été, et est encore à bien des égards la règle, dans le Midi italien, ou encore, s'agissant de l'Europe de l'Est, subordination des projets urbanistiques et architecturaux aux directives du Parti.

Il en est résulté, dans la plupart des États de l'Europe occidentale, après une période de reconstruction intensive qui a vu coexister le meilleur et le pire, un véritable gâchis urbanistique : immeubles stéréotypés, villes-dortoirs sans âme, mal reliées aux lieux de travail et de loisir, et vite dégradées, zones «rénovées» édifiées à des fins spéculatives sur l'emplacement de quartiers traditionnels, moins étrangers à l'univers du citadin, extension à l'infini de nébuleuses pavillonnaires, etc. Émergent toutefois de ce médiocre habillage de l'espace urbain et périurbain quelques réalisations de qualité : le Palais Olivetti et la «tour Pirelli» à Milan, la «Cité radieuse» de Marseille, due à Le Corbusier, le Centre Pompidou, la pyramide du Louvre et l'arche de la Défense à Paris, les gares de Florence et de Rome, l'Evoluon d'Eindhoven aux Pays-Bas, les groupes scolaires édifiés dans le

Hertfordshire britannique, ou encore les quartiers construits selon une esthétique néoclassique, au demeurant très discutée, par l'architecte catalan Ricardo Bofill à Montpellier, à Paris et dans la région parisienne (XIVe arrondissement, Marne-la-Vallée).

L'intégration des arts dans la cité, dans une perspective reliant l'architecture aux arts du décor, constitue toutefois un domaine où peuvent le mieux être réconciliés les impératifs industriels, les avancées technologiques, le respect de l'environnement et l'innovation esthétique. Tel était déjà, il y a une soixantaine d'années, l'objectif du *Bauhaus*. Tel est à l'époque contemporaine celui que se sont fixé des artistes comme l'esthéticien Georges Patrix, comme Victor Vasarely (hongrois d'origine, né en 1908, mais installé à Paris depuis 1930), comme ses disciples Yaacov Agam et François Morellet, et comme les principaux représentants de l'art «cinétique» : Nicolas Schöffer (lui aussi né en Hongrie et installé à Paris en 1937), Jean-Pierre Yvaral, le Vénézuélien Soto, l'Allemand Günther Vecker, moins soucieux les uns et les autres de «vulgariser» la connaissance de l'art d'avant-garde enfermé dans les musées que de donner à une population entière la possibilité de vivre au milieu d'un art authentique, inséré dans l'espace urbain et intimement lié à la structure architecturale.

Replacer l'œuvre d'art au cœur de l'univers quotidien de l'homme du XXe siècle, telle est également la préoccupation des promoteurs de l'«art sauvage», créateurs d'objets éphémères et non commercialisables, qu'il s'agisse des «pénétrables» de Soto (un ensemble de lanières de matières plastiques agencées en fonction de l'imagination de l'artiste et conçu de telle manière que le spectateur puisse circuler à l'intérieur de l'œuvre de façon à devenir partie intégrante de celle-ci), des «gonflables» de Christo, ou encore des «environnements» d'Edward Kienholz (Américain installé à Berlin), de Segal et de Boltanski.

● Les arts plastiques : de l'abstraction au pop art

Jusqu'au milieu des années 1960, l'abstraction, qui n'avait jusqu'alors rencontré qu'une audience confidentielle en Europe, va s'imposer en tant que forme privilégiée de l'art à partir de deux pôles principaux de diffusion d'ailleurs peu reliés l'un à l'autre : New York et Paris. À côté de Vasarely, qui constitue au lendemain de la guerre la figure de proue de l'abstraction géométrique, les promoteurs de la nouvelle avant-garde parisienne s'orientent majoritairement vers une forme spontanée d'abstraction — dite «lyrique» ou encore «gestuelle» —

les signes que l'artiste inscrit sur sa toile étant plus, à la manière de Hans Hartung (venu de Dresde en France en 1935), des griffes, des traces de gestes, que les marques d'une écriture dominée. Se rattachent à cette tendance Nicolas de Staël, revenu pourtant à la figuration en 1952, mais à une figuration dont les éléments sont plus des signes que des représentations (*cf.* ses *Grands footballeurs*), et surtout les artistes issus du groupe dit des «Jeunes peintres de tradition française», fondé sous l'occupation, et d'où émergent les personnalités de Bazaine, Manessier et Estève. Ils seront rejoints dans les années 1950 par d'autres peintres, venus soit de l'art figuratif, comme Roger Bissière, soit du surréalisme comme Camille Bryen et Alfred Wols (né à Berlin, installé à Paris en 1932).

À partir de l'épicentre parisien, l'art abstrait s'est étendu dès la fin de la décennie 1940 à la plupart des pays européens, où il a d'ailleurs fréquemment revivifié des tendances abstraites de l'avant-guerre. En Allemagne, les survivants de l'avant-garde des années 1930, Willi Baumeister et Julius Bissier, reçoivent ainsi le renfort de jeunes peintres de l'abstraction «lyrique» : Wilhelm Nay et Fritz Winter — créateurs en 1949 à Munich du groupe *Zen 49* — puis Hann Trier et Bernard Schultze. En Italie, où la revendication de la modernité n'est pas le seul fait des tenants de l'abstraction — on trouve dans le *Fronte nuovo dell'Arte* qui s'est constitué en 1948 un Renato Guttuso qui se réclame hautement du réalisme —, celle-ci est essentiellement représentée par des peintres figuratifs, ou proches d'un Picasso ou d'un Braque, convertis à l'art nouveau : c'est le cas de Renato Birolli, de Giuseppe Santomaso ou de Giuseppe Capogrossi. En Espagne, les deux figures dominantes de la peinture abstraite — Antoni Tapies et Antonio Saura — sont directement reliés au milieu parisien.

La prépondérance marquée de l'abstraction au cours des deux décennies qui suivent la guerre n'est pas néanmoins exclusive d'autres tendances. Le surréalisme continue à s'exprimer. S'y rattachent également les peintres du groupe Cobra, bien que leurs œuvres soient en général à mi-chemin du surréalisme et de l'abstrait. Le groupe, qui s'est formé à Paris en 1948, est né d'une dissidence du mouvement surréaliste révolutionnaire opérée par des artistes danois, belges et néerlandais, d'où son nom : COpenhague, BRuxelles, Amsterdam. Celle-ci va réunir pendant quelques années des peintres comme Asger Jorn, Constant (Constantin Nieuwenhuys), Pierre Alechinsky, Jean-Michel Atlan, Corneille (Cornelis van Beverloo) et surtout Karel Appel, la personnalité la plus affirmée du groupe, dont la source est le dessin enfantin, à laquelle il adjoint et fusionne une symbolique empruntée au bestiaire et aux signes élémentaires hérités de la tradition nordique.

Par réaction contre ces tendances, qui répondent à bien des égards aux incertitudes, à l'angoisse et au sentiment de l'absurde qui caractérisent le second après-guerre, se développe un courant réaliste ou néoréaliste qui obéit en même temps, chez certains artistes engagés aux côtés des partis communistes, aux préceptes que Jdanov a voulu imposer aux représentants des intelligentsias « progressistes ». Si cette tentative d'acclimatation du « réalisme socialiste » à la culture occidentale dégénère parfois — comme chez le Français Fougeron — en art officiel de parti, elle peut aussi donner des œuvres de qualité, comme celle de l'Italien Renato Guttuso.

À partir de 1960, la réaction réaliste va prendre d'autres formes et se constituer à son tour en une démarche d'avant-garde, la réalité étant appréhendée à travers le quotidien, dans un souci de récupération du matériel iconographique véhiculé par la culture de masse : affiches publicitaires, images télévisées, bandes dessinées, photographies de presse, etc. Ici, ce n'est plus Paris qui répond aux innovations d'outre-Atlantique mais Londres, où se développe à partir de 1956, à la suite de l'exposition à la Whitechapel Art gallery *This is to morrow,* un courant qui va bientôt prendre le nom de *pop art* ou de *pop culture* (*pop* pour *popular*). Avant de déferler sur l'Amérique, où ont déjà eu lieu des manifestations artistiques très voisines, puis d'essaimer sur le continent, le *pop art* va produire pendant quelques années en Grande-Bretagne ses réalisations les plus caractéristiques, avec les œuvres de Richard Hamilton, de David Hockney, de Peter Blake, de Ronald Kitaj et d'Allen Jones. Pour les représentants de ce courant, l'art n'est plus évasion mais simple constat de la réalité dans son aspect le plus banal, encore que, dans sa version britannique, il vise moins à s'approprier des éléments empruntés à la réalité quotidienne (à la manière d'un Andy Warhol ou d'un James Rosenquist aux États-Unis) qu'à leur faire subir une transgression poétique.

Retour au réel également, mais dans une perspective qui n'a rien à voir avec la figuration, avec le groupe du « Nouveau réalisme », fondé à Milan en 1961 et auquel appartiennent des artistes tels qu'Yves Klein, Arman, Spoerri, Raymond Hains, Villeglé et Mimmo Rotella. Réalistes, ces peintres ne le sont, comme leurs homologues et contemporains de la *pop culture*, que par les emprunts qu'ils font pour construire leurs œuvres à la panoplie d'objets qui peuplent notre environnement, mais le collage ainsi réalisé à partir d'éléments disparates est une pure construction de l'esprit.

Quant aux peintres qui se rattachent au courant dit de la « nouvelle figuration » — Valerio Adami, Jacques Monory, Hervé Télémaque, Wolfgang Gäfgen, etc. — et aux disciples européens des maîtres de l'hyperréalisme américain (l'Italien Domenico Gnoli, le Suisse Peter Stämpfli, les Allemands Konrad Klaphneck et Gerhard Richter, le Français Gilles Aillaud, etc.), il est clair que, dans une perspective assez proche de celle des tenants du *pop art* britannique, ils visent surtout, en partant d'éléments puisés dans l'univers quotidien, à opérer un détournement de la réalité. Si bien que c'est moins dans la peinture que dans la sculpture — avec Dubuffet ou avec l'Autrichien Josef Erhardy — que l'on trouve aujourd'hui le véritable souci, au demeurant très minoritaire, de retour au figuratif.

Depuis vingt-cinq ans, on assiste à une véritable explosion de tendances et de courants qui, pour la plupart, prennent leur source de l'autre côté de l'Atlantique. *Op Art,* art cinétique, « art pauvre », *Body Art, Land Art, Happening,* etc., trouvent dans le pays le plus riche du monde les supports financiers et publicitaires dont ils ont besoin à une époque où le marché de l'art est plus que jamais soumis aux impératifs du profit. Il en résulte, pour les représentants européens des avant-gardes, et pour les artistes en général, une internationalisation des carrières qui dépasse d'ailleurs très largement le cadre transeuropéen et qui n'est pas d'un poids négligeable dans l'uniformisation actuelle.

Celle-ci est également tributaire des grandes mutations techniques du temps présent. De plus en plus, le plasticien tend en effet à utiliser des technologies d'avant-garde, tantôt comme objet de l'œuvre d'art (*cf.* les sculptures électromagnétiques de Vassilakis Takis), tantôt comme instruments de conception et de production de formes, de couleurs et de sons. Avec la « peinture », la « sculpture » et la « musique » informatiques, l'ordinateur élargit encore davantage le domaine immense qui est le sien dans l'univers des sociétés postindustrielles, dissolvant au passage les particularités esthétiques et culturelles qui relèvent encore en cette fin de millénaire des identités nationales, voire de ce patrimoine commun de représentations et de sensibilités qui constitue l'identité européenne.

● L'avant-garde musicale

Dans le domaine musical, y compris dans les formes les plus nova-trices et les plus futuristes que cet art a revêtues au cours des deux der-nières décennies, la vieille Europe a pourtant été loin de jouer les seconds rôles. L'immense bouleversement qu'Arnold Schönberg avait apporté à la composition musicale y a trouvé en effet, à partir de 1945, son principal terrain d'épanouissement, avec le sérialisme inté-gral (c'est-à-dire appliqué non plus seulement à la hauteur des notes, mais à l'intensité, à la durée et au timbre), utilisé et diffusé jusqu'au milieu des années 1950 par deux des meilleurs disciples d'Olivier Messiaen : le Français Pierre Boulez et l'Allemand Karlheinz Stockhausen. Le premier a mené depuis cette date une carrière paral-lèle de compositeur, de chef d'orchestre, d'enseignant et de cher-cheur (à la tête de l'IRCAM, le département musical du Centre Georges Pompidou). Le second a participé, après l'abandon du séria-lisme intégral, jugé trop rigide, à toutes les aventures de la musique contemporaine : la musique aléatoire (avec *Klavierstück XI,* créé en 1957), dans laquelle s'illustrent également dans les années 1960, Luciano Berio, Mauricio Kagel, Gilbert Amy, Witold Lutoslawski, la musique répétitive dont le principe se fonde sur l'énoncé d'événe-ments sonores répétés indéfiniment, la musique concrète et électroa-coustique.

Ces dernières formes de l'art musical font intervenir dans la com-position et dans l'exécution des œuvres toutes les ressources de la science et des technologies de pointe de l'ère postindustrielle : le cal-cul des probabilités, l'application des connaissances de la physique (Xénakis a utilisé la théorie cinétique des gaz), l'emploi comme maté-riaux de divers corps sonores (Pierre Schaeffer, qui est polytechnicien et acousticien, et Pierre Henry composent à partir de 1948 des œuvres de musique «concrète» en enregistrant les sons produits par des élé-ments sonores tels que tiges, ressorts, tuyaux, tôles, etc.), le recours à l'ordinateur et au synthétiseur. Nombreux sont les musiciens euro-péens qui vont ainsi s'intéresser à ces techniques et s'efforcer d'en tirer un renouvellement de leur art.

Renouvellement et essoufflement des pratiques culturelles de masse

Nous disions plus haut que les frontières entre la culture dite de masse et celle des élites ne sont pas toujours aussi tranchées qu'il y paraît. D'abord parce que, pour des raisons qui ont déjà été évoquées, les publics tendent de plus en plus à se mêler, sinon parfois à se confondre, dans nos sociétés où beaucoup de clivages s'estompent avec les progrès de l'instruction et de l'information. Ensuite parce que les grands vecteurs culturels de masse ne servent pas exclusivement de support à une sous-culture standardisée et soumise aux seules règles du profit.

● Les vecteurs de la culture de masse : télévision, bande dessinée, musique populaire

Aussi consternante que soit l'évolution au cours des dernières années du «paysage audiovisuel» européen, tel qu'il ressort de programmes télévisuels soumis à la dictature de l'audimat, tout n'est pas à rejeter, comme nous l'avons déjà signalé, dans les produits de ce qui pourrait être un formidable moyen d'information et de formation. Les sondages sont d'ailleurs là pour le confirmer. La très belle «série» sur Verdi, programmée par la RAI, le film de Claude Lanzmann, *Shoah,* ou celui de Frédéric Rossif, *De Nuremberg à Nuremberg,* présentés par la télévision française, ont été vus, dans leur pays d'origine d'abord, puis dans d'autres pays européens, par des dizaines de millions de téléspectateurs. Ces succès montrent que la «petite lucarne» peut allier au souci de la qualité et aux impératifs d'éducation et de respect de la mémoire collective ceux de la diffusion la plus large. À l'heure où l'Europe s'apprête à s'engager dans une étape décisive sur le chemin de l'intégration des peuples qui la composent, il y a là une leçon qui mérite d'être méditée par tous ceux qui ont à cœur de lui voir prendre conscience de son identité.

La bande dessinée, dont le succès n'a cessé de croître depuis la fin des années 1960, n'est pas seulement la manifestation, dans certains milieux «branchés», d'un snobisme intellectuel, ou l'un des signes du déclin de l'écrit. Elle distille une imagerie de rêve qui peut être de qualité, sous la signature de l'Italien Ugo Pratt (le père de «Corto Maltese»), ou dans les pages de la revue espagnole *Madriz.* Elle n'est pas sans influence sur le cinéma (cf. des films comme *Le Grand Bleu* ou comme

Nikita de Jean-Luc Besson) et sur les arts plastiques, et elle peut également véhiculer des messages politiques fortement subversifs, comme la BD *underground* des années 1970. Néanmoins, il en est de la bande dessinée comme de la télévision : elle est capable du meilleur comme du pire, et si l'on se réfère à la commercialisation croissante de ce support au cours des toutes dernières années dans des pays comme la France, l'Italie et l'Allemagne, l'avenir n'est guère encourageant.

Un certain essoufflement se manifeste également dans le domaine de la chanson et de la musique destinée non à des cercles restreints d'initiés — ce qui est le cas de la musique dite «contemporaine», évoquée plus haut — mais au «grand public». «Quand le jazz est là, la java s'en va», disait il y a trente ans une chanson de Claude Nougaro, popularisée par Yves Montand. La formule résume assez bien la mutation qui s'est accomplie en Europe, au moment où la «nouvelle vague» s'imposait sur les écrans. Encore que ce ne soit pas à proprement parler le jazz qui a substitué sa suprématie à celle du «musette» et de la chanson de variété, mais plutôt une forme commerciale et hybride du blues : le rock and roll, apparu aux États-Unis au milieu des années 1950 et popularisé, sous une forme originelle plutôt lénifiante, par des chanteurs tels qu'Eddie Cochran et surtout Elvis Presley. Le jazz a pour sa part poursuivi, en se modifiant et en sophistiquant son inspiration et son interprétation, sa pénétration en Europe, limitée à un petit monde d'amateurs appartenant aux milieux aisés et à l'intelligentsia. Il a aujourd'hui ses «mélomanes» et certaines cantatrices d'opéra, comme l'Américaine Jessye Norman, ne répugnent pas à prêter leur voix au *spiritual* pour des publics du vieux continent.

Le *rock* a au contraire fait en Europe une entrée fracassante en 1960, son succès bénéficiant de la diffusion du transistor et du microsillon. Musique simple et spontanée, née dans les milieux populaires, expression dans sa version britannique — avec les Beatles et les Rolling Stones — et bientôt européenne, de la difficulté et de la fureur de vivre d'une génération perturbée par les effets contrastés de la croissance puis de la crise, il n'a pas tardé à être récupéré par les principaux bénéficiaires de son succès, pour donner naissance dans les années 1970 à un produit de consommation industrialisé, dont les jeunes ne perçoivent pas toujours tout le pouvoir que les médias et les financiers du *show business* exercent sur eux à travers ce canal.

Le rock ne saurait cependant être réduit à cet aspect commercial et manipulateur. Il est aussi un langage qui transcende les frontières politiques et culturelles, l'expression d'un besoin de communiquer et de communier dans la ferveur du groupe, ainsi que le moyen pour les générations nouvelles d'afficher un certain nombre de valeurs : non plus l'anti-américanisme de choc des années 1960, quand les jeunes contestataires européens et leurs idoles mêlaient leurs voix à celles de Jimmy Hendrix, Joan Baez et Bob Dylan, mais la paix, la fraternité, l'amour de la nature, le refus de l'exclusion et du racisme. Encore qu'il puisse également servir de support à une contre-culture fondée précisément sur la négation de ces valeurs, telle qu'elle se manifeste par exemple à travers le *hard rock* et la contestation hautement provocatrice de certains groupes, «punks» ou autres (par exemple le groupe Bazooka), qui n'hésitent pas à afficher dans leur thématique l'appel au meurtre et l'antisémitisme. Les quinze dernières années du XXᵉ siècle ont vu enfin se multiplier les mixages culturels, au point que l'on a de plus en plus tendance à parler de *world music* pour désigner des phénomène musicaux tels que le *hip hop,* le *rap,* le *rai* ou encore la «musique celtique».

● L'âge d'or du cinéma européen

Reste le «septième art» qui a probablement connu son apogée au cours des deux décennies qui suivent le second conflit mondial. Pendant une dizaine d'années, le cinéma européen a certes dû batailler ferme pour reconquérir ses positions sur ses propres marchés, face à une concurrence américaine qui bénéficiait de la prépondérance financière et technique des grandes firmes hollywoodiennes, de leur haute technicité, de la qualité de leurs produits (un peu entamée toutefois par les effets ravageurs du maccarthysme) et aussi de la domination politico-économique exercée par Washington et qui s'exprimait par des accords commerciaux stipulant (ce fut le cas en France des accords Blum-Byrnes) un quota minimum à la projection de films américains. Il a néanmoins réussi à le faire et à imposer ses propres modèles nationaux, voire «européens» par le biais des coproductions (franco-italiennes, franco-britanniques, italo-allemandes, etc.).

Le grand triomphateur de cet affrontement a été, en termes de qualité sinon toujours d'efficacité commerciale, le cinéma italien. Ici, le flux de la production *made in USA* n'a pas empêché des réalisateurs de grand talent, dont la formation et les premières œuvres s'étaient accomplies sous le fascisme, mais à la périphérie du régime et parfois contre lui, de faire naître une cinématographie nouvelle, tout aussi éloignée de l'univers aseptisé et conformiste «téléphones blancs» que des productions boursouflées du cinéma proprement «fasciste».

Bien que son contenu social et son orientation politique soient nettement orientés à gauche, ce courant néoréaliste, aboutissement d'une longue maturation accélérée par la guerre, ne tire pas son inspiration du «réalisme socialiste», tel que le conçoit Jdanov, et si emprunts il y a au cinéma soviétique, c'est du côté d'Einsenstein et de Poudovkine qu'il faut aller les chercher. La veine réaliste et populiste de la littérature italienne contemporaine y est également pour beaucoup. Néanmoins, les thèmes que développent les cinéastes de l'école néoréaliste — misère urbaine, délinquance, violentes oppositions des groupes sociaux antagonistes, exploitation des populations rurales, résistance — s'inscrivent dans un combat politique qui n'est pas très éloigné de celui du Parti communiste dont beaucoup de réalisateurs italiens sont ou seront membres. Parmi les œuvres appelées à devenir des classiques, et qui ont d'entrée de jeu été jugées comme telles par la critique internationale, il faut citer *Sciuscia* (1946) et *Le voleur de bicyclettes* (1946) de Vittorio De Sica, *La Terre tremble* de Luchino Visconti, *Rome ville ouverte* (1945) et *Paisa* de Roberto Rossellini, *Riz amer* (1949) de Giuseppe de Santis, *Les Années difficiles* (1948) de Luigi Zampa, *La Strada* (1954) et *Les Nuits de Cabiria* (1956) de Federico Fellini. Jusqu'au début des années 1960, où le «grand public» européen va les découvrir, ce ne sont pas elles cependant qui ont drainé le plus de spectateurs.

En France, où l'on voit durant les années 1950 beaucoup de films américains mais où, si l'on se réfère aux sondages, on ne les apprécie que médiocrement, la veine néoréaliste donne peu d'œuvres significatives (*Le Point du jour* de Louis Daquin et *Antoine et Antoinette* de Jacques Becker font un peu exception dans des genres au demeurant très différents). La résistance aux modèles d'outre-Atlantique prend ici appui sur une tradition et sur un savoir-faire qui prolongent, sans beaucoup le renouveler, le cinéma des années 1930 et celui de l'Occupation. Films «roses» (à la Berthomieu), ou «noirs» (à la Yves Allégret ou à la Marcel Carné), comédies gaies et dramatiques (René Clair, René Clément), films historiques à vocation récréative (la série des «Caroline chérie», avec le «symbole sexuel» de l'époque, Martine Carol) ou didactique (avec les lourdes promenades dans le temps filmées par Sacha Guitry), films poétiques (Jean Cocteau), films «à thèse» (André Cayatte), etc., s'éloignent peu des formes classiques et ne font l'événement que lorsqu'ils égratignent la morale traditionnelle, comme la *Manon* de Henri-Georges Clouzot, *Le Diable au corps* de Claude Autant-Lara.

Rien dans tout cela qui traduise une influence pesante des modèles hollywoodiens. Henri Verneuil et Jean-Pierre Melville en sont encore à faire leurs premières armes et les réalisateurs qui se risquent à confectionner des *thrillers* à la française, comme Jacques Becker en 1954 avec *Touchez pas au grisbi,* prennent bien soin de ne pas dépayser leur public : le décor, le langage, le «look» des personnages demeurent ceux du Paris des «voyous».

Ainsi, ce sont bien des cinématographies nationales qui renaissent au lendemain de la guerre, chacune ayant son identité propre, son style, ses thèmes de prédilection, peu tributaires du modèle hollywoodien. Cela va de soi pour le cinéma soviétique, soumis au carcan jdanovien et aux impératifs de la propagande, ce qui ne l'empêche pas de produire quelques œuvres de valeur. Mais cela est vrai également du cinéma britannique qui témoigne, mieux que tous les autres peut-être si l'on tient compte de la parenté linguistique, des limites de l'influence américaine. Lui aussi demeure fidèle aux traditions de l'avant-guerre, avec les comédies humoristiques de Robert Hamer (*Noblesse oblige,* 1949) et de Mac Kandrick (*Whisky à gogo,* 1950), et les premiers chefs-d'œuvre de David Lean (*Brève rencontre* en 1945, *Les Grandes Espérances* en 1956).

● **La «Nouvelle vague»**

C'est à la charnière des années 1950 et 1960 que se produit le grand tournant du cinéma européen de l'après-guerre. Il a lieu en France à un moment où se conjuguent les effets de la croissance, de la stabilisation politique et de la guerre d'Algérie pour donner naissance au phénomène de «nouvelle vague» : point d'aboutissement de la réflexion critique entreprise depuis le début des années 1950 par la petite équipe réunie autour des *Cahiers du cinéma.* Réaction contre la tendance à la commercialisation de la production cinématographique, visant à substituer un «cinéma d'auteur», réalisé avec de petits budgets, aux productions industrielles, standardisées et essentiellement récréatives, qui paraissent devoir l'emporter avec la société de consommation. Des œuvres comme *Le Beau Serge* de Claude Chabrol (1958) *Les 400 coups* de François Truffaut (1959), *À bout de souffle* de Jean-Luc Godard (1960), inaugurent cette révolution du «septième art» également illustrée par les noms d'Alain Resnais (*Hiroshima mon amour,* 1959), Éric Rohmer (*Le Signe du lion,* 1960), Louis Malle (*Les Amants,* 1959), Jacques Rivette (*Paris nous appartient,* 1961), etc.

Aussi le jeune cinéma français influence-t-il une bonne partie du cinéma européen, que ce soit en Pologne, avec Andrzej Wajda et les débuts de Roman Polanski, en Belgique avec André Delvaux, en Hongrie avec Jancso (*Les Sans Espoir,* 1966), en Tchécoslovaquie avec l'École de Prague (Milos Forman, Vera Chytilova, etc.), plus tard en Suisse avec des réalisateurs comme Alain Tanner (*Charles mort ou vif,* 1969) et Claude Goretta.

Au cours des mêmes années, d'autres cinématographies européennes poursuivent leur propre voie, parfois étroite, comme en Espagne, avec Luis Buñuel, J. A. Bardem, L. G. Berlanga, Carlos Saurer, ou au contraire largement ouverte au monde extérieur mais en même temps très fortement ancrée dans son identité culturelle, comme en Suède avec Ingmar Bergman. Quant au cinéma italien, il connaît pendant les années 1960 et la plus grande partie de la décennie suivante son âge d'or. Dans le prolongement du courant néoréaliste, mais avec des moyens parfois très différents, des réalisateurs comme Fellini (*La Dolce vita,* 1960, *Roma,* 1972), Visconti (*Rocco et ses frères,* 1960, *Le Guépard,* 1963, *Les Damnés,* 1970), Michelangelo Antonioni (*La Nuit,* 1962, *Blow up,* 1967), Francesco Rosi (*Main basse sur la ville,* 1963, *L'Affaire Mattei,* 1971), Bernardo Bertolucci (*Prima della Rivoluzione,* 1964), Pier Paolo Pasolini (*Théorème,* 1968), Marco Bellocchio, Ermanno Olmi, et un peu plus tard Luigi Comencini, Ettore Scola, les frères Taviani, etc., s'attachent à exprimer de façon globale tous les problèmes de notre temps.

● L'âge du cinéma de consommation

La période la plus récente est à la fois marquée, on l'a vu, par les effets de la crise, par le coût de plus en plus élevé de la production cinématographique qui contraint les industriels du «septième art» et les créateurs à privilégier les critères de rentabilité, et par la concurrence de la télévision. Il en résulte, s'agissant de la production courante, une uniformisation des produits et une baisse globale de la qualité qui, répétons-le, doivent être relativisées. Il en est du cinéma comme de la littérature. Les chefs-d'œuvre du passé ne doivent pas nous faire oublier qu'ils sont dans notre mémoire collective la partie émergée d'un immense continent perdu de productions médiocres et à jamais oubliées. Le cinéma français des années 1930, le cinéma italien de l'immédiat après-guerre, le cinéma américain de la grande période hollywoodienne n'échappent pas à cette règle. Celui que les Européens consomment depuis vingt ou vingt-cinq ans n'est statistiquement ni meilleur ni pire. Les ratés de série B font la grosse masse des recettes, comme il y a trente et quarante ans. Les chefs-d'œuvre sont peut-être un peu moins nombreux depuis que quelques géants comme Truffaut, Visconti, Fellini, Tarkovski, Bergman et beaucoup d'autres ont disparu ou cessé d'exercer leur art. Mais beaucoup ont conservé intacte leur capacité de création et d'innovation, et surtout, quoi qu'en pensent les éternels contempteurs du temps présent, il existe une relève qui conçoit et travaille différemment, vit avec son époque, et ne considère pas toujours la télévision comme le mal absolu. En France, des cinéastes comme Maurice Pialat, Bertrand Tavernier, Jean-Charles Tacchella, Éric Rohmer et autres Bertrand Blier, sont loin d'avoir épuisé leurs sources d'inspiration, alors que monte un «jeune cinéma» français dont les principaux représentants s'appellent Luc Besson, André Téchiné, Jacques Doillon, Jean-Jacques Beineix. En Angleterre, comme ailleurs, les salles ferment et les sociétés de production connaissent de gros problèmes, mais ici c'est la télévision *Channel four,* qui a fondé sa propre maison de production et produit une vingtaine de films — qui est venue au secours du «septième art» enrayant la fuite des réalisateurs vers les États-Unis et provoquant même des retours comme celui de John Boorman (*Hope and Glory*). Là aussi une nouvelle génération montre le bout de l'oreille avec Stephen Frears, Richard Eyre, Peter Greenaway, David Hare.

Particulièrement malmené par la télévision et par la crise, le cinéma italien est semble-t-il plus touché que les autres, la venue de quelques nouveaux réalisateurs de talent comme Moretti et Tornatore ne compensant pas la perte des grands aînés (Visconti, Petri, Pasolini), mais les dernières œuvres de Scola, de Rosi, des frères Taviani, témoignent chez ces auteurs d'une vitalité communicative. Enfin, le retour à la démocratie dans la plupart des pays européens ne peut que favoriser l'essor de jeunes cinématographies qui à l'Ouest (Espagne, Grèce), comme à l'Est (Pologne, Hongrie, Tchécoslovaquie) avaient commencé à manifester leur existence et leur originalité sous la chape de plomb des dictatures. Sur grand ou petit écran, l'œuvre cinématographique est appelée à circuler de plus en plus dans l'espace européen, favorisant la connaissance que les habitants du vieux continent ont les uns des autres, donc le mixage des cultures et avec lui la conscience d'être détenteurs d'un patrimoine commun.

Conclusion

À l'issue d'une histoire au moins millénaire, l'Europe du début du XXIᵉ siècle est-elle en train de passer de l'état de simple énonciation géographique à celui d'entité politique et culturelle ? Bien des indices accréditent cette thèse.

Au sortir d'un siècle marqué sur le vieux continent par une lutte acharnée des modèles politiques totalitaires contre la démocratie libérale, la décomposition interne du bloc communiste en Europe de l'Est venant après l'effondrement et le discrédit des fascismes font que, pour la première fois dans son histoire, l'Europe voit l'ensemble des peuples qui la composent se réclamer dans leur écrasante majorité des mêmes valeurs : celles de l'État de droit, de la liberté, des droits de l'Homme. Et, qui plus est, ils aspirent sur la base de ces convergences culturelles à un large rapprochement. Par ailleurs, les voies et les moyens de celui-ci existent.

Au fil des siècles et des affrontements qui l'ont marquée, la vieille Europe découvre qu'au-delà des différences de langues et de coutumes, ses populations sont tributaires d'une civilisation commune qui, du lointain passé gréco-romain à une révolution industrielle plus ou moins précoce, en passant par le christianisme (romain ou byzantin), les modèles artistiques du Moyen Âge, de la Renaissance, des écoles baroques ou classiques, l'influence de la Révolution française ou des principes nationaux, la concerne tout entière. En d'autres termes, elle prend conscience qu'il existe une identité européenne, retrouvant ainsi une constatation inscrite dans son histoire. N'a-t-on

pas vu s'épanouir une Europe des ordres religieux ou des universités au Moyen Âge, une Europe des marchands, des humanistes et des
artistes à l'époque de la Renaissance, une Europe cosmopolite des
écrivains et des philosophes aux XVIIe et XVIIIe siècles ? On objectera
qu'il s'agit là de groupes minoritaires, à l'importance secondaire par
rapport aux populations tributaires de cultures nationales ou provinciales constituant un puissant élément de cohésion interne, et poussant à rejeter l'étranger ou à lutter contre lui. Sans doute, et il serait
absurde pour les besoins de la démonstration de nier l'importance de
ces cultures nationales, profondément enracinées et dont la diversité
fait la richesse de l'Europe. Mais qui ne voit, au-delà des incontes-
tables différences qui les marquent, transparaître les points communs,
les éléments de rapprochement, lignes de force essentielles qu'il suffit de mettre en relief pour qu'elles apparaissent avec éclat ? De la
même façon, l'instantanéité des moyens d'information actuels qui
fait qu'un événement qui se produit à Moscou est vécu en direct en
Occident et y provoque l'émotion la plus vive, ne peut qu'accentuer,
comme le rapprochement des valeurs et des genres de vie, les éléments constitutifs de l'identité européenne qui sont tout autre chose
qu'une hypothétique et peu souhaitable uniformisation.

Car s'il existe une base sur laquelle l'Europe peut marcher vers la
constitution d'une entité réelle, il existe aussi un processus permettant d'y parvenir. Jusqu'au début des Temps modernes, l'Europe a
vécu sur la nostalgie de l'unité perdue. Imparfaitement réalisée par
l'Empire romain, dans le cadre d'une aire géographique méditerranéenne, l'unité, fondée sur la réalisation d'une entité politique et culturelle est sans doute un mythe plus qu'une réalité. Il reste qu'au-
delà de l'émiettement féodal, puis national, ce rêve a été poursuivi avec
obstination par les pontifes romains autour de l'idée chrétienne, par
Charlemagne et les Othons autour du thème de la restauration de
l'unité impériale, par Charles Quint autour de celle de défense du
catholicisme romain. La victoire de l'État-nation à partir du XVIe siècle
paraît cependant y mettre un terme. Désormais, les tentatives d'hégémonie autour d'une nation-phare, porteuse d'un projet idéologique
unificateur, l'emportent sur la restauration du rêve impérial. L'Espagne
de Philippe II, la France de la Révolution et de Napoléon (la « Grande
Nation »), l'Allemagne de Hitler tenteront tour à tour l'expérience
sans parvenir à d'autre résultat que de dresser contre leur projet le
très vivace sentiment national. Les voies nouvelles qui s'ouvrent au

lendemain de la Seconde Guerre mondiale sont d'une tout autre nature. Répudiant les grands projets idéologiques au nom de la simple constatation de la solidarité des peuples du continent dans les drames vécus lors des guerres et dans ceux qui les menacent encore du fait de l'affrontement des blocs, refusant toute hégémonie nationale, elles vont s'efforcer de trouver le chemin qui permet de concilier la vivacité des sentiments nationaux avec la nécessaire solidarité des États du continent, condamnés à agir ensemble ou à décliner côte à côte. On accordera volontiers que l'histoire de la construction européenne depuis la fin de la Seconde Guerre mondiale n'a rien d'exaltant, qu'elle est plus faite de déceptions, de crises, de blocages et de récriminations que de victoires ou d'avancées fulgurantes. Et cependant on ne peut nier qu'elle n'ait cessé de progresser. C'est qu'il n'est peut-être pas d'autre voie pour l'avenir de l'Europe ; les réticences ou les refus viscéraux doivent, en dernière analyse, céder devant la nécessité. Il reste que le tableau a ses ombres et que la marche en avant de l'Europe peut être contrariée par la résurgence des nationalismes qui se fait jour dans les pays sortis de la domination communiste et, dans une moindre mesure, dans les pays de l'Europe de l'Ouest. L'effondrement du communisme nous ramène-t-il, comme certains l'ont hâtivement affirmé, au monde du XIXe siècle où l'exacerbation des luttes nationales a été génératrice de tensions dont, à beaucoup d'égards, la Première Guerre mondiale est le résultat ?

La résurgence des nationalités est une réalité en Europe de l'Est que personne ne songe à contester. Qu'elle soit grosse de dangers qui s'appellent tentation nationale-populiste, affrontements ethniques localisés et revendications territoriales, admettons-le. Admettons même que ces périls puissent nourrir chez nous, dans les vieilles nations industrialisées de l'Ouest européen, de vieilles lunes nationalistes qui n'ont pas besoin de cela pour prospérer mais qui peuvent trouver là un second souffle. Est-ce que pour autant nous sommes revenus, ou sur le point de revenir à la case départ : 1815, 1914 ou 1939 ?

L'Europe a changé depuis le temps des grands empires et celui du «concert» à quatre, cinq ou six voix raisonnant en termes d'équilibre des puissances ou d'espace vital. Le dégel en Europe de l'Est fait apparaître à la place de l'énorme bloc constitué par l'URSS et ses satellites, un État diminué, dépassé sur tous les plans — y compris militaire — et une nébuleuse de petits acteurs (et semble-t-il de futurs

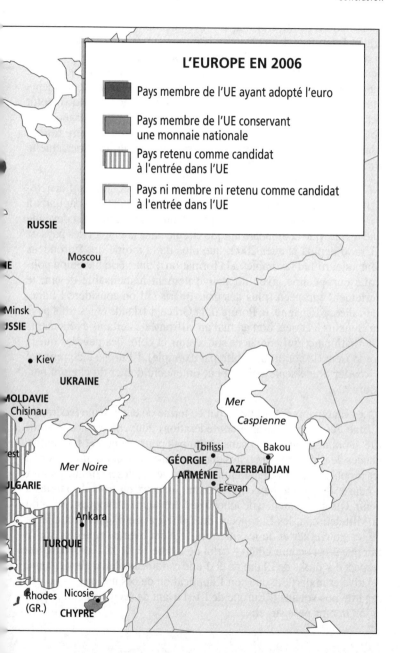

L'EUROPE EN 2006

Pays membre de l'UE ayant adopté l'euro

Pays membre de l'UE conservant une monnaie nationale

Pays retenu comme candidat à l'entrée dans l'UE

Pays ni membre ni retenu comme candidat à l'entrée dans l'UE

RUSSIE

Moscou

Minsk

USSIE

Kiev

UKRAINE

MOLDAVIE

Chisinau

Mer Caspienne

Tbilissi   Bakou

GÉORGIE

AZERBAÏDJAN

ARMÉNIE

Erevan

est

Mer Noire

JLGARIE

Ankara

TURQUIE

Rhodes (GR.)   Nicosie

CHYPRE

États-nations) dont la principale revendication est celle de la démocratie. Et en face de cet Empire communiste en ruines, il n'y a pas, comme en 1914 et en 1939, plusieurs candidats à l'hégémonie continentale ou planétaire qui s'apprêtent à se déchirer, mais quelque chose qui s'efforce de prendre forme, non sans difficultés, trébuchements et retours en arrière. On dira que l'Europe des Vingt-cinq (bientôt des Vingt-sept) n'est encore à bien des égards qu'un «grand marché» et une métaphore, et l'on aura d'une certaine manière raison. Mais n'est-ce pas déjà beaucoup si l'on compare la situation actuelle à celle de l'après-guerre?

Si l'on songe qu'en dépit des hésitations et des combats d'arrière-garde la libre circulation des hommes, des idées et des capitaux à l'intérieur de l'espace constitué par l'Union européenne est devenue une réalité, que la monnaie unique circule dans la plupart des pays de l'Union depuis janvier 2002, que plus de la moitié des Européens sont aujourd'hui favorables à la formation d'une véritable union politique européenne, avec un gouvernement responsable devant le Parlement européen (plus des trois quarts si l'on considère l'Italie, la France, l'Espagne, la Portugal, la Grèce, l'Irlande et les trois pays du Benelux), et que, bon an mal an, affrontée à certains événements internationaux qui engagent son avenir et celui des peuples qui la composent (le conflit du Golfe par exemple), l'Europe a commencé à «parler d'une seule voix», peut-on encore douter du chemin parcouru?

Les États-Unis d'Europe, si par ce terme on entend une fédération d'États (et non une simple confédération) gouvernée par une autorité supranationale, n'est sans doute pas pour demain et les contingences de l'histoire sont telles que personne ne peut prédire — sinon les prophètes Janus qui n'en finissent pas de se penser comme maîtres à penser — ce que nous apporteront les deux ou trois décennies à venir. Disons qu'au lieu de jouer à se faire peur, en évoquant 1914 ou la Mitteleuropa, les Européens de l'Ouest et ceux qui ont à charge de les gouverner et de les instruire feraient bien de réfléchir sur le fait que c'est de leur côté — celui de la liberté, de la démocratie, du respect des droits de l'homme et d'une certaine qualité de la vie, aussi relative et imparfaite que soit l'application de ces notions — qu'ont regardé nos voisins d'Europe de l'Est avant de secouer le joug qui a si longtemps pesé sur eux.

Peut-être pourraient-ils en tirer cette leçon que la petite constellation frileuse et appauvrie qui s'est mise en place il y a un peu moins d'un demi-siècle est devenue attractive en s'élargissant et en s'approfondissant ; qu'elle a quelque chance d'être le point de départ d'une grande aventure humaine et que, sans doute, elle a un rôle majeur à jouer dans le monde du XXIe siècle.

Fiches États

Les fiches ci-après présentent
pour chaque État membre
du Conseil de l'Europe
les principales données
physiques, politiques,
statistiques
et sportives.

ALBANIE

Capitale	Tirana
Langues	albanais, grec
Monnaie	Nouveau lek
État et régime	République unitaire ; régime parlementaire
Superficie (en km²)	28 750
Population (2005)	3 130 000
Population urbaine (en %, 2003)	43,8
Espérance de vie (en années, 2000-2005)	73,7
PIB total (en millions de $, 2004)	17 402
PIB par habitant (en $, 2004)	4 937
IDH (2002)	0,781
Taux de chômage (en %, 2004)	14,5

ALLEMAGNE

Capitale	Berlin
Langue	allemand
Monnaie	Euro
État et régime	République fédérale ; régime démocratique parlementaire
Adhésion à l'UE	1957 (membre fondateur)
Superficie (en km²)	357 030
Population (2005)	82 500 800
Population urbaine (en %, 2003)	88,1
Espérance de vie (en années, 2000-2005)	78,6
PIB total (en millions de $, 2004)	2 391 569
PIB par habitant (en $, 2004)	28 889
IDH (2002)	0,925
Taux de chômage (en %, 2005)	9,5
Médailles olympiques (1re médaille en 1896)	Or : 1373 ; Argent : 1228 ; Bronze : 1273 Ces données prennent en compte la participation de l'Allemagne (1896-1936 ; 1992-2004), de la RFA et de la RDA (1950-1990) ainsi que de l'Équipe unifiée allemande (1956-1964).
Vainqueur de la coupe du monde de football (FIFA)	1954, 1974, 1990

ANDORRE

Capitale	Andorre-la-Vieille
Langue	catalan
Monnaie	Euro
État et régime	Principauté avec 2 co-princes : le président de la République française et l'évêque d'Urgel ; régime parlementaire
Superficie (en km²)	450
Population (2005)	67 000
Population urbaine (en %, 2003)	91,7
Espérance de vie (en années, 2000-2005)	83,5
PIB total (en millions de $, 2003)	1 900
PIB par habitant (en $, 2003)	26 800
IDH	Non renseigné
Taux de chômage	Non renseigné

ANDORRE

Capitale	Erevan
Langue	arménien
Monnaie	Dram
État et régime	République unitaire ; régime présidentiel
Superficie (en km²)	29 800
Population (2005)	3 020 000
Population urbaine (en %, 2003)	64,4
Espérance de vie (en années, 2000-2005)	71,4
PIB total (en millions de $, 2003)	12 347
PIB par habitant (en $, 2003)	3 806
IDH (2002)	0,754
Taux de chômage (en %, 2004)	9,1
Médailles olympiques (1re médaille en 1996)	Or : 1 Argent : 1 Bronze : 1

Autriche

Capitale	Vienne
Langue	allemand
Monnaie	Euro
État et régime	République fédérale ; démocratie parlementaire avec des instruments de démocratie directe
Adhésion à l'UE	1995
Superficie (en km²)	83 860
Population (2005)	8 206 500
Population urbaine (en %, 2003)	65,8
Espérance de vie (en années, 2000-2005)	78,9
PIB total (en millions de $, 2004)	254 095
PIB par habitant (en $, 2004)	31 406
IDH (2002)	0,934
Taux de chômage (en %, 2005)	5,2
Médailles olympiques (1re médaille en 1896)	Or : 97 Argent : 178 Bronze : 145

Azerbaïdjan

Capitale	Bakou
Langue	azéri
Monnaie	Manat
État et régime	République fédérale ; régime présidentiel
Superficie (en km²)	86 600
Population (2005)	8 410 000
Population urbaine (en %, 2003)	50
Espérance de vie (en années, 2000-2005)	66,9
PIB total (en millions de $, 2003)	33 098
PIB par habitant (en $, 2003)	3 968
IDH (2002)	0,746
Taux de chômage (en %, 2004)	1,4
Médailles olympiques (1re médaille en 1996)	Or : 3 Argent : 1 Bronze : 5

BELGIQUE

Capitale	Bruxelles
Langues	français, néerlandais (flamand), allemand
Monnaie	Euro
État et régime	Monarchie constitutionnelle fédérale ; régime parlementaire
Adhésion à l'UE	1957 (membre fondateur)
Superficie (en km²)	30 500
Population (2005)	10 445 900
Population urbaine (en %, 2003)	97,2
Espérance de vie (en années, 2000-2005)	78,8
PIB total (en millions de $, 2004)	309 011
PIB par habitant (en $, 2004)	30 062
IDH (2002)	0,942
Taux de chômage (en %, 2005)	8,4
Médailles olympiques (1ʳᵉ médaille en 1900)	Or : 107 Argent : 190 Bronze : 184

BOSNIE-HERZÉGOVINE

Capitale	Sarajevo
Langues	bosniaque, serbe et croate (une même langue)
Monnaie	Mark convertible
État et régime	État fédéral ; régime : transition démocratique
Superficie (en km²)	51 130
Population (2005)	3 907 000
Population urbaine (en %, 2003)	44,3
Espérance de vie (en années, 2000-2005)	74,1
PIB total (en millions de $, 2004)	21 402
PIB par habitant (en $, 2004)	5 504
IDH (2002)	0,781
Taux de chômage (en %, 2004)	41

BULGARIE

Capitale	Sofia
Langue	bulgare
Monnaie	Lev
État et régime	République unitaire ; régime parlementaire
Adhésion à l'UE	Prévue en 2007
Superficie (en km²)	110910
Population (2005)	7761000
Population urbaine (en %, 2003)	69,8
Espérance de vie (en années, 2000-2005)	72,1
PIB total (en millions de $, 2004)	66113
PIB par habitant (en $, 2004)	8500
IDH (2002)	0,796
Taux de chômage (en %, 2005)	10,1
Médailles olympiques (1ʳᵉ médaille en 1952)	Or : 55 Argent : 153 Bronze : 150

CHYPRE

Capitale	Nicosie
Langues	grec, turc, anglais
Monnaie	Livre chypriote
État et régime	République sur la partie sud de l'île ; régime démocratique présidentiel
Adhésion à l'UE	2004
Superficie (en km²)	9250
Population (2005)	749200
Population urbaine (en %, 2003)	69,2
Espérance de vie (en années, 2000-2005)	78,5
PIB total (en millions de $, 2004)	15764
PIB par habitant (en $, 2004)	19633
IDH (2002)	0,883
Taux de chômage (en %, 2005)	5,3

CROATIE

Capitale	Zagreb
Langue	croate
Monnaie	Kuna
État et régime	République unitaire; régime présidentiel
Adhésion à l'UE	A déposé une demande de candidature à l'entrée dans l'UE
Superficie (en km²)	56540
Population (2005)	4443900
Population urbaine (en %, 2003)	59
Espérance de vie (en années, 2000-2005)	74,9
PIB total (en millions de $, 2004)	52056
PIB par habitant (en $, 2004)	11568
IDH (2002)	0,830
Taux de chômage (en %, 2004)	13,6
Médailles olympiques (1re médaille en 1992)	Or : 38 Argent : 34 Bronze : 18

DANEMARK

Capitale	Copenhague
Langue	danois
Monnaie	Couronne danoise
État et régime	Monarchie constitutionnelle ; régime parlementaire
Adhésion à l'UE	1973
Superficie (en km²)	43090
Population (2005)	5411400
Population urbaine (en %, 2003)	85,3
Espérance de vie (en années, 2000-2005)	77,1
PIB total (en millions de $, 2004)	178477
PIB par habitant (en $, 2004)	33089
IDH (2002)	0,932
Taux de chômage (en %, 2005)	4,8
Médailles olympiques (1re médaille en 1896)	Or : 161 Argent : 221 Bronze : 168

ESPAGNE

Capitale	Madrid
Langues	espagnol (castillan). Langues officielles régionales : basque, catalan, galicien, valencien.
Monnaie	Euro
État et régime	Monarchie constitutionnelle ; régime parlementaire
Adhésion à l'UE	1986
Superficie (en km²)	505 990
Population (2005)	43 038 000
Population urbaine (en %, 2003)	76,5
Espérance de vie (en années, 2000-2005)	79,4
PIB total (en millions de $, 2004)	971 724
PIB par habitant (en $, 2004)	23 627
IDH (2002)	0,922
Taux de chômage (en %, 2005)	9,2
Médailles olympiques (1re médaille en 1900)	Or : 101 Argent : 164 Bronze : 88

ESTONIE

Capitale	Tallinn
Langue	estonien
Monnaie	Couronne estonienne
État et régime	République unitaire ; démocratie parlementaire
Adhésion à l'UE	2004
Superficie (en km²)	45 100
Population (2005)	1 347 000
Population urbaine (en %, 2003)	69,4
Espérance de vie (en années, 2000-2005)	71,2
PIB total (en millions de $, 2004)	20 559
PIB par habitant (en $, 2004)	15 217
IDH (2002)	0,853
Taux de chômage (en %, 2005)	7,9
Médailles olympiques (1re médaille en 1920)	Or : 12 Argent : 8 Bronze : 22

FINLANDE

Capitale	Helsinki
Langues	finnois, suédois
Monnaie	Euro
État et régime	République unitaire ; régime parlementaire
Adhésion à l'UE	1995
Superficie (en km²)	338 150
Population (2005)	5 236 600
Population urbaine (en %, 2003)	78,4
Espérance de vie (en années, 2000-2005)	60,9
PIB total (en millions de $, 2004)	152 955
PIB par habitant (en $, 2004)	29 305
IDH (2002)	0,935
Taux de chômage (en %, 2005)	8,4
Médailles olympiques (1re médaille en 1908)	Or : 203 Argent : 275 Bronze : 390

FRANCE

Capitale	Paris
Langue	français
Monnaie	Euro
État et régime	République ; démocratie parlementaire combinée à un pouvoir présidentiel
Adhésion à l'UE	1957 (membre fondateur)
Superficie (en km²)	551 500
Population (2005)	60 561 200
Population urbaine (en %, 2003)	76,3
Espérance de vie (en années, 2000-2005)	79,4
PIB total (en millions de $, 2004)	1 724 647
PIB par habitant (en $, 2004)	27 913
IDH (2002)	0,932
Taux de chômage (en %, 2005)	9,5
Médailles olympiques (1re médaille en 1896)	Or : 437 ; Argent : 550 ; Bronze : 540
Vainqueur de la coupe du monde de football (FIFA)	1998

GÉORGIE

Capitale	Tbilissi
Langue	géorgien
Monnaie	Lari
État et régime	République unitaire ; régime présidentiel
Superficie (en km²)	69 700
Population (2005)	4 470 000
Population urbaine (en %, 2003)	51,9
Espérance de vie (en années, 2000-2005)	70,5
PIB total (en millions de $, 2003)	14 268
PIB par habitant (en $, 2003)	2 774
IDH (2002)	0,739
Taux de chômage (en %, 2004)	11,9
Médailles olympiques (1ʳᵉ médaille en 1996)	Or : 2 Argent : 2 Bronze : 8

GRÈCE

Capitale	Athènes
Langue	grec moderne
Monnaie	Euro
État et régime	République unitaire ; régime parlementaire
Adhésion à l'UE	1981
Superficie (en km²)	131 960
Population (2005)	11 075 700
Population urbaine (en %, 2003)	60,8
Espérance de vie (en années, 2000-2005)	78,2
PIB total (en millions de $, 2004)	223 500
PIB par habitant (en $, 2004)	20 362
IDH (2002)	0,962
Taux de chômage (en %, 2005)	9,8
Médailles olympiques (1ʳᵉ médaille en 1896)	Or : 37 Argent : 62 Bronze : 49

HONGRIE

Capitale	Budapest
Langue	hongrois
Monnaie	Forint
État et régime	République unitaire ; démocratie parlementaire
Adhésion à l'UE	2004
Superficie (en km²)	93 030
Population (2005)	10 097 500
Population urbaine (en %, 2003)	65,1
Espérance de vie (en années, 2000-2005)	72,6
PIB total (en millions de $, 2004)	152 485
PIB par habitant (en $, 2004)	15 546
IDH (2002)	0,848
Taux de chômage (en %, 2005)	7,2
Médailles olympiques (1re médaille en 1896)	Or : 419 Argent : 344 Bronze : 400

IRLANDE

Capitale	Dublin
Langues	irlandais, anglais
Monnaie	Euro
État et régime	République unitaire ; régime parlementaire
Adhésion à l'UE	1973
Superficie (en km²)	70 270
Population (2005)	4 109 200
Population urbaine (en %, 2003)	59,9
Espérance de vie (en années, 2000-2005)	77,7
PIB total (en millions de $, 2004)	152 301
PIB par habitant (en $, 2004)	37 663
IDH (2002)	0,936
Taux de chômage (en %, 2005)	4,3
Médailles olympiques (1re médaille en 1928)	Or : 8 Argent : 8 Bronze : 6

ISLANDE

Capitale	Reykjavik
Langue	islandais
Monnaie	Couronne islandaise
État et régime	République unitaire ; régime parlementaire
Superficie (en km²)	103 000
Population (2005)	293 600
Population urbaine (en %, 2003)	92,8
Espérance de vie (en années, 2000-2005)	80,6
PIB total (en millions de $, 2004)	9 756
PIB par habitant (en $, 2004)	33 269
IDH (2002)	0,941
Taux de chômage (en %, 2004)	2,6
Médailles olympiques (1ʳᵉ médaille en 1956)	Argent : 1 Bronze : 2

ITALIE

Capitale	Rome
Langue	italien
Monnaie	Euro
État et régime	République ; démocratie parlementaire
Adhésion à l'UE	1957 (membre fondateur)
Superficie (en km²)	301 340
Population (2005)	58 462 400
Population urbaine (en %, 2003)	67,4
Espérance de vie (en années, 2000-2005)	80
PIB total (en millions de $, 2004)	1 620 454
PIB par habitant (en $, 2004)	28 172
IDH (2002)	0,920
Taux de chômage (en %, 2005)	7,7
Médailles olympiques (1ʳᵉ médaille en 1900)	Or : 591 Argent : 508 Bronze : 494
Vainqueur de la coupe du monde de football (FIFA)	1934, 1938, 1982, 2006

LETTONIE

Capitale	Riga
Langue	letton
Monnaie	Lat letton
État et régime	République unitaire ; démocratie parlementaire
Adhésion à l'UE	2004
Superficie (en km²)	64 600
Population (2005)	2 306 400
Population urbaine (en %, 2003)	66,2
Espérance de vie (en années, 2000-2005)	71,4
PIB total (en millions de $, 2004)	27 785
PIB par habitant (en $, 2004)	11 845
IDH (2002)	0,823
Taux de chômage (en %, 2005)	8,9
Médailles olympiques (1re médaille en 1932)	Or : 1 Argent : 10 Bronze : 4

LIECHTENSTEIN

Capitale	Vaduz
Langue	allemand
Monnaie	Franc suisse
État et régime	Monarchie constitutionnelle ; régime parlementaire
Superficie (en km²)	160
Population (2005)	34 600
Population urbaine (en %, 2003)	21,6
Espérance de vie (en années, 2000-2005)	79,1
PIB total (en millions de $, 1999)	825
PIB par habitant (en $, 1999)	25 000
IDH	Non renseigné
Taux de chômage (en %, 1999)	1,3
Médailles olympiques (1re médaille en 1976)	Or : 2 Argent : 2 Bronze : 5

LITUANIE

Capitale	Vilnius
Langue	lituanien
Monnaie	Litas
État et régime	République unitaire ; démocratie parlementaire
Adhésion à l'UE	2004
Superficie (en km²)	65 200
Population (2005)	3 425 300
Population urbaine (en %, 2003)	66,7
Espérance de vie (en années, 2000-2005)	72,2
PIB total (en millions de $, 2004)	44 727
PIB par habitant (en $, 2004)	12 919
IDH (2002)	0,842
Taux de chômage (en %, 2005)	8,3
Médailles olympiques (1re médaille en 1992)	Or : 4 Argent : 2 Bronze : 43

LUXEMBOURG

Capitale	Luxembourg
Langues	luxembourgeois (langue nationale), français et allemand (langues officielles)
Monnaie	Euro
État et régime	Monarchie constitutionnelle ; régime parlementaire
Adhésion à l'UE	1957 (membre fondateur)
Superficie (en km²)	2 586
Population (2005)	455 000
Population urbaine (en %, 2003)	91,9
Espérance de vie (en années, 2000-2005)	78,4
PIB total (en millions de $, 2004)	28 910
PIB par habitant (en $, 2004)	63 609
IDH (2002)	0,933
Taux de chômage (en %, 2005)	4,5
Médailles olympiques (1re médaille en 1920)	Or : 1 Argent : 3

MACÉDOINE

Capitale	Skopje
Langues	macédonien, albanais
Monnaie	Denar
État et régime	République unitaire ; régime multipartiste
Adhésion à l'UE	A déposé une demande de candidature à l'entrée dans l'UE
Superficie (en km²)	25 710
Population (2005)	2 034 000
Population urbaine (en %, 2003)	59,5
Espérance de vie (en années, 2000-2005)	73,7
PIB total (en millions de $, 2004)	14 914
PIB par habitant (en $, 2004)	7 237
IDH (2002)	0,793
Taux de chômage (en %, 2004)	36,8
Médaille olympique (2000)	Bronze : 1

MALTE

Capitale	La Valette
Langues	maltais, anglais
Monnaie	Livre maltaise
État et régime	République unitaire ; régime parlementaire
Adhésion à l'UE	2004
Superficie (en km²)	320
Population (2005)	402 700
Population urbaine (en %, 2003)	91,7
Espérance de vie (en années, 2000-2005)	78,3
PIB total (en millions de $, 2004)	7 574
PIB par habitant (en $, 2004)	19 302
IDH (2002)	0,875
Taux de chômage (en %, 2005)	7,3

MOLDAVIE

Capitale	Chisinau
Langue	roumain
Monnaie	Leu
État et régime	République ; régime parlementaire à forte dominante présidentielle
Superficie (en km²)	33 850
Population (2005)	4 206 000
Population urbaine (en %, 2003)	46
Espérance de vie (en années, 2000-2005)	67,5
PIB total (en millions de $, 2004)	7 642
PIB par habitant (en $, 2004)	2 119
IDH (2002)	0,681
Taux de chômage (en %, 2004)	8
Médailles olympiques (1re médaille en 1996)	Argent : 4 Bronze : 2

MONACO

Capitale	Monaco
Langues	français, monégasque
Monnaie	Euro
État et régime	Monarchie constitutionnelle
Superficie (en km²)	1,81
Population (2005)	35 000
Population urbaine (en %, 2003)	100
Espérance de vie (en années, 2000-2005)	79,1
PIB total (en millions de $, 2000)	870
PIB par habitant (en $, 2000)	27 000
IDH	Non renseigné
Taux de chômage (en %, 1998)	3,1

NORVÈGE

Capitale	Oslo
Langue	norvégien
Monnaie	Couronne norvégienne
État et régime	Monarchie constitutionnelle ; régime parlementaire
Superficie (en km²)	323 880
Population (2005)	4 606 400
Population urbaine (en %, 2003)	78,6
Espérance de vie (en années, 2000-2005)	79,3
PIB total (en millions de $, 2004)	183 765
PIB par habitant (en $, 2004)	40 005
IDH (2002)	0,956
Taux de chômage (en %, 2005)	4,6
Médailles olympiques (1ʳᵉ médaille en 1900)	Or : 335 Argent : 391 Bronze : 269

PAYS-BAS

Capitale	Amsterdam
Langues	Néerlandais et frison
Monnaie	Euro
État et régime	Monarchie ; régime parlementaire
Adhésion à l'UE	1957 (membre fondateur)
Superficie (en km²)	41 530
Population (2005)	16 305 500
Population urbaine (en %, 2003)	65,8
Espérance de vie (en années, 2000-2005)	78,3
PIB total (en millions de $, 2004)	477 414
PIB par habitant (en $, 2004)	29 253
IDH (2002)	0,942
Taux de chômage (en %, 2005)	4,7
Médailles olympiques (1ʳᵉ médaille en 1900)	Or : 236 Argent : 391 Bronze : 293

POLOGNE

Capitale	Varsovie
Langue	polonais
Monnaie	Zloty
État et régime	République unitaire ; démocratie parlementaire
Adhésion à l'UE	2004
Superficie (en km²)	323 250
Population (2005)	38 173 800
Population urbaine (en %, 2003)	61,9
Espérance de vie (en années, 2000-2005)	74,3
PIB total (en millions de $, 2004)	475 427
PIB par habitant (en $, 2004)	12 244
IDH (2002)	0,850
Taux de chômage (en %, 2005)	17,7
Médailles olympiques (1ʳᵉ médaille en 1924)	Or : 107 Argent : 195 Bronze : 248

PORTUGAL

Capitale	Lisbonne
Langue	portugais
Monnaie	Euro
État et régime	République ; régime parlementaire
Adhésion à l'UE	1986
Superficie (en km²)	91 980
Population (2005)	10 529 300
Population urbaine (en %, 2003)	54,6
Espérance de vie (en années, 2000-2005)	77,2
PIB total (en millions de $, 2004)	194 439
PIB par habitant (en $, 2004)	19 038
IDH (2002)	0,897
Taux de chômage (en %, 2005)	7,6
Médailles olympiques (1ʳᵉ médaille en 1924)	Or : 3 Argent : 10 Bronze : 30

RÉPUBLIQUE TCHÈQUE

Capitale	Prague
Langues	tchèque, slovaque, allemand, rom
Monnaie	Couronne tchèque
État et régime	République unitaire ; démocratie parlementaire
Adhésion à l'UE	2004
Superficie (en km²)	78870
Population (2005)	10220600
Population urbaine (en %, 2003)	74,3
Espérance de vie (en années, 2000-2005)	75,5
PIB total (en millions de $, 2004)	187498
PIB par habitant (en $, 2004)	18357
IDH (2002)	0,868
Taux de chômage (en %, 2005)	7,9
Médailles olympiques (1ʳᵉ médaille en 1996)	Or : 32 Argent : 22 Bronze : 42

ROUMANIE

Capitale	Bucarest
Langue	roumain
Monnaie	Leu
État et régime	République unitaire ; régime parlementaire à tendance présidentielle
Adhésion à l'UE	Prévue en 2007
Superficie (en km²)	238390
Population (2005)	21658500
Population urbaine (en %, 2003)	54,5
Espérance de vie (en années, 2000-2005)	71,3
PIB total (en millions de $, 2004)	169966
PIB par habitant (en $, 2004)	7641
IDH (2002)	0,778
Taux de chômage (en %, 2005)	7,7
Médailles olympiques (1ʳᵉ médaille en 1924)	Or : 174 Argent : 212 Bronze : 298

ROYAUME-UNI

Capitale	Londres
Langues	anglais, gallois, gaélique, écossais
Monnaie	Livre sterling
État et régime	Monarchie constitutionnelle ; démocratie parlementaire
Adhésion à l'UE	1973
Superficie (en km²)	242 910
Population (2005)	60 034 500
Population urbaine (en %, 2003)	89,1
Espérance de vie (en années, 2000-2005)	78,3
PIB total (en millions de $, 2004)	1 736 377
PIB par habitant (en $, 2004)	28 968
IDH (2002)	0,936
Taux de chômage (en %, 2005)	4,7
Médailles olympiques (1re médaille en 1896)	Or : 598 ; Argent : 682 ; Bronze : 607
Vainqueur de la coupe du monde de football (FIFA)	Angleterre : 1966

RUSSIE (FÉDÉRATION DE)

Capitale	Moscou
Langue	russe
Monnaie	Nouveau rouble russe
État et régime	République fédérale ; régime présidentiel fort
Superficie (en km²)	17 075 400
Population (2005)	143 202 000
Population urbaine (en %, 2003)	73,3
Espérance de vie (en années, 2000-2005)	65,4
PIB total (en millions de $, 2004)	1 449 170
PIB par habitant (en $, 2004)	10 179
IDH (2002)	0,795
Taux de chômage (en %, 2004)	8,5
Médailles olympiques (1re médaille en 1908)	Or : 1588 ; Argent : 1143 ; Bronze : 1097 Ces données prennent en compte la participation de la Russie (1908-1912), de l'URSS (1952-1988), de l'Équipe unifiée (1992) et de la Fédération de Russie (depuis 1994).

Saint-Martin

Capitale	Saint-Marin
Langue	italien
Monnaie	Euro
État et régime	République parlementaire
Superficie (en km²)	60
Population (2005)	28000
Population urbaine (en %, 2003)	88,7
Espérance de vie	Non renseigné
PIB total (en millions de $, 2001)	940
PIB par habitant (en $, 2001)	34600
IDH	Non renseigné
Taux de chômage (en %, 2001)	2,6

Serbie-Monténégro

Capitale	Belgrade
Langue	serbe
Monnaie	Nouveau dinar
État et régime	République parlementaire
Superficie (en km²)	102200
Population (2005)	10503000
Population urbaine (en %, 2003)	52
Espérance de vie (en années, 2000-2005)	73,2
PIB total (en millions de $, 2004)	40524
PIB par habitant (en $, 2004)	4858
IDH	Non renseigné
Taux de chômage (en %, 2002)	28,9
Médailles olympiques (2004)	Argent : 5

SLOVAQUIE

Capitale	Bratislava
Langue	slovaque
Monnaie	Couronne slovaque
État et régime	République unitaire ; démocratie parlementaire
Adhésion à l'UE	2004
Superficie (en km²)	49 010
Population (2005)	5 384 800
Population urbaine (en %, 2003)	57,4
Espérance de vie (en années, 2000-2005)	74
PIB total (en millions de $, 2004)	81 428
PIB par habitant (en $, 2004)	15 066
IDH (2002)	0,842
Taux de chômage (en %, 2005)	16,3
Médailles olympiques (1re médaille en 1996)	Or : 8 Argent : 7 Bronze : 8

SLOVÉNIE

Capitale	Ljubljana
Langue	slovène
Monnaie	Tolar
État et régime	République unitaire ; démocratie parlementaire
Adhésion à l'UE	2004
Superficie (en km²)	20 250
Population (2005)	1 997 600
Population urbaine (en %, 2003)	50,8
Espérance de vie (en années, 2000-2005)	76,3
PIB total (en millions de $, 2004)	40 490
PIB par habitant (en $, 2004)	20 306
IDH (2002)	0,895
Taux de chômage (en %, 2005)	6,5
Médailles olympiques (1re médaille en 1992)	Or : 4 Argent : 5 Bronze : 19

SUÈDE

Capitale	Stockholm
Langue	suédois
Monnaie	Couronne suédoise
État et régime	Monarchie constitutionnelle parlementaire
Adhésion à l'UE	1995
Superficie (en km²)	446 960
Population (2005)	9 011 400
Population urbaine (en %, 2003)	83,4
Espérance de vie (en années, 2000-2005)	80,1
PIB total (en millions de $, 2004)	254 206
PIB par habitant (en $, 2004)	28 205
IDH (2002)	0,946
Taux de chômage (en %, 2004)	6,4
Médailles olympiques (1ʳᵉ médaille en 1900)	Or : 530 Argent : 506 Bronze : 569

SUISSE

Capitale	Berne
Langues	allemand, français, italien, romanche
Monnaie	franc suisse
État et régime	État fédéral ; régime parlementaire avec des instruments de démocratie directe
Superficie (en km²)	41 290
Population (2005)	7 415 100
Population urbaine (en %, 2003)	67,5
Espérance de vie (en années, 2000-2005)	80,4
PIB total (en millions de $, 2004)	230 101
PIB par habitant (en $, 2004)	31 690
IDH (2002)	0,936
Taux de chômage (en %, 2004)	4,3
Médailles olympiques (1ʳᵉ médaille en 1896)	Or : 160 Argent : 301 Bronze : 283

Turquie

Capitale	Ankara
Langue	turc
Monnaie	Nouvelle livre turque
État et régime	République centralisée parlementaire
Adhésion à l'UE	A déposé une demande de candidature à l'entrée dans l'UE
Superficie (en km²)	774 820
Population (2005)	71 607 500
Population urbaine (en %, 2003)	66,3
Espérance de vie (en années, 2000-2005)	68,6
PIB total (en millions de $, 2004)	529 629
PIB par habitant (en $, 2004)	7 503
IDH (2002)	0,751
Taux de chômage (en %, 2004)	10,3
Médailles olympiques (1ʳᵉ médaille en 1936)	Or : 55 Argent : 19 Bronze : 19

Ukraine

Capitale	Kiev
Langue	ukrainien
Monnaie	Hrivna
État et régime	République unitaire ; régime présidentiel
Superficie (en km²)	603 700
Population (2005)	46 481 000
Population urbaine (en %, 2003)	67,2
Espérance de vie (en années, 2000-2005)	66,1
PIB total (en millions de $, 2004)	312 128
PIB par habitant (en $, 2004)	6 554
IDH (2002)	0,777
Taux de chômage (en %, 2004)	3,6
Médailles olympiques (1ʳᵉ médaille en 1994)	Or : 24 Argent : 40 Bronze : 75

Index

Achevé d'imprimer par «La Tipografica Varese S.p.A.» - Italie
Dépôt Légal n° 78603 - Septembre 2006

Maquette : Alain Berthet et Graphismes
Mise en page : Ici & ailleurs

Graphiques : Hugues Piolet
Cartographie : Agraph